AF547347

B
V
72

Max Euwe

Endspieltheorie und -praxis

Joachim Beyer Verlag

ISBN 978-3-95920-209-1
3. Auflage 2024
Ein Imprint des Schachverlag Ullrich, Zur Wallfahrtskirche 5, 97483 Eltmann
Alle Rechte vorbehalten. Nachdruck, jegliche Vervielfältigung oder Fotokopie, sowie Übertragung in elektronische Medien, nur mit schriftlicher Zustimmung des Verlags.

Zum Geleit

Der holländische Mathematiker Dr. Max Euwe (20. 5. 1901 – 26. 11. 1981) hat sich schon in jungen Jahren den größten Schachspielern seiner Zeit wie Aljechin und Capablanca in Wettkämpfen als ebenbürtig erwiesen. Trotzdem wirkte es in der Schachwelt als Sensation, als es ihm im Jahre 1935 gelang, den wegen seines phantasievollen Angriffsspiels bewunderten Russen Aljechin in einem Marathonmatch mit 9:8 Punkten bei 13 Remispartien zu besiegen und Weltmeister zu werden.

Es ist eine Binsenweisheit, daß ein Spitzenspieler auch ein hervorragender Endspieler sein muß. In der Schlußphase hat Euwe oft feines Verständnis, Geduld, Ausdauer und Genauigkeit bewiesen. Er hat gezeigt, daß die erfolgreiche Verwertung eines Endspielvorteils kein trockener Vorgang ist, sondern Phantasie und Einfallsreichtum verlangt. Ein Kommentator sagte von ihm, er habe „die Prosa des Endspiels durch poetische Studienpointen ‚überspielt'".

Von Hans Kmoch ist Dr. Euwe als „Genie der Ordnung" abgestempelt worden. Davon profitieren die vielen Leser seiner erfolgreichen Schachlehrbücher. Sie sind an Übersichtlichkeit und Zuverlässigkeit nicht zu übertreffen. Das vorliegende, dem Endspiel gewidmete Werk war die letzte literarische Arbeit des holländischen Großmeisters. Sie beruht auf Band 4 der „Praktischen Schaaklessen" (8. vollständig bearbeitete Auflage 1980) und vermittelt dem Leser die Kenntnis des modernen, für die Praxis notwendigen Endspielwissens.

Berlin, im Herbst 1983 Rudolf Teschner

Inhalt

Vorbemerkung

Das Endspiel ist der Schlußteil der Schachpartie. Das Ergebnis der letzten Gefechtshandlungen ist endgültig, diese bestimmen den Ausgang des Kampfes. Ein weniger günstiger Verlauf der Eröffnung oder des Mittelspiels ist vielleicht noch gutzumachen, eine Niederlage im Endspiel ist jedoch unwiderruflich. Ein sorgfältiges Studium des Endspiels ist deshalb nicht hoch genug einzuschätzen.

Amsterdam 1980 Dr. M. Euwe

Einleitung

Es ist schwer zu sagen, welche der drei Phasen – Eröffnung, Mittelspiel oder Endspiel – für den Ausgang der Partie am belangreichsten ist, sicher ist jedoch, daß man das Studium der Schlußphase nicht vernachlässigen darf. Wer einmal Anfänger bei der Arbeit gesehen hat (oder vielleicht einen schwachen Computer), wird beobachtet haben, daß das schließliche Mattsetzen nach Erreichen großen materiellen Übergewichts oft mehr als schwerfällig abläuft. Es ist ein andauerndes, unüberlegtes Jagen nach dem feindlichen König, anstatt ihn durch die Wegnahme von Fluchtfeldern zielbewußt in eine Mattstellung zu bringen.
Im allgemeinen kann man sagen, und das gilt auch und vor allem für Spieler höheren Niveaus, daß einem Schachspieler der Zugang zu den höchsten Regionen versperrt bleibt, wenn er nicht in der Lage ist, einen erreichten Vorteil im Endspiel zum Gewinn zu verdichten. Die großen Schachspieler dieses Jahrhunderts sind ohne Ausnahme hervorragende Endspielkenner.

Wir können den zu behandelnden Stoff im Prinzip wie folgt einteilen:

a. *Theoretische Endspiele*, das sind Endspiele – im allgemeinen mit wenig Material – die bereits durch Experten in näherer oder fernerer Vergangenheit vollständig ausgearbeitet worden sind. Es ist wichtig, den Ausgang dieser Endspiele im Kopf zu haben und ferner die Art der Spielführung in großen Zügen zu kennen.
b. *Halb-theoretische Endspiele*, worunter wir hier Endspiele verstehen – ebenfalls mit wenig Material – die zu verschiedenen Zeitpunkten in theoretische Endspiele übergehen können. Bei der Vorausberechnung ist es in diesen Endspie-

len von großem Belang, daß man jene Kenntnisse bereit hält, auf die weiter unten hingewiesen wird.

c. *Praktische Endspiele*, das sind Endspiele aus der Praxis der Meister. Es geht dabei um die Einschätzung allgemeiner Regeln und Richtlinien. Bei der Behandlung wird der Übergang nach a oder b fortwährend im Auge behalten und die Möglichkeiten dazu werden sorgfältig erwogen.

Es ist nicht gut möglich, a und b getrennt zu behandeln. Die theoretischen und beinahe-theoretischen Endspiele bilden zusammen das Hauptthema dieses Buches.

Der Kürze halber werden wir stets von theoretischen Endspielen sprechen. In Übereinstimmung mit dem vorhandenen Material werden diese Endspiele über eine große Anzahl von Kapiteln verteilt.

Um den Umfang dieses Buches einigermaßen zu begrenzen, werden auch die praktischen Endspiele – obgleich in geringerer Zahl – in den für sie zuständigen Kapiteln untergebracht. Diese Endspiele dienen ausschließlich zur Klärung und als Beispiel bestimmter Richtlinien.

Die Endspiele der Meister illustrieren, daß das Endspiel die schwierigste Phase des Spiels darstellt. In keiner anderen Rubrik werden so viele Fehler oder Ungenauigkeiten begangen wie just dort. Man sollte das nicht erwarten (weil doch so wenig Material vorhanden ist); das große Handikap ist jedoch, daß man zu wenig Handhaben hat, weil allgemeine Richtlinien fehlen, und diese, wenn es sie geben sollte, sehr viele Ausnahmen zulassen. Deswegen ist die Zug-für-Zug-Berechnung in der Form langzügiger Varianten die vorherrschende Methode. In dieser Hinsicht ist das menschliche Denkvermögen sehr begrenzt (der Computer nicht) und das merkt man vor allem, wenn eine Partie im Endspiel abgebrochen wird: vor dem Abbruch größere und kleinere Fehler, danach auf der Basis sorgfältigen Studiums eine häufig vollendete Abwicklung.

Einige allgemeine Bemerkungen vorab

Zu allererst führen wir den Begriff *Mattpotential* ein. Ein Spieler hat Mattpotential, wenn er über das Übergewicht einer oder mehrerer Figuren verfügt, womit der allein übriggebliebene feindliche König mattgesetzt werden kann. So geben K+D, K+T, K+2L oder K+S+L Mattpotential, K+2S, K+S oder K+L jedoch nicht. Ebensowenig ist K+L+verkehrter Randbauer oder K+B in einer Anzahl von Fällen Mattpotential. Wenn die Gegenpartei außer dem König auch noch Bauern und/oder Figuren hat, wird das ja oder nein von Mattpotential bestimmt durch den Unterschied des gegenseitigen Materials.

So haben (wir lassen bei der nun folgenden Aufzählung die Könige auf beiden Seiten weg): T+2L gegen T Mattpotential; ebenso T+L+S gegen T und T+2B gegen T.

Das schließt nämlich ein, daß Abtausch des „überzähligen" Materials zu einer Gewinnstellung für die stärkere Partei führt.
Dagegen haben: D+L gegen D kein Mattpotential, auch nicht D+S gegen D oder selbst D+2S gegen D.
Gehen wir einmal auf den letzten Fall näher ein. Dame und zwei Springer haben gegenüber der Dame kein Mattpotential, weil die Partie durch Verringerung des Materials (nach Damentausch) remis ist. Zwei Springer können ja nicht mattsetzen. Die Frage ist jedoch: Kann die schwächere Partei Damentausch erzwingen? Im allgemeinen kann im Schach nur die stärkere Partei zwingend auftreten, so daß dieses Endspiel von D+2S gegen D nur in Ausnahmefällen remis werden wird. Entsprechend der Definition muß Mattpotential zu einem sicheren Gewinn führen, wenn die schwächere Partei nur noch den König behalten hat. Ferner wird Mattpotential in ziemlich allen anderen Fällen ebenfalls zum Gewinn führen: Man braucht ja nur das überzählige Material abzutauschen.
Andererseits will das Fehlen von Mattpotential noch nicht sagen, daß die Partie remis werden muß. Dazu ein Beispiel.

Stellung 1

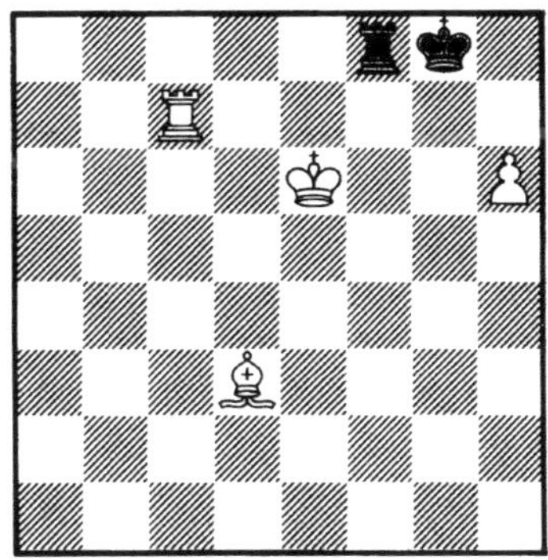

Schwarz am Zuge

Schwarz zieht, Weiß gewinnt (einer Partie Basman–Hartston, Southend 1968, entnommen).
Weiß hat kein Mattpotential, denn Läufer und verkehrter Randbauer können nicht gewinnen. Weiß muß also Turmtausch vermeiden. Es folgt:

1. ... Kg8–h8

Schwarz hat wenig Auswahl; 1. ... Tf2 scheitert zum Beispiel an 2. h7† Kh8 3. Tc8†.

2. Tc7–e7

In der Partie geschah 2. Ke7? Tf7†! 3. Kf7: patt. Auf diese Art von Wendungen muß die stärkere Partei fortwährend achten.

2. ... Kh8–g8

Schwarz wartet ab. Er hält seinen Turm auf f8, um zu verhindern, daß sich der weiße König nähert.

3. Ld3–f5

Weiß will den Übergang des Königs auf die g-Linie erzwingen.

3. ... Kg8–h8
4. Ke6–e5

Er begibt sich hinter den Rücken des Läufers.

4. ... Kh8–g8
5. Ke5–f4 Kg8–h8

Schwarz muß abwarten; 5. ... Tf7 geht nicht wegen 6. Tc8† Tf8 7. h7† Kg7 8. Tf8: und so fort.

6. Kf4–g5 Tf8–g8†

Nach 6. ... Kg8 7. Kg6 ist das Ende sofort da (7. ... Kh8 8. Th7† Kg8 9. Le6†).

7. Lf5–g6 Tg8–f8

Auf 7. ... Tb8 folgt dieselbe Fortsetzung wie im Text: 8. Lf7 und nun:
I. 8. ... Kh7 9. Le6† Kh8 10. Kg6 usw. (nach 10. ... Tb7 nicht 11. Tb7:? patt, sondern 11. Te8 matt).
II. 8. ... Tf8 9. Le6 Tb8 (Zugzwang) 10. Kg6 usw.
III. 8. ... Td8 9. Le6 Tf8 10. Kh5! (nicht 10. Kg6? wegen 10. ... Tf6†!) 10. ... Tb8 (10. ... Tf2 führt zum Matt: 11. Te8† Kh7 12. Lg8† usw.) 11. Kg6 und gewinnt.

8. Lg6–f7 Tf8–b8

8. ... Kh7 9. Le6† Kh8 10. Kh5! kommt auf dasselbe hinaus (siehe Variante 3 der vorigen Anmerkung).

9. Lf7–e6 Tb8–f8

Sonst folgt 10. Kg6.

10. Kg5–h5!

und Schwarz ist im Zugzwang, wie aus Variante 3 beim 7. Zug von Schwarz hervorgeht.

Betrachten wir ferner den Fall von drei leichten Figuren gegen den Turm. Drei leichte Figuren sind ungefähr ebenso stark wie die beiden Türme. Der Materialunterschied ist also ungefähr ein Turm, und so gesehen können wir voraussetzen, daß die stärkere Partei Mattpotential hat. Andererseits steckt keine Vereinfachung durch Tausch gleichwertiger Figuren in der Stellung. Es gibt zwei Möglichkeiten.

a. 2L+S gegen T

Die stärkere Partei wird danach trachten, den feindlichen König in eine Ecke zu treiben. Die drei leichten Figuren bestreichen eine so große Zahl von Feldern, daß es nicht so schwer sein kann, dieses Ziel zu erreichen. Schachs des Turms werden durch Dazwischenstellen pariert. Das Opfer des Turms gegen eine leichte Figur braucht die stärkere Partei nicht zu fürchten, weil die übrigbleibenden Leichtfiguren in jedem Falle Mattpotential haben (2L oder S+L).

b. 2S+L gegen T

Bei der Behandlung dieses Endspiels muß die stärkere Partei sehr sorgfältig zu Werke gehen, denn das Opfer des Turms gegen den Läufer führt zu einem Remisendspiel (zwei Springer können nicht mattsetzen).

Das In-die-Ecke-Treiben des feindlichen Königs sollte wohl gelingen, wobei sich der Läufer nicht in der Frontlinie befinden wird. Gleichwohl kann aber der Läufer auch aus großem Abstand Aktivität entfalten, und so ist der Ausgang dieses Endspiels bei sorgfältiger Behandlung unzweifelhaft.

Im Gegensatz zu anderen Partiephasen spielt der *König* im Endspiel eine höchst belangreiche Rolle. Es ist nicht schwer, Stellungen zu konstruieren, in denen in einem Bauernendspiel sogar eine Mehrheit von vier Bauern nicht für den Gewinn ausricht; wenn nämlich der König der stärkeren Partei nirgends einzudringen vermag.

In vielen Fällen kann es von entscheidender Bedeutung sein, ob der König der stärkeren Partei ein bestimmtes Feld zu besetzen vermag.

In Bauernendspielen ist es der König, der sich den feindlichen Freibauern entgegenstellt und die eigenen Bauern stützt. In Endspielen mit leichten Figuren kann der König bisweilen auf ein starkes Feld kommen und so die feindlichen Manöver vollständig lahmlegen. In Turmendspielen leistet der König ausgezeichnete Dienste, sei es, daß er den feindlichen Turm daran hindert, auf die erste oder zweite Reihe vorzudringen (bzw. 8. und 7.), sei es, daß er seine Bauern gegen einen bereits eingedrungenen Turm schützt. Selbst in Damenendspielen übernimmt der König eine aktive Rolle, indem er stracks durch eine Salve von Schachgeboten der feindlichen Dame über das Brett spaziert und am oberen Rand die Umwandlung eines eigenen Bauern befördert.

Bei der nun folgenden *Einteilung* der Endspiele haben wir uns nicht immer ängstlich an die gezogenen Grenzen gehalten. Wenn es zum Beispiel um die Mattführung des blanken Königs geht, haben wir aus Gründen der Methodik in das diesbezügliche Kapitel 1 auch das Endspiel K+2S gegen K+B einbezogen. Darin wird nämlich einer gleichartigen Prozedur gefolgt wie im Endspiel K+S+L gegen K: das Treiben des Königs in die Ecke und das Wegnehmen von Fluchtfeldern, über die der König zu entkommen droht.

Es macht in vielen Fällen nur wenig Unterschied, ob die schwächere Partei einen oder zwei Bauern zusätzlich hat. In dem soeben angeführten Fall mit zwei Springern kann der zusätzliche Bauer allein nur eine negative Wirkung haben. Es kann aber vorkommen, daß der Springer allein den entscheidenden Stoß versetzt, wenn die verteidigende Partei noch einen Bauern hat, der unfreiweillig mitwirkt, die Bewegungsfreiheit des eigenen Königs zu beschneiden.

Es gibt eine Anzahl ausgezeichneter Endspielbücher, unter anderem von Reuben Fine, David Hooper und Paul Keres. Wenn man über Endspiele schreibt, ist es bald unvermeidlich, daß man angesichts der genannten Bücher zu übereinstimmenden Feststellungen kommt; vor allem, weil auch diese Bücher zu einem nicht unwichtigen Teil über Untersuchungen und Kompositionen aus ferner Vergangenheit berichten (müssen).

Eine Anzahl der in diesem Teil gegebenen Vorbilder der theoretischen Endspiele ist dem Buch „*A perfect guide to chess endgames*“ von Hooper entnommen. Ich bin dem Autor für seine Zustimmung dankbar, daß viele seiner Beispiele, wenn auch auf andere Weise beleuchtet, in diesem Buch einen Platz gefunden haben.

In Keres' Standardwerk habe ich ebenfalls allerlei finden können, was für die Behandlung ziemlich schwieriger Endspiele von größter Bedeutung ist.

Was die praktischen Endspiele betrifft, habe ich (vor allem in den letzten Kapiteln) aus Fine's „*Basic chess endings*“ schöpfen können sowie aus meiner „*Endspiellehre*“, die bei K. Rattmann, Hamburg, herausgekommen ist.

1. Das Mattsetzen des alleinigen Königs (aK)

Wir unterscheiden die folgenden Abschnitte:
A. Die einfachsten Mattführungen
B. Mattführung mit Springer und Läufer
C. Mattführung von zwei Springern gegen König und Bauer
D. Leichte Figur und Bauer gegen aK

A. Die einfachsten Mattführungen

Die folgenden Mattführungen sind elementar: K+D gegen K; K+T gegen K und K+2L gegen K. Es ist überflüssig, sie hier eigens zu behandeln, da sie höchstens jeweils 10, 17 und 18 Züge erfordern (erheblich weniger also als die Grenze von 50 Zügen, die nach den F.I.D.E. [Weltschachbund]-Regeln bei „Strafe" des Remis nicht überschritten werden darf). Man braucht in diesen Fällen daher keine Zeit zu vergeuden, um nach dem absolut kürzesten Weg zu suchen.

B. Mattführung mit Springer und Läufer

Etwas anders steht es mit der Mattführung von K+L+S gegen den aK. Für diese Mattführung braucht man bei bester Fortsetzung 34 Züge, so daß es in diesem Endspiel sehr wohl von Belang ist, mit der Anzahl der Züge sparsam umzugehen. Drei Richtlinien sind bei der Behandlung zu beachten:
1. Der schwarze König wird in die Ecke getrieben, die vom Läufer beherrscht wird.
2. Springer und Läufer bestreichen soviele Felder wie möglich, wenn diese Figuren auf derselben Farbe stehen.
3. Bei optimaler Stellung von Springer und Läufer treibt der weiße König seinen Kollegen in die Mattecke (Springer und Läufer brauchen also vorläufig nicht bewegt zu werden – die „Treibarbeit" verrichtet der König).
Beim Nachspielen der auf diesen Regeln basierenden Gewinnführung stellt man jedoch fest, daß es nicht einfach ist, die ziemlich beschwerliche Prozedur zu vollziehen. Oft wird man erfahren, daß es wohl glückt, den König an den Rand zu treiben, daß man aber dann in einem bestimmten Moment nicht weiterkommt

oder – noch schlimmer – daß der König entschlüpft und das Endspiel wieder ganz von neuem beginnen muß. Das Matt muß aber in höchstens 50 Zügen erzwungen werden, und bei fehlerfreiem Spiel kann man es in beliebiger Stellung auch in 34 Zügen schaffen; aber 2 × 34 ist viel mehr als 50. Der Schachfreund sollte es einmal mit einer Stellung versuchen, in der die Figuren über das Brett verstreut sind und dem König noch alle vier Brettränder offenstehen. Kleine Ungenauigkeiten in der Zugführung kann er sich noch erlauben, aber auch nicht mehr als das. Das eine und andere macht ein eingehenderes Studium notwendig, und dieses Studium beginnt – wie durchgehend jedes Studium – mit der Endphase. Man muß ein Ziel vor Augen haben, noch besser mehr als eins, von wo aus das Matt mit Sicherheit zu erreichen ist.

Stellung 2

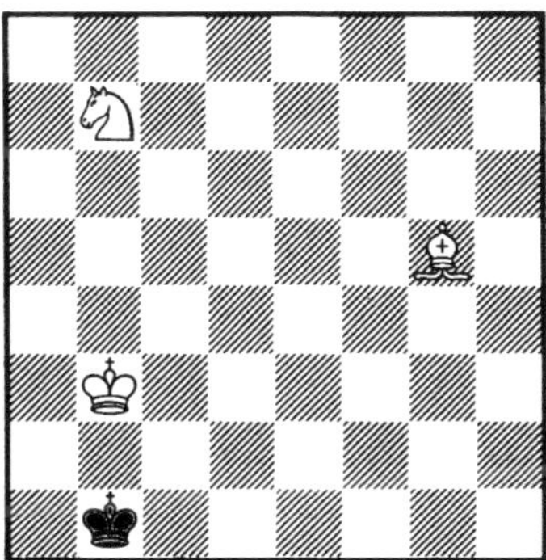

Weiß am Zuge

Dem schwarzen König stehen nur zwei Felder offen, und dann ist das Matt schnell und einfach zu erreichen:

1. Sb7–a5	Kb1–a1
2. Sa5–c4	Ka1–b1
3. Sc4–a3†	Kb1–a1
4. Lg5–f6	matt.

Viel weiser ist der Leser hiervon nicht geworden, denn die große Frage bleibt: Wie bekommt man den König in eine so beengte Stellung?
Wir suchen also nach der vorletzten Phase und nach mehr Stellungen, von denen aus die Schlußphase zwangsläufig zu erreichen ist.

Stellung 3

(Standardposition)

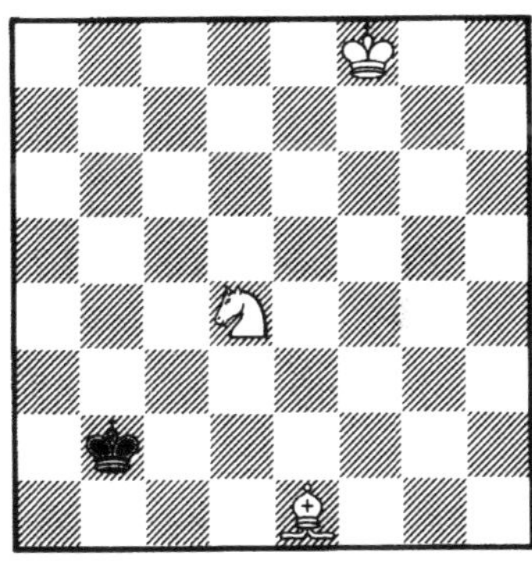

Weiß am Zuge

1. Lc1–d2

Weiß engt das Gebiet des schwarzen Königs weiter ein: es umfaßt nun die Felder a1, a2, a3, a4, b1 und b2.
Weiß hätte auch 1. Lb4 spielen und so das Gebiet am anderen Rand einengen können; unbedingt nötig war aber weder das eine noch das andere.

Weiß hätte auch zuerst seinen König näher heranführen können.

1. ...	Kb2–a3
2. Kf8–e7	

Der weiße König soll das Mattnetz zuziehen. Sein erstes Ziel ist, die Felder a3 und a4 dem schwarzen König wegzunehmen.

2. ...	Ka3–a4
3. Ke7–d6	Ka4–a3
4. Kd6–c5	Ka3–a4
5. Kc5–b6	Ka4–a3
6. Kb6–b5	Ka3–b2
7. Kb5–b4	Kb2–a2
8. Ld2–c1	

So wird dem schwarzen König noch das Feld b2 versperrt, wonach bald die Lage in Stellung 2 entsteht:

8. ...	Ka2–b1
9. Lc1–a3	Kb1–a2
10. Kb4–a4	Ka2–b1
11. Ka4–b3	Kb1–a1

Das Ziel ist erreicht, Weiß setzt in drei Zügen matt.
Hätte Weiß 1. Le1–b4 gespielt, wäre die Mattführung analog verlaufen, doch hätte der weiße König dann über f2 eingreifen müssen, um den König in waagerechter Richtung in die Ecke zu treiben.
Gehen wir von einer willkürlichen Stellung aus, so handelt es sich bei der Verfolgung des schwarzen Königs darum, diese Standardstellung zu erreichen (eventuell spiegelbildlich an einer anderen Stelle des Brettes). Wo der weiße Läufer steht, spielt keine Rolle, solange er nur die Diagonale a5–e1 beherrscht. Der schwarze König kann dann nicht ausbrechen, und sein Gegenüber hat genügend Zeit, sich zu nähern. Die Hilfe des Königs ist nur nötig zum Vollzug des Matts.
Nicht immer ist es möglich, unmittelbar die Standardstellung zu erreichen, wohl aber beispielsweise die folgende Abwandlung:

Stellung 4

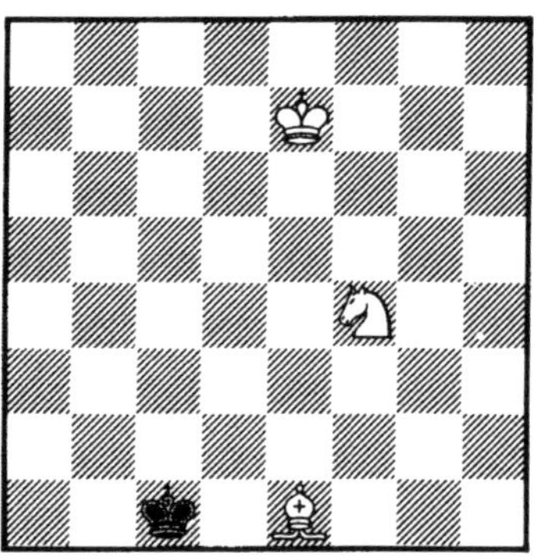

Schwarz am Zuge

Der Ausgang nach e2 ist versperrt, doch der schwarze König kann noch über b3–c4 fliehen. Dieses nun muß der weiße König verhindern.

1. ...	Kc1–c2
2. Ke7–d6	Kc2–b3
3. Kd6–c5	Kb3–c2

Wie nun weiter? Wer sicher zu Werke gehen will, wird danach trachten, die Standardposition zu vollenden, indem er den Springer von f4 nach d4 bringt. Allerdings nicht sofort, denn dann entkommt der schwarze König über d3. Daher:

4. Kc5–c4	Kc2–d1
5. Le1–a5	Kd1–c2
6. Sf4–e6	Kc2–d1
7. Se6–d4	

Die Standardstellung ist erreicht. Dieselbe Lage kann sich auch am anderen Rand ergeben: S auf d6, Läufer auf der Schrägen e1–a5. Der Springer verhindert das Entkommen über c4–b5 und daher muß der weiße König rechtzeitig die Felder d3 und e2 beherrschen.

Stellung 5

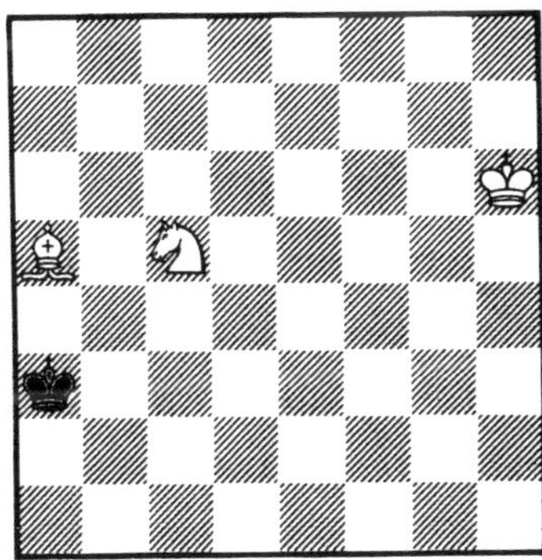

Schwarz am Zuge

Eine zweite Variation der Standardstellung.
Allein über d1–e2 kann der schwarze König entkommen, doch das kann der weiße König rechtzeitig verhindern.

1. ...	Ka3–b2
2. Kh6–g5	Kb2–c2
3. Kg5–f4	Kc2–d1
4. Kf4–e3	und gewinnt.

Stünde der weiße Läufer in der Ausgangsstellung auf e1, wäre der weiße König nicht rechtzeitig gekommen, weil mit 3. ... Kd1 der weiße Läufer angegriffen gewesen wäre.
Spiegelbildlich ergeben sich die übereinstimmenden Stellungen für die andere Ecke.
In einem Spiegelbild von Stellung 3 können die weißen Figuren dann beispielsweise wie folgt stehen: Se5, Lh4; aus Stellung 4 wird: Sc5, Ld8, und Stellung 5: Sc4, La4.
Zusammengenommen haben wir, indem wir über Standardpositionen mit Variationen verfügen, bereits eine große Anzahl Grundstellungen in unserer Gruppe erfaßt.
Bevor wir mit schwierigeren Stellungen beginnen, zuvor noch eine Position, die in vielen Endspielbüchern als Standardvorbild erscheint, wie man den schwarzen König von der verkehrten Seite in die richtige Ecke treibt.

Stellung 6

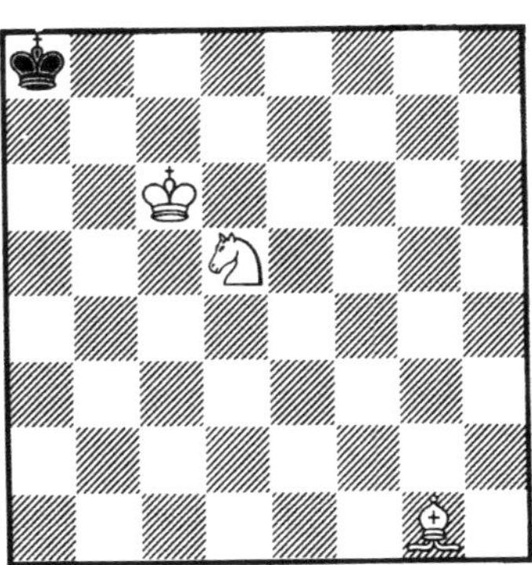

Weiß am Zuge

Der schwarze König steht in der falschen Ecke.
Die Treibjagd beginnt:

1. Sd5–c7† Ka8–b8
2. Lg1–f2

Tempozüge spielen in dieser Mattführung oft eine Rolle.

2. ... Kb8–c8
3. Lf2–a7

Das erklärt den vorigen Zug von Weiß:

3. ... Kc8–d8
4. Sc7–d5

Mit 4. Kd6 Kc8 erreicht Weiß nichts.

4. ... Kd8–e8

Der schwarze König begibt sich „freiwillig“ in die Mattecke, weil 4. ... Kc8 die Aufgabe von Weiß erleichtert: 5. Se7† Kd8 6. Kd6 Ke8 7. Ke6 Kf8 (7. ... Kd8 8. Lb6† Ke8 9. Sc6 Kf8 10. Se5 führt bald zu einem Spiegelbild der Standardposition) 8. Sc6 Kg7 9. Lb6 Kg6 10. Ld8 Kh5 11. Se5 = Standardposition.

5. Kc6–d6 Ke8–f7

5. ... Kd8 6. Se7 führt zu der eben erwähnten Variante.

6. Sd5–e7 Kf7–f6

6. ... Ke8 7. Ke6 ist bereits behandelt worden.

7. La7–e3 Kf6–f7
8. Le3–g5 Kf7–e8

Oder 8. ... Kg7 9. Ke6 Kf8 10. Sg6† Kg7 11. Se5 (Standardposition).

9. Se7–g6 Ke8–f7
10. Sg6–e5†.

Die Standardposition ist erreicht.
Will man etwas von dieser Mattführung haben, dann muß man sie in einer Stellung anwenden können, in der der schwarze König in der verkehrten Ecke steht und die weißen Leichtfiguren willkürlich auf dem Brett verstreut sind. Weiß muß dann dafür sorgen, daß der Läufer so geführt wird, daß der König nicht weglaufen kann, und danach wird er den Springer heranbringen.
Auf diese Weise haben wir zwar nicht den kürzesten Weg zum Matt gefunden, wohl aber den sichersten.

Stellung 7

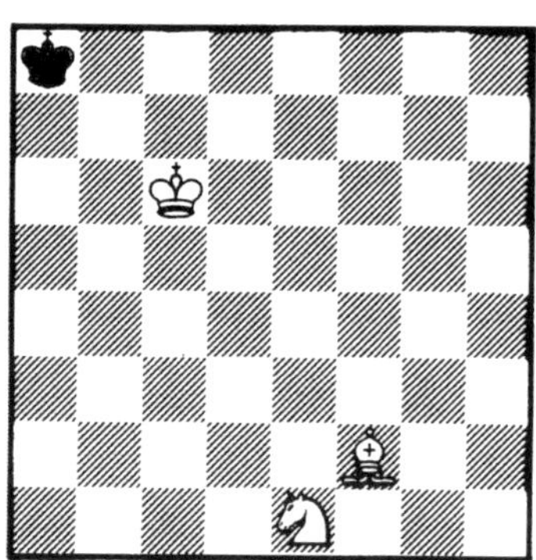

Weiß am Zuge

1. Se1–d3 Ka8–b8
2. Sd3–b4 Kb8–c8
3. Lf2–b6

Verhindert die Flucht.

3. ... Kc8–b8
4. Sb4–d5 Kb8–c8

Eine kleine Schwierigkeit: nach 5. Sc7 würde der König nun via d8 entkommen können.
Mit Schwarz am Zuge ginge es bequemer, und daraus folgt, daß Weiß besser daran getan hätte, bei einem seiner ersten Züge ein Tempo zu verlieren, zum Beispiel wie folgt: 1. Sd3 Kb8 2. Le3! Kc8 3. Lb6 Kb8 4. Sb4 Kc8 5. Sd5 Kb8 6. Sc7 Kc8 7. La7 usw.
Es geht nun zwar auch, jedoch entlang der anderen Randreihe.

5. Lb6–a5	Kc8–b8
6. La5–c7†	Kb8–a7

6. ... Kc8? 7. Sb6 matt. Ferner folgt auf 6. ... Ka8 7. Lb6 Kb8 8. Sc7 Kc8 9. La7 usw. (Stellung 6).

7. Sd5–b6	Ka7–a6
8. Lc7–b8	und so fort.

Beschließt Weiß, den ursprünglichen „Leidensweg" des schwarzen Königs zu erzwingen, geht dies wie folgt:

7. Lc7–b6†

Anstelle von 7. Sb6.

7. ...	Ka7–a8

Oder 7. ... Kb8 8. Sc7 usw.

8. Sd5–e7†	Ka8–b8
9. Lb6–g1	Kb8–c8
10. Lg1–a7	usw.

Wir wollen nun probieren, eine Vorstellung von der Mattführung aus einer willkürlichen Anfangsstellung heraus zu bekommen.

Stellung 8

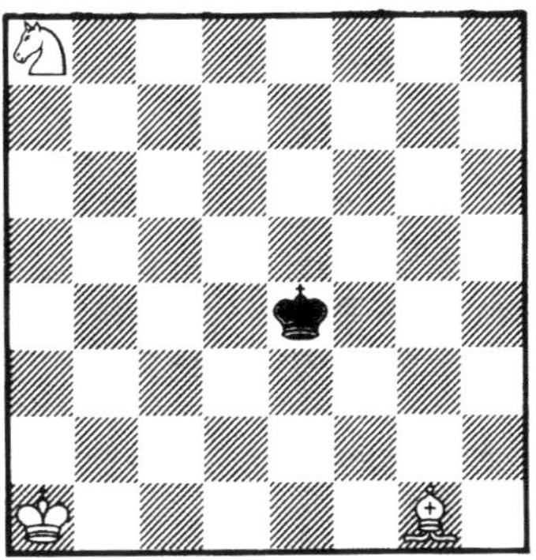

Weiß am Zuge

1. Ka1–b2	Ke4–d3
2. Sa8–c7	Kd3–c4?

Besser ist 2. ... Ke4, welcher Zug später besprochen wird.

3. Kb3–c2!

Stärker als 2. Se6. Der schwarze König ist nun vorzüglich eingeklemmt.

3. ...	Kc4–b4
4. Kc2–d3	Kb4–b3

Oder 4. ... Ka5 5. Kc4 Ka4 6. Lb6 Ka3 7. Sb5† Kb2 8. Sd4, und Weiß erreicht mit 9. La5 die Standardposition.

5. Lc1–g5	Kb3–b2

Oder 5. ... Ka4 6. Kc4 Ka5 7. Lf2 Ka4 8. Le1 Ka3 9. Sb5† nebst 10. Sd4 (Standardposition).

6. Lc5–b4	Kb2–b3
7. Lb4–d2	Kb3–a4
8. Kd3–c4	Ka4–a3
9. Sc7–b5†	und
10. Sb5–d4	(Standardposition)

Wir betrachten nun eine Abzweigung, in der Schwarz mehr Widerstand leistet (von Stellung 8 aus).

1. Ka1–b2	Ke4–d3
2. Sa8–c7	Kd3–e4!

Der schwarze König behauptet sich solange wie möglich in der Mitte.

3. Kb2–c3	Ke4–e5
4. Kc3–c4	

Stellung 9

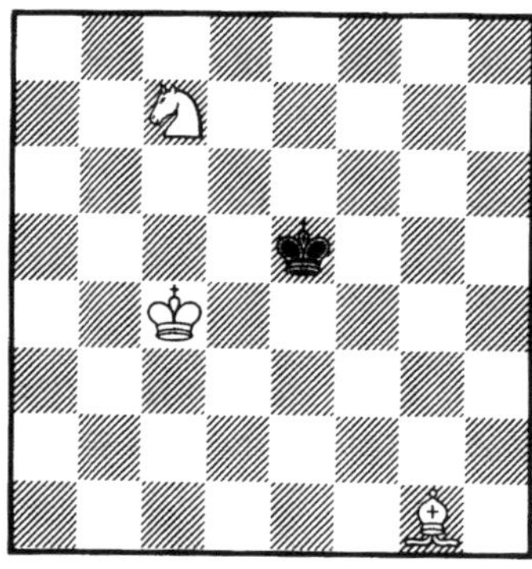

Schwarz am Zuge

Wir untersuchen hier:
a. 4. ... Kd6 und
b. 4. ... Ke4.

a.	4. ...	Ke5–d6
	5. Lg1–h2†	Kd6–c6

Es ist nicht möglich, alle Gegenzüge zu untersuchen. Wir müssen uns auf den beschränken, mit dem Schwarz seinen König so weit wie möglich von der Mattecke entfernt hält und so die behandelten Standardstellungen vermeidet.

6. Lh2–g3

Ein Tempozug, um Feld d5 für den weißen König zu bekommen.

6. ...	Kc6–b6

Nach 6. ... Kd7 7. Kd5 Ke7 8. Le5 Kd7 9. Ld6 wird der König an den Rand getrieben und Weiß kann bald die bei Stellung 6 angegebene Prozedur einschlagen.

7. Kc4–d5	Kb6–b7

Oder 7. ... Ka5 8. Kc5 Ka4 9. Le1 Kb3 10. Se6 Kc2 11. Sf4 Kd1 12. La5, siehe Stellung 4.

8. Kd5–c5	Kb7–b8

Nach 8. ... Ka7 9. Kc6 Kb8 10. Lf2 oder nach 8. ... Kc8 9. Kc6 Kd8 10. Lh4† Kc8 11. Lg5 Kb8 12. Le3 ist der Übergang zur Stellung 6 erreicht.

9. Kc5–c6	Kb8–a7

Oder 9. ... Kc8 10. Lh4 Kb8 11. Lf2 = Stellung 6.

10. Lg3–f2†	Ka7–b8
11. Lf2–e3 usw. Siehe Stellung 6	

b. (Von Stellung 9 aus.)

4. ...	Ke5–e4

Indem er mit seinem König solange wie möglich in der Mitte bleibt, kann Schwarz den längsten Widerstand leisten.

5. Lg1–d4

Eines der Mittel, um den König näher an den Rand zu treiben.

5. ... Ke4–f3

5. ... Kf5 6. Kd5 Kf4 kommt auf dasselbe heraus und 5. ... Kf4 6. Kd3 Kf5 (6. ... Kf3 7. Se6) 7. Ke3 geht schneller.

6. Kc4–d5 Kf3–f4
7. Sc7–e6† Kf4–f3

Auf 7. ... Kf5 folgt 8. Le5.

8. Kd5–e5 Kf3–e2

Nach 8. ... Kg2 9. Kf4 Kf1 10. Kf3 Ke1 11. Lc3† hat Schwarz die Wahl zwischen 11. ... Kd1 12. Se4 = Standardposition, und 11. ... Kf1 12. Sf4 Kg1 13. Sh3† Kf1 14. Sf2 Kg1 15. Ld4 = Stellung 6.

C. Mattführung von zwei Springern gegen König und Bauer

Mit zwei Springern ist das Matt des aK nicht zu erzwingen. Ein Bauer kann jedoch für die schwächere Partei nachteilig sein. Er ermöglicht oft unter bestimmten Umständen, das Matt zu erzwingen.
Das Prinzip ist einfach: Mit zwei Springern setzt Weiß den König patt, wonach der überzählige Bauer ziehen muß und Weiß eventuell Zeit hat, eine Mattstellung zu erreichen.

Stellung 10

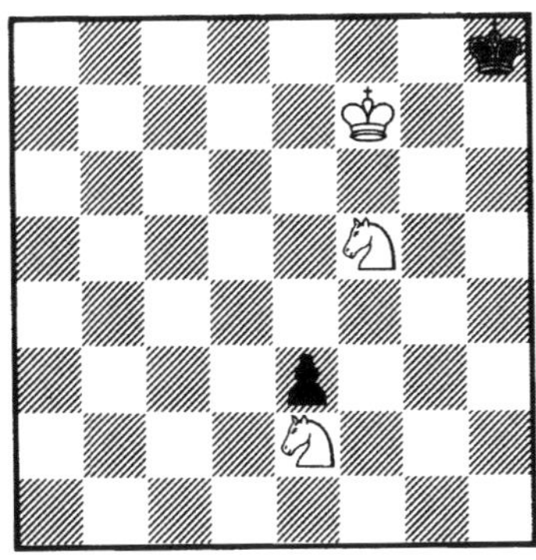

Weiß oder Schwarz am Zuge

Weiß am Zuge setzt in fünf Zügen matt:

1. Se2–f4 e3–e2
2. Sf4–g6† Kh8–h7
3. Sg6–f8† Kh7–h8
4. Sf5–e7 e2–e1D
5. Se7–g6 matt.

Mit *Schwarz am Zuge* gelingt es auch; aber Weiß muß dann eine kleine Vorbereitung treffen um ein Tempo zu verlieren:

1. ... Kh8–h7
2. Kf7–f6 Kh7–h8

Nach 2. ... Kh8 3. Ke7 geht es einen Zug schneller.

3. Kf6–e7 Kh8–g8

Oder 3. ... Kh7 4. Kf7 Kh8 5. Sf4 usw.

4. Ke7–e8	Kg8–h8
5. Ke8–f8	Kh8–h7
6. Kf8–f7	Kh7–h8

Damit haben wir die Anfangsstellung mit Weiß am Zug erreicht.
Mit dem d-Bauer anstelle des e-Bauern liegen die Sachen anders.

Stellung 11

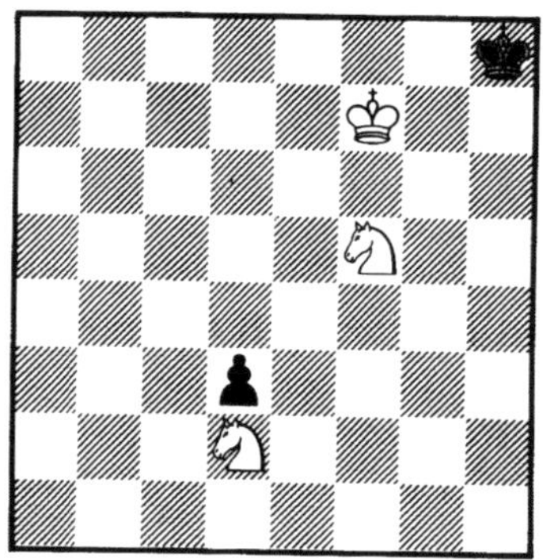

Weiß oder Schwarz am Zuge

Weiß am Zug kann nicht gewinnen; wohl aber glückt es mit Schwarz am Zuge.

Schwarz am Zug:

1. ...	Kh8–h7
2. Sd2–e4	d3–d2
3. Se4–f6†	Kh7–h8
4. Sf5–e7	d2–d1D
5. Se7–g6	matt.

Mit *Weiß am Zuge* erreicht Weiß das Matt nur bei fehlerhaftem Gegenspiel. Wir probieren:

1. Kf7–f6	Kh8–g8
2. Kf6–e7	

Andernfalls entkommt der König über f8.

2. ...	Kg8–h8?

Richtig ist 2. ... Kh7, worauf 2. Kf7 die Flucht verhindern muß und nach 3. ... Kh8 die Anfangsstellung entsteht, wiederum mit Weiß am Zuge.

3. Ke7–f7	Kh8–h7
4. Sd2–e4	usw.

Probieren wir es auf eine andere Manier.

1. Kf7–g6	Kh8–g8
2. Sf5–g7	Kg8–f8
3. Kg6–f6	Kf8–g8
4. Sg7–e6	Kg8–h7!

4. ... Kh8? verliert: 5. Kg6 Kg8 6. Se4.

5. Kf6–g5	Kh7–g8!
6. Kg5–g6	Kg8–h8

und Weiß kommt nicht weiter; er hat drei freie Züge nötig, um gewinnen zu können und angesichts der vorgerückten Stellung des schwarzen Freibauern verfügt Weiß nicht über ausreichende Zeit.
Einen besonderen Fall gibt die untenstehende Stellung.

Stellung 12

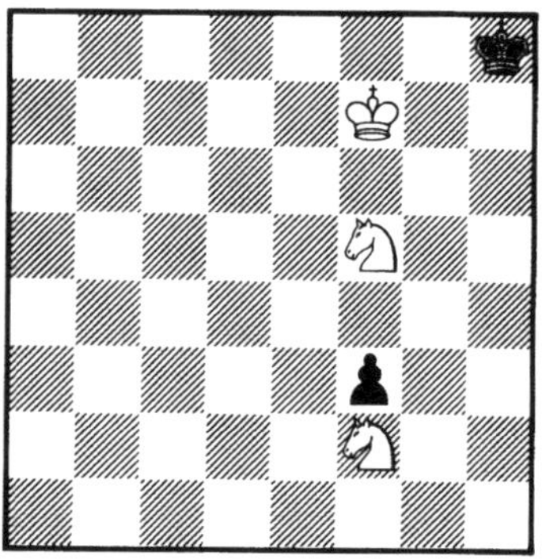

Weiß oder Schwarz am Zuge

Schwarz am Zug.

1. ...	Kh8–h7
2. Sf2–g4	f3–f2
3. Sg4–f6†	Kh7–h8
4. Sf5–e7	f2–f1D
5. Se7–g6	matt.

Weiß am Zug. Zunächst ist eine Umgruppierung der Figuren notwendig. Danach garantiert eine kleine Finesse den Sieg.

1. Kf7–g6	Kh8–g8
2. Sf5–g7	Kg8–f8

Oder 2. ... Kh8 3. Se6 Kg8 4. Sg4 f2 5. Sf6† Kh8 6. Sg5 f1D 7. Sf7 matt.

3. Kg6–f6	Kf8–g8
4. Sg7–e6	Kg8–h7

Oder 4. ... Kh8 5. Kf7 Kh7 6. Sg4, siehe die vorige Variante.

5. Kf6–g5	Kh7–g8

Wiederum führt 5. ... Kh8 6. Kg6 Kg8 7. Sg4 zu der bereits gegebenen Variante.

6. Kg5–g6	Kg8–h8
7. Kg6–f7	Kh8–h7
8. Sf2–g4!	

Das ist die schöne Pointe, womit die Flucht des Königs verhindert wird. Eine zufällige Konstellation macht es möglich.

8. ...	f3–f2
9. Se6–f8†	Kh7–h8
10. Sg4–f6	f2–f1D
11. Sf8–g6	matt.

Aus dem Vorhergehenden können wir zwei Schlüsse ziehen.

1. Matt ist nur möglich, wenn der König in die Ecke getrieben werden kann.
2. Die Chance auf Gewinn ist um so größer, je weniger weit der schwarze Bauer vorgerückt ist. Dann ist jeweils Zeit für die Springer, die guten Felder aufzusuchen.

In den gegebenen Beispielen war der schwarze Bauer so weit vorgerückt, daß Weiß nur zwei freie Züge hatte, was nicht in allen diesen Fällen ausreichend erscheint.

Es geht zuerst darum, den schwarzen König in die Ecke zu treiben. König und Springer sind dazu im allgemeinen nicht imstande, sie können aber wohl den König an den Rand drängen. In einigen Stellungen glückt es dann außerdem, den König in die Ecke zu bekommen.

Stellung 13

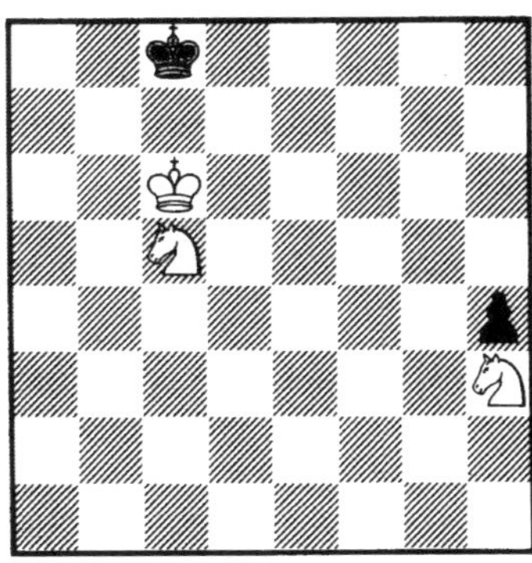

Weiß am Zuge

Weiß gewinnt durch einige charakteristische Manöver.

1. Sc5–b7	

Verhindert den Abzug des Königs zur entfernteren Ecke.

1. ...	Kc8–b8
2. Sb7–d6	Kb8–a7
3. Kc6–b5!	

Nun ist der schwarze König eingeschlossen.

3. ...	Ka7–a8

Auf 3. ... Kb8 wäre 4. Kb6 gefolgt.

4. Kb5–a6	Ka8–b8
5. Ka6–b6	Kb8–a8

Hier steht der schwarze König auf einem Feld, das für den zweiten Springer mit Schachgebot erreichbar ist.

6. Sh3–f4	h4–h3
7. Sf4–d5	h3–h2
8. Sd5–c7†	Ka8–b8
9. Sc7–a6†	Kb8–a8
10. Sd6–e8	h2–h1D
11. Se8–c7	matt.

Schwarz am Zuge würde mit 1. ... Kd8 die Freiheit wählen, womit die direkten Gefahren gewichen wären.
Dagegen führte 1. ... Kb8? regelrecht zum Untergang wegen 2. Kd7 Ka7 3. Kc7 usw.
Nur in Ausnahmefällen ist es möglich, daß der König mit Hilfe eines Springers den feindlichen König in die Ecke treiben kann. Regelmäßig ist die Mitwirkung des anderen, vorderhand unbeweglichen Springers erforderlich. Dieser Springer, obschon unbeweglich, kann dem schwarzen König zuweilen eine Anzahl Felder nehmen und damit bei der Einschließung des Königs mitwirken.

Das folgende Endspiel aus der Praxis (Turnier zu Hastings 1934/35) gibt einen Einblick in die Weise des Vorgehens.

Stellung 14

Lilienthal–Norman

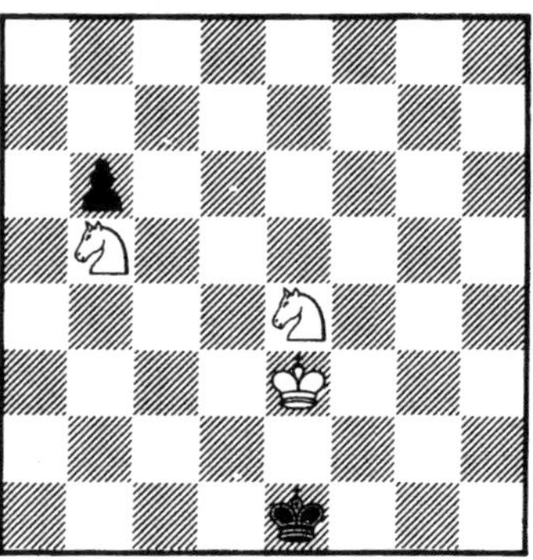

Weiß am Zuge

Die Stellung ist für Weiß verhältnismäßig günstig, weil der schwarze Bauer weit zurückgeblieben ist. Es folgte:

1. Se4–f2	Ke1–f1
2. Sf4–d3	Kf1–g2
3. Ke3–f4	Kg2–h3

Der schwarze König muß so schnell wie möglich aus der Ecke weg. Nach 3. ... Kh2 4. Kg4 Kg2 kann Weiß den anderen Springer bereits mobilisieren: 5. Sc3 b5 6. Sd5 b4 7. Se3† Kh2 8. Se1 b3 9. Sf3† Kh1 10. Kg3 b2 11. Sg4 b1D 12. Sf2 matt.

4. Sd3–e1	Kh3–h4
5. Se1–g2†	

Beim Hochtreiben des Königs ist so ein Springerschach von der Seite oft wirkungsvoll.

5. ...	Kh4–h5

Nach 5. ... Kh3? 6. Kf3 entsteht ein Spiegelbild von Stellung 13.

6. Kf4–f5	Kh5–h6
7. Sg2–f4	Kh6–g7
8. Kf5–e6	Kg7–f8

Nach 8. ... Kg8 9. Ke7 Kg7 kann Weiß wieder den anderen Springer heranholen: 10. Sd6 und Matt in wenigen Zügen.

9. Sf4–h5	Kf8–e8
10. Sh5–g7†	

Das Schach von der Seite.

10. ...	Ke8–d8

Nach 10. ... Kf8 11. Kf6 entsteht wieder die Variation von Stellung 13.

11. Ke6–d6	Kd8–c8
12. Sg7–e6	Kc8–b7

Der unbewegliche Springer kommt bereits zur Geltung.

13. Se6–c7	Kb7–c8
14. Kd6–e7	Kc8–b8
15. Ke7–d8	Kb8–b7
16. Kd8–d7	Kb7–b8
17. Sc7–a6†	Kb8–b7
18. Sa6–b4	Kb7–b8
19. Sb5–d6	b6–b5
20. Sb4–c6†	Kb8–a8
21. Kd7–c7	b5–b4
22. Sd6–c4	b4–b3
23. Sc4–b6	matt.

Wir lassen eine der vielen Analysen des großen Endspielkomponisten Troitzki folgen. Dieser hat das Problem der zwei Springer gegen Bauer gründlich untersucht und ist zu einer Anzahl bemerkenswerter Schlußfolgerungen gekommen, auf die wir später noch zurückkommen.

Stellung 15

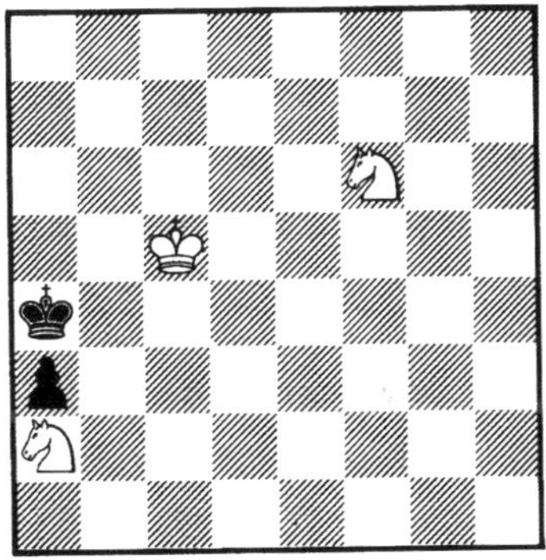

Weiß am Zuge

1. Sf6–d5!	Ka4–b3

Der schwarze König begibt sich in die Höhle des Löwen; aber das war nicht zu vermeiden.
Nach 1. ... Ka5 2. Sdb4 Ka4 3. Kb6 Kb3 4. Kb5 entsteht eine mit der Textfolge erreichte Stellung.

2. Sd5–b4	Kb3–b2

Es führt kein Weg zurück; auf 2. ... Ka4 folgt 3. Kb6 Kb3 4. Kb5.

3. Kc5–c4	Kb2–a1
4. Kc4–c3	Ka1–b1
5. Kc3–b3	Kb1–a1
6. Sa2–c3!	und matt

Ein hübsches Muster, das an eine Komposition denken läßt; aber daß so etwas auch in der Praxis vorkommen kann, lehrt das folgende Endspiel.

Stellung 16

Lilienthal–Smyslov (Moskau 1941)

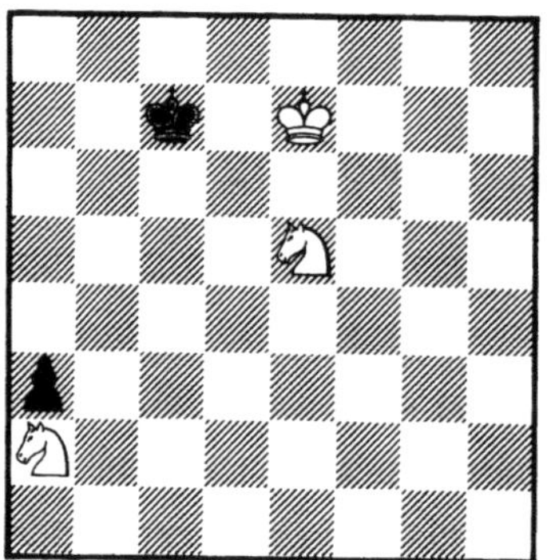

Schwarz am Zuge

Es folgte:

1. ... Kc7–c8?

Troitzki hat nachgewiesen, daß Schwarz mit 1. ... Kb6 hätte Remis machen können: 2. Kd6 Kb5 3. Kd5 Kb6. Er merkt ferner an, daß Schwarz das Remis sicherstellt, wenn er in das Gebiet e8-d7-c6-c5-c4-d4-e4-f4-g5-h6 eindringt. In der Stellung, die nach 3. ... Kb6 entstanden ist, kann Weiß das nicht auf die Dauer verhindern. Der Nachweis ist nicht einfach zu führen, aber Troitzki hat diese und viele ähnliche Feststellungen vortrefflich nachgewiesen und so wichtige Hinweise für die Behandlung dieser schwierigen Endspiele gegeben.

2. Se5–f7!

In der Partie geschah 2. Sd3?, das das Remis besiegelte. Der Textzug und die weitere Ausarbeitung sind wieder von Troitzki.

2. ... Kc8–b7

2. ... Kc7 3. Sd8 Kb6 4. Kd6 führt zur gleichen Stellung, während 2. ... Kc7 3. Sd8 Kc8 4. Se6 Kb7 5. Kd6 den Prozeß beschleunigt.

3. Ke7–d6 Kb7–b6
4. Sf7–d8 Kb6–b5
5. Kd6–d5 Kb5–b6

Der schwarze König kehrt zurück, weil Gefahr droht, daß Stellung 15 entsteht: 5. ... Ka4 6. Kc4 Ka5 7. Kc5, und nun:

1. 7. ... Ka4 8. Sc6 Kb3 9. Scb4 und wir gelangen zur Abwicklung von Stellung 15.

2. 7. ... Ka6 8. Se6,

2a. 8. ... Ka5 9. Sc7 Ka4 10. Sd5 Ka5 11. Sdb4 usw., siehe Stellung 15

2b. 8. ... Kb7 9. Kb5 Kc8 10. Kc6 Kb8 11. Sc5 Kc8 12. Sb7 usw. (Stellung 13).

6. Sd8–e6 Kb6–b5
7. Se6–c7†

Das Schach von der Seite.

7. ... Kb5–b6

Nach 7. ... Ka4 8. Kc4 gewinnt Weiß entsprechend der beim 5. Zug gegebenen Varianten.

8. Kd5–d6 Kb6–b7
9. Sc7–d5 Kb7–c8
10. Kd6–e7

Der schwarze König darf nicht entkommen.

10. ... Kc8–b7
11. Ke7–d7 Kb7–b8

11. ... Ka6 12. Kc6 Ka7 13. Se7 Ka6 14. Sc8 führt zu einer Stellung der Textfolge.

12. Sd5–e7	Kb8–b7
13. Se7–c8	Kb7–a6

Nach 13. ... Kb8 14. Sd6 Ka7 15. Kc6 Ka6 16. Sb7 entsteht ein Spiegelbild von Stellung 13.

14. Kd7–c6	Ka6–a5
15. Sc8–b6	Ka5–a6
16. Sb6–c4	Ka6–a7
17. Sc4–d6	Ka7–a6
18. Sd6–b7	

Endlich wieder Stellung 13. Nun kann der König nicht mehr aus der Ecke entlaufen.

18. ...	Ka6–a7
19. Sb7–c5	Ka7–b8
20. Kc6–d7	Kb8–a7
21. Kd7–c7	Ka7–a8

Der schwarze König steht verkehrt und die Umgruppierung von Stellung 12 ist nötig, um mattzusetzen. Es muß also folgen: 22. Kb6 Kb8 23. Sb7 Kc8 24. Kc6 Kb8 25. Sd6 Ka7 26. Kb5 Kb8 27. Kb6 Ka8 28. Kc7 Ka7 29. Sb4! a2 30. Sc8† Ka8 31. Sc6 a1D 32. Sb6 matt.
Mit der Behandlung dieser Endspiele hat der Leser einen Einblick in die Möglichkeiten dieses sehr beschwerlichen Endspiels erhalten. Die vollständige Beherrschung ist allein Größen wie Troitzki gegeben, der ein Lebenswerk daraus gemacht hat.
Die Gewinnchancen hängen aufs engste mit dem Stand des schwarzen Bauern zusammen. Troitzki gibt als äußerste Stellung der verschiedenen Bauern: a4-b6-c5-d4-e4-f5-g6-h4. Donner, der diese Endspiele ebenfalls studiert hat, meint, daß der b-Bauer (oder g-Bauer) zur Not auf b5 (resp. g5) stehen kann.
Ein schwieriges Problem bildete bis vor kurzem die 50-Züge-Regel. Nach den Experten erfordert die Mattführung eine Zügezahl zwischen 60 und 90. Die Regeln der FIDE schreiben jedoch vor, daß ein Spieler das Recht hat, Remis zu verlangen, wenn er nachweisen kann, daß während 50 Zügen auf beiden Seiten kein Stein geschlagen und kein Bauer gezogen worden ist.
Dem ist zugefügt worden, daß die Teilnehmer eines Turniers vor Beginn des Wettkampfes übereinkommen können, daß für dieses Endspiel (und eventuell andere Endspiele) eine Ausnahme gemacht wird, indem zum Beispiel die Höchstzahl der Züge von 50 auf 100 erhöht wird.
Die Regelkommission der FIDE hat nun im Kongreß von 1978 die Höchstzahl für die Endspiele „zwei Springer gegen Bauer“ von 50 auf 100 heraufgesetzt. Weiter steht dann die obengenannte, durch Troitzki gezogene Grenze, so daß es hier Endspiele betrifft, die theoretisch gewonnen sind.

D. Leichte Figur und Bauer gegen aK

Springer und Bauer gewinnen durchweg mühelos gegen den aK; doch es gibt einige Ausnahmefälle.

Stellung 17

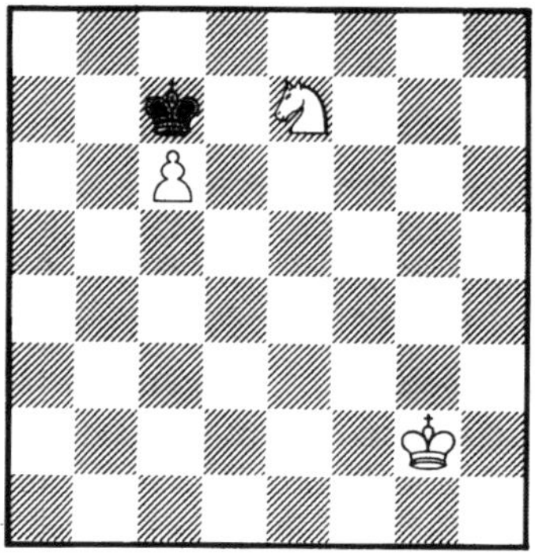

Weiß oder Schwarz am Zuge

Weiß am Zuge gewinnt:

1.	Kg2–f3	Kc7–d6
2.	Kf3–e4	

Weiß muß seinen Springer oder seinen Bauern aufgeben.

2.	...	Kd6×e7
3.	Ke4–d5 und gewinnt	

(3. ... Kd8 4. Kd6 Kc8 5. d7 usw., oder 3. ... Ke8 4. Ke6!)

Schwarz am Zug macht remis:

1.	...	Kc7–d6
2.	Kg2–f3	Kd8×e7
3.	Kf3–e4	Ke7–d6 usw.

Verteidigt der Springer den Bauern von der anderen Randreihe (Sa5 deckt c6), gewinnt die stärkere Partei. Der aK kann den Springer nicht schlagen, weil dann der Bauer durchmarschiert.

Stellung 18

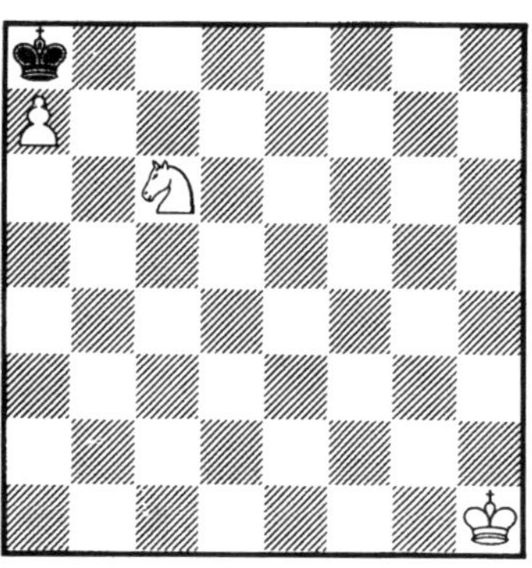

Weiß oder Schwarz am Zuge

Diese Stellung ist gleichwohl eine Ausnahme des soeben Gesagten. Der Springer deckt den Bauern von hinten, also kann der aK den S nicht schlagen; aber der aK kann zwischen a8 und b7 hin und her ziehen, und dagegen kann Weiß nichts tun, ohne den aK pattzusetzen (wenn der weiße König auf a6, b6, c7 oder c8 erscheint).
Es gibt noch einen Ausnahmefall, bei dem S+B gegen den aK nicht gewinnen können.

Stellung 19

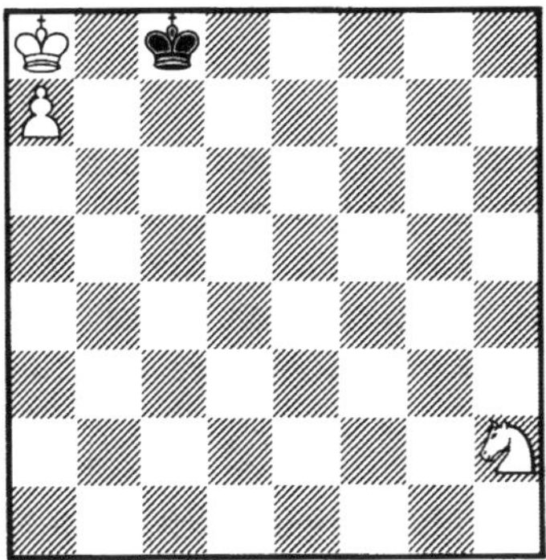

Weiß oder Schwarz am Zuge

Der weiße König ist eingeschlossen, und der Springer hat die Aufgabe, seinen König zu erlösen.

Weiß am Zuge gewinnt:

1. Sh2–f3	Kc8–c7
2. Sf3–d4	Kc7–c8
3. Sd4–e6	

Schwarz muß nun die Einschließung des Königs aufgeben, wonach Weiß gemächlich gewinnt.

Schwarz am Zuge macht remis:

1. ...	Kc8–c7
2. Sh2–f3	Kc7–c8
3. Sf3–d4	Kc8–c7
4. Sd4–e6†	Kc7–c8

Der Springer kann den König weder von c7 noch von c8 vertreiben. Die Eselsbrücke lautet: kann der aK auf ein Feld von derselben Farbe gehen, auf der der Springer steht, dann macht er remis; sonst verliert er.

Die Erklärung ist, daß der Springer stets von einem schwarzen Feld auf ein weißes springt und umgekehrt. Will der Springer den aK zum Weichen zwingen, dann muß der Springer auf einem Feld der gleichen Farbe stehen (Se7–Kc7 oder Se8–Kc8). Wenn Weiß also nach dem ersten Zug auf einem Feld der verkehrten Farbe steht, dann bleibt das fortwährend so.

Läufer und Bauer haben es im allgemeinen bequemer; es spielt keine Rolle, von welcher Seite aus der Bauer gedeckt wird.

Es gibt jedoch zwei Ausnahmefälle.

1.

Stellung 20

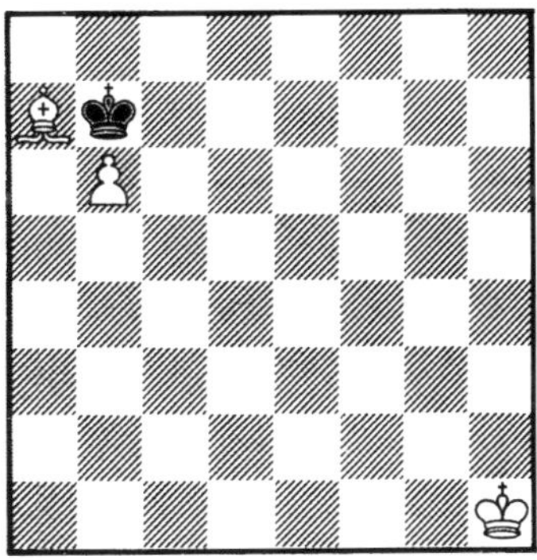

Weiß oder Schwarz am Zuge

Der weiße Bauer ist zuverlässig gedeckt, doch Weiß kann nicht verhindern, daß der schwarze König zwischen a8 und b7 hin- und herpendelt. Erscheint der weiße König auf einem Feld, wo er b7 deckt, wenn der schwarze König sich auf a8 befindet, ist Schwarz patt.

Der einzige Weg, den Weiß noch probieren kann, ist, den Läufer zu opfern, aber auch das führt nicht zum Erfolg:

(weißer K auf c5) 1. Lb8 Kb8: 2. Kc6 Kc8 3. b7† Kb8 4. Kb6 patt.
2. Läufer und verkehrter Randbauer können nicht gewinnen. Diese Regel gilt nur dann, wenn der aK das Eckfeld erreichen kann. Wird er aufgehalten, liegt der Gewinn natürlich auf der Hand.
Ein Beispiel anderer Art ist das folgende. Obschon Weiß nur über einen Randbauern mit verkehrtem Läufer verfügt, kann Weiß doch gewinnen, weil die schwarzen Bauern der eigenen Partei schaden. Nachdem sein König bewegungsunfähig gemacht ist, ist Schwarz gezwungen, seinen b-Bauern vorzurücken, und dadurch wird der weiße a- zum b-Bauern befördert, womit der Gewinn gesichert ist.

Stellung 21

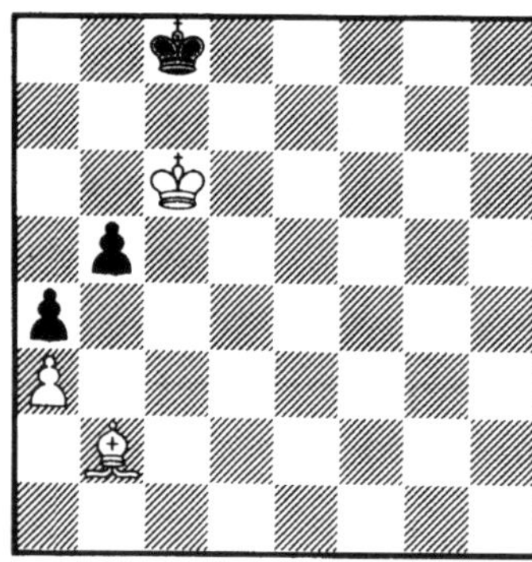

Weiß am Zuge

Weiß gewinnt wie folgt:

1. Lb2–f6!

Die einzige Gewinnmöglichkeit besteht darin, dem schwarzen König alle Felder zu nehmen und damit den Zug b5–b4 zu erzwingen. Nach 1. Le5? Kd8 2. Kb5: Kc8 wäre die Stellung glatt remis, denn wenn der weiße König a4 schlägt, gelangt der schwarze in die Ecke; das gleiche trifft auf 1. Kb5:? zu.

1. … Kc8–b8
2. Lf6–e5† Kb8–a7

Sonst geht es noch schneller:
a) 2. … Ka8 3. Kb6 b4 4. ab4: usw.
b) 2. … Kc8 3. Lc7 b4 4. ab4: usw.

3. Le5–c7 Ka7–a8

Oder 3. … Ka6 4. Lb6 b4 5. ab4: nebst matt.

4. Kc6–b6

Das Ziel ist erreicht: Schwarz muß b5–b4 spielen.

4. … b5–b4
5. a3×b4 und gewinnt.

2. Bauernendspiele

Wir unterscheiden die folgenden Abteilungen:
A. König und ein oder zwei Bauern gegen aK
B. König und Bauer gegen König und Bauer
C. König und zwei Bauern gegen König und Bauer
D. König und zwei Bauern gegen König und zwei Bauern
E. Mehr Bauern: einige Fälle aus der Praxis

A. König und ein oder zwei Bauern gegen aK

Die Endspiele König und Bauer gegen den aK gehören zu den einfachsten, daher werden wir uns hier auf König und zwei Bauern gegen den aK beschränken. Im allgemeinen ist dies eine einfache Sache; es können jedoch besondere Umstände eintreten. Bei Doppelbauern ist der Gewinn gesichert, wenn diese nicht zu weit vorgerückt sind und wenn der „Vordermann" dieser Bauern nicht unmittelbar erobert werden kann. Hier eine Illustration der zwei genannten „Wenns".

Stellung 22

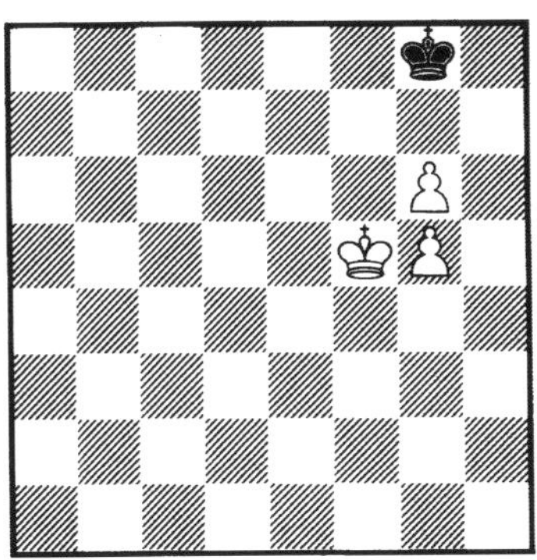

Weiß oder Schwarz am Zuge

Schwarz am Zuge macht remis durch 1. ... Kg7 mit Eroberung des „Vordermannes".
Weiß am Zuge kommt ebensowenig weiter: 1. Kf6 Kf8 2. g7† Kg8 3. g6 oder 3. Kg6 patt.
Auch ohne Doppelbauern können kleine Finessen auftreten.

Stellung 23

(mit einer Variation)*

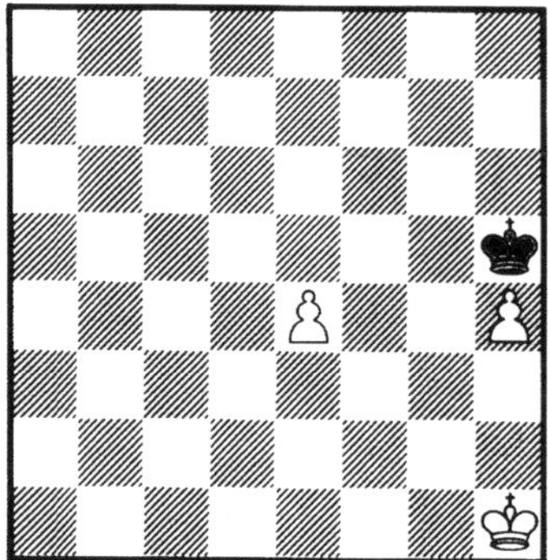

Weiß am Zuge

Zwei Varianten: 1. e5 Kg6 2. Kg2 Kf5 3. Kg3 Ke5 4. Kg4 Kf6, remis und 1. Kg2 Kh4 2. Kf3 Kg5 3. Ke3 Kf6 remis. Anzumerken ist, daß drei Linien voneinander entfernte Bauern einigermaßen verwundbar sind, während das nicht der Fall ist, wenn die Bauern dichter beieinander stehen und nur zwei Linien voneinander getrennt sind. In Stellung 23 stellen wir den *weißen Bauern e4 nach f4*, im übrigen ändert sich nichts. Weiß gewinnt leicht: 1. f5 Kh6 2. Kg2 Kg7 3. h5 Kf6 4. h6. Die Bauern beschirmen einander indirekt, was *nicht* der Fall ist bei einem Abstand von drei Linien, manchmal auch nicht bei vier Linien (siehe Abteilung 2).

Noch ein einfaches Beispiel, aus dem sich ein Aspekt ableiten läßt, der vor allem in Bauernendspielen fortwährend an der Tagesordnung ist: daß es ein Nachteil sein kann, am Zuge zu sein.

Stellung 24

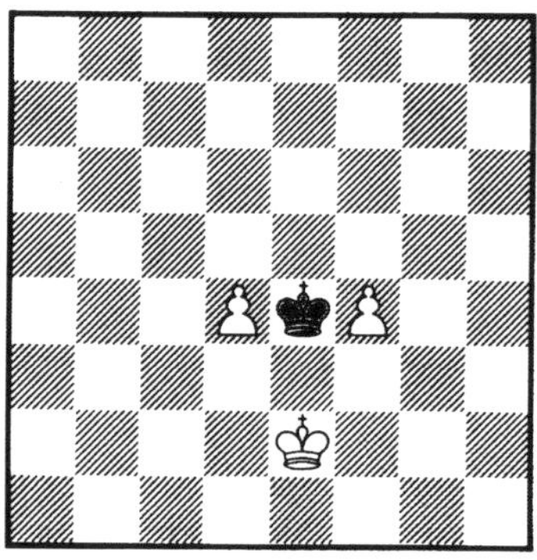

Weiß oder Schwarz am Zuge

Weiß am Zug macht nur remis: 1. Kd2 Kd4:, oder 1. Kf2 Kf4:. Ist jedoch *Schwarz am Zuge*, dann gewinnt Weiß: Auf 1. ... Kd4: folgt 2. Kf3 und auf 1. ... Kf4: 2. Kd3 (der schwarze König fungiert hier deutlich als der „Esel zwischen zwei Heuhaufen“).

*) Man beachte den Unterschied zwischen den Wörtern „Variante“ und „Variation“. Variante bezieht sich auf eine andere Zugreihenfolge, Variation auf eine andere Stellung.

B. König und Bauer gegen König und Bauer

Die zu verfolgende Strategie in diesen Endspielen hängt großenteils ab vom gegenseitigen Stand der Bauern.
Wir unterscheiden:
1. Bauern auf der gleichen Linie
2. Bauern auf angrenzender Linie
3. Die übrigen Fälle: Wettlauf der Freibauern

B 1. Bauern auf der gleichen Linie

Wenn die Bauern einander direkt gegenüber stehen, wird durchweg eine der beiden Parteien am längeren Ende sein und den feindlichen Bauern erobern. Das braucht gleichwohl nicht zum Verlust für die schwächere Partei zu führen, nämlich dann nicht, wenn diese in der Lage ist, nach dem Schlagen in die Opposition zu gehen.

Stellung 25

(mit zwei Variationen)

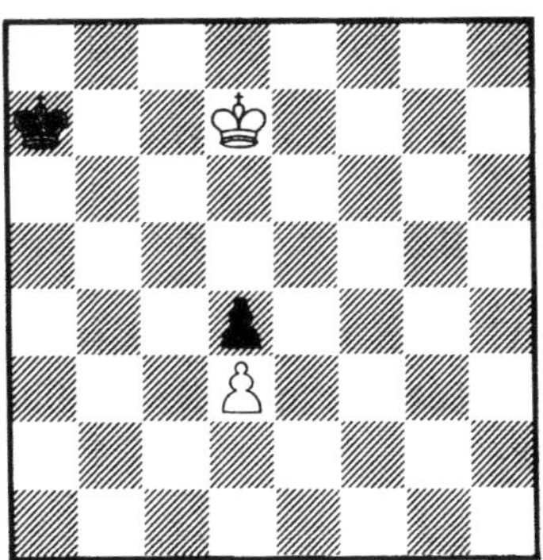

Weiß am Zuge

Weiß kann nicht gewinnen.

1. Kd7–c6	Ka7–b8
2. Kc6–c5	Kb8–c7
3. Kc5×d4	Kc7–d6

Schwarz hat die Opposition und macht remis. Keine Rettung bringt die Opposition, wenn der schwarze Bauer auf der 6. Reihe geschlagen wird. Denn die Stellung Weiß: Kd6, Bd5, Schwarz Kd8 ist in jedem Falle für Schwarz verloren, ob mit oder ohne Opposition.
Stellen wir nun im obigen Bild den *schwarzen König auf a6* und ändern im übrigen nichts. Unter diesen veränderten Umständen ist die Partie für Weiß gewonnen, weil sein König den Feind in seinen Bewegungen behindern kann.

1. Kd7–c6!

Nach 1. Kd6 Kb7 2. Kc5 Kc7 wird die Partie remis; doch nun kommt Schwarz zu spät: 1. ... Ka7 2. Kc5 Kb7 3. Kd4: Kc6 4. Ke5 usw. Man achte darum stets darauf, daß der König in seinen Bewegungen oft die Wahl hat. Ein König, der von h8 nach h1 gehen muß, braucht nicht am rechten Rand zu bleiben, sondern kann sich die Freiheit erlauben, die Route g7-f6-e5-e4-f3-g2-h1 zu wählen, ohne damit Zeit zu verlieren. Der gerade Weg ist hier nicht der kürzere, denn alle Wege sind gleich lang!
Stellen wir nun im Bild 25 *den schwarzen König auf a5* und lassen wir alles

andere wie zuvor. Auch nun gewinnt Weiß:

1. Kd7–c6!

Wieder dasselbe: der König muß von d7 nach d4, wählt jedoch nicht den geraden Weg, sondern versperrt seinem schwarzen Kollegen den Weg. Nach 1. Kd6 Kb6 2. Kd5 Kc7 3. Kd4: Kd6 wäre die Partie remis geworden.

1. ... Ka5–b4

Es ist deutlich, daß Schwarz nach 1. ... Ka6 zu spät kommt.

2. Kc6–d5 Kb4–c3
3. Kd5–e4 usw.

Die charakteristische Stellung: wer am Zuge ist, muß die Deckung seiner Bauern aufgeben. Hier ist es also Schwarz, und darum verliert er.

B 2. Bauern auf angrenzenden Linien

Wenn Weiß in nachstehender Stellung zu schnell zugreift, kann Schwarz in augenscheinlich verlorener Lage remis machen, indem er seinen a-Bauern anbietet.

Stellung 26

Eine Komposition von Horwitz (1884)

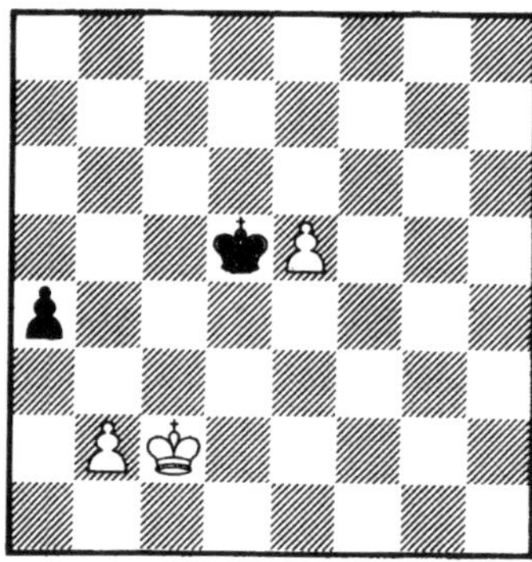

Weiß am Zuge

Es sieht danach aus, daß Weiß schnell gewinnen kann mit 1. Kc3 Ke5: 2. Kb4, doch Schwarz kann sich besser verteidigen: 1. Kc3 a3! Sowohl nach 2. ba3: Ke5: 3. Kc4 Kd6 4. Kb5 Kc7 wie auch nach 2. b4 Ke5: 3. Kb3 Kd5 4. Ka3: Kc6 vermag Weiß den Gewinn nicht zu erzwingen. Wir müssen also sorgfältiger zu Werke gehen:

1. Kc2–b1! a4–a3

Nach 1. ... Ke5: 2. Ka2 Kd5 3. Ka3 Kc5 4. Ka4: ist die Gewinnführung einfach.

2. b2–b3 Kd5×e5
3. Kb1–a2 Ke5–d4
4. Ka2×a3 Kd4–c5
5. Ka3–a4 und Weiß gewinnt.

Das „Abhalten“ kann auch in diesen Endspielen vorkommen.

Stellung 27

Eine Komposition von Adamson (1915)

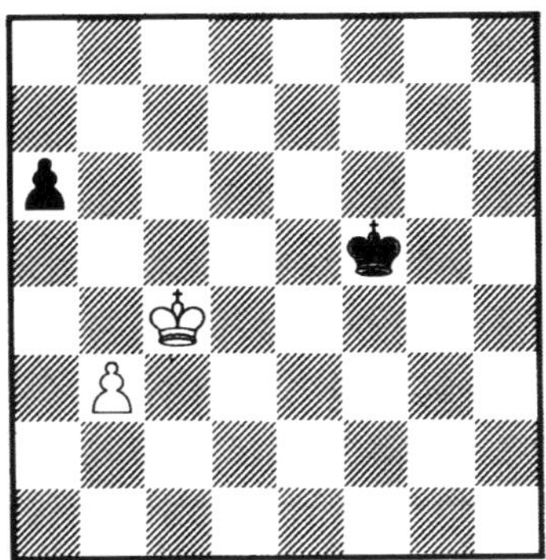

Weiß am Zuge

Augenscheinlich kann Weiß einfach gewinnen, indem er den schwarzen a-Bauern in kürzestmöglicher Zeit erobert: 1. Kc5 Ke4 2. Kb6, doch Schwarz spielt 2. ... Kd4, und Weiß kann den schwarzen Bauern nicht erobern, ohne den eigenen zu verlieren. Weiß kann jedoch wie folgt gewinnen:

1. Kc4–d4!

Eine bemerkenswerte Art des „Abhaltens". Auf der Hand liegt 4. Kd5, aber das bringt nichts ein wegen 1. ... Kf4, wonach Schwarz ebenso schnell zum weißen Bauern läuft wie Weiß zum schwarzen.

1. ... Kf5–f4

Auch nach 1. ... Ke6 2. Kc5 Ke5 3. b4! ist der Sieg für Weiß gesichert.

2. b3–b4!

Das ist der Tempogewinn, den Weiß sich durch seinen ersten Zug verschafft hat. Der Rest ist einfach.
Nun ein drittes Beispiel, das eine Art Übergang bildet zur letzten Kategorie dieser Endspiele:

Stellung 28

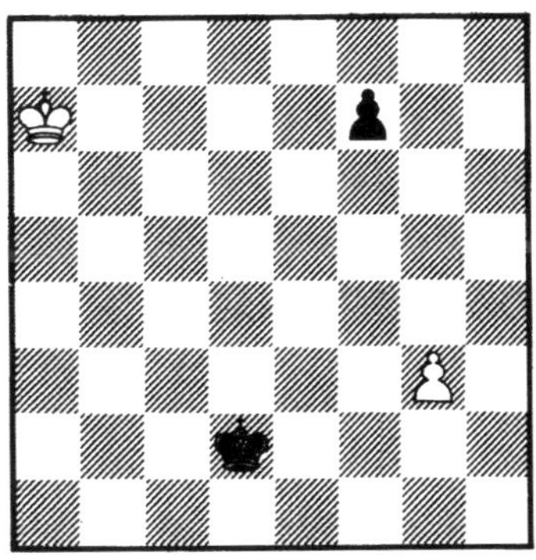

Weiß am Zuge

Diese Stellung sieht hoffnungslos aus für Weiß: der schwarze König steht viel näher am weißen Bauern als der weiße am schwarzen. Es folgt jedoch:

1. Ka7–b6	Kd2–e3
2. Kb6–c5	Ke3–f3
3. Kc5–d5	Kf3×g3

Auch nach 3. ... f5 4. Ke5 Kg4 5. Kf6 kann Schwarz nicht gewinnen.

4. Kd5–e5

und Weiß erobert den schwarzen f-Bauern.

Stellung 29

Aus einer Partie Yates–Marshall (Karlsbad 1929)

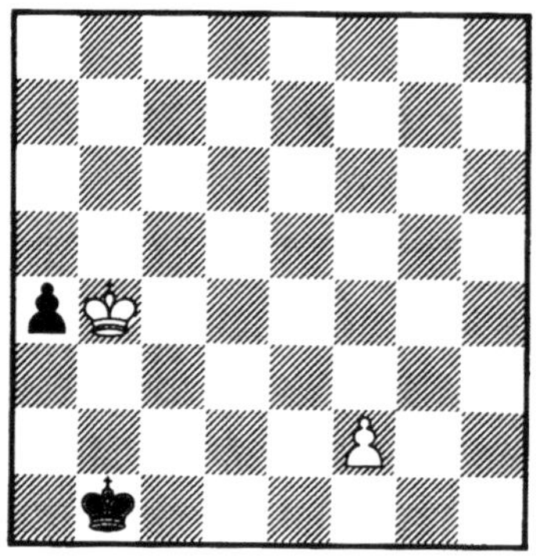

Schwarz am Zuge

Der schwarze König befindet sich außerhalb des Quadrats des weißen Freibauern. Nach 1. ... Kc2 2. f4 entwischt denn auch der weiße Bauer.
Es folgt jedoch:

1. ... Kb1–b2!

mit der Drohung 2. ... a3, die den weißen zwingt, den a-Bauern unverzüglich unschädlich zu machen.

2. Kb4×a4 Kb2–c3

Nun ist der schwarze König im Quadrat. Schwarz hält mühelos remis.
Im folgenden Beispiel erweist sich nicht allein von entscheidender Bedeutung, welcher Bauer den Wettlauf gewinnt, sondern auch, ob bei gleichzeitigem Eintreffen der Bauern die Umwandlung mit Schach geschieht oder andere Möglichkeiten eröffnet.

Stellung 30

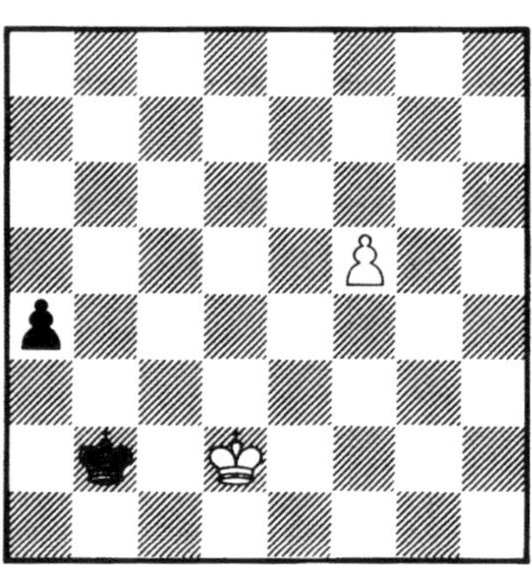

Weiß am Zuge

Weiß gewinnt, weil er nach der Umwandlung unmittelbar zuschlagen kann:

1. f5–f6 a4–a3
2. f6–f7 a3–a2
3. f7–f8D a2–a1D
4. Df8–b4† Kb2–a2
5. Kd2–c2 und gewinnt.

Viel verwickelter ist das folgende Beispiel.

Stellung 31

Aus einer Partie Van Scheltinga–Cortlever (Beverwijk 1947)

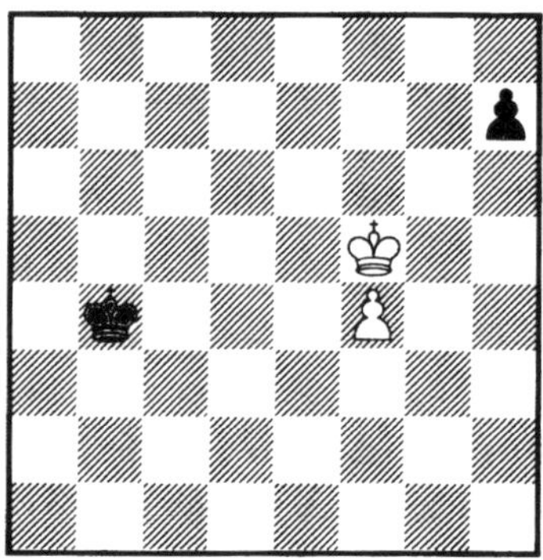

Schwarz am Zuge

Es folgte:

1. ... Kb4–c4

Mehr auf der Hand lag 1. ... Kc5, doch darauf geschieht 2. Ke6 h5 3. Kf5!. Der weiße König kehrt zurück und erobert den schwarzen Freibauern. Auf den Textzug klappt dieses Manöver nicht, weil der schwarze König rechtzeitig zum weißen Freibauern gelangt.

2. Kf5–e4 Kc4–b5

2. ... Kc5 3. Ke5 Kc6 (sonst läuft der f-Bauer wieder mit Schach zur Dame) kommt auf dasselbe hinaus. Ferner führt 2. ... h5 3. f5 Kc5 4. Ke5 Kc6 4. Ke6 gleichfalls zu Stellungen, die uns später im Textverlauf begegnen.

3. Ke4–e5 Kb5–c6

Oder 3. ... h5 4. f5 Kc6 (4. ... h4 5. Kf4) 5. Ke6 womit eine Stellung aus dem Text erreicht ist.

4. Ke5–e6 Kc6–c7

Läßt es Schwarz nun auf den Wettlauf der Freibauern ankommen, wandelt sich der weiße zwar nicht mit Schachgebot um, doch die Folgen sind ebenso schwerwiegend: 4. ... h5 5. f5 h4 6. f6 h3 7. f7 h2 8. f8D h1D 9. Da8† usw.

5. f4–f5!

Jetzt würde 5. Ke7 h5 6. f5 usw. nur zum Remis führen.

5. ... Kc7–d8

Nicht 5. ... h5 6. f6 Kd8 7. f7 und der schwarze König kommt nicht zurecht.

6. Ke6–f7!

6. f6 Ke8 ist nur remis.

6. ... h7–h5
7. f5–f6 h5–h4
8. Kf7–g7 h4–h3
9. f6–f7 und Weiß holt sich die Dame mit Schach.

C. König und zwei Bauern gegen König und Bauer

In den meisten Fällen wird das materielle Übergewicht eines Bauern ausreichend sein für den Gewinn. Durchweg ist die Gewinnführung einfach; es gibt jedoch Stellungen, in denen es äußerst schwierig oder gar nicht möglich ist, den vollen Punkt zu gewinnen.
Wir unterscheiden die folgenden Fälle:

1. Doppelbauer
2. Gedeckter Freibauer
3. Zurückgebliebener Bauer
4. Verbundene Bauern (außer wie in 2 und 3)
5. Vereinzelte Bauern, kein Freibauer
6. Freibauer

C 1. Doppelbauer

Stellung 32

Eine Komposition von W. Bähr

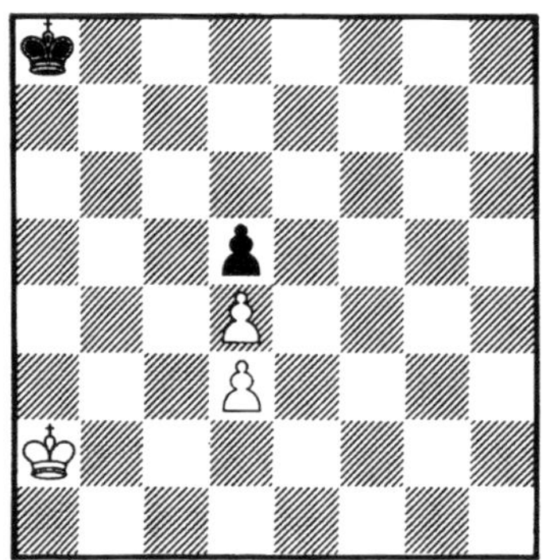

Weiß oder Schwarz am Zuge

Weiß am Zuge kann nicht gewinnen, weil der schwarze König imstande ist, die Opposition zu behaupten und so zu verhindern, daß der weiße König nach c5 eindringt.

Zu diesem Zweck muß, wenn der weiße König auf b4 erscheint, der schwarze auf b6 oder c6 stehen. Feld c6 reicht gleichwohl nicht aus, weil der weiße König dann die bekannte Umgehungsbewegung vollführen kann. Also (weißer König auf b4, schwarzer auf c6): 1. Kb4–a5 Kc6–c7 2. Ka5–b5 Kc7–d6 3. Kb5–b6 usw.

Schlußfolgerung: der schwarze König muß auf b6 in Opposition gehen, wenn der weiße König auf b4 steht. Daraus folgt ferner, daß der schwarze König nach a6 kommen muß, wenn der weiße auf a4 steht.

Fragen wir nun, auf welches Feld der schwarze König gehen muß, sobald der weiße auf b3 steht.

Nicht auf b6, denn darauf würde Kb3–b4 folgen, und ebensowenig auf c6 wegen Kb3–a4. Auch nicht auf c7, denn dann könnte Schwarz nach Kb3–a4 nicht in die Opposition (nach a6) gehen, und auch nicht auf a7 aus einem ganz anderen Grunde. Der weiße König ist dann nämlich in der Lage, über die andere Seite einzugreifen: 1. Kb3–c3 Ka7–b7 2. Kc3–d2 Kb7–c6 3. Kd2–e3 Kc6–d6 4. Ke3–f4 Kd6–e5 5. Kf4–g5 usw.

Wir sehen hieraus: der schwarze König muß, um dieser Umgehung entgegentreten zu können, sich auf der gleichen senkrechten Linie befinden wie der weiße König; ferner hat er die Möglichkeit zu beobachten, in die Opposition zu gehen. Hieraus folgt, daß b7 das einzige Feld ist, das beide Forderungen erfüllt: steht der weiße König auf b3, dann muß der schwarze b7 betreten. Dort steht er in der Fernopposition mit vier Feldern Abstand.

Nun ist leicht einzusehen, daß Weiß am Zuge nicht gewinnen kann, weil der schwarze König auf der a- und b-Linie die Opposition halten kann. Auf den Linien c, d und e ist die Opposition ohne Belang, auf den f- und g-Linien jedoch sehr wohl. Fragen wir nach der richtigen Stellung des schwarzen Königs, wenn der weiße auf c2 steht, dann hat dieser die Wahl zwischen c6, c7 und c8, aber wenn dieselbe Frage gestellt wird für den weißen König auf f4, dann kann allein der schwarze König auf f6 den Verlust abwenden.

Eine einzige Variante: 1. Ka2–b2 Ka8–b8 2. Kb2–a3 Kb8–a7 3. Ka3–b3 Ka7–b7 4. Kb3–c3 Kb7–c7 (4. ... Kc6 ist auch gut) 5. Kc3–d2 Kc7–d6

6. Kd2–e3 Kd6–e7 (6. ... Ke6 tut es auch) 7. Ke3–f4 Ke7–f6 8. Kf4–g4 Kf6–g6 usw.
Schwarz am Zuge verliert, weil er nicht gleichzeitig beide gestellten Forderungen erfüllen kann:
a. im richtigen Moment die Opposition einzunehmen und
b. nicht mehr als eine Linie zurückzustehen bei einer Schwenkung des weißen Königs zur anderen Brettseite.

1. ... Ka8–b8
2. Ka2–b2

Weiß hat einzig und allein darauf zu achten, daß Schwarz nicht Gelegenheit erhält, in die Opposition zu gehen (die gewöhnliche oder entfernte). Darum ist 2. Kb3 fehlerhaft wegen 2. ... Kb7! und 2. Ka4 wegen 2. ... Ka7! Wenn Schwarz einmal die Opposition hat, kann er sie stets festhalten.

2. ... Kb8–c7

2. ... Ka7 und 2. ... Ka8 sind verfehlt, weil der weiße König dann über den anderen Flügel eindringt. Ferner wird 2. ... Kb7 beantwortet mit 3. Kb3 (siehe den folgenden Zug).

3. Kb2–a3!

Mit 3. Kc3 Kc6 würde Weiß den Gewinn verspielen, während 3. Kb3 beantwortet wird mit 3. ... Kb7 (Opposition). Der Textzug beruht darauf, daß Schwarz nun keines der Oppositionsfelder a7 oder a5 erreichen kann.

3. ... Kc7–b7

Auf 3. ... Kc6 folgt 4. Ka4, und 3. ... Kb6 wird beantwortet mit 4. Kb4.

4. Ka3–b3

Das weitere ist nun einfach: 4. ... Ka7 5. Kc3 (Schwenkung), oder 4. ... Kb6 5. Kb4, oder 4. ... Kc6 5. Ka4, oder 4. ... Ka6 5. Ka4. Zu beachten ist, daß in diesem letzten Fall die Schwenkung nach dem anderen Flügel keinen Erfolg hat: 4. ... Ka6 5. Kc3? Ka5 6. Kd2 Kb4 7. Ke3 Kc3 usw. Auf 7. Ke2 würde nicht 7. ... Kc3, sondern zuerst 7. ... Kb3! folgen.
Ein zweites, ebenfalls schwieriges Endspiel, in dem jedoch die Opposition keine belangreiche Rolle spielt.

Stellung 33

Eine Komposition von Grigoriev

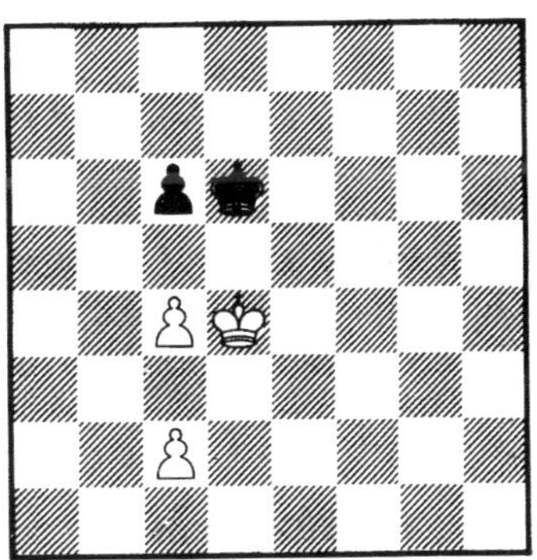

Weiß oder Schwarz am Zuge

Schwarz am Zuge verliert ziemlich chancenlos, weil Weiß die Opposition hat: 1. ... Kd7 2. Kc5 Kc7 3. c3 usw., 1. ... c5† 2. Ke4 Ke6 3. c3 usw.
Weiß am Zuge kann nicht gewinnen, wie nachstehend ausgeführt wird.

1. c4–c5†

Der einzige ernsthafte Gewinnversuch. Auf 1. Ke4 folgt 1. ... Ke6; auf 1. Kd3 geschieht nicht 1. ... Kc5? wegen 2. Kc3 und gewinnt, sondern 1. ... Ke5 nebst 2. ... c5. Ferner wird 1. Kc3 beantwortet mit 1. ... c5.

1. ...	Kd6–e6
2. Kd4–e4	Ke6–f6
3. Ke4–d3	Kf6–e6!

Es ist lehrreich nachzuprüfen, warum 3. ... Ke5 zum Verlust führt. Es folgt dann: 4. Kc4 Ke4 (oder 4. ... Ke6 5. Kb4 Kd5 6. c3 und der weiße König erreicht b6) 5. c3! Ke5 6. Kb3! (nach 6. Kb4 Kd5 ist es remis) 6. ... Ke6 7. Ka4! (Weiß spielt so, daß er 7. ... Kd5 mit 8. Kb4 beantworten kann) 7. ... Ke5 8. Ka5 usw.

4. Kd3–c4	Ke6–e5
5. c2–c3	

Nach 5. Kb3 Kd5 6. Kb4 Kd4 ist es gleich remis (7. c3† Kd5 oder 7. c4 Kd3!).

5. ...	Ke5–e6
6. Kc4–b3	Ke6–d7!

Schwarz muß verhindern, daß Weiß auf der anderen Seite eindringt.

7. Kb3–b4	Kd7–c7
8. Kb4–c4	

8. Ka5 Kb7 bringt ebensowenig ein.

8. ...	Kc7–d7
9. Kc4–d3	Kd7–e6
10. Kd3–d4	Ke6–f5
11. Kd4–c4	Kf5–e6

Weiß kommt nicht weiter (12. Kb4 Kd5, oder 12. Kb3 Kd7).

C 2. Gedeckter Freibauer

Im allgemeinen führt der Besitz eines gedeckten Freibauern auf einfache Art zum Gewinn; es gibt jedoch Ausnahmen, bei denen die Opposition manchmal eine Rolle spielt, aber keinesfalls immer.

Stellung 34

(mit zwei Variationen)

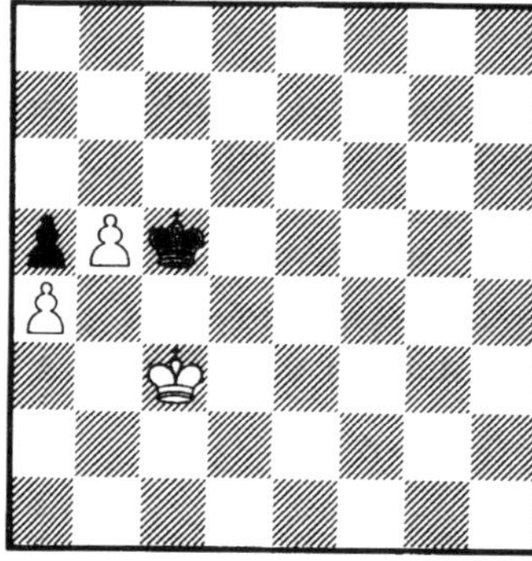

Weiß oder Schwarz am Zuge

Schwarz am Zuge muß bald das Feld räumen:

1. ...	Kc5–d5
2. Kc3–d3	Kd5–c5
3. Kd3–e4	Kc5–d6
4. Ke4–d4	Kd6–c7

Nach 4. ... Kd7 geht es leichter: 5. Kc5! (hier gerade keine Opposition) 5. ... Kc7 6. b6† Kb7 7. Kb5 usw.

5. Kd4–d5!

Wieder keine Opposition. Mit 5. Kc5 Kb7 6. b6? Ka6 würde Weiß den Gewinn verspielen, weil nach 7. Kc6 eine Pattstellung entstünde.

5. ...	Kc7–b6

5. ... Kd7 6. Kc5 Kc7 7. b6† ist einfacher.

6. Kd5–d6	Kb6–b7
7. Kd6–c5	Kb7–c7
8. b5–b6† und gewinnt.	

Weiß am Zuge hat es etwas schwerer:

1. Kc3–c2!	Kc5–d6

1. ... Kd5 2. Kd3 ist einfacher, ebenso 1. ... Kb6 2. Kd3 Kc5 3. Ke4.

2. Kc2–d2!	Kd6–e6
3. Kd2–c3	Ke6–e5
4. Kc3–c4	Ke5–d6
5. Ke4–d4	

und weiter wie oben.
Verschieben wir Stellung 34 *eine oder mehrere Linien nach rechts*, hat Weiß es bequemer, weil die bei der vorigen Aufgabe auftretenden Pattmöglichkeiten entfallen.
Wenn wir Stellung 34 *eine Reihe nach oben* verschieben, erhalten wir eine Remisposition. Der schwarze König begibt sich in die Ecke, und Weiß kann die verschiedenen Pattstellungen nicht vermeiden.
Verschieben wir dann diese letzte Stellung eine oder mehrere Linien nach rechts (waagerechter Richtung), sehen wir eine ganz neue Gewinnmethode.

Stellung 35

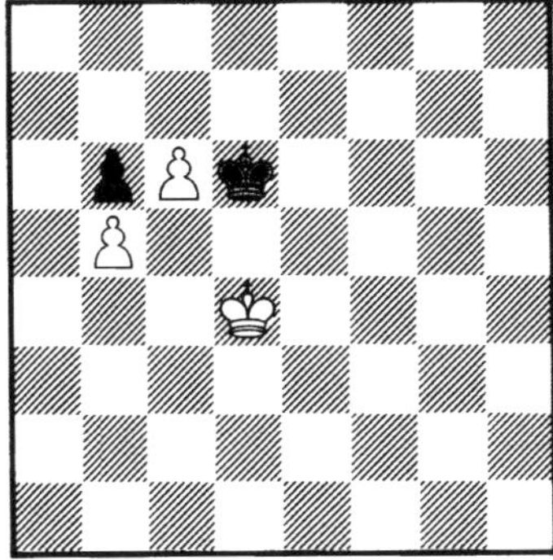

Weiß am Zuge

Weiß gewinnt:

1. Kd4–e4	

Oder auch 1. Kd3 (analog Stellung 34).

1. ...	Kd6–e6
2. Ke4–f4	Ke6–d6

Schwarz darf nicht folgen: 2. ... Kf8 3. c7.

3. Kf4–f5	Kd6–c7
4. Kf5–e6	Kc7–c8
5. c6–c7!	

Mit 5. Kd6 Kd8 6. c7† vergeudet Weiß Zeit. Er lenkt dann mit 6. ... Kc8 7. Ke6! in den Text ein.

5. ...	Kc8×c7
6. Ke6–e7	Kc7–c8
7. Ke7–d6	Kc8–b7
8. Kd6–d7 und gewinnt.	

Verschieben wir zum Schluß die ursprüngliche Stellung 34 sowohl in waagerechter als auch in senkrechter Richtung, stoßen wir auf einen Ausnahmefall.

Stellung 36

(mit einer Variation)

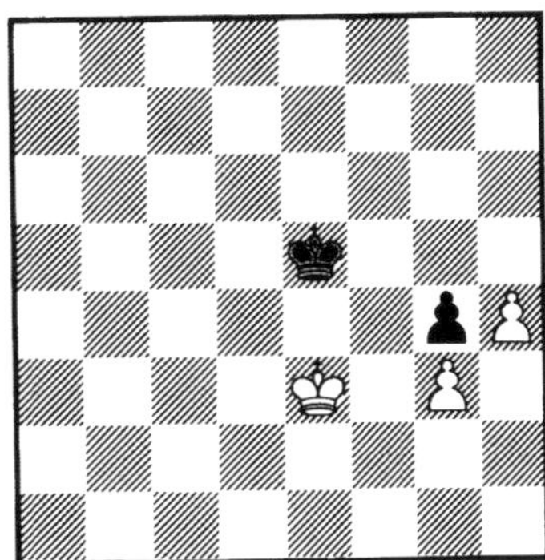

Weiß oder Schwarz am Zuge

Schwarz am Zuge verliert ohne weiteres:

1. ... Ke5–f5
2. Kd3–d4 usw.

Weiß am Zuge kann nicht gewinnen:

1. Ke3–d3 Ke5–d5
2. Kd3–c3 Kd5–e5!

Der schwarze König darf das Quadrat nicht verlassen und kann die gewöhnliche Opposition daher nicht aufrecht erhalten; doch die Schrägopposition setzt ihn instand, die gewöhnliche Opposition zu einem günstigen Zeitpunkt wiederzugewinnen.

3. Kc3–b3 Ke5–d5
4. Kb3–b4 Kd5–d4

Die seitliche Opposition.

5. Kb4–a5 Kd4–e5!

Die seitliche Fernopposition ist die einzige Möglichkeit, um remis zu erreichen.

6. Ka5–b6 Ke5–d6

Der schwarze König kehrt zur gewöhnlichen Opposition zurück, sobald dies möglich ist; 6. ... Kf6? würde nach 7. Kb5 Kf5 8. Kb4 zum Gewinn für Weiß führen.

7. Kb6–b5 Kd6–d5
8. Kb5–b4 Kd5–d4
9. Kb4–b3 Kd4–d5 remis.

Rückt der weiße Freibauer vor, kommt Schwarz rechtzeitig. Zum Beispiel von der Anfangsstellung an: 1. Kd3 Kd5 2. h5 Ke5 3. Ke3 Kf5 4. h6 Kg6 5. Kf4 Kh6: 6. Kg4: Kg6, remis.
Die Möglichkeit mit Schwarz remis zu halten, beruht darauf, daß der weiße König nicht in der Lage ist, auf der rechten Seite einzugreifen.
Das trifft auch zu, wenn die Stellung 36 eine Linie nach links verschoben wird (Weiß: Kd3 Bf3 g4, Schwarz: Kd5 Bf4).
Weiß kann auch hier nicht gewinnen: 1. Ke2 Ke5 2. Kf2 Kf6 3. Kg2 Kg6! (vor allem nicht 3. ... Kg5 wegen 4. Kh3, wonach der schwarze König zurück muß) 4. Kh3 Kg5. Nun muß der weiße König zurück.

Dementsprechend sind die Gewinnchancen hier etwas kleiner.

Stellung 37

(mit zwei Variationen)

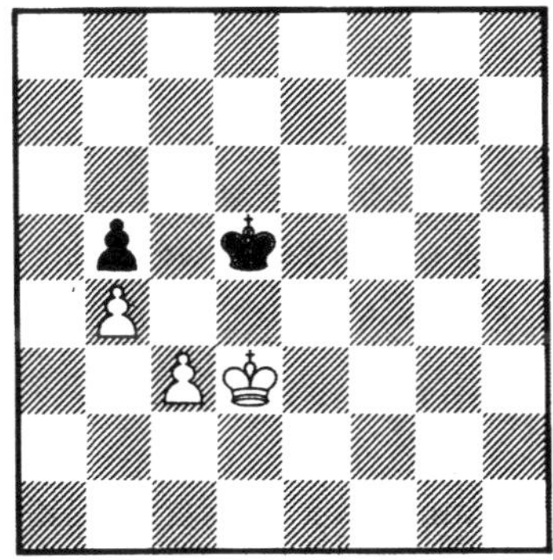

Weiß oder Schwarz am Zuge

Schwarz am Zuge verliert:

1. ... Kd5–c6

Auf 1. ... Ke5 folgt 2. c4 usw.

2. Kd3–e4!

Nicht 2. Kd4 wegen 2. ... Kd6, wonach ein Gewinn ausgeschlossen ist.

2. ... Kc6–d6
3. Ke4–d4 usw.

Weiß am Zuge kann nicht gewinnen.

1. Kd3–e3 Kd5–e5

Jedoch nicht 1. ... Kc4? 2. Kd2 Kd5 3. Kd3 und Weiß gewinnt.

2. Ke3–e2 Ke5–e6

Auch 2. ... Kd6 genügt. Schwarz muß nur dafür sorgen, daß 3. Kd3 mit 3. ... Kd5 beantwortet werden kann und 3. Ke3 mit 3. ... Ke5.
Weiß kommt nicht weiter und muß sich mit remis begnügen.
Stellung 37 kann waagerecht und senkrecht verschoben werden, wobei das gleiche herauskommt, mit zwei Ausnahmen:
a) eine Linie nach links ist immer remis wegen des Randbauern:
b) zwei Reihen nach oben ist immer gewonnen unter Berücksichtigung von a).

Stellung 38

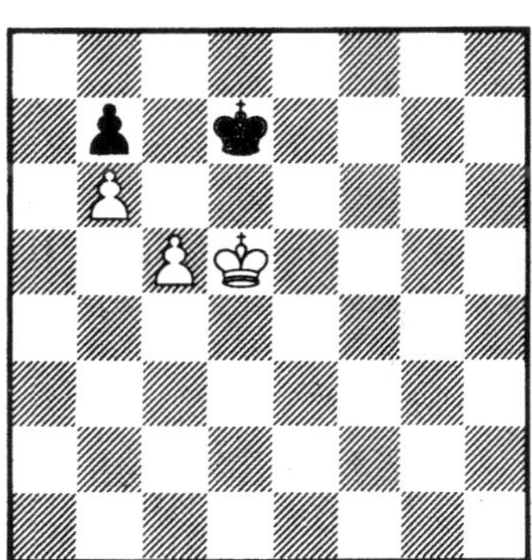

Weiß am Zuge

Weiß am Zuge gewinnt:

1. Kd5–e5!

1. c6† sieht verführerisch aus, führt aber nach 1. ... Kc8! nur zum Remis: 2. Kd6 Kb8 3. Kd7 bc6:.

1. ... Kd7–c8

Auf 1. ... Kc6 folgt 2. Kd4, und 1. ... Kd8 wird beantwortet mit 2. Kd6 Kc8

3. Ke7 Kb8 4. Kd7 und weiter wie im Text. Ferner scheitert 1. ... Ke8 an 2. c6.

2. Ke5–e6!

Nach 2. Kd6 Kd8 scheitert 3. c6 an 3. ... Kc8.

2. ...	Kc8–d8
3. Ke6–d6	Kd8–c8
4. Kd6–e7	Kc8–b8
5. Ke7–d7	Kb8–a8
6. c5–c6!	

Genau jetzt. Auf 6. ... bc6: folgt 7. Kc7, und 6. ... Kb8 7. c7† führt ebenfalls zum Matt.

Wir merken noch an, daß einige Übereinstimmung besteht zwischen Stellung 32 und dem Thema, das wir hier behandeln. Versetzen wir den Doppelbauern in Stellung 32 von d3 nach e3, dann hat Weiß einen rückständigen Bauern, der nur im Falle der Opposition zum Gewinn führt, und das ist genau so in Stellung 39. Die Schlußfolgerungen in der Behandlung bleiben gleichwohl unverändert: Weiß am Zuge kann nicht gewinnen, und Schwarz am Zuge verliert.

Stellung 39

Eine Komposition von Kling (1848)

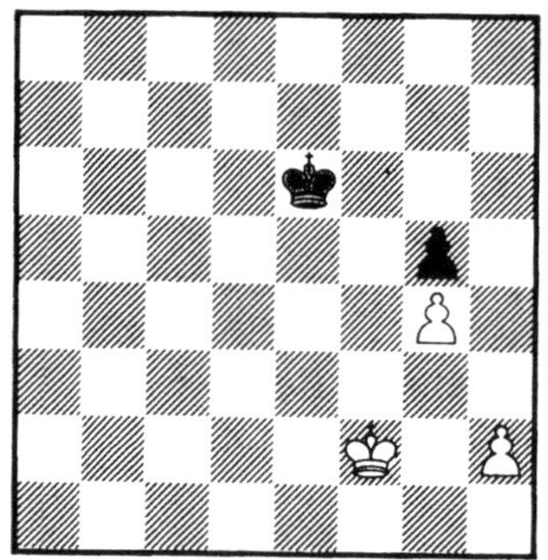

Weiß oder Schwarz am Zuge

Weiß hat hier einen Reservezug mit dem h-Bauern, und das hat entscheidende Bedeutung. *Schwarz am Zuge* verliert.

1. ...	Ke6–e5

Nach 1. ... Kf6 2. Ke3 Ke5 3. Kf3 entsteht dieselbe Stellung.

2. Kf2–f3!

Mit der Opposition kommt Weiß hier nicht weiter (2. Ke3 Kd5 3. Kd3 Ke5). Sie ist nur von Belang, wenn der weiße König eine Reihe höher steht.

2. ...	Ke5–f6

Schwarz muß nun die vierte Reihe aufgeben, denn auf 2. ... Kd5 entscheidet 3. Kg3 und 4. h4.

3. Kf3–e4	Kf6–e6

Die Opposition, die nach dem folgenden Zug von Weiß jedoch verloren geht.

4. h2–h3	Ke6–f6
5. Ke4–d5 usw.	

Weiß am Zuge hat es noch etwas schwerer:

1. Kf2–g2!	Ke6–f6

Mit 1. Ke3 Kd5 oder 1. Kf3 Ke5 ist nicht voranzukommen. Weiß wartet ab.

Schwarz will 2. Kf3 mit 2. ... Ke5 beantworten, eine Art von „schiefer“ Opposition. Auf 1. ... Ke5 folgt 2. Kf3.

2. Kg2–g3

... Kg6) der weiße König die vierte Reihe erreicht und auf die schon angegebene Art gewinnt.

Nun darf der schwarze König nicht auf die e-Linie wegen 3. h4, während nach anderen Zügen (z.B. 2. ... Kf7 oder 2.

C 4. *Verbundene, noch nicht festgelegte Bauern*

Wenn die verbundenen Bauern noch beweglich sind, ist der Sieg durchweg sicher.

Stellung 40

(mit zwei Variationen)

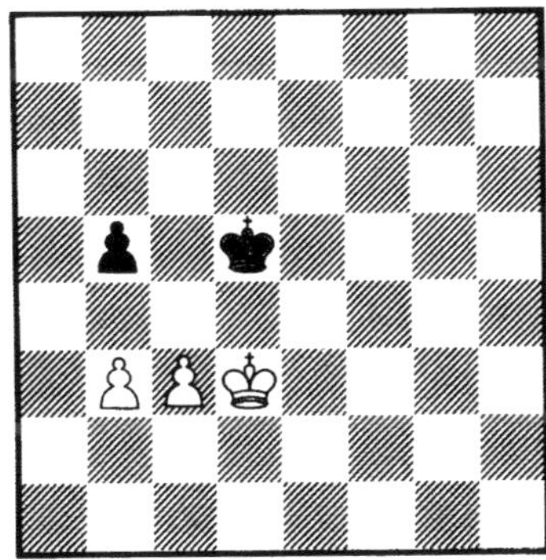

Weiß oder Schwarz am Zuge

Weiß am Zuge gewinnt:

1. b3–b4 Kd5–c6

1. ... Ke5 scheitert an 2. c4! Nach 1. ... Kd6 oder 1. ... Ke6 geht der weiße König unverzüglich in die Opposition.

2. Kd3–e4 Kc6–d6
3. Ke4–d4 und gewinnt.

Mit *Schwarz am Zuge* gewinnt Weiß ebenfalls:

1. ... Kd5–c5

Auf 1. ... Ke5 folgt 2. c4 b4 3. Ke3.

2. Kd3–e4 Kc5–d6

Oder 2. ... Kc6 3. b4 usw.

3. Ke4–d4 Kd6–c6
4. Kd4–e5

Weiß darf nicht zu früh b3–b4 ziehen.

4. ... Kc6–c5
5. b3–b4†

Auch 5. Ke6 gewinnt.

5. ... Kc5–c4
6. Ke5–d6 Kc4×c3
7. Kd6–c5 usw.

Stellung 40 kann *waagerecht* und/oder senkrecht verschoben werden, ohne daß Behandlung und Ergebnis Veränderungen unterworfen sind, jedoch mit der Ausnahme, daß bei Verschiebung nach links Weiß nicht gewinnen kann.

Stellung 41

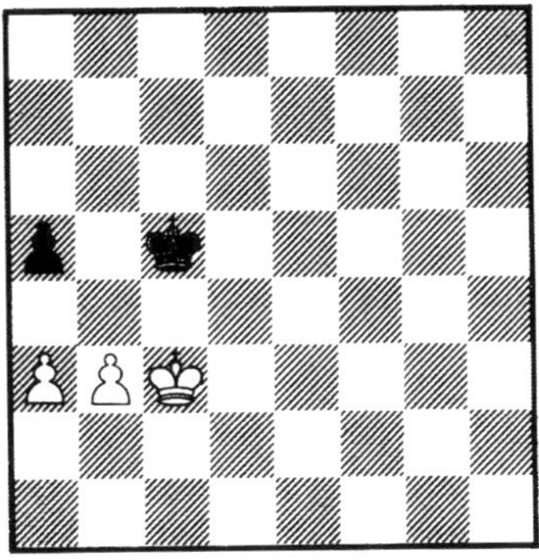

Weiß oder Schwarz am Zuge

Schwarz am Zuge verliert:

1....	Kc5–d5
2. Kc3–d3	Kd5–c5
3. Kd3–e4	

und Weiß erobert stetig Raum. Man beachte, daß 3. ... a4 4. b4 Kc4 ebenfalls zum Verlust führt: 5. Ke5 Kb3 6. b5 usw.
Weiß am Zuge kann nicht gewinnen:

1. Kc3–d3	Kc5–d6
2. Kd3–c2	Kd5–c6!
3. Kc2–d2	Kc6–d6

Schwarz behauptet die Opposition und erreicht remis. Weiß verfügt hier nicht über b3–b4 im richtigen Augenblick, weil dann der a-Bauer übrig bleibt, der zum Gewinn nicht geeignet ist.
Untersuchen wir nun die folgende Stellung.

Stellung 42

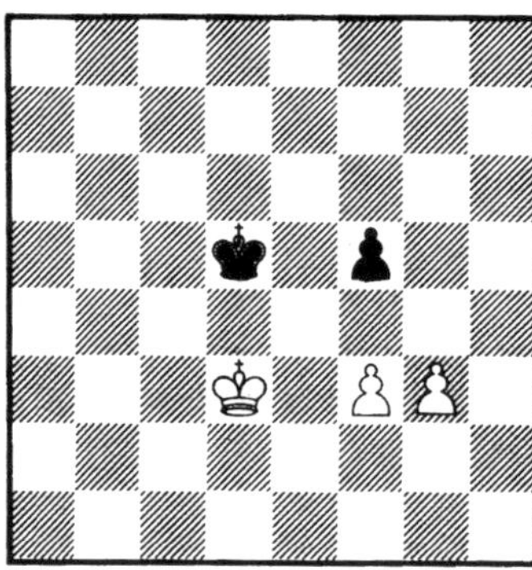

Weiß oder Schwarz am Zuge

Stünde der weiße g-Bauer auf e3, würde diese Stellung zur vorigen Gruppe gehören und daher in jedem Falle für Weiß gewonnen sein. Nun aber gewinnt Weiß nur, wenn *Schwarz* am Zuge ist:
1. ... Ke5 2. Kc4 (vor allem nicht das auf der Hand liegende 2. Ke3? wegen 2. ... f4†! 3. gf4: Kf5) 2. ... Ke6 3. Kd4 usw.
Weiß am Zuge kann nicht gewinnen, weil Schwarz die Opposition beibehalten kann: 1. Ke3 Ke5 2. Kd3 Kd5 3. Kc3 Kc5 und nun wird 4. Kb3 sogar mit 4. ... Kd4 beantwortet.

Stellung 43

Eine Komposition von Sacconi (1924)

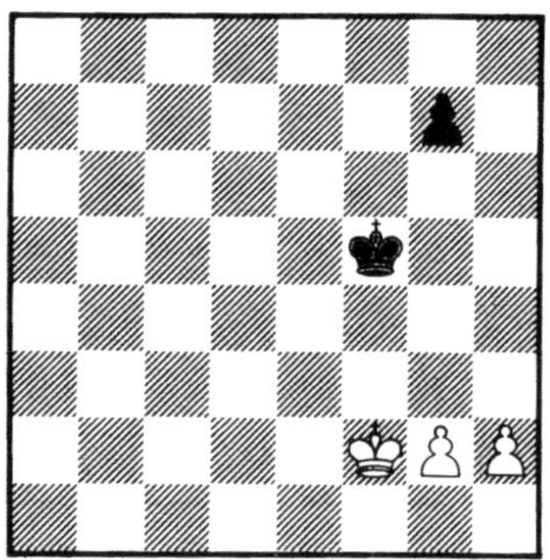

Weiß oder Schwarz am Zuge

Schwarz am Zuge macht remis:

1. ...	Kf5–f4
2. Kf2–e2	

Oder 2. h3 g5 3. g3† Kf5 4. Kf3 g4† oder 4. Ke3 Ke5.

2. ...	Kf4–e4
3. g2–g3	Ke4–f5
4. Ke2–f3	Kf5–g5!

4. ... g5? 5. h3 führt zum Verlust, ebenso 4. ... g6? 5. h4.

5. h2–h3

Weiß möchte den schwarzen König nicht nach h3 lassen: 5. Ke3 Kg4 6. Kf2 Kh3 7. Kg1 g5 8. Kh1 g4 und Schwarz hat sich selbst pattgesetzt. Nach 5. h4† Kh5 ist es schnell remis: 6. Kf4 g6 7. Kf3 g5.

5. …	Kg5–f5
6. g3–g4†	

Oder 6. h4 g6 7. g4† Kf6 mit Übergang zur Textvariante.

6. …	Kf5–g5
7. Kf3–g3	g7–g6
8. h3–h4†	Kg5–f6
9. Kg3–f3	

Nach 3. Kf4 g5† ist es remis.

9. …	Kf6–f7

und Schwarz behauptet die Opposition (vergleiche Stellung 42).
Weiß am Zuge gewinnt.

1. Kf2–f3	Kf5–g5

Auf 1. … g6 folgt 2. h4, wonach der schwarze König weichen muß. Ebenso nach 1. … g5 2. h3. Sobald der weiße König auf dem Feld vor dem schwarzen Bauern steht, ist der Gewinn gesichert.

2. Kf3–e4

Die weißen Bauern bleiben solange wie möglich auf ihrem Platz.

2. …	Kg5–f6

Nach 2. … g6 3. Ke5 hat Weiß es leichter.

3. Ke4–f4	Kf6–g6

Oder 3. … g6 4. h4 und Schwarz muß das Feld g5 freigeben.

4. Kf4–e5	Kg6–g5
5. Ke5–e6	Kg5–g6
6. g2–g3	

Zwingt Schwarz, das Feld f7 freizugeben.

6. …	Kg6–g5
7. Ke6–f7	Kg5–h6

Wenn 7. … g6, dann 8. h3 Kh5 9. Kf6 Kh6 10. g4 usw.

8. h2–h3	Kh6–h7

Auf 8. … g6 folgt 9. g4 Kg5 10. Kg7.

9. g3–g4	Kh7–h6
10. h3–h4	Kh6–h7
11. g4–g5	Kh7–h8
12. h4–h5	Kh8–h7
13. h5–h6 und gewinnt.	

Ein letztes Beispiel, das aufs neue die komplizierte Natur dieser augenscheinlich so einfachen Problematik zeigt.

Stellung 44

Eine Komposition von Reichhelm (1873)

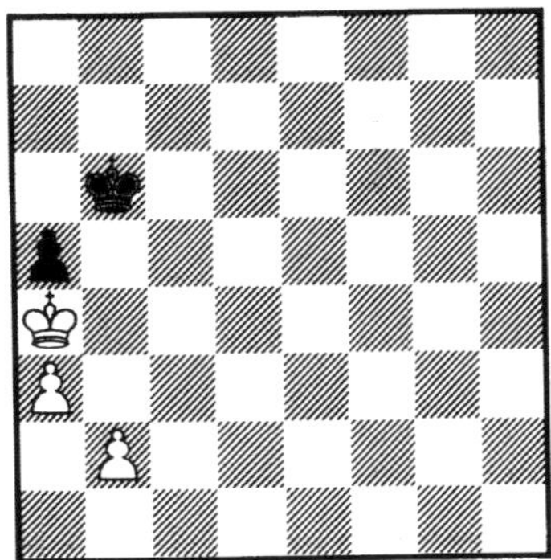

Weiß oder Schwarz am Zuge

Weiß am Zuge kann nicht gewinnen:

1. Ka4–b3 Kb6–c5

Mit 1. ... Kb5? 2. Kc2! kommen wir zu der nachfolgenden Ausarbeitung mit Schwarz am Zuge.

2.Kb3–c2

Nach dem auf der Hand liegenden 2. Kc3 a4 ist der Gewinn für Weiß ebenfalls vertan.

2. ... Kc5–b5

Nach 2. ... Kc4? 3. b3† Kd4 4. Kd2 Ke4 5. Kc3 Kd5 6. Kd3 würde Weiß gewinnen.

3. Kc2–d3 Kb5–c5
4. b2–b3

Oder 4. Kc3 a4, remis.

4. ... Kc5–d5

Schwarz behält die Opposition, remis. *Schwarz am Zuge* verliert.

1. ... Kb6–a6
2. Ka4–b3 Ka6–b5
3. Kb3–c2! Kb5–c5

Auf 3. ... Ka4 4. Kc3 Kb5 entscheidet 5. Kd4! Ka4 6. Kc5 usw.

4. Kc2–d3

und nun bekommt Weiß nach jedem Gegenzug von Schwarz die Opposition: 4. ... a4 5. Kc3, oder 4. ... Kd5 5. b3, oder 4. ... Kb5 5. b3 Kc5 6. Kc3 (vergleiche Stellung 41).

C 5. Die weißen Bauern sind vereinzelt, keiner der Bauern ist frei

Stellung 45

(mit einer Variation)

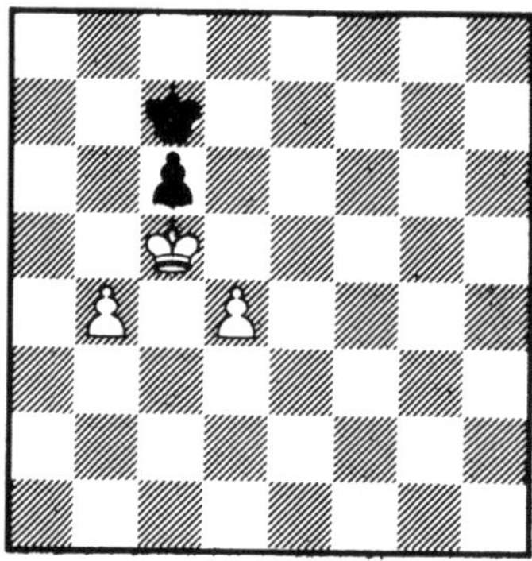

Weiß oder Schwarz am Zuge

Das bekannte Resultat: Weiß am Zuge macht remis, andernfalls gewinnt er. *Weiß am Zuge*:

1. Kc5–c4

Nach 1. d5 ed5: 2. Kd5: Kb6 ist das Remis vollzogene Tatsache. Ebenso nach 1. b5 cb5: 2. Kb5: Kd6.

1. ... Kc7–d6
2. Kc4–c3 Kd6–d5
3. Kc3–d3 Kd5–d6
4. Kd3–c4

Augenscheinlich macht Weiß Fortschritte.

4. ... Kd6–d7
5. d4–d5

Nach 5. Kc5 Kc7 würde die Anfangsstellung entstehen.

5. ... Kd7–d6!

Nach 5. ... cd5: 6. Kd5: hat Weiß die Opposition und gewinnt.

6. d5×c6 Kd6×c6

Remis.
Schwarz am Zuge.

1. ... Kc7–d7
2. d4–d5!

2. Kb6 Kd6 führt zu nichts.

2. ... c6×d5
3. Kc5×d5

Weiß hat die Opposition und gewinnt. Hätte Schwarz in der Anfangsstellung 1. ... Kb7 gespielt, wäre 2. b5 mit dem gleichen Ergebnis gefolgt.
Verschieben wir Stellung 45 *eine Linie nach links*, dann kann Weiß auch mit der Opposition nicht gewinnen, weil nach der oben ausgeführten Tauschwendung ein Randbauer bleibt. Hat Weiß aber in der so veränderten Stellung außerdem einen Tempozug, dann ist der Gewinn doch möglich.

Stellung 46

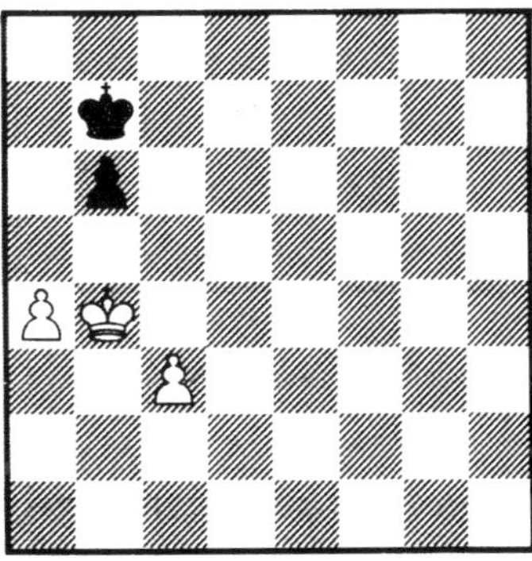

Weiß am Zuge

Weiß gewinnt:

1. Kb4–b5 Kb7–c7

Nach 1. ... Ka7 2. Kc6 geht es analog weiter.

2. Kb5–a6 Kc7–c6
3. c3–c4!

Nun hat Weiß eine zweite Opposition, und die garantiert den Gewinn.

3. ... Kc6–c7
4. Ka6–a7 Kc7–c6
5. Ka7–b8 Kc6–c5
6. Kb8–b7 und gewinnt.

Ein letztes Vorbild, um diesen Unterabschnitt abzuschließen.

Stellung 47

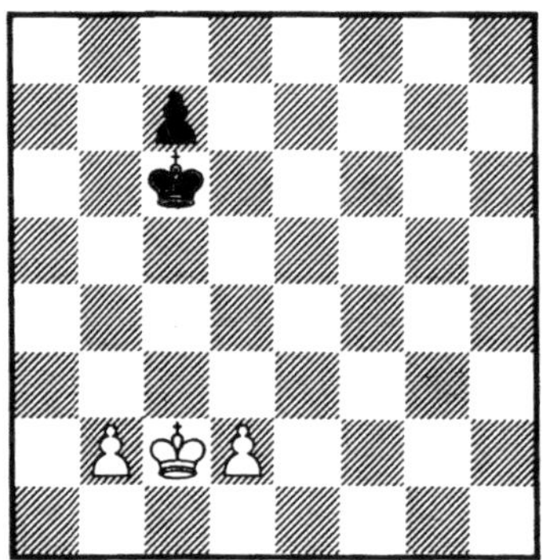

Weiß am Zuge

Weiß kann nicht gewinnen, obwohl er über einen gesunden Bauern mehr verfügt.

1. Kc2–c3

Auf 1. Kb3 spielt Schwarz 1. ... Kb5 und auf 1. Kd3 folgt 1. ... Kd5. Auch in diesem Beispiel spielt die Opposition eine Rolle.

1. ...	Kc6–c5
2. b2–b3	

Auf 2. d3 folgt 2. ... Kd5. Der schwarze König stellt sich vor den gezogenen Bauern.

2. ...	Kc5–b5
3. d2–d4	

Nach 3. d3 c5 entsteht eine Position analog Stellung 45.

3. ...	c7–c6

Ist in dieser Stellung Schwarz am Zuge, gewinnt Weiß.

4. Kc3–d3	Kb5–b4
5. Kd3–c2	Kb4–a5!

Nach 5. ... Kb5 6. Kc3 gewinnt Weiß, siehe die vorherige Anmerkung.

6. Kc2–c3	Ka5–b5

Remis; Weiß kommt nicht weiter.

C 6. Der überzählige Bauer ist ein Freibauer

Stellung 48

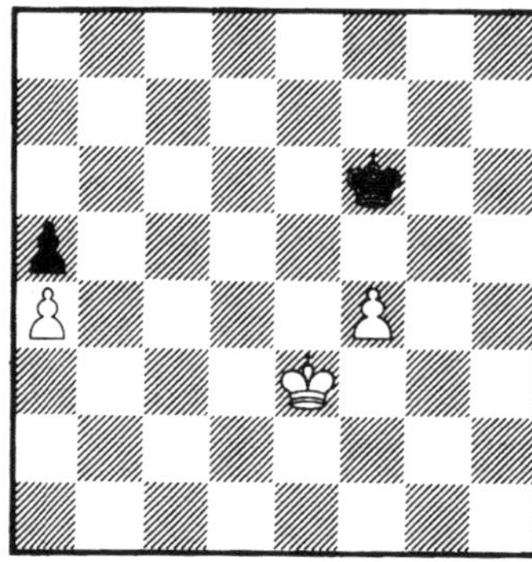

Weiß oder Schwarz am Zuge

Weiß gewinnt, ob am Zuge oder nicht:

1. Ke3–d4	Kf6–f5
2. Kd4–c5	Kf5×f4
3. Kc5–b5	Kf4–e5
4. Kb5×a5	Ke5–d6
5. Ka5–b6	

Wenn *Schwarz am Zuge* ist, kann folgen:

1. ...	Kf6–f5
2. Ke3–f3	Kf5–f6
3. Kf3–e4	Kf6–e6

und nun folgt wieder 4. Kd4 usw. Anzumerken ist, daß Weiß mit 4. f5† den Gewinn aus der Hand geben würde: 4. ... Kf6 5. Kf4 Kf7 6. Ke5 Ke7 7. Kd5 Kf6 8. Kc5 Kf5: 9. Kb5 Ke6 10. Ka5: Kd7 11. Kb6 Kc8, remis.

Stellung 49

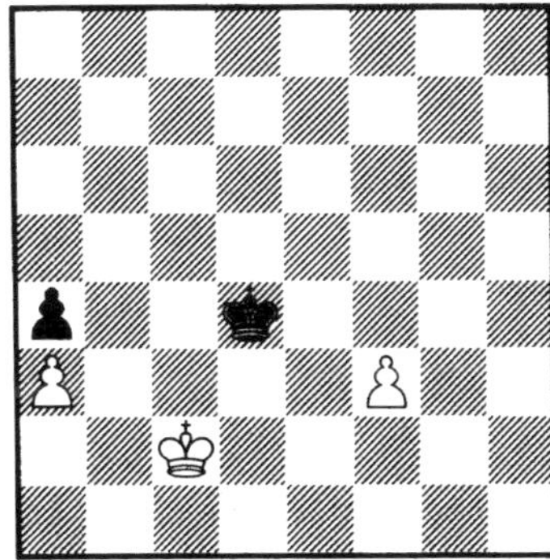

Weiß oder Schwarz am Zuge

Schwarz am Zuge verliert:

1.... Kd4–c4

Oder 1. ... Ke3 2. Kc3 Kf3: 3. Kb4 Ke4 4. Ka4: Kd5 5. Kb5 und gewinnt.

2. Kc2–d2 Kc4–d4

Das naheliegende 2. ... Kb3 scheitert an einer kleinen Zufälligkeit: 3. f4 Ka3: 4. f5 Kb2 (nach 4. ... Kb3 hält der weiße König den Freibauern auf: 5. Kc1 a3 6. Kb1) 5. f6 a3 6. f7 a2 7. f8D a1D 8. Db4† Ka2 9. Kc2 und gewinnt.

3. Kd2–e2 Kd4–c4

Nach 3. ... Ke5 4. Kd3 Kf4 5. Kc3 gewinnt Weiß den Wettlauf.

4. f3–f4

Weiß möchte nicht länger warten; nach 4. Ke3 Kb3 5. f4 Ka3: 6. f5 Kb2 7. f6 a3 macht Schwarz bequem remis.

4. ... Kc4–d5

Auf 4. ... Kd4 folgt 5. Kf3, wonach Weiß seinen Bauern mit Unterstützung des Königs umwandelt.

5. Ke2–d3 Kd5–e6
6. Kd3–c4 Ke6–f5
7. Kc4–b4 Kf5×f4
8. Kb4×a4 Kf4–e5
9. Ka4–b5 und gewinnt.

Der schwarze König kommt einen Zug zu spät.
Weiß am Zuge kann nicht gewinnen:

1. Kc2–d2 Kd4–c4
2. Kd2–c2

Nun würde 2. Ke3 Kb3 3. f4 Ka3: 4. f5 Kb2 nur zum Remis führen. Auch 2. f4 bringt nichts ein: 2. ... Kd4 3. Kc2 Ke4 4. Kc3 Kf4: 5. Kb4 Ke5 6. Ka4: Kd6. Der schwarze König kommt rechtzeitig nach c7.

2. ... Kc4–d4
3. Kc2–b2 Kd4–d3!

Nach 3. ... Ke3 4. Kc3 Kf3: 5. Kb4 Ke4 6. Ka4: Kd5 7. Kb5 käme Schwarz wieder zu spät.

4. f3–f4 Kf3–e4
5. Kb2–c3 Ke4×f4

Weil der weiße f-Bauer ein Feld vorgerückt ist, gelingt es noch gerade: 6. Kb4 Ke5 7. Ka4: Kd6 8. Kb5 Kc7, remis. Manchmal ist der Gewinn bequemer zu verwirklichen, wenn der Freibauer etwas näher am Kriegsschauplatz steht.

Stellung 50

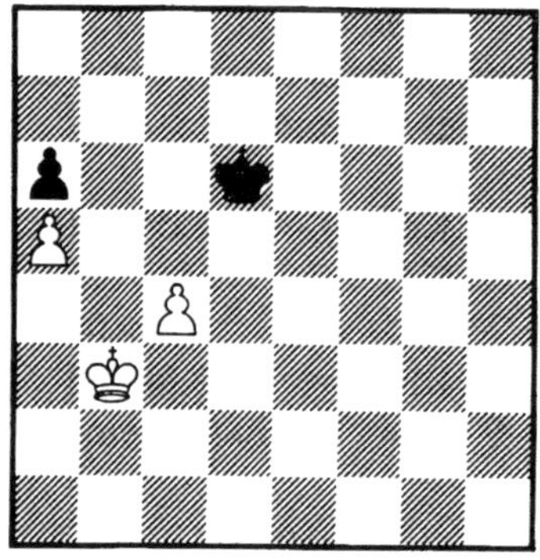

Weiß gewinnt, ob am Zuge oder nicht.

1. Kb3–c3

Mit 1. Kb4 kommt Weiß nicht weiter: 1. ... Kc6 2. c5 Kd5.

7. Kd5–d4! Kc8–d8

Nach 7. ... Kc7 8. Kc5 Kc8 9. Kb6 ist es auch aus.

1. ... Kd6–c5
2. Kc3–d3 Kc5–d6

2. ... Kb4 verliert rasch nach 3. Kd4 Ka5: 4. Kc5 Ka4 5. Kb6 a5 6. c5 usw.

3. Kd3–d4 Kd6–c6
4. c4–c5 Kc6–d7
5. Kd4–d5 Kd7–c7
6. c5–c6 Kc7–c8

Nach 6. ... Kd8 7. Kd6 können König und Bauer es allein schaffen.

8. Kb4–c4 Kd8–c8
9. Kc4–d5

Der weiße König hat das Dreieck vollzogen und damit den schwarzen König „auf den falschen Fuß" gesetzt.

9. ... Kc8–d8
10. Kd5–d6 und gewinnt.

Mit *Schwarz am Zuge* geht es hier etwas schwerer.

1. ... Kd6–e5

1. ... Kc5 2. Kc3 bringt das Spiel in die Bahn der soeben gegebenen Gewinnführung.

2. Kb3–a3!

Ein anderes Dreieck als eben. Es geht darum, den weißen König auf die rechte Seite des Bauern zu bringen und dabei im Auge zu behalten, daß das vorzeitige Vorrücken des c-Bauern die Gewinnchancen zunichte macht. Zum Beispiel 2. Kc3 Ke4 3. c5 Kd5 4. Kb4 Ke6 5. Kc4 Ke5! und Weiß kann nichts mehr unternehmen.

2. ... Ke5–e4

Nach 2. ... Kd6 3. Kb4 Kc6 4. Kc3 hat Weiß sein Ziel erreicht. Ferner ist 2. ... Kd4 schlecht wegen 3. Kb4 und Schwarz muß den Weg nach c5 freigeben.

3. Ka3–a4!

Auf 3. Kb4 würde 3. ... Kd4 folgen, und 3. Kb3 würde mit 3. ... Ke5 beantwortet werden.

3. ... Ke4–e5

Schwarz hat nichts anderes.

4. Ka4–b3

Das Dreieck ist vollendet.

4. ... Ke5–e4

Auf 4. ... Kd4 folgt wieder 5. Kb4 und auf 4. ... Kd6 5. Kc3 Ke5 6. Kd3.

5. Kb3–c3!

Nun muß Schwarz das Feld d3 freigeben, und damit ist das Problem für Weiß gelöst.

5. ... Ke4–e5
6. Kc3–d3

und gewinnt (siehe den zuvor ausgeführten Gewinnweg).

D. König und zwei Bauern gegen König und zwei Bauern

Bei diesem Materialverhältnis geht es weniger als in unseren voraufgegangenen Beispielen um bestimmte (theoretische) Stellungen, ob sie nun eine Regel zeigen oder eine Ausnahme bilden, sondern um die Vermittlung einer Anzahl von wissenswerten Vorgängen, die in Bauernendspielen eine besondere Rolle spielen. Wir teilen den Stoff wie folgt ein:
1. Tempokampf; 2. Gedeckter Freibauer; 3. Rückständiger Bauer; 4. Entfernter Freibauer; 5. Kampf auf verschiedenen Flügeln: König gegen zwei Bauern.

D 1. Tempokampf

Stellung 51

(mit zwei Variationen)

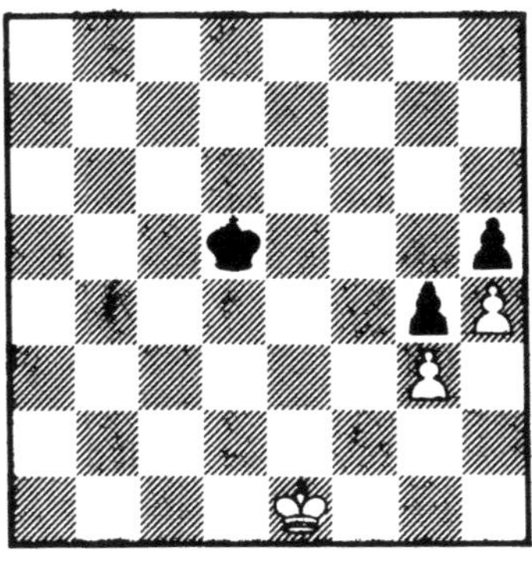

Weiß oder Schwarz am Zuge

Dieses Thema ist nicht neu und schließt direkt an das Vorgehen bei den Beispielen des vorigen Abschnittes an. Man kann jedoch auch hier auf kleinere oder größere Überraschungen stoßen.

Weiß am Zug. Es wird dem Leser nicht schwerfallen, die Remisfortsetzung zu finden:

1. Ke1–d1!

Die Fernopposition. Weiß kann die Opposition festhalten und macht mühelos remis.

Schwarz am Zug. Es ist einigermaßen überraschend, daß Schwarz am Zug nicht gewinnen kann.

1. ... Kd5–e5

Schwarz hat die Opposition.

2. Ke1–d1!

Weiß muß nur dafür sorgen, daß er 2. ... Kd4 mit 3. Kd2 und 2. ... Ke4 mit 3. Ke2 beantworten kann, und das vermag er von d1 aus gerade so gut wie von e1 aus.

2. ... Ke5–d5

Das Problem wird dadurch verursacht, daß Schwarz nicht über das Feld f4 verfügt.

3. Kd1–e1 Kd5–c4

Schwarz probiert etwas anderes.

4. Ke1–e2

Die Schrägopposition. Schwarz kommt nicht weiter: 4. ... Kd4, so 5. Kd2. Ferner gibt 4. ... Kc3 5. Ke3 dem Schwarzen keinerlei Gewinnchancen (Daueropposition).
Unterstellen wir, daß in Stellung 51 *der weiße König* auf c2 steht (wobei das übrige gleich bleibt) und untersuchen wir die Chancen von Weiß, wenn er am Zuge ist.

1. Kc2–d3 Kd5–e5
2. Kd3–e3 Ke5–f5
3. Ke3–d4 Kf5–f6!

Nun kann Schwarz nach 4. Ke4 Ke6 die Senkrechtopposition handhaben und Weiß kommt nicht weiter: remis.
Zum Schluß eine kleine Überraschung. Wir plazieren in Stellung 51 *den schwarzen König* auf a8 (in der äußersten Ecke) und den *weißen König* auf c2. Der Stand der Bauern bleibt gleich. Es scheint, daß Weiß am Zug bequem gewinnt, aber auch hier (ebenso wie in verschiedenen früher behandelten Stellungen) handelt es sich um eine optische Täuschung. Schwarz macht remis!

1. Kc2–d3 Ka8–b7
2. Kd3–e4 Kb7–c6
3. Ke4–f5

Man fragt sich vielleicht, ob der weiße König seinen Kollegen nicht fernhalten kann. Das ist bestimmt möglich, bringt jedoch nichts ein, denn mehr als einen Vorsprung von drei Linien kann der weiße König unmöglich erreichen.

3. ... Kc6–d5
4. Kf5–g5 Kd5–e4
5. Kg5×h5 Ke4–f3

Schwarz kommt gerade zurecht, um seinen g-Bauern zu decken und den feindlichen g-Bauern zu erobern. Es kann nun folgen: 6. Kg5 Kg3: 7. h5 Kf3 8. h6 g3 usw.
Nachträglich ist anzumerken, daß in der vorletzten Variation (wKc2, sKd5) Schwarz auf mehrere Arten das Remis erzwingen kann. Zum Beispiel 1. Kd3 Kc5?! 2. Ke4 Kc4 3. Kf5 Kd4 4. Kg5 Ke4 5. Kh5: Kf3 usw.

D 2. Gedeckter Freibauer

Der Besitz eines gedeckten Freibauern legt in diesen Endspielen ein großes Gewicht auf die Waagschale. Das Warum ist klar: der verteidigende König darf das Quadrat des Freibauern nicht verlassen und ist an einen beschränkten Raum gebunden – um so beschränkter, je weiter der Freibauer vorgerückt ist.

Stellung 52

(mit zwei Variationen)

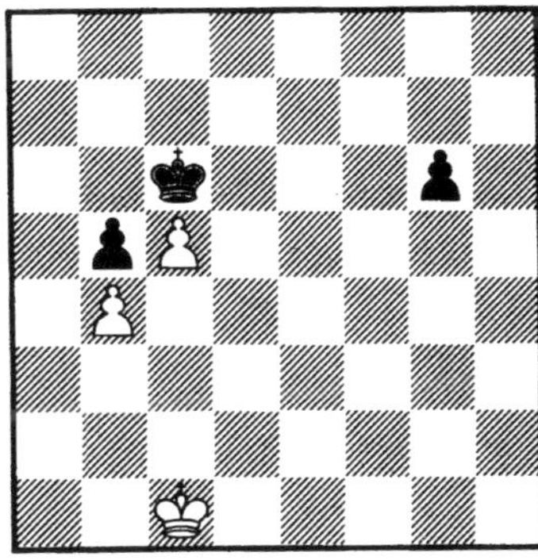

Weiß am Zuge

Wenn der *schwarze Bauer auf h6* stünde statt auf g6, gewönne Weiß leicht. Der weiße König läuft zum h-Bauern, und der schwarze König ist nicht imstande, seinen Bauern zu beschützen: 1. Kd2 Kd5 2. Ke3 Ke5 3. Kf3 Kf5 4. Kg3. Der schwarze König darf nun nicht weiter, sonst läuft der Freibauer durch. Der weiße König erobert mit 5. Kh4 und 6. Kh5 den schwarzen h-Bauern und begibt sich anschließend auf den anderen Flügel, um dort nach dem Rechten zu sehen (Stellung 34).

In Stellung 52 (also mit dem schwarzen Bauern auf g6) ist der schwarze König bestimmt imstande, genügend Schutz zu bieten.

1. Kc1–d2	Kc6–d5
2. Kd2–e3	Kd5–e5
3. Ke3–f3	Ke5–f5
4. Kf3–g3	Kf5–e5

Nicht 4. ... Kg5 wegen 5. c6.

5. Kg3–g4	Ke5–f6
6. Kg4–f4	Kf6–e6

6. ... Kf7? verliert wegen 7. Kg5.

7. Kf4–g5	Ke6–f7

Weiß kommt nicht weiter. Auf 8. Kh6 folgt Kf6 und dann hat Weiß nichts anderes als 9. c6 Ke6 10. Kg6: Kd6 11. Kf6 Kc6: 12. Ke5. Zwar erobert Weiß den schwarzen b-Bauern, doch das reicht zum Gewinn nicht aus. Mithin knüpfen wir hieran die Bemerkung, daß ein derartiges Manöver zuverlässig zum Gewinn führen würde, stünde der gedeckte Freibauer ein Feld höher.
In Stellung 52 ist Schwarz gut beraten, seinen g-Bauern soweit wie möglich zurückzuhalten. Es wird für Schwarz schwieriger, wenn der g-Bauer auf g5 steht, und die Stellung geht bereits auf bemerkenswerte Weise für Schwarz verloren, wenn der g-Bauer noch ein Feld weiter steht. Wir gehen wieder aus von Stellung 52:

1. Kc1–d2	Kc6–d5
2. Kd2–e3	Kd5–e5
3. Ke3–f3	g6–g5

Unvernünftig, aber noch nicht tödlich.

4. Kf3–e3 Ke5–f5?

Das einzig richtige ist 4. ... Kd5 5. Kf3 Ke5 6. Kg4 Kf6, und der weiße König muß zurück.

5. Ke3–d4 g5–g4

Erzwungen, weil 5. ... Ke6 6. Ke4 Kf6 7. Kd5 g4 (7. ... Kf5 8. c6) 8. Ke4 zur Eroberung des g-Bauern führt.

6. Kd4–e3 Kf5–e5
7. Ke3–f2 Ke5–e6

Nach 7. ... Kf5 8. Kg3 ist es gleich aus.

8. Kf2–g3 Ke6–f5
9. Kg3–h4! Kf5–f4

Der schwarze König muß das Quadrat verlassen.

10. c5–c6 g4–g3
11. Kh4–h3!

Dieser Zug führt zur Gewinnstellung in dem bald folgenden Damenendspiel.

11. ... Kf4–f3
12. c6–c7 g3–g2
13. c7–c8D g2–g1D

Bauernendspiele führen oft zu Damenendspielen. Es hängt dann von Zufälligkeiten ab, wer gewinnt. Durchweg ist der Anzug in diesen Fällen von großer Bedeutung.

14. Dc8–f5† Kf3–e2

Nicht 14. ... Ke3? 15. Dc5† usw.

15. Df5×b5† Ke2–d2

Andere Möglichkeiten: 15. ... Kf3 16. Df5† Ke2 17. Dg4† nebst Damentausch und Gewinn; oder 15. ... Ke1 16. De5† Kd2 17. Dd5† und weiter wie im Text.

16. Db5–d5† Kd2–e1

Die einzige Manier, um den Damentausch noch einen Zug aufzuschieben (16. ... Kc3 17. Dc5† oder 16. ... Ke2 17. Dg2†).

17. Dd5–e4†

und gewinnt, denn Damentausch ist nicht mehr zu vermeiden.
Die Lage ändert sich vollständig, wenn der gedeckte Freibauer verwundbar ist. Man stelle dazu in Stellung 52 *den schwarzen b-Bauern nach a6* (statt b5) und Weiß hat überhaupt keine Gewinnchance, weil Schwarz in der Lage ist, den weißen Damenflügel mit 1. ... a6–a5 aufzulösen.

D 3. Rückständiger Bauer

Wenn wir den gedeckten Freibauern in Stellung 52 zwei Felder senkrecht zurückversetzen, hat Weiß einen rückständigen Bauern, der ebensoviele Nachteile mit sich bringt wie der gedeckte Freibauer Vorteile.

Stellung 53

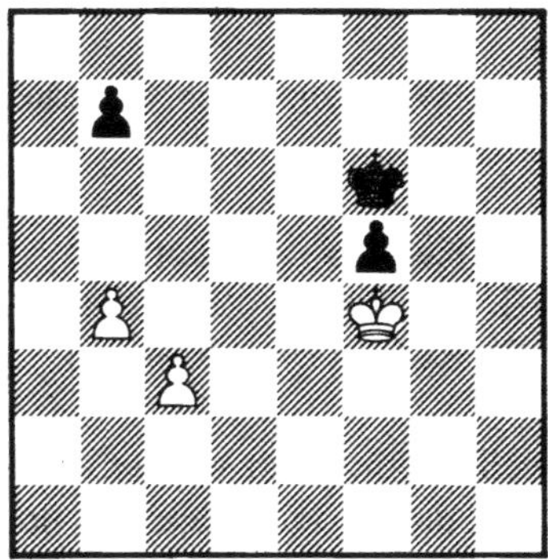

Weiß oder Schwarz am Zuge

Weiß am Zuge macht leicht remis: 1. c4 Ke6 2. c5 Kd5 3. Kf5: Kc4 4. Ke5 Kb4: 5. Kd6 usw.
Schwarz am Zuge gewinnt.

1. ... b7–b5!

Nun hat Weiß praktisch einen Bauern weniger.

2. c3–c4

Das einzige, das Weiß noch versuchen kann. Bei passivem Spiel dringt der schwarze König unter Opfer des f-Bauern über c4 ein: 2. Kf3 Ke5 3. Ke3 Kd5 4. Kd3 f4 5. Ke2 Kc4 6. Kd2 f3 usw.

2. ... b5×c4
3. b4–b5 c4–c3

Nicht 3. ... Ke6?, um den weißen Freibauern aufzuhalten, wegen 4. b6 Kd6 5. b7 Kc7 6. Ke3, und der weiße König macht einen der schwarzen Bauern unschädlich und kommt noch gerade rechtzeitig, um den anderen zu stoppen.

4. Kf4–e3

Mit 4. b6 c2 rettet sich Weiß ebensowenig, weil sich der schwarze Bauer mit Schachgebot umwandelt.

4. ... f5–f4†!

Der Gewinnzug: 5. Kd3 f3 6. b6 f2 7. Ke2 c2 8. b7 f1D† 9. Kf1: c1D† usw.

D 4. Entfernter Freibauer

Stellung 54

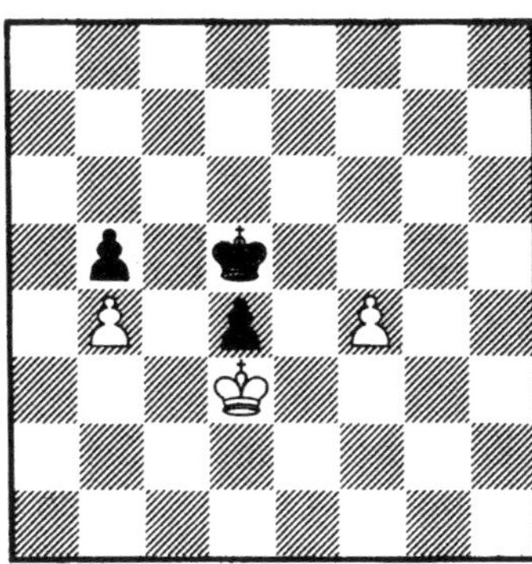

Weiß am Zuge

Unter „entfernt" ist hier nicht „vorgerückt" zu verstehen, sondern weit vom Kriegsschauplatz entfernt.

Der weiße f-Bauer ist weiter entfernt als der schwarze d-Bauer, und Weiß gewinnt denn auch leicht.

1. f4–f5 Kd5–e5
2. f5–f6 Ke5×f6
3. Kd3×d4 Kf6–e6
4. Kd4–c5 Ke6–d7
5. Kc5×b5 usw.

Es ist vornehmlich eine Frage des richtigen Abzählens.

Stellung 55

(mit zwei Variationen)

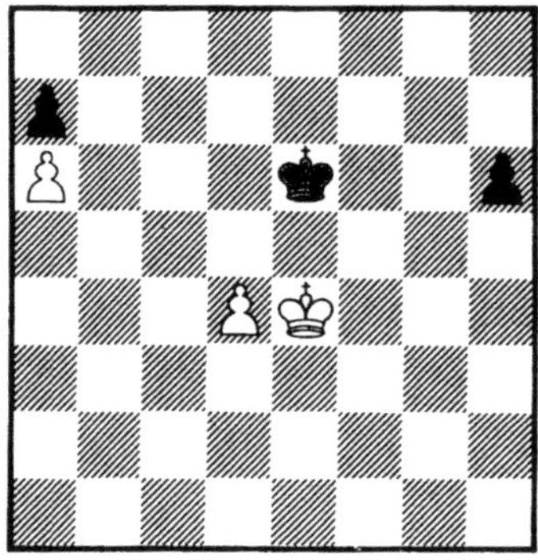

Weiß oder Schwarz am Zuge

Schwarz hat den entfernten Freibauern, doch der Gewinn bleibt unsicher, weil nach dem Bauernabtausch lediglich a-Bauern übrigbleiben; hinzu kommt, daß der schwarze a-Bauer noch auf seinem ursprünglichen Feld steht.

Schwarz am Zuge kann nicht gewinnen:

1.	...	Ke6–d6

Oder 1. ... Kf6 2. Kd5 h5 3. Ke4! Jeder Zug des h-Bauern kann bei dem darauf folgenden Wettrennen der Könige ein Tempo Unterschied ausmachen und so das Remis herbeiführen:

2.	Ke4–f5	Kd6–d5
3.	Kf5–g6	Kd5×d4

Wir zählen weiter: der weiße König hat noch sechs Züge nötig, um das rettende Feld c1 zu erreichen, und der schwarze König kommt in 5 Zügen nicht weiter als b4.

Auch mit *Weiß am Zuge* wird die Partie remis:

1.	Ke4–f4	Ke6–d5
2.	Kf4–g4	Kd5×d4
3.	Kg4–h5	Kd4–c5

Der weiße König hat wieder sechs Züge nötig, um c1 zu erreichen, und der schwarze König kommt in fünf Zügen bis b3, also gerade um einen Zug zu spät.

Plazieren wir in Stellung 55 den *schwarzen Bauern auf h7*, dann gewinnt Schwarz mit oder ohne ersten Zug:

1.	Ke4–f4	Ke6–d5
2.	Kf4–g5	Kd5×d4
3.	Kg5–h6	Kd4–c5
4.	Kh6×h7	Kc5–b6
5.	Kh7–g6	Kb6×a6
6.	Kg6–f5	Ka6–b5
7.	Kf5–e4	Kb5–c4 und gewinnt.

Stellen wir zum Schluß in Stellung 55 die *a-Bauern auf a5 und a6*, dann kann Schwarz am Zuge nicht gewinnen, während Weiß am Zuge verliert:

1.	Ke4–f4	Ke6–d5
2.	Kf4–g4	Kd5×d4
3.	Kg4–h5	Kd4–c5
4.	Kh5×h6	Kc5–b5

Weiß kommt zu spät. Ist Schwarz am Zuge, kann Weiß auf 1. ... Kd6 mit 2. Kf5! fortsetzen mit Gewinn eines Tempos.

D 5. *Kampf auf verschiedenen Flügeln: König gegen zwei Bauern*

Stellung 56

Eine Komposition von

Kling und Horwitz

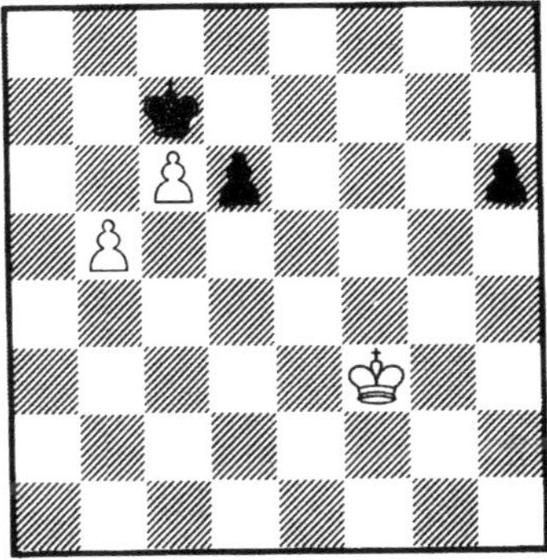

Weiß am Zuge

Der schwarze König hat die Aufgabe, die verbundenen Bauern von Weiß zu stoppen und kann dies tun, indem er zwischen c7 und b6 pendelt (oder wenn das Feld d6 frei ist zwischen c7 und d6).
Der weiße König muß den Kampf aufnehmen mit zwei voneinander entfernten Freibauern. Zu beachten ist, daß der weiße König nicht nur imstande ist, diesen Kampf zu bestehen, sondern außerdem noch die Chance sieht, beide schwarzen Bauern unschädlich zu machen: 1. Kf4 Kb6 2. Kf5 Kc7 3. Kf6 Kb6 (die schwarzen Bauern müssen auf der Stelle bleiben: nach 3. ... h5 4. Kg5 oder nach 3. ... d5 4. Ke5 gehen beide Bauern verloren) 4. Ke6 Kc7 5. Kd5 h5 (erzwungen) 6. b6† Kb6: 7. Kd6: h4 8. c7 usw. und Weiß gewinnt. Es ist sicher merkwürdig, daß Weiß nicht gewinnt, wenn die schwarzen Bauern zwei Linien dichter beieinander stehen.

Stellung 57

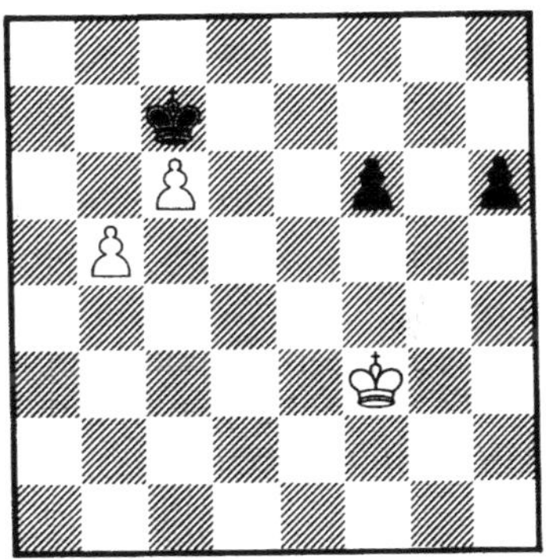

Weiß am Zuge

Weiß kann nicht gewinnen:

1. Kf3–g4 Kc7–d6

Auch auf 1. Ke4 folgt 1. ... Kd6. Um seine Bauern stützen zu können, müßte der weiße König einen großen Umweg machen, der viel zu lange dauert.

2. Kg4–f4 h6–h5
3. Kf4–f5

Auf 3. Kg3 folgt 3. ... f5, wonach die schwarzen Bauern imstande sind, einander indirekt zu verteidigen.

3. ... Kd6–e7
4. Kf5–e4 h5–h4
5. Ke4–f4

Nach 5. Kd5 h3 kommt Schwarz zuerst.

5. ... f6–f5
6. Kf4–f3 Kc7–d6

Weiß tut nun am klügsten, mit 7. Kf4 abzuwarten und sich mit Remis zu begnügen. Er darf nicht zulassen, daß beide Bauern zur 3. Reihe vorrücken, weil es dann zu spät wäre (Kg1 gegen Bf3 und Bh3; Weiß kommt in Zugzwang).
Stehen die Könige auf beiden Flügeln verbundenen Freibauern gegenüber, wird das Ergebnis im allgemeinen ein Unentschieden sein. Einen Ausnahmefall gibt die hier folgende Komposition von Behting (1900).

Stellung 58

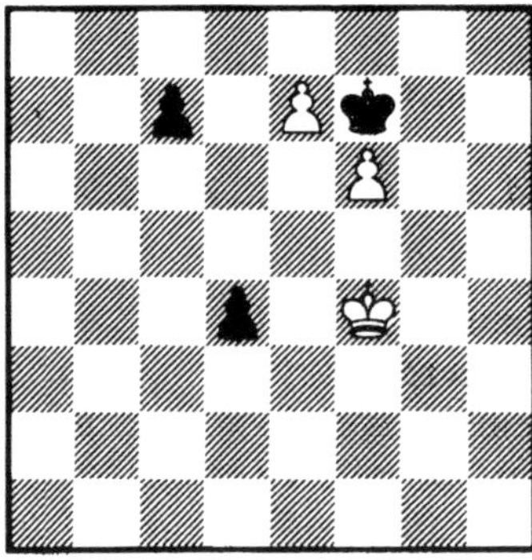

Weiß am Zuge gewinnt

Stünde der schwarze König auf e8, dann wäre der Gewinn kein Problem: 1. Ke5 mit der Doppeldrohung 2. Kd4: und 2. Ke6 nebst matt. Doch kann Weiß auch so gewinnen, wenn auch nur nach einem raffinierten Tempospiel.

1. Kf4–f3! c7–c5

1. ... c6 2. Kf4 kommt auf dasselbe hinaus.

2. Kf3–e4

Nun muß der schwarze König seinen Platz verlassen.

2. ... Kf7–e8
3. Ke4–d5 Ke8–d7

Schwarz darf 4. Ke6 nicht zulassen.

4. Kd5–c4

Scheinbar hat Weiß sich fruchtlos bemüht.

4. ... Kd7–e8
5. Kc4×c5! d4–d3
6. Kc5–d6

Wiederum mit der tödlichen Drohung 7. Ke6. Schwarz hat nun nichts anderes als 6. ... Kf7, worauf 7. Kd7 leicht gewinnt.

E. Mehr Bauern: Beispiele aus der Praxis

In dem Maße, wie mehr Material am Prozeß beteiligt ist, nähern wir uns der Praxis. So ist es auch nicht schwer, für die verschiedenen, in den vorigen Abschnitten gegebenen Merkmale und Regeln praktische Beispiele zu finden. Unsere Einteilung läuft beinahe parallel mit der im vorigen Abschnitt gewählten:
1. Tempokampf; 2. Gedeckter Freibauer; 3. Rückständiger Bauer; 4. Entfernter Freibauer; 5. Kuriositäten.

E 1. Tempokampf

Untenstehende Stellung hätte vorkommen können in der 1. Matchpartie Kortschnoj–Spasski (Belgrad 1977). Die Analysen stammen von Ulf Nyberg und sind aus der ‚Tidskrift för Schack' (1978 Nr. 1) übernommen.

Stellung 59

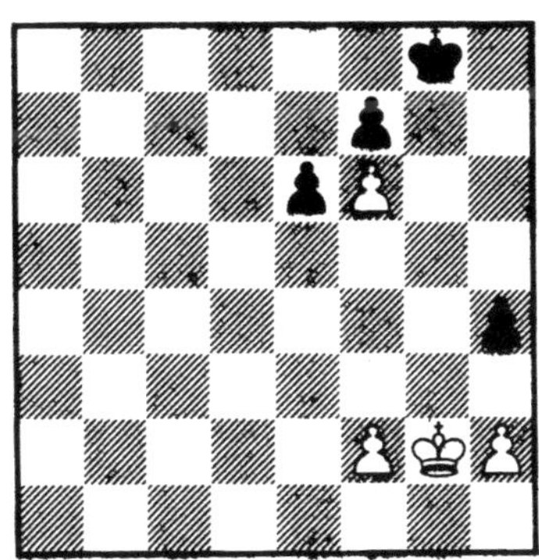

Weiß am Zuge

Weiß gewinnt.

1. Kg2–f3 Kg8–h7

Auf 1. ... h3 folgt 2. Kf4 Kf8 (2. ... Kh7 3. Ke5 Kg6 4. f4 führt zur Textfortsetzung) 3. Ke5 Ke8 4. Kd6 Kd8 5. f4 Ke8 6. Kc7 usw.

2. Kf3–f4 h4–h3

Oder 2. ... Kg6 3. Ke5 Kg5 4. h3 Kh6 (4. ... Kg6 5. f4 Kh6 6. Kd6! mit ähnlichem Verlauf wie im Text) 5. Kd6 Kg6 6. Ke7 e5 7. f3 und Weiß hat den Tempokampf gewonnen.

3. Kf4–e5 Kh7–g6

Mit 3. ... Kh6 4. Kd6 erreicht Schwarz nicht mehr: 4. ... Kg5 5. Ke7 Kg6 6. f4 oder 4. ... Kg6 5. Ke7 e5 6. f3.

4. f2–f4 Kg6–h7
5. Ke5–d6 Kh7–h6
6. Kd6–d7! Kh6–h5
7. Kd7–e8! Kh5–g6
8. Ke8–e7 und gewinnt.

E 2. Gedeckter Freibauer

Stellung 60

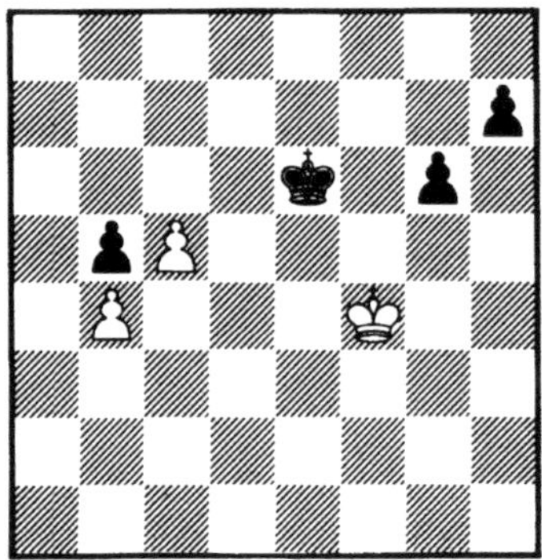

Weiß am Zuge

Wir stellen die Frage: kann hier der gedeckte Freibauer die zwei Bauern auf dem anderen Flügel aufwiegen? Die Antwort lautet: Ja, wenn die Damenflügelbauern eine Reihe höher stehen würden (b5, c6 gegenüber b6) und nein, falls diese Bauern eine Reihe tiefer stehen würden (b3, c4 gegenüber b4).
Stellung 60 ist ein Grenzfall. Schwarz gewinnt auf studienartige Weise:

1. Kf4–g5	h7–h5
2. Kg5–f4	Ke6–f6
3. Kf4–f3	g6–g5
4. Kf3–g3	Kf6–f5
5. Kg3–h3	

Auch auf 5. Kf3 wäre 5. ... h4 gefolgt.

5. ...	h5–h4
6. Kh3–g2	g5–g4

Bis hier ist es leicht gegangen, doch nun ergeben sich Probleme, weil der schwarze König weniger direkt mitarbeiten kann.

7. Kg2–f2	g4–g3†
8. Kf2–f3	

Auf 8. Kg2 gewinnt 8. ... Kg4, wie sich bald zeigt.

8. ...	Kf5–e5
9. Kf3–g2	Ke5–f6!

Schwarz muß ein Tempo verlieren, und dazu macht er mit dem König einen Dreiecksmarsch.

10. Kg2–f3

Auch 10. Kh3 wird beantwortet mit 10. ... Kf5, während der Gewinn nach 10. Kg1 h3 11. Kh1 Kf5 12. Kg1 Kf4! einfacher ist.

10. ...	Kf6–f5
11. Kf3–g2	

Oder 11. Ke3 h3 12. Kf3 h2 13. Kg2 Kf4 14. c6 Ke3 14. c7 h1D† 15. Kh1: Kf2 usw.

11. ...	Kf5–g4!

Jetzt erst darf der schwarze König das Quadrat verlassen.

12. c5–c6	h4–h3†
13. Kg2–g1	

Oder 13. Kf1 Kf3 mit der Drohung 14. ... h2.

13. ...	Kg4–f3
14. c6–c7	h3–h2†
15. Kg1–h1	Kf3–f2
16. c7–c8D	g3–g2†

und matt folgt.

E 3. Rückständiger Bauer

Stellung 61

Aus der Partie Colle–Grünfeld (Karlsbad 1929)

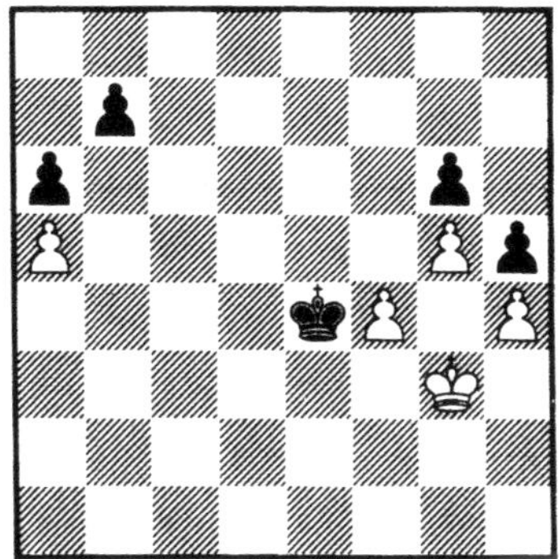

Schwarz am Zuge

Weiß hat praktisch einen Bauern mehr, weil der schwarze b-Bauer rückständig ist und nicht innerhalb absehbarer Zeit nach vorn kommen kann.
Zwar ist auch der weiße f-Bauer zurückgeblieben, aber Weiß kann diesen Bauern nach einigen Zügen gegen den schwarzen g-Bauern tauschen, womit Weiß sich selbst einen gedeckten Freibauern verschafft.
Schwarz sieht ein, daß 1. ... Kf5 2. Kf3 Ke6 3. Ke4 Kd6 4. f5 ebensowenig Chancen bietet wie 1. ... Kd5 2. Kf3 Kd4 3. f5 und spielt darum:

1. ...	Ke4–e3
2. f4–f5!	

So erzwingt Weiß einen Freibauern, der nicht aufgehalten werden kann. Allerdings erhält auch Schwarz einen sich umwandelnden Freibauern.

2. ...	g6×f5
3. g5–g6	f5–f4†
4. Kg3–g2	Ke3–e2

Schwarz muß dieses Tempo verlieren, weil der f-Bauer sonst nicht durchkommt.

5. g6–g7	f4–f3†
6. Kg2–g3	f3–f2
7. g7–g8D	f2–f1D
8. Dg8–c4†	Ke2–e1
9. Dc4×f1†	Ke1×f1
10. Kg3–f4	

Nun hat Schwarz sogar einen Bauern mehr; gleichwohl ist er verloren: 10. ... Ke2 11. Kg5 Kd3 12. Kh5: Kc4 13. Kg5 usw.

E 4. Entfernter Freibauer

Wir führen das Thema aus dem vorigen Abschnitt (D4) weiter aus, wobei noch auf eine kleine Finesse hingewiesen zu werden verdient.

Stellung 62

(mit einer Variation)

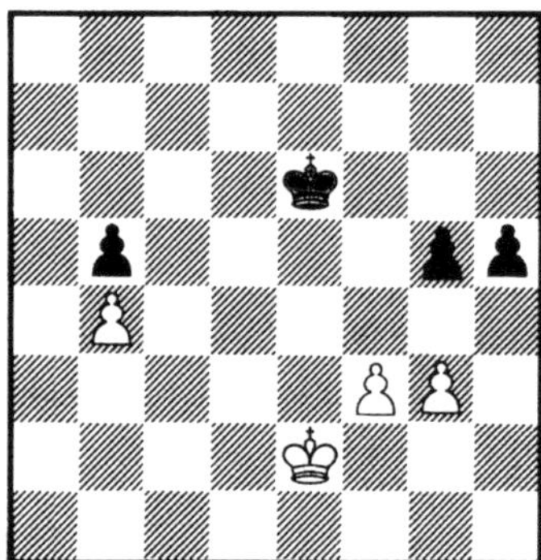

Schwarz am Zuge

Schwarz gewinnt wie folgt:

1. ...	h5–h4
2. f3–f4	

Nach 2. gh4: gh4: 3. Kf2 Kf5 geht es einfach.

2. ...	h4–h3

Jedoch nicht 2. ... gf4: 3. gh4: und nun hat Weiß den entfernten Freibauern. Ebensowenig 2. ... hg3: 3. fg5: Kf5 4. Kf3 und Weiß macht remis.

3. Ke2–f3

Oder 3. Kf2 gf4: 4. gf4: Kf5 5. Kg3 h2 usw.

3. ...	g5×f4
4. g3×f4	Ke6–f5
5. Kf3–g3	h3–h2 usw.

Stünde der *schwarze König auf e5* anstelle von e6, dann würde Weiß nach 1. ... h4 mit 2. f4† remis erzwingen: 2. ... Kf5 3. fg5: h3 4. Kf2! Kg5: 5. Kg1 Kf5 (5. ... Kg4? 6. Kh2) 6. Kh1 Kg5, remis. Etwas verwickelter ist das folgende Beispiel aus der Praxis.

Stellung 63

Entnommen der 24. Matchpartie Euwe–Aljechin (1935)

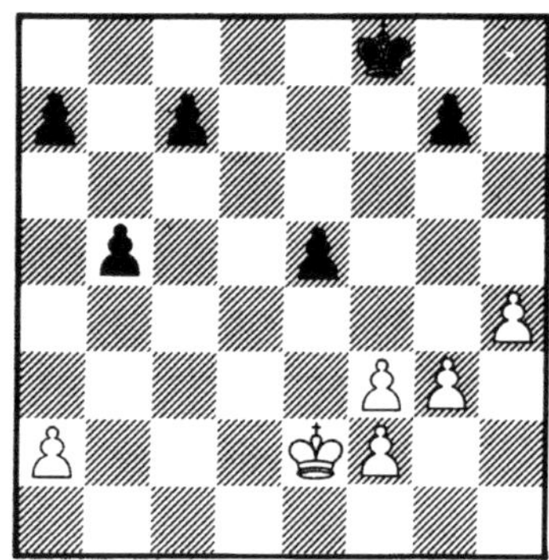

Schwarz am Zuge

Schwarz hat eine deutliche Mehrheit auf dem Damenflügel, aus der jedenfalls ein entfernter Freibauer zum Vorschein kommen muß. Der weiße König wird dorthin gehen müssen, um das Entstehen einer Dame zu verhindern, und inzwischen wird der schwarze König die einigermaßen gehandikapte weiße Mehrheit auf dem Königsflügel anpacken können. Es folgte:

1. ...	c7–c5?

Die logische Fortsetzung. Die Bauernmehrheit geht über eine breite Front nach vorn und der Schwarze hat berechnet, daß der weiße König keinen Versuch machen kann, sich zwischen die vorrückenden Bauern zu stellen. Außerdem ist der schwarze c-Bauer der einzige auf dem Damenflügel, der bereits frei ist, so daß Schwarz die Chance sieht, innerhalb der kürzest denkbaren Zeit auf c4 oder selbst auf c3 einen gedeckten Freibauern zu schaffen. Doch ist der Textzug ein Fehler, der den Gewinn aus der Hand gibt. Richtig war 1. ... a5, wie bald nachgewiesen wird.

2. Ke2–e3!

Dieses Manöver hat etwas von dem in Stellung 29 angewandten. Der Nachziehende rechnete lediglich mit 2. Kd3 c4† 3. Kc3, wonach er mit 3. ... Ke7 leicht gewinnt. Der schwarze König begibt sich nach c5 und kehrt zurück, sobald Weiß droht, sich mit g3-g4-g5 und h5-h6 einen Freibauern zu verschaffen.

2. ...	c5–c4
3. f3–f4	

Auf diese Weise gelingt es Weiß, seine „verkrüppelte" Mehrheit auf dem Königsflügel zu heilen.

3. ...	e5×f4†
4. Ke3×f4	

Weiß hat nun nichts mehr zu fürchten, weil der schwarze König die entdoppelten weißen Bauern nicht mehr pakken kann.

4. ...	c4–c3
5. Kf4–e3	b5–b4
6. Ke3–d3	a7–a5
7. g3–g4	Kf8–e7
8. f2–f4	Ke7–e6
9. h4–h5	Ke6–d5
10. g4–g5	Kd5–e6
11. h5–h6	g7×h6
12. g5×h6	Ke6–f6
13. f4–f5!	

Remis (vergleiche Stellung 57).
Mit 1. ... a5! (anstelle von 1. ... c5) hätte Schwarz dem rettenden Manöver zuvorkommen können, weil nun 2. Ke3 a4! kommen und das sanierende 3. f4 verhindert würde (3. ... ef4:† 4. Kf4: b4 5. Ke3 b3 6. ab3: a3!, und der Bauer marschiert).

E 5. Zwei Kuriositäten

Stellung 64

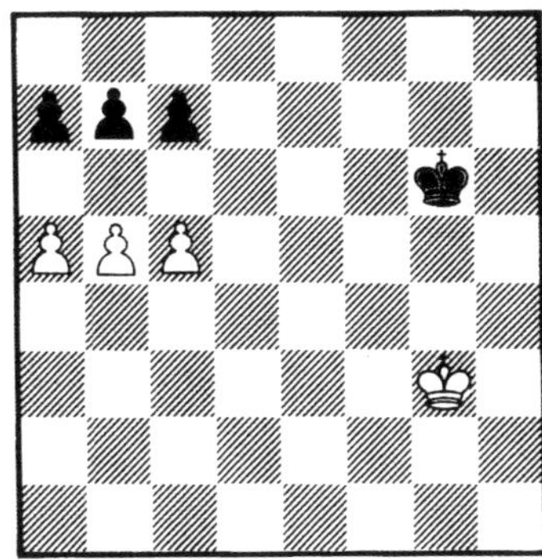

Weiß oder Schwarz am Zuge

Weiß am Zuge gewinnt:

1. b5–b6!

Die Einleitung zu einem überraschenden Durchbruch.

1. ...	c7×b6

1. ... ab6: 2. c6! kommt auf dasselbe heraus.

2. a5–a6!	b7×a6
3. c5–c6	

und der weiße Freibauer ist nicht aufzuhalten.
Schwarz am Zuge gewinnt ebenfalls:

1. ... Kg6–f5
2. b5–b6

Auf andere Züge erobert der schwarze König mit 2. ... Ke5 und 3. ... Kd5 mindestens einen Bauern.

2. ... c7×b6

Nicht 2. ... ab6: wegen 3. c6 bc6: 4. a6 usw.

3. a5×b6

3. a6 ba6: 4. c6 scheitert an 4. ... Ke6.

3. ... a7×b6

Nach 3. ... a6? 4. c6 würde Weiß gewinnen.

4. c5×b6 Kf5–e4

So gelingt es Schwarz, den weißen b-Bauern zu erobern, ohne daß der weiße König zur Opposition gelangt. Schwarz gewinnt.

Stellung 65

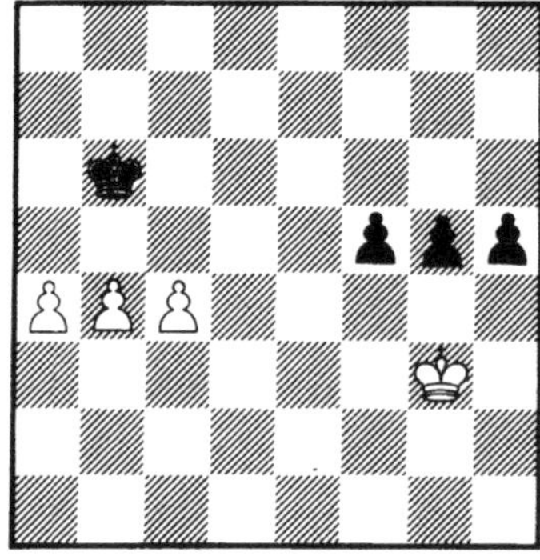

Weiß oder Schwarz am Zuge

Eine symmetrische Stellung, die wohl noch nie in der Praxis vorgekommen ist. Es ist auch äußerst unwahrscheinlich, daß das jemals der Fall sein wird. Diese Stellung ist entstanden aus einer Lage, in der die weißen wie auch die schwarzen Bauern auf der 2. bzw. 7. Reihe standen und die Könige entsprechend auf g1 und b8.
Der namhafte Endspielkenner J. Berger hat darauf hingewiesen, daß in dieser eben erwähnten wie auch in Stellung 65 der Spieler gewinnt, der am Zuge ist. Die vollständige Gewinnführung würde etwas weit führen, und wir beschränken uns auf die Ausarbeitung von Stellung 65.

1. a4–a5† Kb6–a6
2. c4–c5! h5–h4†

Es ist lehrreich (und auch nicht ganz ohne Belang für die Praxis) zu wissen, wie Weiß nach 2. ... Kb5 die schwarzen Bauern festlegt: 3. Kg2! und nun 3. ... g4 4. Kg3 oder 3. ... h4 4. Kh3 f4 5. Kg4 oder analog 3. ... f4 4. Kf3 h4 5. Kg4. In allen diesen Fällen muß der schwarze König das Feld räumen und danach folgt eine ähnliche Abwicklung wie im Text.

3. Kg3–h3 f5–f4
4. c5–c6

Nach 4. Kg4 Kb5 kommt Weiß nicht weiter, wohl aber Schwarz!

4. ... f4–f3
5. b4–b5† Ka6–a7

Oder 5. ... Kb5: 6. c7 g4† 7. Kh2 g3† 8. Kg1 f2† 9. Kf1 h3 10. c8D und Weiß kommt zuerst.

6. c6–c7 Ka7–b7

Oder: 6. ... g4† 7. Kg4: f2 8. c8D f1D 9. b6 matt.

7.	b5–b6	g5–g4†
8.	Kh3–h2	g4–g3†
9.	Kh2–g1	f3–f2†
10.	Kg1–f1	h4–h3
11.	a5–a6†	Kb7–c8
12.	a6–a7	

und Weiß gewinnt (12. ... Kb7 13. a8D†).

3. Endspiele ohne Bauern

A. Einleitung: Die Möglichkeiten, aufgeschlüsselt
B. Selten vorkommende Endspiele
C. Dame(n) und leichte Figur(en)
D. Turm (Türme) und leichte Figur(en)

A. Einleitung: Die Möglichkeiten, aufgeschlüsselt

Es sind zahllose Kombinationen von Endspielen möglich, von denen allgemein gesagt werden kann, daß sie in der Praxis nicht oft vorkommen. Sondern wir unter diesen vielen Möglichkeiten jene aus, in denen die stärkere Partei Mattpotential hat (die also normalerweise von der stärkeren Partei gewonnen werden müssen) behalten wir vier Gruppen übrig:

Gruppe 1 umfaßt Endspiele mit unwahrscheinlichen Kräfteverteilungen, die fast nie vorkommen und über die nichts allgemeines zu sagen ist, weil das Ergebnis stark von dem besonderen Stand der Figuren abhängt.
Zu dieser Gruppe gehören:
zwei oder drei leichte Figuren gegen Turm
drei oder vier leichte Figuren gegen die Dame oder zwei Türme
Turm und zwei leichte Figuren gegen die Dame
zwei Türme und eine leichte Figur gegen die Dame
zwei Türme gegen die Dame
Es ist unnötig und unpraktikabel, auf diese Endspiele näher einzugehen.

Gruppe 2 umfaßt Endspiele, die wohl hin und wieder vorkommen und deren bestimmte Regeln und Ausnahmen man kennen sollte, weil der Ausgang nicht von vornherein feststeht. Von dieser Gruppe werden wir einige Beispiele geben. Hierzu gehören:
zwei Läufer gegen Springer
Turm und leichte Figur gegen zwei Springer
Dame gegen Dame
Dame gegen Turm und eine leichte Figur

Gruppe 3 umfaßt Endspiele, die öfter vorkommen, und bei denen es in jedem Falle wichtig ist, das Ergebnis zu kennen. Zu dieser Gruppe gehören:
Dame und Läufer gegen Dame
Dame und Springer gegen Dame

Dame gegen zwei Läufer
Dame gegen zwei Springer
Dame gegen Springer und Läufer

Jedes dieser Themen wird kurz behandelt.

Gruppe 4 umfaßt Endspiele, die regelmäßig vorkommen und deswegen eine etwas ausführlichere Behandlung erfordern.
Hierzu gehören:
Turm gegen Läufer
Turm gegen Springer
Turm und Läufer gegen Turm
Turm und Springer gegen Turm
Dame gegen Turm

B. Selten vorkommende Endspiele

Wir behandeln nur die vier Unterabschnitte aus Gruppe 2.

B 1. Zwei Läufer gegen Springer

Stellung 66

Nach dem Muster einer Matchpartie Tal–Botwinnik

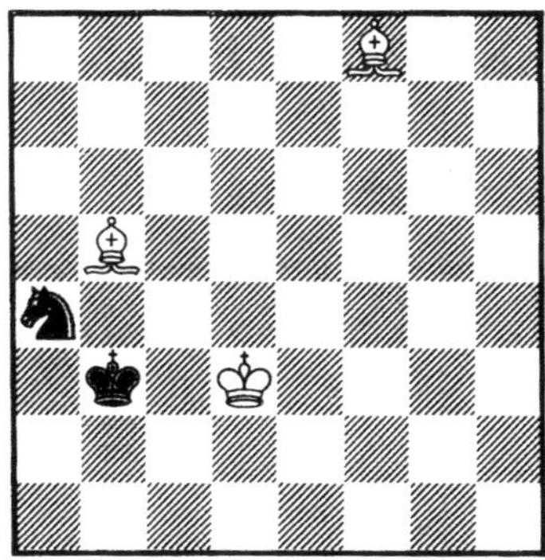

Weiß oder Schwarz am Zuge

Weiß am Zuge gewinnt

1. Lb5–c4† Kb3–b2
2. Lf8–e7

Ein Tempozug, der erreicht, daß entweder der schwarze König an den Rand muß mit den damit verbundenen Mattgefahren, oder der Springer die natürliche Deckung seitens seines Königs aufgibt.

2. ... Kb2–b1

Nach 2. ... Sb6 3. Le6 Sa4 4. Kc4 Kc2 5. Lf5† Kd2 (5. ... Kb2 6. Kb4 Sb6 7. Le6 usw.) 6. Kb3 Sb6 7. Le6 Kd3 8. Ld8 Sa8 9. Ld5 und erobert den Springer.
Nach 2. ... Ka1? ist der Gewinn noch einfacher: 3. Kc2 Sb2 4. Lf7! und Schwarz kann das Matt nicht vermeiden.

3. Lc4–b5 Sa4–b2†

Nach 3. ... Sb6 4. Kd4 wird der Springer schnell gefangen genommen.

4. Kd3–c3	Sb2–d1†

Nach 4. ... Ka2 5. Ke2 geht es leichter.

6. Kc3–b3	

Nun ist Schwarz am Ende seines Lateins. Er verliert den Springer oder wird in der Ecke mattgesetzt. Zum Beispiel 5. ... Sf2 6. Lg5 Sg4 (6. ... Ka1 7. Lf6† Kb1 8. Lb2!) 7. Ld3† Ka1 8. Lc1 und matt. Oder 5. ... Sb2 6. La3 Sd1 7. Ld3† Ka1 8. Lc1 usw. Oder 5. ... Ka1 6. Ld3 Sb2 7. Lg6 usw. und schließlich 5. ... Kc1 6. Lg5† Kb1 7. Ld3† Ka1 8. Lf6† und matt.
Schwarz am Zug hält remis:

1. ...	Sa4–b2†
2. Kd3–d4	Kb3–c2
3. Lb5–e2	Kc2–d2
4. Le2–g4	Kd2–c2
5. Lg4–e6	Sb2–a4
6. Kd4–c4	Sa4–b2†

Es ist wichtig, daß der schwarze König und sein Springer nahe beieinander stehen, um dem Gegner so viele Felder wie möglich wegzunehmen.

7. Kc4–b4	Sb2–d3†
8. Kb4–a3	Sd3–f4

Hier würde 8. ... Sb2? nach 9. Lf5† den Springer kosten. Die schwarzen Figuren begeben sich auf die andere Seite, um dort eine Verteidigungslinie wie folgt aufzubauen: 9. Lf5† Kd1 10. Kb3 Ke2 11. Kc4 Kf3 12. Kd4 Sg2. Es ist geglückt! Weiß kommt nicht weiter. Einen schlüssigen Beweis zu führen, daß Schwarz in Stellung 66 remis halten kann, würde viele Buchseiten erfordern. Die gegebene Fortsetzung gibt nur eine Idee von der zu befolgenden Methode.

B 2. Turm und leichte Figur gegen zwei Springer

Die Anfälligkeit des Springers (die wir in unserem letzten Beispiel sehen konnten) wird noch größer bei Anwesenheit von zwei Springern, die wenig wirkungsvoll aufgestellt sind. Weniger wirkungsvoll stehen die Springer im allgemeinen, wenn sie einander dekken, weil sie dann wenig Felder bestreichen. Viel wirksamer ist das Springerpaar als Verteidigungswaffe, wenn es nebeneinander vor dem König aufgestellt ist.

Stellung 67

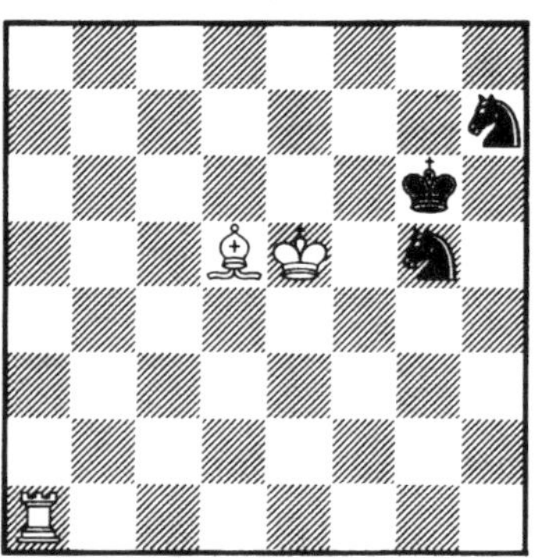

Weiß am Zuge

Hier ist die Lage wohl außerordentlich ungünstig für Schwarz: der König steht unsicher dicht am Rand, die zwei Springer decken sich und der weiße Läufer schirmt beinahe alle Felder eines der Springer ab, wodurch diese Figur über kein einziges Schachgebot verfügt. Weiß gewinnt:

1. Ta1–a6† Kg6–h5

Keine bessere Verteidigung bietet 1. ... Kg7 2. Kf5 und nun: I. 2. ... Sf7 3. Ta7 Shg5 4. Lf7: Sf7: 5. Ke6 usw., II. 2. ... Sh3 3. Tg6† Kf8 4. Tg8† Ke7 5. Tg7† usw., III. 2. ... Kh8 3. Tg6 usw., IV. 2. ... Kf8 3. Ta7 Ke8 4. Lg8 und gewinnt.

2. Ke5–f5 Sh7–f8

Oder 2. ... Kh4 3. Th6† Kg3 4. Lg8.

3. Ta6–f6 Sf8–d7

Oder 3. ... Sfh7 4. Tg6 Kh4 5. Th6† Kg3 6. Lg8 usw. Wenn 3. ... Sgh7, so 4. Lf7† Kh4 5. Th6† Kg3 6. Lg8 usw. Eine seltsam unbeholfene Stellung der Springer!

4. Tf6–g6 Sg5–h3
5. Ld5–f3† Kh5–h4
6. Tg6–g4† Kh4–h5
7. Tg4–g7† und gewinnt.

Vielleicht darf man nicht so weit gehen zu behaupten, daß das Endspiel mit diesem Material für die stärkere Partei stets gewonnen ist; fest steht jedoch, daß die stärkere Partei gute Gewinnchancen hat, vor allem, wenn es der Gegenpartei nicht gelingt, die richtige Aufstellung seiner Springer zu finden.

B 3. Dame gegen Dame

Stellung 68

(mit drei Variationen)

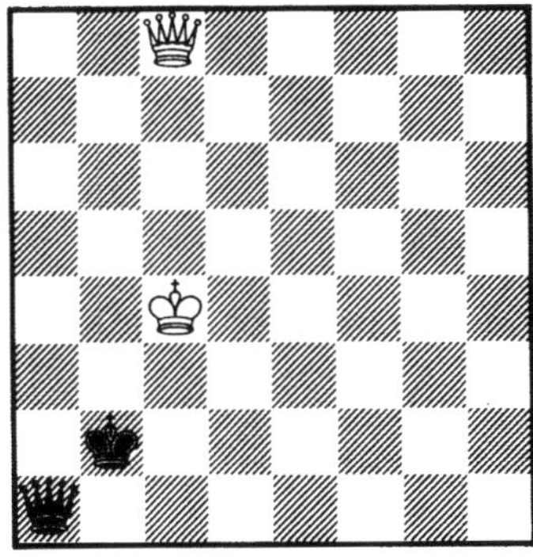

Weiß am Zuge

Es ist wichtig, von diesem Endspiel (das in 99 von 100 Fällen remis ist) die einzigen Ausnahmefälle zu kennen. Einem davon sind wir bei der Ausarbeitung von Stellung 30 begegnet.
Die anderen Ausnahmen hängen damit unmittelbar zusammen und beruhen auf demselben Mattbild mit der verteidigenden Dame auf einem Eckfeld und dem König daneben.

Weiß gewinnt:

1. Dc8–b7† Kb2–c1

1. ... Kc2 2. Dg2† Kc1 3. Df1† kommt auf dasselbe heraus.

2. Db7–h1† Kc1–b2
3. Dh1–g2†

Antwortet Schwarz nun 3. ... Kb1, verwirklichen wir mit 4. Kb3! das gewünschte Mattbild. Durch Annäherung der Dame wird Schwarz zum Schluß gezwungen, seinen König nach b1 zu ziehen. Das Näherkommen kann sowohl längs der ersten wie längs der dritten Reihe geschehen.

3. ... Kb2–a3
4. Dg2–f3† Ka3–b2

Auf 4. ... Ka2 folgt 5. Db3 matt.

5. Df3–e2† Kb2–c1
6. De2–e1† Kc1–b2
7. De1–d2† Kb2–b1

Auf 7. ... Ka3 folgt 8. Db4† und matt.

8. Kc4–b3 und gewinnt.

Man beachte, daß die Damenschachs senkrecht oder waagerecht geschehen müssen. Ein Schrägschach kann den Gewinnvorgang verderben. So wäre nach 5. Df6†? (anstelle von 5. De2†) das Remis eine vollzogene Tatsache (5. ... Kb1 6. Df1† Ka2).
Auf demselben Grund wäre in der Anfangsstellung 1. Db8†? (anstelle von 1. Db7†) unrichtig: 1. ... Kc1 2. Df4† Kb1. Setzen wir den *weißen König* in der Anfangsstellung nach d3, geht alles genau so, nur kommen jetzt senkrechte anstelle von waagerechten Schachs: 1. Db7† Kc1 2. Dc6† Kb2 3. Db5† Ka3 4. Da5† Kb2 5. Db4† usw. Wieder keine schrägen Schachs! Darum ist in dieser Anfangsstellung das verführerische 1. Dc3† fehlerhaft.
Stellen wir nun *den weißen König auf d2*, dann geht alles wieder nach Plan, mit dem einzigen Unterschied, daß der schwarze König nicht mehr die Wahl hat, nach der a- oder der c-Linie auszuweichen: 1. Db7† Ka3 (1. ... Ka2? 2. Kc2) 2. Da6† usw.
Stellen wir den *weißen König* schließlich nach b4 und die *weiße Dame* nach b8, so erhalten wir eine einfache Wiederholung des vorigen: 1. Dh2† usw.
Wir haben behauptet, daß ein Diagonalschach den Gewinnweg stören kann, jedoch gibt es auch eine Ausnahme, wie die folgende Stellung zeigt.

Stellung 69

(mit einer Variation)

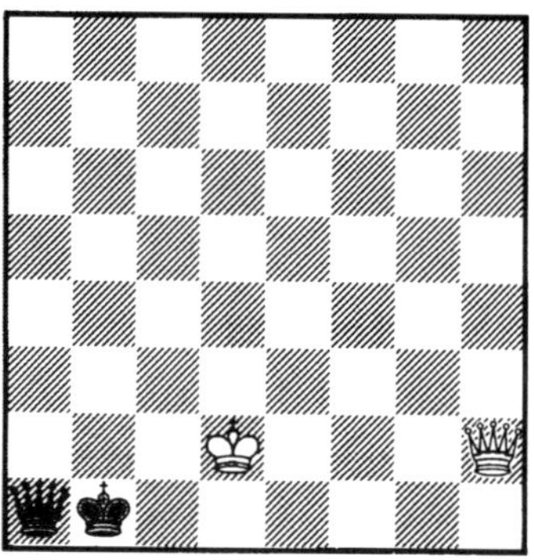

Weiß am Zuge

Weiß gewinnt:

1. Dh2–h7† Kb1–a2

Nach 1. ... Kb2 2. Db7† folgt die bekannte Mattführung.

2. Dh7–f7† Ka2–b1
3. Df7–f5†

Die Dame nähert sich mit Hilfe von Schrägschachs.

3. ... Kb1–a2
4. Df5–d5†

Man beachte, daß nun das senkrechte Schach 4. Da5† den Gang der Sachen stören würde: auf 4. ... Kb1 muß dann wieder 5. Df5† folgen.

4. ... Ka2–b1
5. Dd5–d3† Kb1–a2

5. ... Kb2, so 6. Db5†.

6. Dd3–c4† Ka2–b2

Auf 6. ... Kb1 folgt 7. Dc2 matt.

7. Dc4–b4† und gewinnt.

Stellen wir nun den *weißen König* nach b4.
Weiß gewinnt:

1. Dh2–h1†

Augenscheinlich gegen die Regel, doch Weiß läßt unmittelbar ein Schrägschach folgen:

1. ... Kb1–a2
2. Dh1–d5†! Ka2–b1
3. Dd5–d3† Kb1–b2
4. Dd3–d2† usw.

B 4. Dame gegen Turm und leichte Figur

4a. Dame gegen Turm und Läufer

Dieses Endspiel ist remis, sobald die verteidigende Partei eine Stellung erreicht, in der sowohl Turm wie Läufer gedeckt stehen. Solange das nicht der Fall ist, hat die Dame durch ihre große Beweglichkeit die Chance, mit einem Doppelangriff eine Figur zu erobern.

Stellung 70

(mit zwei Variationen)

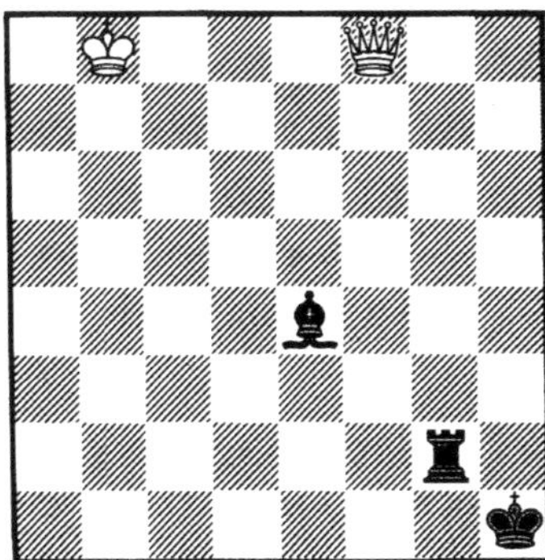

Weiß oder Schwarz am Zuge

Weiß am Zuge gewinnt leicht:

1. Df8–f1† Kh1–h2 (Tg1? 2. Dh3 matt)
2. Df1–f4† usw.

Schwarz am Zuge macht remis, sowohl mit 1. ... Lc2 wie mit 1. ... Lg6. Dann ist der Läufer jeweils gedeckt, während die Deckung des Turms dem König überlassen ist. Dasselbe ist der Fall, wenn der *schwarze Läufer* auf d5 steht. Schwarz macht remis mit 1. ... La2 oder 1. ... Lg8.
Stellen wir nun *den Läufer nach c6 (eine Komposition von Berger)*. Unter den veränderten Umständen verfügt der Läufer nicht über ein Feld, auf dem er sich in Deckung begeben könnte, so daß Schwarz Materialverlust nicht vermeiden kann, was leicht nachzuweisen ist.
Wir begnügen uns mit einer einzigen Variante: 1. ... Ld5 2. Dh8† Th2 (2. ...

Kg1 3. Dd4†) 3. Da1† Kg2 4. Db2† Kh3 5. Dc3† Kg4 6. Dd4†.

4b. Dame gegen Turm und Springer

Für dieses Endspiel gilt im Prinzip das gleiche wie für das vorangegangene. Die Figuren müssen einander decken, um dem Verlust zu entgehen. Natürlich können sich Ausnahmefälle ereignen; aber diese sind von geringem Belang.

C. Dame(n) und leichte Figur(en)

Wie angekündigt, sollen nacheinander kurz behandelt werden:
1. Dame und Läufer oder Springer gegen die Dame
2. Dame gegen zwei Läufer
3. Dame gegen zwei Springer
4. Dame gegen Springer und Läufer

C 1. Dame und Läufer oder Springer gegen Dame

Die Dame ist eine so mächtige Figur, daß es vielleicht unmöglich ist, sie im Zaume zu halten, selbst wenn König, Dame und Läufer oder Springer der Gegenpartei zusammenwirken. Gelingt es nicht, der Dame der Gegenpartei die nötigen Beschränkungen aufzuerlegen, wird in der Folge der König des Angreifers vielen Schachs ausgesetzt sein, was den Gewinn im allgemeinen unmöglich macht, auch deswegen, weil Damentausch zum sofortigen Remis führt. Der normale Ausgang ist darum remis, und in der Mehrzahl der Fälle kann es der stärkeren Partei nur in Kompositionen glücken, das materielle Übergewicht in den Gewinn umzumünzen. Die theoretische Bedeutung dieses Endspiels ist deshalb auch gering. Wir begnügen uns mit einem einzigen Beispiel von Dame und Springer gegen die Dame.

Stellung 71

Aus einer Partie Lengyel–Levy (Cienfuegos 1971)

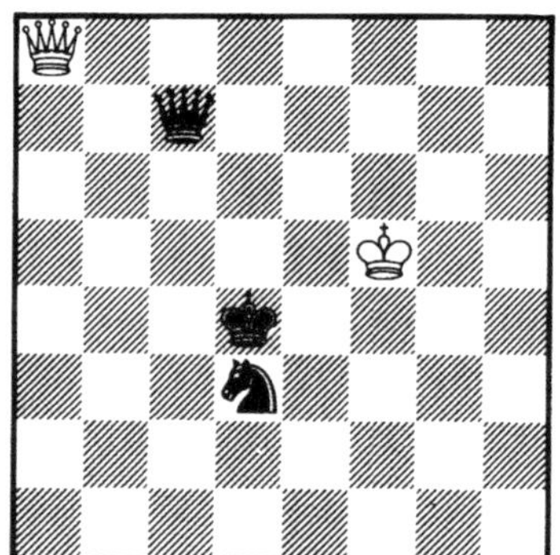

Schwarz am Zuge

Schwarz gewinnt infolge des guten Zusammenspiels seiner Figuren und der sehr anfälligen Position der weißen Dame.

1. ...	Dc7–f4†
2. Kf5–e6	

Nach 2. Kg6 Se5† kann Schwarz eine bekannte Stellung herbeiführen, die zwangsläufig zum Matt führt.

2. ...	Sd3–c5†
3. Ke6–e7	Df4–h4†

Der schwierigste Zug der Gewinnführung.

4. Ke7–f7

Nach 4. Kd6 Dg3† erkennt man die ungünstige Position der weißen Dame. Der weiße König darf nicht auf die Diagonale h1–a8 gehen und ebensowenig auf die 8. Reihe (5. Ke7 Dg7† 6. Kd6 Dd7 matt).

4. ...	Dh4–h7†

Das weitere ist erzwungen. Weiß hat jedesmal nur einen Zug bei Strafe des sofortigen Verlusts:
5. Kf6 Se4† 6. Ke6 Dg6† 7. Ke7 Df6† 8. Kd7 Df7† 9. Kc8 (endlich zu Hause?) 9. ... Sd6† 10. Kb8 De8† 11. Ka7 Sb5† 12. Kb7 De4† 13. Kb8 De5† 14. Kb7 Dd5† 15. Kb8 Dd8† 16. Kb7 Sd6† 17. Ka7 Da5† 18. Kb8 Db6† und matt.

C 2. Dame gegen zwei Läufer

Stellung 72

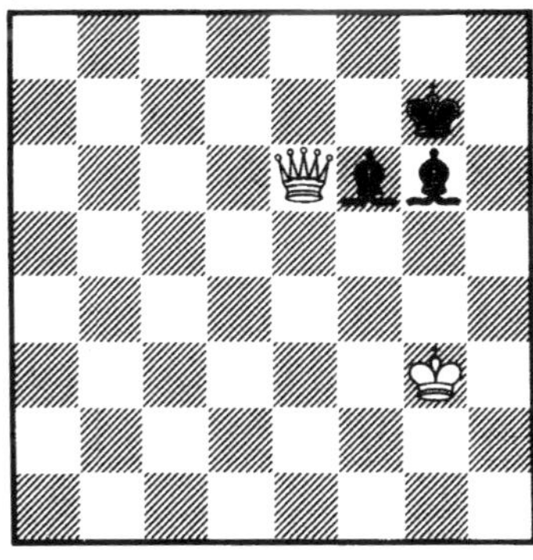

Schwarz am Zuge

Schwarz hat sich so aufgestellt, daß der weiße König nicht näher herankommen kann, während die weiße Dame im Alleingang nichts auszurichten vermag. Es folgt zum Beispiel:

1. ...	Lg6–h7
2. De6–d7†	Kg7–h6
3. Kg3–g4	Lh7–g6
4. Dd7–b7	Lg6–h7
5. Db7–h1†	Kh6–g7

Weiß kann nichts unternehmen.
In der Anfangsstellung sind die Läufer ideal postiert. Vielleicht kann die Damepartei dieser Aufstellung in bestimmten Fällen zuvorkommen. Wenn jedoch die verteidigende Partei die Läufer in der Nachbarschaft des Königs hält, kann nicht viel passieren.

C 3. Dame gegen zwei Springer

Ersetzen wir in Stellung 72 die beiden Läufer durch Springer, erhalten wir die Idealstellung für die Springerpartei. Es ist deutlich, daß der weiße König vorläufig nicht herankommen kann, und der Gewinn ist darum äußerst unwahrscheinlich. Übrigens gilt die gleiche allgemeine Bemerkung, die auch bei dem vorigen Unterabschnitt gemacht worden ist, daß die leichten Figuren (hier also die Springer) in der Nachbarschaft ihres Königs bleiben müssen, um einem Verlust zuvorzukommen. Dabei ist im Auge zu behalten, daß – wie wir schon öfter feststellen konnten – die gegenseitige Deckung der Springer eine wenig wirkungsvolle Aufstellung bedeutet.

C 4. Dame gegen Springer und Läufer

Stellung 73

Eine Komposition von Berger (1921)

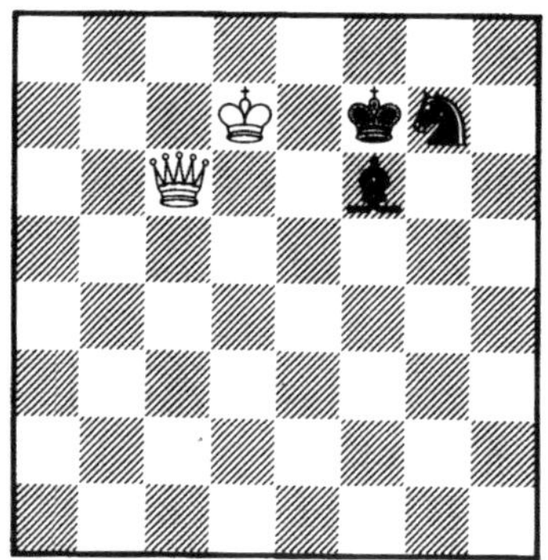

Weiß am Zuge

Die Endspielkenner sind sich darüber einig, daß dieses Endspiel im Prinzip für die Damepartei gewonnen ist. Man hat nach Aufstellungen von Springer und Läufer gesucht, die die Annäherung des feindlichen Königs endgültig verhindern könnten, und man hat nur wenige finden können. Andererseits ist es ebensowenig geglückt, den Gewinn von einer willkürlichen Stellung aus lückenlos nachzuweisen. Die Theorie steht hier folglich vor einem schwierigen Problem.

Um eine Idee von der Art zu geben, in der die stärkere Partei den Gewinn schließlich erzwingen muß, geben wir das hier folgende Beispiel.

Berger gibt die folgende Gewinnfortsetzung, wobei wir den Kommentar bei den verschiedenen Zügen weglassen, zumal dies viele Seiten füllen würde, die nur wenig Bedeutung für die Praxis haben.

Die Hauptvariante lautet: 1. Dg2 Le2 2. Dg5 Lf6 3. Dg3 Ld4 4. Db3† Kf6 5. Kc6 Kg5 6. Kd5 Lf6 7. Dg3† Kf5 8. Dg2 Lg5 9. Dc2† Kf6 10. Df2† Kg6 11. Ke5 Ld8 12. Dg2† Kf7 13. Dd5† Ke7 14. Db7† Kf8 15. Kd6 Lg5 16. Dd5 Le7† 17. Kd7 Lf6. Die so erreichte Stellung gewinnen wir aus der Ausgangsstellung 73, wenn wir mit Dc6–d5† beginnen und Schwarz Kf7–f8(?) antworten lassen. Weiß gewinnt nun überraschend schnell durch Zugzwang:

18. Dd5–c4!

Es ist leicht einzusehen, daß, welchen Zug Schwarz auch tut, ihm stets eine Figur verloren geht. Auf 18. ... Lg5, 18. ... Le5 oder 18. ... Sh5 folgt 19. Dc5†, auf 18. ... Lb2 folgt 19. Db4†, auf 18. ... La1 19. Df1† und zum Schluß folgt auf 18. ... Se8 das tödliche 19. Dc8.

D. Turm (Türme) und leichte Figur(en)

Die Endspiele dieses Abschnitts werden ausführlicher behandelt, weil sie viel wichtiger sind als die übrigen Endspiele dieses Kapitels.
Wir teilen sie wie folgt ein:
1. Turm gegen Läufer
2. Turm gegen Springer
3. Turm und Läufer gegen Turm
4. Turm und Springer gegen Turm
5. Dame gegen Turm (dies Endspiel gehört genau genommen nicht zu diesem Abschnitt)

D 1. Turm gegen Läufer

Im allgemeinen muß dieses Endspiel remis werden. Der Läufer hat darüber zu wachen, daß die Könige nicht einander gegenüber zu stehen kommen, denn in diesem Fall droht die Gefahr, daß der verteidigende König dichter an den Rand getrieben wird.

Stellung 74

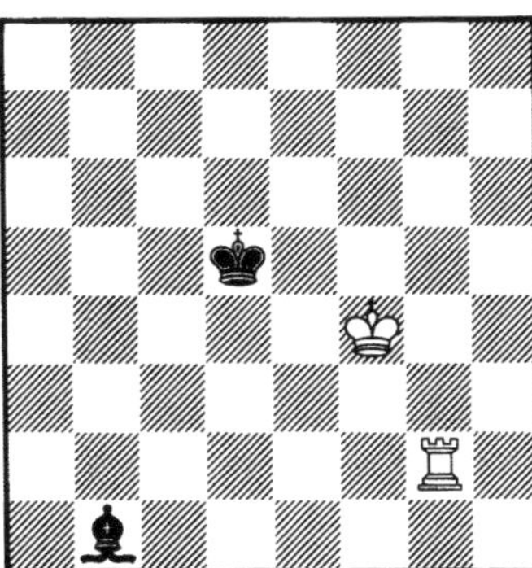

Weiß am Zuge

Der schwarze Läufer verhindert die Opposition (Kf5). Es kann folgen:

1. Tg2–d2† Kf5–e6

Aufs neue ist die Opposition (Ke4) verhindert.

2. Td2–e2† Ke6–d6
3. Te2–e5 Lb1–h7

Weiß kommt nicht weiter.
Falls es gelingt, den schwarzen König an den Rand zu drängen, oder wenn der König in der Ausgangsstellung bereits am Rand steht, verfügt die stärkere Partei über bestimmte Möglichkeiten.

Stellung 75

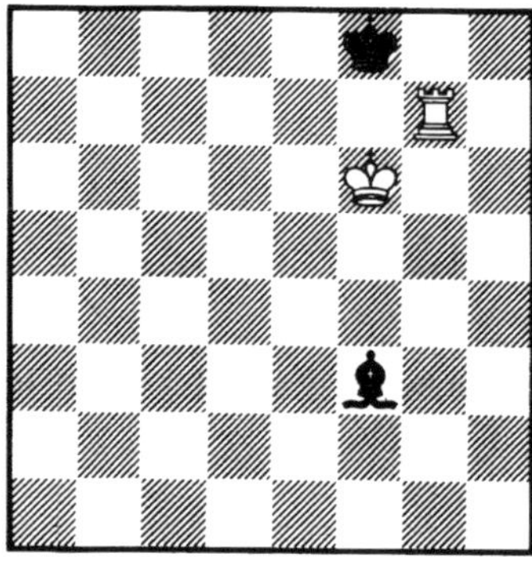

Weiß oder Schwarz am Zuge

Weiß hat eine Idealstellung erreicht: Könige in der Opposition, der eigene König auf einem schwarzen Feld, so daß der Läufer hier den König nicht verdrängen kann. *Weiß am Zuge* gewinnt, indem er den Läufer solange mit dem Turm verfolgt, bis sich die Möglichkeit einer Doppeldrohung auftut: Angriff auf den Läufer einerseits und Matt andererseits.

1. Tg7–g3 Lf3–e4

Man sieht bereits, daß ein Zug wie 1. ... Ld1 verliert: 2. Td3 Lh5 3. Td8† Le8 4. Ta8 usw.

2. Tg3–e3 Le4–g2

Der Läufer hält sich auf der e-, f- oder g-Linie auf, so daß der Turm nicht zugleich Matt drohen und ihn angreifen kann.

3. Te3–e2 Lg2–f3
4. Te2–f2!

Der Schlüsselzug: der Läufer kann nun nicht nach e4 (oder g4) gehen wegen des Abzugsschachs des Königs (Ke5† oder Kg5†).

4. ... Lf3–c6
5. Tf2–c2 Lc6–d7

Oder 5. ... Lb7 6. Tc7 La6 7. Ta7.

6. Tc2–b2!

Profitiert von der Zufälligkeit, daß der König nicht über e8–d7 entfliehen kann. Weniger gut war 6. Td2 oder 6. Tc7 wegen der Antwort 6. ... Ke8, wonach Schwarz remis erreicht.

6. ... Kf8–g8

Oder 6. ... Le8 7. Tb8.

7. Tb1–b8† Kg8–h7
8. Tb8–b7 und gewinnt.

Schwarz am Zuge macht remis.

1. ... Kf8–e8

Er verläßt sofort die Opposition.

2. Kf6–e6 Ke8–d8
3. Ke6–d6

3. Tg3 holt ebensowenig etwas heraus: 3. ... Lb7 4. Tc3 Lg2 5. Kd6 Ke8 6. Tg3 Lb7 7. Th3 La6 8. Tf3 Lc4 usw.

3. ... Kd8–c8
4. Tg7–c7† Kc8–b8
5. Kd6–d7 Lf3–g2
6. Kd7–d8 Lg2–f3
7. Tc7–c3 Lf3–g2
8. Tc3–b3† Kb8–a7
9. Kd8–c7 Ka7–a6

Weiß kommt nicht weiter.
Auf eine wichtige Facette des Kampfes zwischen Turm und Läufer sei noch aufmerksam gemacht.

Stellung 76

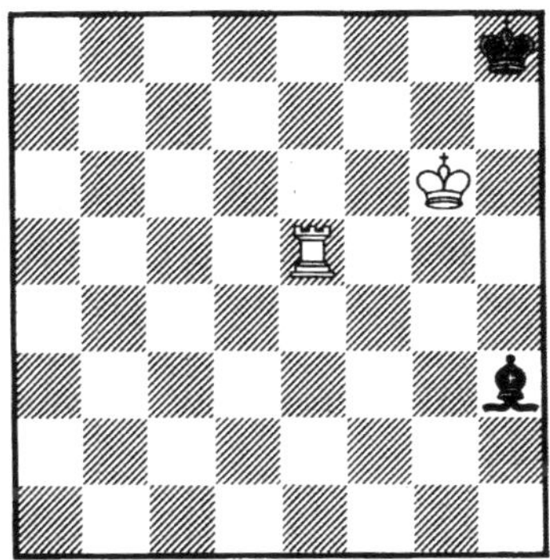

Schwarz am Zuge

Augenscheinlich ist die Ausgangsstellung sehr günstig für Weiß. Es droht matt und außerdem auch Th5† mit Eroberung des Läufers. Andererseits aber steht der weiße König auf einem Feld von der Farbe des Läufers; außerdem steht der schwarze König in der falschen Ecke. Was es damit auf sich hat, wird rasch klar.

1. ... Lh3–d7

Das einzige.

2. Te5–e7

Auf 2. Td5 kann 2. ... Le8† folgen, aber auch 2. ... Le6 ist gut, um 3. Td8† mit 3. ... Lg8 zu beantworten. Nach dem Tempozug 4. Ta8 steht Schwarz dann patt.

2. ... Ld7–b5
3. Te7–b7 Lb5–c4

Das einfachste; aber auch 3. ... Ld3† oder 3. ... Le8† macht remis.

4. Tb7–h7†

Weil 4. Tb8† Lg8 nichts einbringt, probiert Weiß es auf diese Manier.

4. ... Kh8–g8
5. Th7–c7 Lc4–d3†

und Weiß muß die Opposition aufgeben.

6. Kg6–f6 Ld3–b1
7. Tc7–g7† Kg8–h8!

7. ... Kf8? 8. Tg2 führt nach dem Rezept von Stellung 75 zum Verlust. Weiß kommt nicht weiter, remis.

D 2. Turm gegen Springer

In diesem Endspiel hat die Turmpartei (noch) weniger Gewinnchancen als in dem vorangegangenen, denn auch nachdem der König an den Rand gedrängt ist (sofern das überhaupt möglich ist) kann der Springer den feindlichen König von den entscheidenden Plätzen verjagen.

Stellung 77

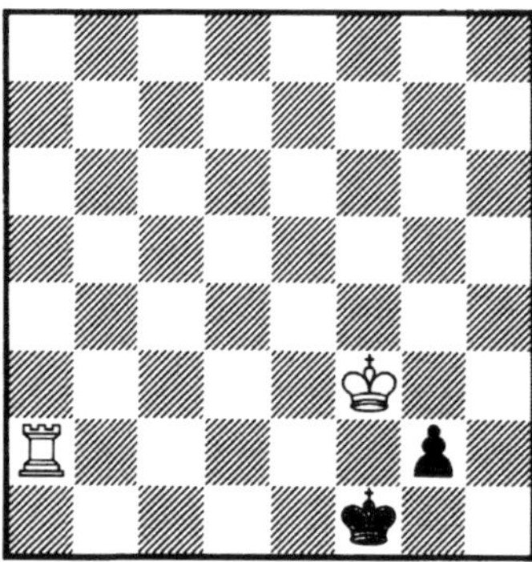

Schwarz am Zuge

Ausgehend von dieser Stellung kommt das Endspiel Turm gegen Springer verhältnismäßig am häufigsten vor. Schwarz kann sich keine Dame holen wegen matt. Er erreicht bequem remis, indem er einen Springer wählt.

1. ... g2–g1S†
2. Kf3–e3

2. Kg3 Se2† bringt ebensowenig etwas ein.

2. ... Sg1–h3

Erzwungen.

3. Ta2–h2 Sh3–g1

Nach 3. ... Sg5? 4. Th6! ist es sofort aus (4. ... Kg2 5. Tg6).

4. Th2–f2† Kf1–e1
5. Te2–g2 Ke1–f1

Auf 5. ... Sh3 folgt 6. Tg3.

6. Tg2–h2 Kf1–e1
7. Th2–f2 Sg1–h3

Ein Weiterkommen ist unmöglich: remis.

Stellung 77 kann eine Anzahl Linien nach links versetzt werden, ohne daß sich das Ergebnis verändert; fatal für Schwarz ist jedoch eine Verpflanzung nach rechts. Die Stellung Weiß: Kg3 Tb2 Schwarz: Kg1 Bh2 ist für Schwarz verloren: 1. ... h1S† 2. Kf3 usw.

Offenbar ist für die Turmpartei auf der untersten Reihe wenig Ehre zu holen, und damit scheint das Problem König gegen Springer endgültig gelöst zu sein. Doch besteht noch die Möglichkeit für die Turmpartei, den Gegner auf einem ganz anderen Wege zur Kapitulation zu zwingen.

Stellung 78

Entnommen einer arabischen Handschrift von 1257

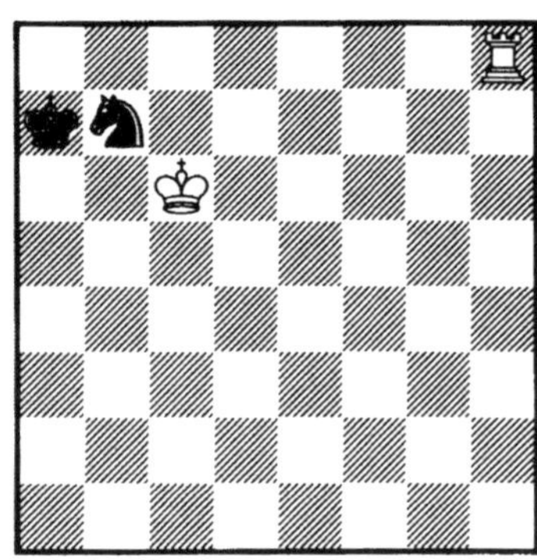

Schwarz am Zuge

Der arabische Schachexperte Al-Adli hat uns diese Gewinnstellung für die Turmpartei hinterlassen. Das Geheimnis der Auflösung liegt darin, daß der schwarze Springer verloren geht, nachdem Weiß systematisch dessen Fluchtfelder abgeschnitten hat.

1. … Sb7–a5†
2. Kc6–b5 Sa5–b7

Nach 2. … Sb3 3. Td8 Sc1 4. Td2 Sb3 5. Td1 ist der Springer gefangen.

3. Th8–f8

Ein Tempozug; das auf der Hand liegende 3. Th7 führt nach 3. … Kb8 4. Kb6 Sd8 nur zum Remis.

3. … Sb7–d6†
4. Kb5–c6 Sd6–c4

Es ist deutlich, daß 4. … Sb7 an 5. Tf7 scheitert. Weniger einfach ist die Widerlegung von 4. … Se4; im allgemeinen kann gesagt werden, daß der im freien Feld befindliche Springer durch die ihn jagenden König und Turm stets gefangen genommen werden kann. Dazu kommt, daß Weiß in dieser Stellung noch über Mattdrohungen verfügt. Es folgt: 5. Tf7† Kb8 (5. … Ka6 6. Tf4 Sc3 7. Tc4) 6. Tb7† Ka8 (5. … Kc8 6. Te7) 7. Tb4 Sf6 (7. … Sd2 oder 7. … Sf2 oder 7. … Sg3, so 8. Kc7; auf 7. … Sg5 folgt 8. Tg4 und 9. Kb6) 8. Tf4 Sh5 9. Tf5 Sg3 10. Tf3 und 11. Kc7.

5. Tf8–f4 Sc4–a5†

Nach 5. … Se5† 6. Kd5 Sd3 7. Td4 hat der Springer keine Überlebenschancen: 7. … Sc1 8. Td2 und 9. Kc4 oder 7. … Se1 8. Ke4 Sc2 9. Tc4 Se1 10. Tc1 Sg2 11. Th1.

6. Kc6–b5 Sa5–b7
7. Tf4–d4!

Bestreicht das letzte Fluchtfeld des Springers. Nun muß der schwarze König ziehen.

7. … Ka7–b8
8. Kb5–a6!

Nach 8. Kb6 Kc8 erreicht Schwarz remis.

8. … Kb8–c7

Nach 8. … Sc5† 9. Kb6 Sb7 10. Td7 oder 9. … Se6 10. Td6 ist es auch aus.

9. Td4–c4† Kc7–b8
10. Tc4–b4 Kb8–a8

Die letzte Verteidigung des Schwarzen: nach 11. Tb7: ist Schwarz patt.

11. Ka6–b6 Ka8–b8

Auf 11. … Sd6 geschieht 12. Th4 Sc8† 13. Kc7 oder 12. … Kb8 13. Th8† Sc8† 14. Kc6.

12. Kb6–c6 Kb8–a8
13. Tb4–b5 Sb7–d8†
14. Kc6–d7 Sd8–b7

Auf 14. … Sf7 folgt wieder der charakteristische Springerfang: 15. Ke7 Sh8 16. Kf8 und 17. Kg7. Auch im 12. Zug hatte Schwarz keine Wahl.

15. Kd7–c7 und gewinnt.

D 3. Turm und Läufer gegen Turm

Dieses Endspiel ist das schwierigste aller theoretischen Endspiele. Zahlreiche Analytiker haben ihre Kräfte daran erprobt, besonders im vorigen Jahrhundert, jedoch ohne zu einem entschiedenen Urteil zu gelangen. Zwar stellen diese Analytiker fest, was bei korrekter Behandlung bestimmter Stellung das Ergebnis sein muß, doch ihre Ergebnisse sind schwer nachzuprüfen. Was soll man zum Beispiel von einer Stellung denken, von der der Endspielkenner Croskill 1864 die Schlußfolgerung zog, daß die stärkste Partei in 55 Zügen den Gewinn erzwingen könne? Er beweist das dann mit Hilfe von Dutzenden langzügiger Varianten. Es ist eine enorme Arbeit, eine so tiefgehende Analyse richtig einzuschätzen. Wer soll dazu imstande sein?

In dieser Hinsicht habe ich alle Hoffnung auf den Computer gesetzt, der zwar in der Beurteilung von Mittelspielstellungen nicht ausreicht, aber in der Untersuchung von Endspielen mit wenigen Figuren dem Menschen voraus ist.

Angesichts der eben erwähnten Zugzahl von 55 ist die 50-Züge-Regel der Remisbestimmung des Weltschachbundes anfechtbar (siehe Abschnitt 1 C).

Um annähernd eine Idee von den Problemen zu erhalten, die hier mitspielen, lassen wir zwei fast gleiche Stellungen folgen, von denen die erste (Stellung 79) für Weiß gewonnen ist und die zweite (Stellung 80) remis.

Stellung 79

Analyse von Philidor (1749)

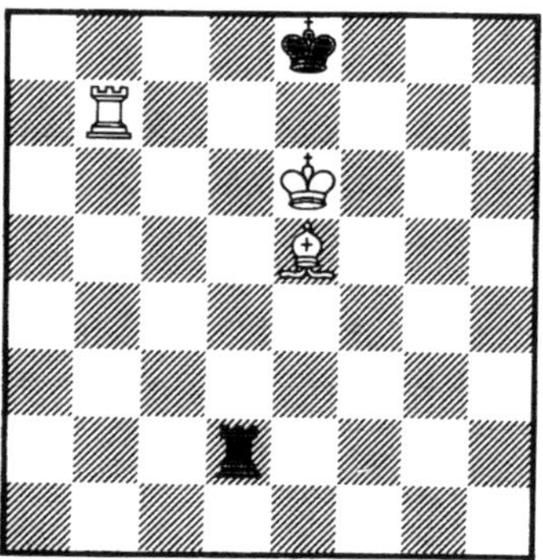

Weiß oder Schwarz am Zuge

Weiß gewinnt:

1. Tb7–a7

Ein Tempozug, um den schwarzen Turm auf ein etwas ungünstigeres Feld zu zwingen. Es ist klar, daß dieser Turm auf der d-Linie bleiben muß und der schwarze König nicht ziehen darf. Daraus folgt, daß es keine Rolle spielt, wer in Stellung 79 am Zuge ist.

1. … Td2–d1

Möglich war auch 1. … Td3, aber das würde die Aufgabe des Weißen etwas erleichtern, wie sich bald zeigt.

2. Ta7–g7 Td1–f1

Das einzige; auf 2. … Kf8 folgt 3. Th7 Tg1 4. Ta7 Kg8 (es gibt nichts anderes) 5. Ta8† Kh7 6. Th8† Kg6 7. Tg8† usw.

3. Le5–g3

Ein belangreicher Zug, der den schwarzen Turm auf die 3. Reihe zwingt. Gleichzeitig wird das Schach auf e1 verhindert.

3. ... Tf1–f3

Nach 3. ... Kf8 gewinnt Weiß wie folgt: 4. Tg4 (droht 5. Ld6†) 4. ... Ke8 5. Tc4 Td1 (5. ... Kf8 6. Le5 Kg8 7. Th4) 6. Lh4! Kf8 7. Lf6 Te1† 8. Le5 Kg8 9. Th4 und gewinnt.

4. Lg3–d6 Tf3–e3†
5. Ld6–e5 Te3–f3

Oder 5. ... Kf8 6. Th7 und Schwarz kann nicht mit 6. ... Tg3 parieren (der Nachteil der 3. Reihe).

6. Tg7–e7† Ke8–f8

Nach 6. ... Kd8 7. Tb8 sehen wir wieder den Nachteil der 3. Reihe (Feld c3 ist unbetretbar).

7. Te7–c7 Kf8–g8

Schwarz hat keine Wahl.

8. Tc7–g7† Kg8–f8
9. Tg7–g4 Kf8–e8

Es drohte 10. Ld6† und 9. ... Te3 scheitert an 10. Th4.

10. Le5–f4

Der Gnadenstoß.

10. ... Ke8–f8
11. Lf4–d6† und matt.

Eine sehr verwickelte Analyse, und man bedenke, daß sie über zweihundert Jahre alt ist!

Stellung 80

Von Szen

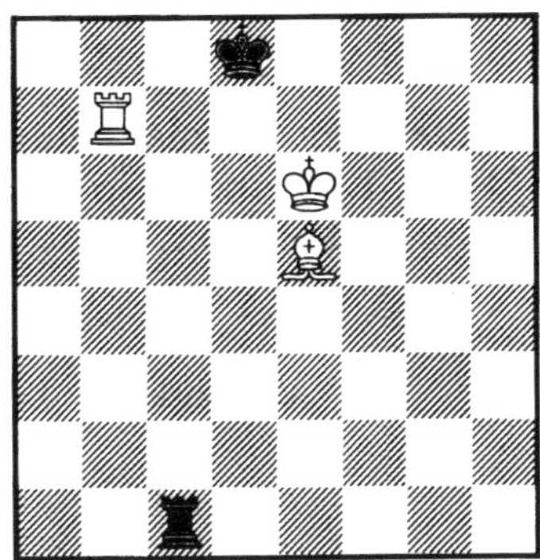

Weiß am Zuge

Fast die gleiche Stellung wie die vorige. Auch hier kann allein der schwarze Turm ziehen, und es scheint möglich zu sein, diese Figur auf ein ungünstiges Feld zu manövrieren, wonach ein Gewinnweg wie der eben ausgeführte möglich wird. Doch dies glückt nicht, weil der schwarze König nach c8 ausweichen kann, sobald der weiße Turm auf der anderen Seite eingreifen will: 1. Tg7 Kc8!.
Auch andere Züge führen nicht zum Gewinn: auf 1. Kd6 folgt 1. ... Td1†, und 1. Tb2 wird beantwortet mit 1. ... Tc6† 2. Ld6 Tc1.
Daß man gleichwohl leicht daneben greifen kann, lehrt der folgende Partieverlauf (Marović–v. d. Weide, IBM-Turnier Amsterdam 1967).

1. Tb7–b2 Tc1–c4(?)

Richtig war – wie bereits angegeben – 1. ... Tc6†.

2. Ke6–d6 Kd8–e8?

Nicht 2. ... Tc1 wegen 3. Tb8† Tc8 4. Lf6†. Richtig war jedoch 2. ... Kc8!

trotz der scheinbar tödlichen Antwort 3. Ke7, denn Schwarz hat darauf die Erwiderung 3. ... Tb4! (4. Tb4: patt).

3. Tb2–f2 Tc4–c1

Auf andere Züge, beispielsweise 3. ... Ta4, folgt 4. Ke6, und dann kann der Gewinnweg von Stellung 79 einsetzen.

4. Le5–b2 Tc1–d1†

Auf 4. ... Tc4 entscheidet 5. Lg7.

5. Kd6–e6 Td1–e1†

Wenn 5. ... Kd8, so 6. Le5 Kc8 7. Tb2 usw.

6. Lb2–e5 Te1–g1
7. Tf2–c2

und wir befinden uns bereits im Fahrwasser der Stellung 79.
Wichtig ist noch die allgemeine Regel, daß die schwächere Partei die meisten Aussichten hat, dem Tanz zu entkommen, wenn der König sich in oder nahe dem guten Eckfeld befindet (das ist in diesem Endspiel die Ecke von der Farbe des Läufers). Zur Erörterung dieser Regel folgen zwei Beispiele.

Stellung 81

G. Lolli

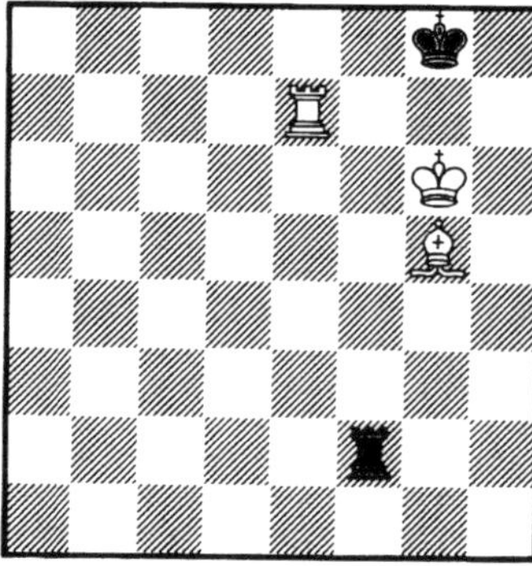

Weiß am Zuge

Der schwarze König steht in der Nachbarschaft der guten Ecke, und das bedeutet ein ziemlich sicheres Remis. Weiß versucht, seinen König nach e6 zu bringen, um dann die Gewinnprozedur von Stellung 79 anzuwenden.

1. Te7–c7 Tf2–f3
2. Lg5–h4 Tf3–f1

Schwarz muß sehr sorgfältig spielen. Nach 2. ... Tf4? 3. Lf6 Tg4† 4. Lg5 ist das Matt nicht zu parieren.

3. Lh4–f6 Tf1–g1†
4. Kg6–f5

Weiß nimmt seine Chance wahr. Mit 4. ... Tf1† 5. Ke6 Tb1 6. Ld4 Tf1 7. Tg7† Kf8 8. Tg4 würde Schwarz tatsächlich in die „Philidor-Mühle" von Stellung 79 hineingeraten.

4. ... Tg1–g2!
5. Lf6–e5 Tg2–a2
6. Tc7–g7† Kg8–f8
7. Tg7–d7 Kf8–g8

Hier steht der schwarze König am sichersten. Es kann nun folgen: 8. Kg6 Tf2 9. Lg3 Tf1 10. Te7 Kf8 11. Te2 Tg1 12. Te3 Tg2 13. Kf6 Tb2 14. Ld6† Kg8 15. Te8† Kh7 16. Te7† Kg8 17. Le5 Tf2† 18. Ke6 Tf7!, remis.
Der Schluß ist zwar überzeugend, doch ein gründliches Studium ist erforderlich, die gegebene Zugreihe gut zu verstehen. Eine ausführliche Untersuchung dieses und anderer Endspiele würde zu weit führen. Hier noch das Gegenstück zum vorigen Beispiel.

Stellung 82

Von der Lasa

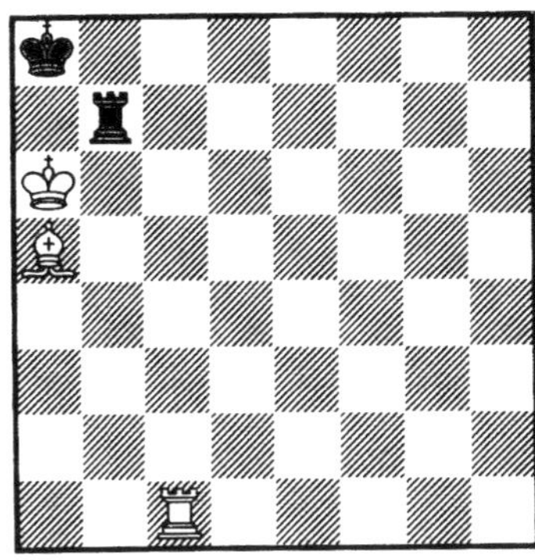

Weiß am Zuge

Der schwarze König steht nun in der verkehrten Ecke, und das verschafft Weiß die Möglichkeit, das Endspiel zu seinen Gunsten zu entscheiden:

1. Tc1–f1

1. Tc8† Tb8 2. Tc7 – unter ähnlichen Umständen erfolgreich – wird hier beantwortet mit 2. ... Tb7!

1. ...	Tb7–b2

Nur eine Verbesserung der weißen Stellung führt 1. ... Ta7† 2. Kb6 Tb7† 3. Kc6 herbei.

2. Tf1–f6

Ein Wartezug, der wie in Stellung 79 das Ziel hat, den Turm auf eine andere Reihe zu zwingen.

2. ...	Tb2–b1
3. La5–b6	

Erzwingt den Durchzug des weißen Königs nach c6.

3. ...	Tb1–a1†
4. Ka6–b5	Ka8–b7
5. Tf6–f7†	Kb7–c8
6. Kb5–c6	Ta1–c1†
7. Lb6–c5	Tc1–d1

Im Prinzip die gleiche Stellung wie 79. In der Gewinnführung machen sich jedoch kleine Unterschiede bemerkbar.

8. Tf7–a7	Td1–b1

Auf 8. ... Kb8 entscheidet 9. Ta4 Tc1 (um 10. Ld6† zu parieren) 10. Th4 und gewinnt.

9. Lc5–a3	Kc8–b8

Die Alternative 9. ... Tb3 wird beantwortet mit 10. Ld6 Tc3† 11. Lc5 Tb3 12. Tc7† Kb8 13. Th7 Ka8 14. Th4! usw.

10. Ta7–e7	Kb8–a8
11. Te7–e4	Tb1–b7!

Pariert sowohl 12. Ta4† wie 12. Te8†.

12. Te4–e5!

Ein Wartezug: nun muß der schwarze Turm sich erklären.

12. ...	Tb7–b1

Oder 12. ... Th7 13. Te8† Ka7 14. Lc5† usw.

13. Te5–a5†	Ka8–b8
14. La3–d6† und gewinnt.	

Bisher wurde eine Anzahl Randstellungen behandelt, die unter Umständen zum Gewinn für die stärkere Partei führen. Es bleibt das Problem des „Andenrandtreibens“, das durch einige Analytiker zwar als theoretisch möglich betrachtet wird. In der Praxis aber hat es manche arge Enttäuschung gegeben. Man sehe zum Beispiel den Schluß der Partie Flohr–Reshevsky, Semmering 1937, wo der schwarze König in der Ausgangsstellung übrigens schon am Rand steht . . .

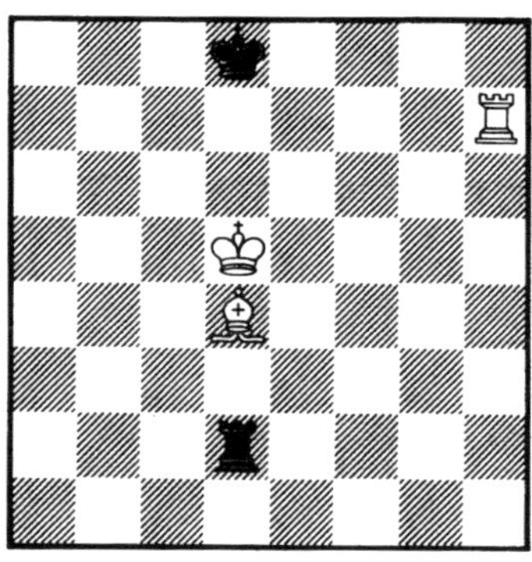

Weiß am Zuge

Stellung 83

Weiß steht vielversprechend, weiß aber nach 17 Zügen nichts anderes zu erreichen, als das Spiegelbild der Anfangsstellung auf der anderen Brettseite! Es ging wie folgt weiter: 1. Ke5 Kc8 (Der schwarze König flüchtet zur gegenüberliegenden Seite vom weißen König. Ganz verkehrt wäre 1. ... Te2†? 2. Kd6 Ke8 3. Le5 und Weiß gewinnt.) 2. Lc5 Td7 3. Le7 Kh7 4. Ke6 Kc6 5. Th1 Td2 6. Tc1† Kb5 7. Ld6 Te2† 8. Kd7 Te4 9. Tc5† Ka4 10. Kc6 Kb3 11. Kd5 Te8 12. Tb5† Kc2 13. Lc5 Kd3 14. Tb3† Ke2 15. Ld4 Td8† 16. Ke4 Te8† 17. Le5 Ke1 18. Tb2 Te7. Das Spiegelbild ist perfekt!

D 4. Turm und Springer gegen Turm

Dieses Endspiel bietet viel weniger Gewinnchancen als das Endspiel von Turm und Läufer gegen Turm. Turm und Springer arbeiten weniger wirkungsvoll zusammen, und es steht wohl fest, daß die stärkere Partei nicht in der Lage ist, bei guter Verteidigung den feindlichen König an den Rand zu treiben, wobei auch die Gewinnstellungen am Rand sehr selten sind.

Es folgt ein Beispiel aus der Praxis, in dem vergeblich danach getrachtet wird, den König des Verteidigers an den Rand zu treiben.

Stellung 84

Aus einer Matchpartie Aljechin–Capablanca, Buenos Aires 1927

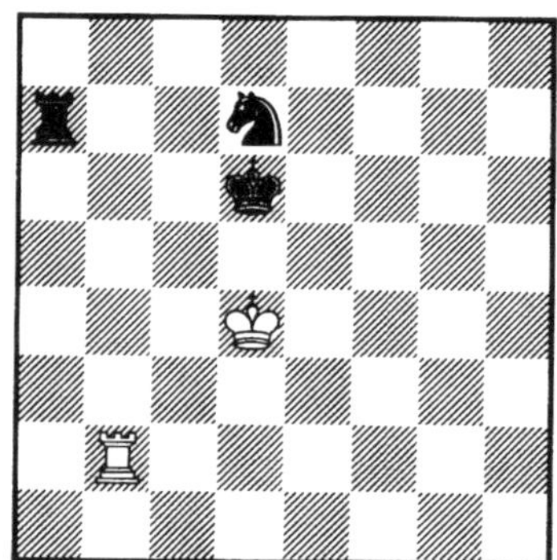

Weiß am Zuge

Es folgte: 1. Td2 Sc5 2. Kc4† Kc6 3. Th2 Ta4† 4. Kc3 Tg4 5. Kd2 Tg3 6. Th5 Kb5 7. Ke2 Kc4 8. Th4† Kc3 9. Kf2 Td3 10. Tf4 Kd2 11. Kg2 Td5 12. Kf3 Kd3. Hier begnügte sich der Nachziehende mit remis.

Der weiße König hält sich vom Rand fern. Nehmen wir einmal an, der weiße König begebe sich im 12. Zug freiwillig an den Rand, dann sieht es auch noch nicht danach aus, daß Schwarz ein Mattnetz bilden kann. Zum Beispiel: 12. Kh3? Ke3 13. Tc4? Kf3 14. Tc3† Kf4 15. Kh4 oder auch 14. Kh4 Se4 15. Tc8 und es ist noch nichts passiert.

D 5. Dame gegen Turm

Abgesehen von ein paar Ausnahmefällen ist dieses Endspiel für die stärkere Partei gewonnen, obschon es nicht ohne weiteres möglich ist, einen systematischen Gewinnweg anzugeben. Das ist in der Tat auch überflüssig, denn die Varianten sind einfach und enthalten nur wenig Finessen. Außerdem ist es nicht unbedingt nötig, den kürzesten Weg zu wählen, weil diese Endspiele durchweg nicht länger als 20 Züge dauern – weit unterhalb der vorgeschriebenen 50 Züge. Trotzdem ist es dienlich, einige allgemeine Richtlinien zu kennen. Ein beliebiger Wartezug kann manchmal den Kampf entscheiden, der den Turm zwingt, auf die Deckung durch seinen König zu verzichten, so daß er dann durch Schachgebote mit Hilfe eines Doppelangriffs verloren geht.

Die einzige reelle Chance der Turmpartei besteht im Erzwingen einer Pattstellung, doch das kann die Damenpartei durch sorgfältiges Spiel stets vermeiden.

Das klassische Beispiel folgt hier:

Stellung 85

Philidor

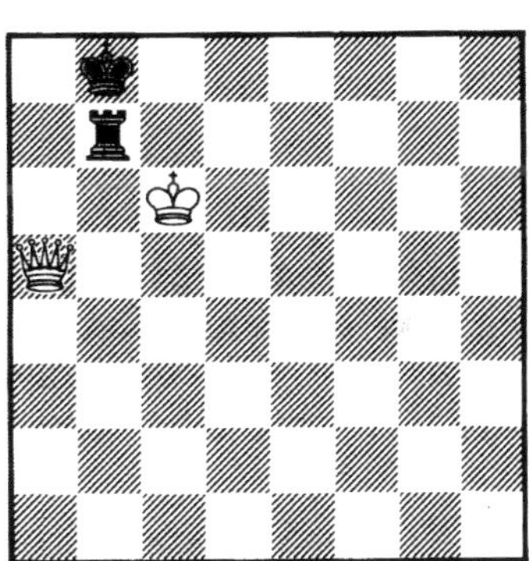

Weiß oder Schwarz am Zuge

Schwarz am Zuge muß seinen Turm ziehen und verliert schnell, wie aus den folgenden Möglichkeiten hervorgeht: 1. ... Ta7 2. Dd8 matt; 1. ... Te7 2. Dd8†; 1. ... Tf7 2. De5† Ka7 3. De3† Kh8 4. De8†; 1. ... Tg7 2. De5†; 1. ... Th7 2. De5† Ka7 3. Da1† Kb8 4. Db1†; 1. ... Tb3 2. Dd8† Ka7 3. Dd4† Kb8 4. Df4† Ka7 5. Da4†; 1. ... Tb2 2. De5†; 1. ... Tb1 2. De5† Ka8 3. Dh8†

Ka7 4. Dh7†; 1. ... Tb1 2. De5† Ka7 3. Dd4† Kb8 4. Dh8† Ka7 5. Dh7†. *Weiß am Zuge* überträgt den Anzug auf seinen Gegner: 1. De5† Ka7 2. Da1† Kb8 3. Da5! und gewinnt wie oben ausgeführt.

Stellung 86

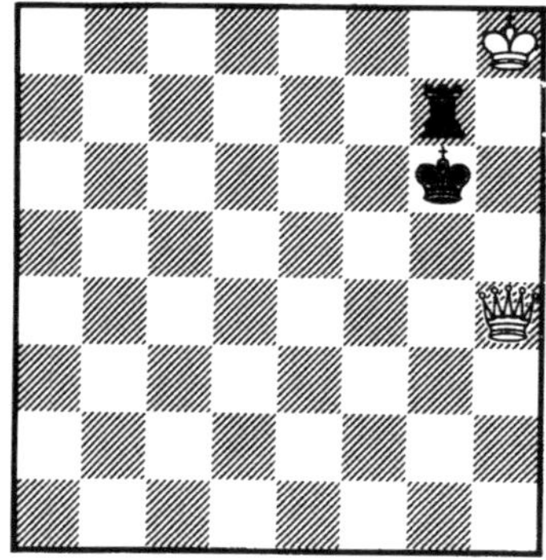

Schwarz am Zuge

Es ist bemerkenswert, daß Schwarz in dieser augenscheinlich günstigen Aufstellung über so wenig Züge verfügt und durch eine sich wiederholende Prozedur zur Übergabe gezwungen wird.

1. ... Tg7–f7

Das einzige; es ist leicht einzusehen, daß andere Züge zum Verlust des Turms führen.

2. Dh4–g4† Kg6–f6

2. ... Kh6?, so 3. De6†.

3. Kh8–g8

Dieselbe Stellung eine Linie nach links verschoben.

3. ... Tf7–e7
4. Dg4–f4† Kf6–e6
5. Kg8–f8 Te7–d7
6. Df4–e4† Ke6–d6
7. Kf8–e8 Td7–c7
8. De4–d4† Kd6–c6
9. Ke8–d8 Tc7–b7
10. Dd4–c4† Kc6–b6
11. Kd8–c8 Tb7–a7
12. Dc4–d4†

Die erste Abweichung vom Schema.

12. ... Kb6–a6
13. Dd4–e3

Ein Wartezug; nicht 13. Dc5? wegen 13. ... Ta8† 14. Kc7? Tc8† 15. Kc8: patt.

13. ... Ta7–a8†
14. Kc8–c7 Ta8–a7†
15. Kc7–c6 nebst matt.

Stellung 87

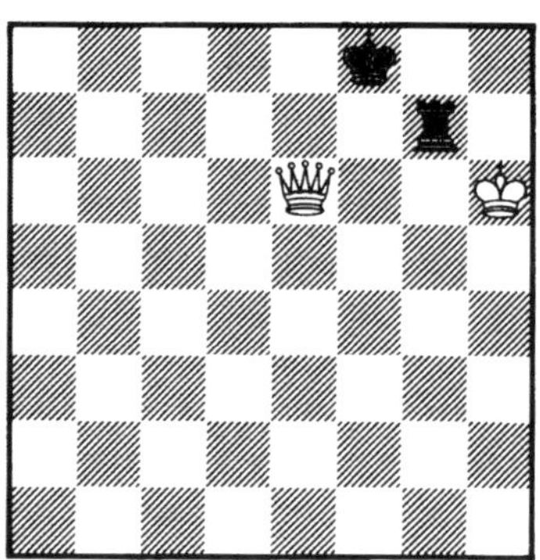

Schwarz am Zuge

Eine bekannte Remisstellung. Schwarz zieht:

1. ... Tg7–h7†
2. Kh6–g5

2. Kh7: ist patt und 2. Kg6 Th6† 3. Kh6: ebenfalls.

2. ...	Th7–g7†
3. Kg5–f5	

Auf 3. Kf6 folgt wieder 3. ... Tg6†!

3. ...	Tg7–f7†
4. Kf5–g6	

Auf das Betreten der e-Linie folgt Te7.

4. ...	Tf5–g7†. Remis.

Stellung 88

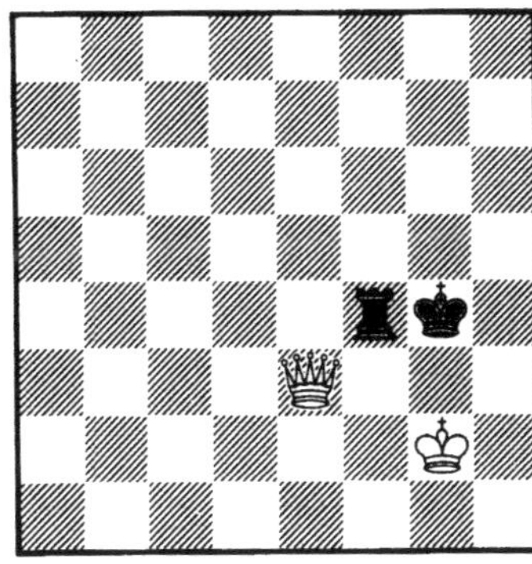

Schwarz am Zuge

Dieses Beispiel zeigt, wie der schwarze König an den Rand getrieben wird und die weiße Dame ihre Aufgabe erfüllt, die jeweils vom Turm aufgestellten waagerechten Barrieren aus dem Weg zu räumen.
Es folgt:

1. ...	Kg4–f5
2. Kg2–g3	Tf4–g4†
3. Kg3–f3	Tg4–h4
4. De3–c5†	Kf5–e6
5. Dc5–c6†	Ke6–e7
6. Kf3–g3	Th4–d4
7. Dc6–c5†	Td4–d6
8. Kg3–f4	

Die Gewinnführung ist keineswegs schwierig, verlangt aber Geduld.

8. ...	Ke7–e6
9. Kf4–e4	Td6–d1
10. Dc5–c4†	Ke6–d6
11. Dc4–b4†	Kd6–c7

Schwarz ist auf seiner Hut; 11. ... Kd7 12. Da4† würde den Turm kosten.

12. Ke4–e5	Td1–d8
13. Db4–c5†	Kc7–b8
14. Ke5–e6	

Die Gelegenheit, in eine Falle zu gehen, bestand in 14. Db6† Kc8 15. Ke6 Te8† 16. Kd6? Te6†.

14. ...	Td8–g8

Der Turm stellt sich mit Vorliebe in den „Schatten" des weißen Königs, was die Gefahr eines Doppelangriffs auf Turm und König verringert. Ferner ist anzumerken, daß die Dame bei ihren Zügen immer auch Schachgebote des Turms unterbindet.

15. Dc5–e5†	Kb8–c8
16. Ke6–d5	Kc8–b7
17. De5–e7†	Kb7–b8
18. Kd5–c5	Tg8–g1

Hier steht er im Schrägschatten des weißen Königs.

19. De7–e3 Tg1–b1

Auf andere Züge geht der Turm zwangsläufig verloren.

20. Kc5–c6 Tb1–b7
21. De3–e8† Kb8–a7
22. De8–d8

und hiermit ist eine Spiegelung von Stellung 85 entstanden mit Schwarz am Zuge.

4. Figur gegen einen oder mehrere Bauern

Auch in diesem Kapitel wollen wir die Grenze nicht zu scharf ziehen und außer Endspielen mit dem oben angegebenen Material auch noch verschiedene Endspiele betrachten, in denen der Figur noch ein oder mehrere Bauern zur Seite stehen. (Das Endspiel von zwei Springern gegen den Bauern, das streng genommen in diesem Kapitel zu Hause ist, ist bereits im Kapitel 2 behandelt worden.)
Wir unterscheiden die folgenden Abschnitte:
A. Springer gegen Bauer(n)
B. Läufer gegen Bauer(n)
C. Turm gegen Bauer(n)
D. Dame gegen Bauer(n)

A. Springer gegen Bauer(n)

(mit oder ohne Hilfe eines oder mehrerer Bauern)

Dieser Abschnitt umfaßt die folgenden Unterabschnitte:
1. Springer gegen einen Bauern
2. Springer gegen zwei Bauern
3. Springer gegen drei verbundene Bauern
4. Springer und Bauer gegen Bauer

A 1. Springer gegen einen Bauern

Sehen wir von dem seltenen Ausnahmefall ab, wo die Springerpartei dank Behinderung des feindlichen Königs durch den eigenen Bauern das Matt erzwingen kann, dann wird deutlich, daß die Springerpartei höchstens auf remis spielen und das erreichen kann, indem sich der Springer gegen den Bauern opfert oder indem er den Vormarsch des Bauern dauerhaft verhindert.

Der Springer ist in dieser Hinsicht besser verwendbar als man vielleicht erwarten sollte. Er kann bei günstiger Aufstellung ohne Hilfe des eigenen Königs die Umwandlung eines feindlichen Randbauern, der bis auf die 6. (3.) Reihe vorgedrungen ist, und auch die Umwandlung aller anderen Bauern verhindern, selbst wenn diese die 7. (2.) Reihe bereits erreicht haben.

Stellung 89

(mit zwei Variationen)

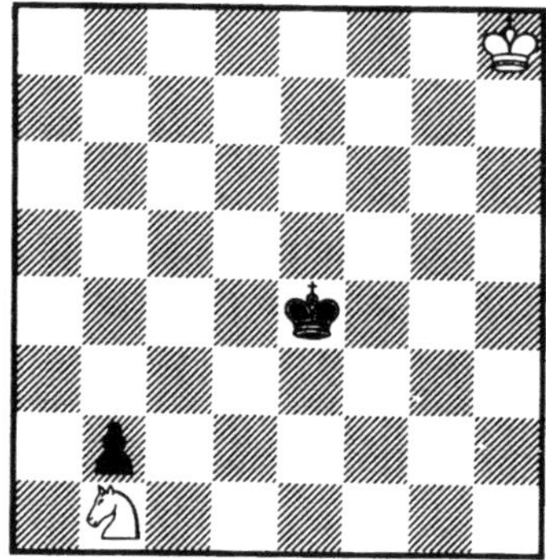

Schwarz am Zuge

Weiß hält bequem remis:

1. …	Ke4–d3
2. Kh8–g7	Kd3–c2
3. Sb1–a3†	Kc2–b3
4. Sa3–b1	Kb3–a2
5. Sb1–d2 remis	

Diese Stellung können wir eine Anzahl von Linien nach rechts verschieben, wodurch die Aufgabe des Springers allein nur erleichtert wird.
Versetzen wir *Ke4 nach g4, Bb2 nach d2, Sb1 nach d1.* Es geht dann wie folgt:

1. …	Kg4–f3
2. Kh8–g7	Kf3–e2
3. Sd1–b2	

Der Springer hat nun einen viel größeren Auslauf.

3. …	Ke2–e3
4. Kg7–f6	Ke3–d4
5. Kf6–f5	Kd4–c3
6. Sb2–d1†	Kc3–c2
7. Sd1–f2 usw., remis	

Wir müssen die Aufmerksamkeit auf eine Ausnahme richten:
Vertauschen der weiße Springer und der schwarze König ihre Plätze (König nach b1, Springer nach e4), dann verliert Weiß, selbst wenn er am Zuge ist:

1. Se4–d2†

Oder 1. Sc3† Kc2 2. Sb5 Kb3! (2. … b1D? 3. Sa3†) 3. Sd4† Kc4 4. Sf3 Kc3 und gewinnt.

1. …	Kb1–c1!

Nach 1. … Kc2? 2. Sc4 ist es remis.

2. Sd2–b3†	Kc1–d1

und die Umwandlung ist nicht mehr zu verhindern.

Stellung 90

(mit drei Variationen)

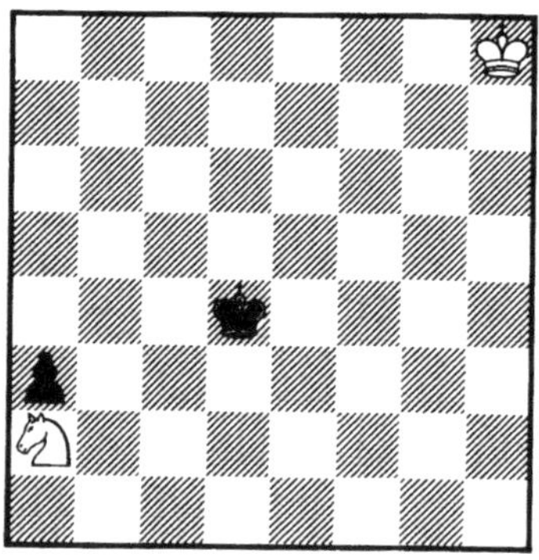

Weiß am Zuge

Zunächst ist anzumerken, daß der schwarze Bauer selbst ohne Hilfe sei-

nes Königs zur Dame geht, wenn der Springer nicht auf a2, sondern auf *b2 stehen würde*. (Auch wenn der weiße König auf d1 stehen und 1. Kc1 ziehen würde; in diesem Falle geht der schwarze Bauer doch ungefährdet durch: 1. ... a2).
Nun Stellung 90 selbst. Weiß macht remis.

1. Kh8–g7 Kd4–c4
2. Kg7–f6 Kc4–b3
3. Sa2–c1† Kb3–c2
4. Sc1–a2 Kc2–b2
5. Sa2–b4 Kb2–b3
6. Sb4–d3!

So wird das Vorrücken indirekt verhindert: 6. ... a2 7. Sc1† und 8. Sa2:, remis.
Eine weitere Variation: *man versetze den schwarzen Bauern auf a4 und den Springer nach g6.* Diese veränderte Stellung sieht hoffnungslos für Weiß aus. Der Springer steht zwar weit weg, kommt jedoch rechtzeitig.

1. Sg6–f4 Kd4–c3

Nach 1. ... a3 2. Se2† erreicht Weiß das Feld c1 und erzwingt das Remis.

2. Sf4–d5† Kc3–b3

Um 3. Sb4 zu verhindern.

3. Sd5–f4! a4–a3
4. Sf4–d3!, remis.

Eine letzte Variation: *Springer und Bauer eine Reihe tiefer (Springer auf a1, Bauer auf a2).* Schwarz am Zuge gewinnt leicht mit 1. ... Kc3 und 2. ... Kb2, aber auch Weiß am Zuge kann die Katastrophe nicht verhindern: 1. Sb3† oder 1. Sc2† Kc3 usw. In diesem Fall kann Weiß nur remis machen, wenn sein König etwas näher am Kriegsschauplatz postiert ist, z.B. auf g6: 1. Kf5 Kc3 2. Ke4 Kb2 3. Kd3 Ka1: 4. Kc2, remis.

A 2. Springer gegen zwei Bauern

Stellung 91

Wenn König und Springer den Kampf gegen zwei verbundene oder alleinstehende Bauern gemeinschaftlich aufnehmen, ist es häufig kein Problem, das Remis zu erzwingen. Etwas schwieriger wird es, wenn der feindliche König die Bauern unterstützt und den König des Verteidigers abhält.

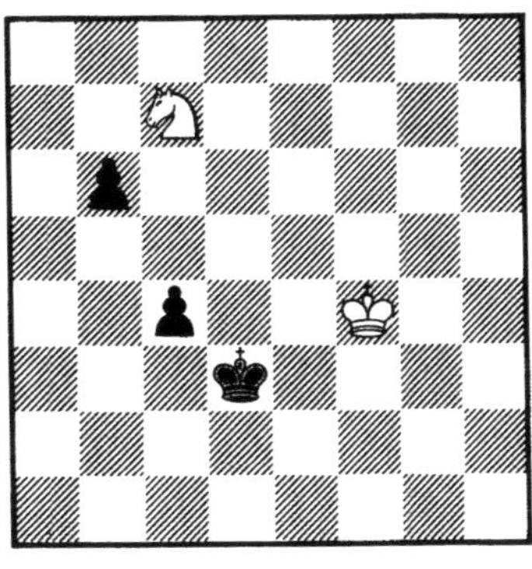

Weiß am Zuge

Weiß macht remis.

1. Sc7–a6!

Es ist nicht leicht, diesen Zug zu finden, weil der Springer augenscheinlich sehr gut stand, um den schwarzen b-Bauern aufzuhalten und eventuell den c-Bauern zu belästigen. Die Hauptsache ist jedoch, daß der weiße König eine Rolle spielen soll, und das ermöglicht der Textzug.

1. ... b6–b5

Erwägung verdient die Alternative 1. ... c3, worauf folgt: 2. Sb4† Kc4 (2. ... Kd2, so 3. Ke4 c2 4. Sc2: 5. Kd5 usw.) 3. Sc2 b5 (auf 3. ... Kb3 folgt 4. Sd4† Kb2 5. Ke4 b5 6. Kd3 b4 7. Kc4, remis) 4. Ke4 b4 5. Se3† Kb3 6. Kd3 Kb2 7. Sd1† nebst 8. Sc3:, es sei denn, daß der König nach b3 zurückgeht.

2. Sa6–c5† Kd3–c3

Auf 2. ... Kd4 folgt 3. Se6† Kc3 4. Ke3 b4 5. Sf4 b3 6. Sd5† Kc2 7. Kd4 b2 8. Sc3, remis. Nach 2. ... Kd2 ist die Aufgabe des Weißen einfacher: 3. Ke4 c3 4. Kd4 c2 (4. ... Kc2 5. Sd3) 5. Sb3† Kd1 6. Kc5. Ebenso nach 2. ... Kc2 3. Ke3 b4 4. Kd4 b3 5. Sa4, remis.

3. Kf4–e3 b5–b4
4. Sc5–a4† Kc3–b3

Oder 4. ... Kc2 5. Kd4 c3 6. Kc4 Kd2 7. Sc5 usw.

5. Sa4–c5† Kb3–a2

Auf 5. ... Ka3 folgt 6. Kd2 b3 7. Kc1 Ka2 8. Sa4 usw.

6. Ke3–d4 b4–b3

Oder 6. ... c3 7. Kc4 und 8. Sb3.

7. Kd4×c4 b3–b2
8. Sc5–e4 b2–b1D
9. Se4–c3†, remis.

Springer und König arbeiten ausgezeichnet zusammen. Der Springer bietet Schach und zwingt den König, Raum freizugeben zugunsten des weißen Königs. Man beachte, daß der Springer „von oben aus“ Schach gibt oder auf andere Weise aktiv ist, was wohl als allgemeine Richtlinie gelten kann und auch leicht zu erklären ist. Von der „Oberseite“ aus hat der Springer immer den meisten Platz; an der „Unterseite“ ist er eventuell Angriffen der vorrückenden Bauern ausgesetzt.
Ohne die Mitwirkung des Königs ist der Springer ziemlich machtlos gegen verbundene Freibauern, wenn nicht ganz besondere Umstände im Spiel sind, wie in dem nun folgenden Beispiel.

Stellung 92

Tschechower

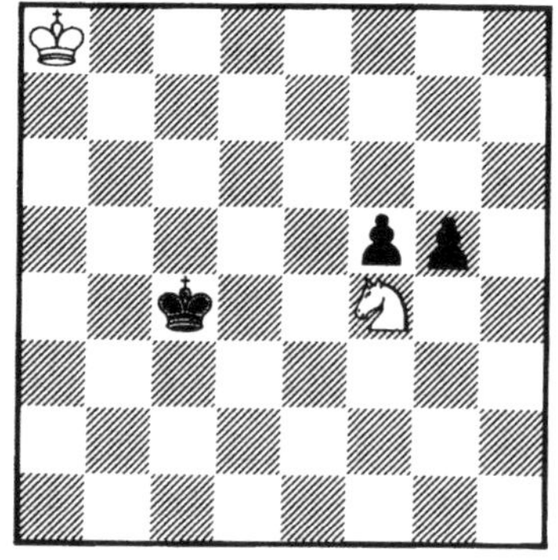

Weiß am Zuge

Eine sehr zufällige Kombination setzt Weiß instand, sich auf wunderbare Weise zu retten:

1. Sf4–e6 g5–g4
2. Se6–g7!

Mit 2. Sf4 stoppt Weiß zwar die Freibauern, aber dann kommt der schwarze König zu Hilfe, und der Springer muß dann die Blockade aufgeben.

2. ... f5–f4

Nach 2. ... g3 3. Sf5: ist es schon remis (3. ... g2 4. Se3†). Nun aber scheint sich die Lage des Weißen noch verschlimmert zu haben.

3. Sg7–h5 f4–f3
4. Sh5–f6!

Die Aufgabe ist gelöst: nach 4. ... f2 5. Sg4: ist die Umwandlung verhindert (5. ... f1D 6. Se3†, während auch 4. ... g3 aus taktischen Gründen unzureichend ist: 5. Se4! g2 6. Sd2† und 7. Sf3:. Der Springer ist im allgemeinen solchen Bauern gewachsen, die nicht weit auseinander stehen. Wenn jedoch die feindlichen Bauern weit voneinander getrennt sind und der eigene König mithelfen kann, geschieht es häufig, daß der König den einen und der Springer den anderen Bauern aufhält.

A 3. Springer gegen drei verbundene Bauern

Stellung 93

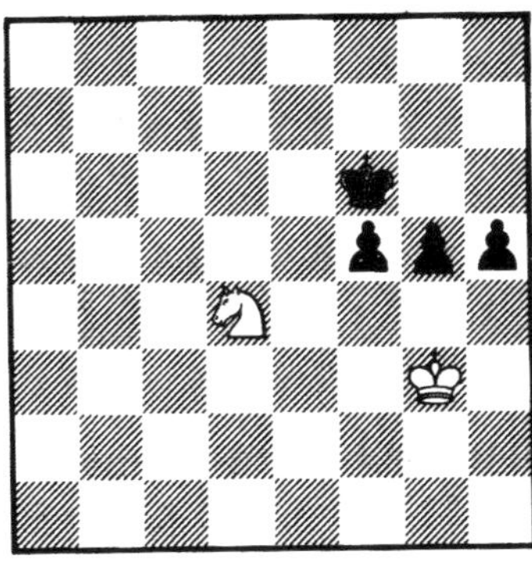

Weiß am Zuge

Es ist lehrreich zu sehen, wie hier 1. Sf3 verliert und 1. Sc6 remis macht (vergleiche eine im vorigen Abschnitt gemachte Bemerkung). Nach 1. Sf3 f4† 2. Kg2 g4 kann Weiß nicht verhindern, daß die schwarzen Bauern auf der 4. Reihe erscheinen, und danach ist der Gewinn kein Problem mehr. Dagegen kann Weiß mit 1. Sc6 den geschlossenen Vormarsch sehr wohl verhindern:

1. Se5–c6 h5–h4†
2. Kg3–h3 Kf6–e6
3. Sc6–d8† Ke6–e5
4. Sd8–f7† Ke5–f4
5. Sf7–d8 g5–g4†

Ohne ein Bauernopfer kommt Schwarz nicht weiter.

6. Kh3×h4 g4–g3
7. Sd8–e6† Kf4–g3
8. Se6–g5† Kf3–g2
9. Sg5–h3 Kg2–h2
10. Sh3–f4, remis.

A 4. Springer und Bauer gegen Bauer

Ein einziges Beispiel dieses Endspiels, das in der Praxis regelmäßig vorkommt.

Stellung 94

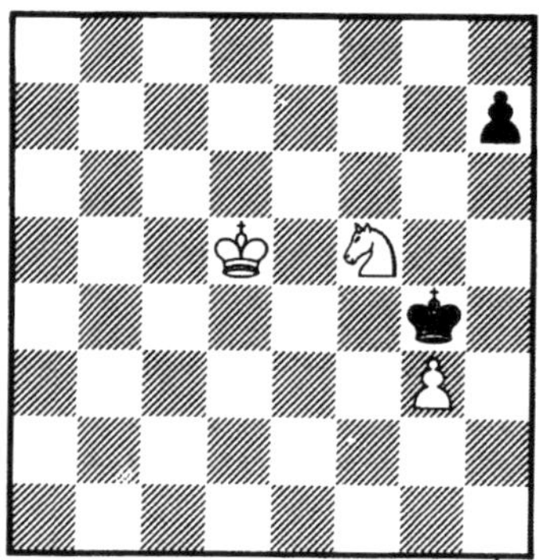

Weiß am Zuge

In diesem und ähnlichen Endspielen geht es darum, zu verhindern, daß der letzte Bauer des Weißen unschädlich gemacht (und so der Gewinn verhindert wird).
Weiß gewinnt:

1. Kd5–e5!

Nach dem auf der Hand liegenden 1. Ke4 macht 1. ... h5 remis: 2. Ke5 Kg5 3. Ke6 Kg6. Zieht nun der Springer, folgt 4. ... Kg5, wonach der Springer auf sein ursprüngliches Feld zurückkehren muß, um g3 zu decken und Feld h4 zu bestreichen.

1. ... Kg4–f3

Nach 1. ... h5 2. Kf6 ist der Gewinn einfach, ebenso nach 1. ... h6 2. Kf6 Kh5 3. Sh6:!

2. Ke5–e6

Weiß muß umsichtig manövrieren. In der Partie, aus der das Beispiel stammt, geschah weniger genau 2. Kf6 Kg4 3. Ke6? (mit 3. Ke5 konnte Weiß auf den guten Pfad zurückkehren) 3. ... Kg5 4. Ke5 h5 5. Se3 (auf andere Manier kommt Weiß nicht weiter) 5. ... h4 6. g4 h3 mit remis.

2. ... Kf3–g4
3. Ke6–f6 Kg4–h5

Auf 3. ... Kf3 oder 3. ... Kh3 folgt 4. Kg5.

4. Sf5–e3 Kh5–h6
5. Kf6–f5 Kh6–h5
6. g3–g4†

Nun geht alles wie geschmiert: 6. ... Kh6 7. g5† Kg7 8. Sd5 Kf7 9. Sf6 und 10. Sh7:.

B. Läufer gegen Bauer(n)

Wir folgen der gleichen Einteilung wie im vorigen Abschnitt:
1. Läufer gegen einen Bauern
2. Läufer gegen zwei Bauern
3. Läufer gegen drei Bauern
4. Läufer und Bauer gegen Bauer

B 1. Läufer gegen einen Bauern

Der Läufer ist noch mehr als der Springer geeignet, einen feindlichen Freibauern aufzuhalten, und es glückt denn auch in fast allen Fällen, den vorrükkenden Bauern zu stoppen. Es kann jedoch sein, daß der eigene König im Wege steht. Davon ein Beispiel.

Stellung 95

(mit zwei Variationen)

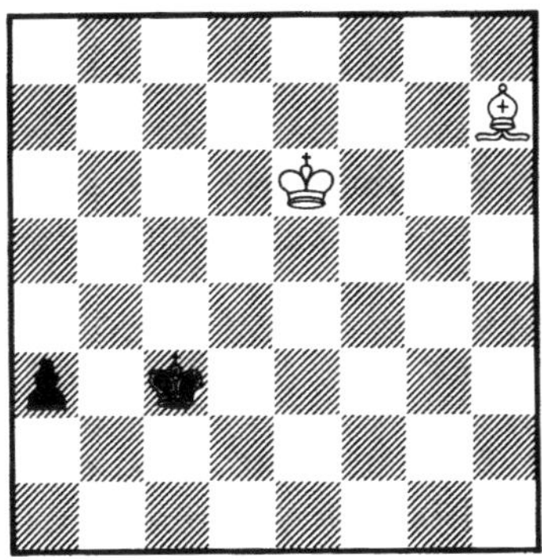

Weiß am Zuge

Der a-Bauer ist nicht mehr aufzuhalten:

1. Lh7–b1 Kc3–b2 usw.

Stünde der weiße König nicht im Wege (zum Beispiel auf d6, hätte 1. Lh7–g8 ausgereicht.
Stünde der *schwarze König auf b4*, hätte Weiß sich noch gerade retten können:

1. Lh7–b1 Kb4–b3

Auf 1. ... Kc3 folgt natürlich 2. La2 Kb2 3. Ld5.

2. Lb1–e4! a3–a2
3. Le4–d5† usw.

Die Ausnahmestellung von Diagramm 95 gilt allein für den Randbauern.

B 2. Läufer gegen zwei Bauern

Stehen die Bauern weit auseinander und sind sie außerdem weit vorgerückt, ist die Aufgabe des Läufers (ebenso freilich die des Springers) äußerst mißlich.

Stellung 96

(mit einer Variation)

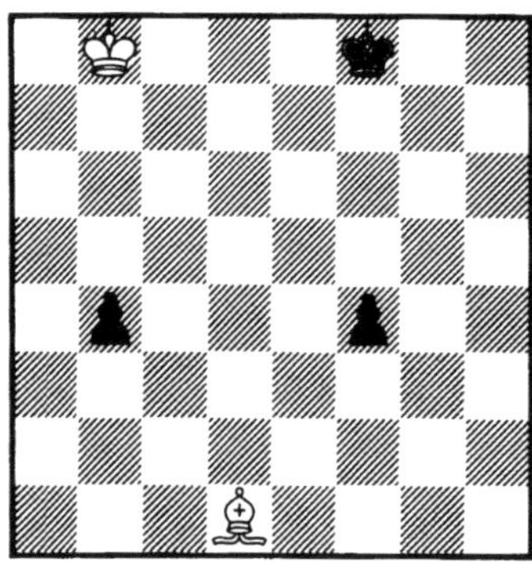

Weiß am Zuge

Der weiße Läufer hält beide Bauern auf. Wird einer der Bauern geopfert, kommt der Läufer gerade noch zurecht, um den anderen zu stoppen. Versetzt man nun den *b-Bauern nach c4*, dann verliert Weiß, weil der c-Bauer nach c3 vorrücken und der f-Bauer danach geopfert werden kann.
Dies sind nur einfache Stellungen, die jedoch verwickelter werden, wenn die beiden Könige mitspielen.

Stellung 97

(siehe Diagramm rechts oben)

Weiß gewinnt, weil der schwarze König dem Läufer im Wege steht:

1. a4–a5 Lg7–f8

H. Otten

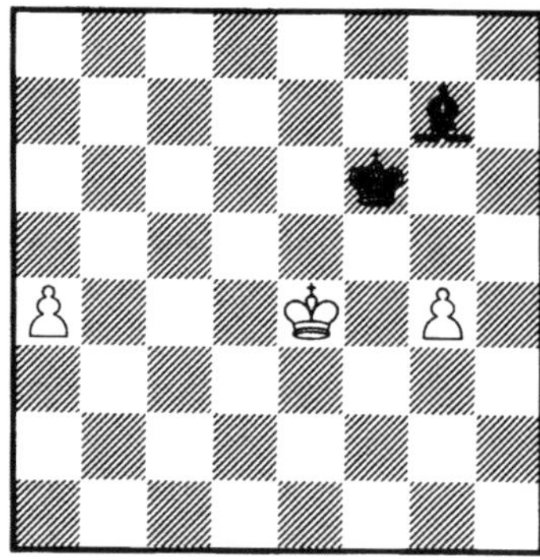

Weiß am Zuge

Der Läufer muß rechtzeitig das Feld c5 bestreichen.

2. Ke4–d5

Verhindert 2. ... Lc5.

2. ... Lf8–h6

Schwarz muß nun versuchen, über e3 das Feld a7 zu beobachten.

3. g4–g5†

So macht Weiß optimalen Gebrauch von der gegenseitigen Behinderung der schwarzen Figuren.

3. ... Lh6×g5

Nach 3. ... Kg5: 4. a6 ist der weiße Bauer nicht mehr aufzuhalten.

4. Kd5–e4! Lg5–h4
5. Ke4–f3 und gewinnt.

B 3. Läufer gegen drei Bauern

Gegen drei über das Brett verstreute Bauern ist der Läufer chancenlos, es sei denn, daß der König hundertprozentig mitwirkt.

Gegen drei verbundene Bauern macht der Läufer (ebenso wie der Springer) remis, wenn diese nicht zu weit vorgerückt sind. Stehen die weißen Bauern bereits auf der 5. (schwarze auf der 4.) Reihe, dann verliert der Läufer.

Stellung 98

J. Awerbach (1954)

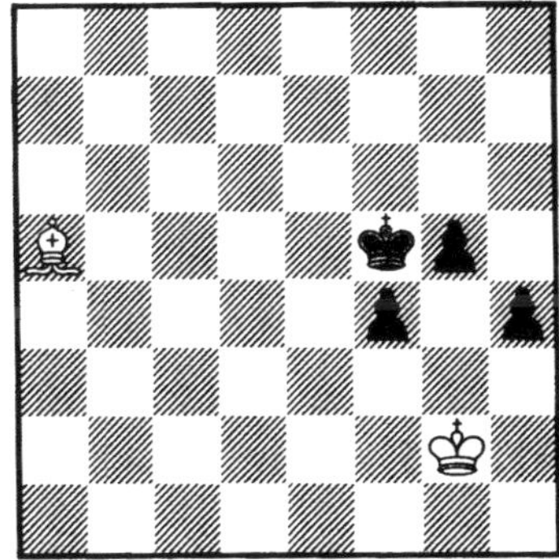

Weiß oder Schwarz am Zuge

Weiß am Zuge macht remis:

1. La5–d8!

Verhindert g5–g4 und bindet den schwarzen König an die Deckung von g5. Nach 1. Le1? würde Weiß verlieren: 1. ... Ke4 2. Lf2 f3†! (2. ... Kd3 3. Kf3 führt nur zum Remis: 3. ... h3 4. Lg1 Kd2 5. Kg4 oder 3. ... Kd2 4. Lb6 Ke1 5. Ld8 usw.) 3. Kh3 Kd3 4. Kh2 (4. Kg4 rettet nicht mehr) 4. ... Ke2 5. Kg1 h3 6. Lb6 f2† 7. Lf2: h2† usw.

1. ...	Kf5–g4
2. Ld8–b6	f4–f3†

Nach 2. ... h3† 3. Kh2 hat Weiß es nicht so leicht.

3. Kg2–f2	Kg4–h3

Die einzige Möglichkeit, die ebensowenig zum Erfolg führt.

4. Kf2×f3	g5–g4†
5. Kf3–f2	Kh3–h2
6. Lb6–c7†	g4–g3†
7. Kf2–f3, remis.	

Schwarz am Zuge gewinnt ziemlich leicht mit 1. ... g4 2. Le1 h3† oder 2. La5 h3† und in der Folge greift der schwarze König über e4 ein.

B 4. Läufer und Bauer gegen Bauer

Von theoretischem Belang sind die Fälle, in denen der Läufer und der falsche Randbauer gegen die Erwartung den Gewinn erzwingen können. Wir haben davon bereits ein Beispiel gesehen (Stellung 21). Der schwarze König wird pattgesetzt, wonach der a-Bauer des Weißen durch Schlagen ein b-Bauer wird.

Von gänzlich anderer Art sind die Beispiele (Stellungen 99 und 100), die darauf beruhen, daß der schwarze König so weit weggetrieben wird, daß er nicht mehr rechtzeitig zurückkehren kann, um den falschen Randbauern an der Umwandlung zu hindern. „Wie weit“ ist eine Frage, die für die Endspieltheorie von Belang ist. Viele theoretische Forscher, insbesondere Kling und Horwitz (1851) und der russische Meister Rauser (1928) haben sich mit diesem Problem befaßt und sind nach gründlicher Untersuchung zur Abgrenzung einer sicheren Zone für die Fälle, wie sie im folgenden Diagramm wiedergegeben werden (wBa3, sBa4). Diese Zone sieht wie folgt aus: eine gebrochene Linie, die von a7 nach b6, c5, d4, e5, f4, g5 und h6 verläuft. Gelingt es dem schwarzen König, in diese Zone einzutreten, ist das Remis gesichert. Dieses Kriterium gilt natürlich nur, wenn der weiße König in der Nähe des schwarzen steht, wie es in den beiden folgenden Stellungen der Fall ist. Wir beleuchten das eine und das andere anhand zweier Beispiele, bei denen sich Schwarz jedesmal am Rande der Rettung befindet, das einemal ganz links, das anderemal ganz rechts.

Stellung 99

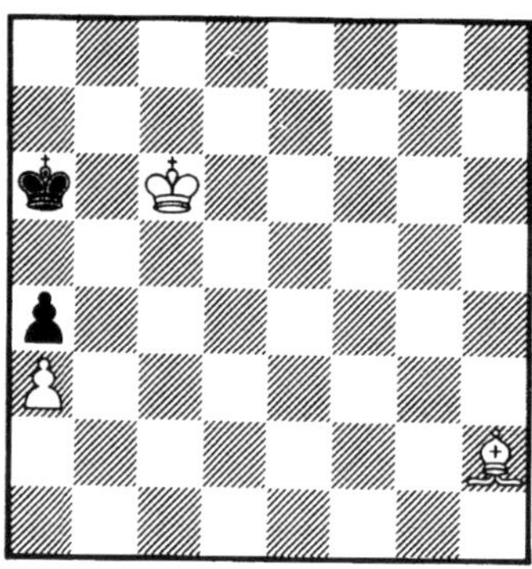

Weiß am Zuge

Es folgt:

1. Lh2–g1

Der Weg in die rettende Ecke wird versperrt.

1.	…	Ka6–a5
2.	Kc6–b7	Ka5–b5
3.	Lg1–b6	

Die Patentlösung, um den König zurückzutreiben.

3.	…	Kb5–c4
4.	Kb7–c6	Kc4–b3
5.	Lb6–c5	Kb3–c4
6.	Lc5–e3	Kc4–b3

Auf 6. … Kd3 gewinnt Weiß am einfachsten mit 7. Kb5.

7.	Le3–c1	Kb3–c4
8.	Lc1–b2!	Kc4–d3

Oder 8. … Kb3 9. Kb5 Kb2: 10. Ka4: Kc3 11. Kb5 usw.

9.	Kc6–b5	Kd3–e4
10.	Kb5×a4	Ke4–d5
11.	Ka4–b5 und Weiß gewinnt.	

Dieses erste Beispiel war verhältnismäßig einfach. Viel verwickelter ist das zweite Beispiel.

Stellung 100

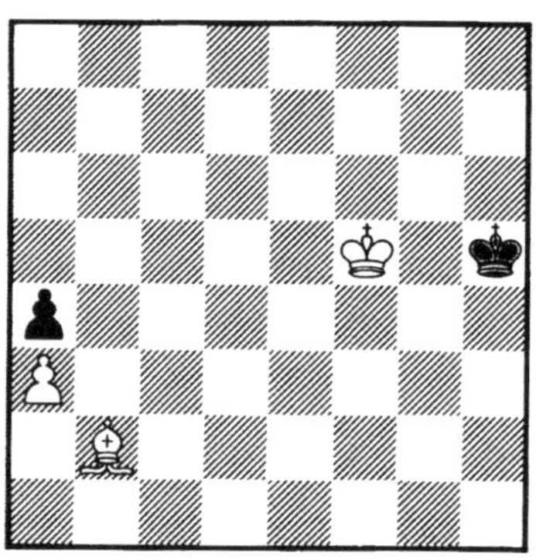

Weiß am Zuge

Es folgt:

1. Lb2–c1

Der schwarze König darf nicht nach h6 gelassen werden.

1. … Kh5–h4
2. Kf5–g6 Kh4–g4
3. Lc1–g5

Das bekannte Schema.

3. … Kg4–f3

Mit 3. … Kg3 4. Kf5 Kf3 5. Lf4 kommen wir zur Textfolge (12. Zug von Weiß).

4. Kg6–f5 Kf3–g3

Wenn der schwarze König sich freiwillig an den Rand begibt (Ke2, Kf2 oder Kg2) geht es etwas leichter. Es würde zu weit führen, alle diese Möglichkeiten im einzelnen auszuarbeiten. Wir müssen uns in der Hauptsache darauf beschränken, die Varianten zu behandeln, in denen Schwarz den meisten Widerstand bietet.

5. Lg5–f6 Kg3–f3
6. Lf6–e5 Kf3–e3
7. Le5–b2!

Dieser Zug, der von Rauser herrührt, ist der einzige, der zum Gewinn führt. Der Läufer muß das Feld d4 bewachen und gleichzeitig rasch auf die Diagonale c1/h6 wechseln können.

7. … Ke3–d3

Nach 7. … Kf3 8. Lc1 Kg3 9. Lg5 Kf3 10. Lf4 kommen wir zur Textfortsetzung.

8. Kf5–e5 Kd3–e3

Sowohl mit 8. … Kc2 9. Ld4 Kb3 10. Lc5 Kc4 11. Kd6 wie mit 8. … Kc4 9. Ld4 Kb5 10. Kd5 gelangen wir ins Fahrwasser der Ausarbeitung von Stellung 99.

9. Lb2–c1† Ke3–f3

9. … Kd3 10. Kd5 Kc2 11. Le3 erleichtert die Aufgabe des Weißen.

10. Ke5–f5 Kf3–g3
11. Lc1–g5 Kg3–f3
12. Lg5–f4

Die erste Phase ist abgeschlossen; der schwarze König muß auf die zweite Reihe.

12. … Kf3–g2

Nach 12. … Ke2 13. Ke4 ist die Schlacht bereits geschlagen: 13. … Kf2 14. Kd4 Kf3 15. Lh2 Kg4 (15. … Kg2, so 16. Kc4 usw.) 16. Kc4 Kf5 17. Kb4 Ke6 18. Ka4: Kd7 19. Kb5 Kc8 20. Kc6 und gewinnt.

13. Kf5–g4 Kg2–f2
14. Lf4–c1 Kf2–e2

Auf 14. … Kg2 folgt 15. Le3.

15. Kg4–f4 Ke2–f2

Nach 15. … Kd3 16. Le3 Kc4 17. Ke5 entstehen ähnliche Bilder wie in der Ausarbeitung von Stellung 99.

16. Lc1–e3† Kf2–g2

16. ... Ke2 17. Ke4 Kf1 18. Kd4 führt zu der bei Zug 12 gegebenen Variante.

17. Kf4–g4 Kg2–h2

17. ... Kh1 18. Lf4 Kg2 19. Lg3 kommt auf dasselbe heraus.

18. Le3–f4† Kh2–g2

Wieder führt 18. ... Kg1 19. Kf3 Kf1 20. Ke4 Kg2 21. Kd4 Kf3 22. Lh2 zu einer bereits gezeigten Variante. Der weiße König gewinnt den Wettlauf.

19. Lf4–g3 Kg2–f1
20. Kg4–f3 Kf1–g1
21. Lg3–b8 Kg1–f1

Nun, da der schwarze König endgültig am Rand steht und der weiße Läufer optimal aufgestellt ist, kann der Wettlauf beginnen.

22. Kf3–e3 Kf1–g2
23. Ke3–d4 Kg2–f3
24. Kd4–c4 Kf3–e4
25. Lb8–h2!

Noch ein feines Züglein: direkt 25. Kb4 Kd5 würde zum Remis führen. Schwarz muß nun ein wichtiges Tempo verlieren.

25. ... Ke4–f5

Oder 25. ... Ke3 26. Kb4 Kd4 27. Ka4: Kc5 28. Ka5 Kc6 29. Ka6 usw.

26. Kc4–b4 Kf5–e6
27. Kb4×a4 Ke6–d7
28. Ka4–b5 Kd7–c8
29. Kb5–c6 und gewinnt.

C. Turm gegen Bauer(n)

Wir behandeln:

1. Turm gegen einen Bauern
2. Turm gegen zwei Bauern
3. Turm gegen drei verbundene Bauern

C 1. Turm gegen einen Bauern

Stellung 101

(mit drei Variationen)

Ein oft vorkommendes Endspiel, in dem der Gewinn oft von einem einzigen Tempo abhängt.

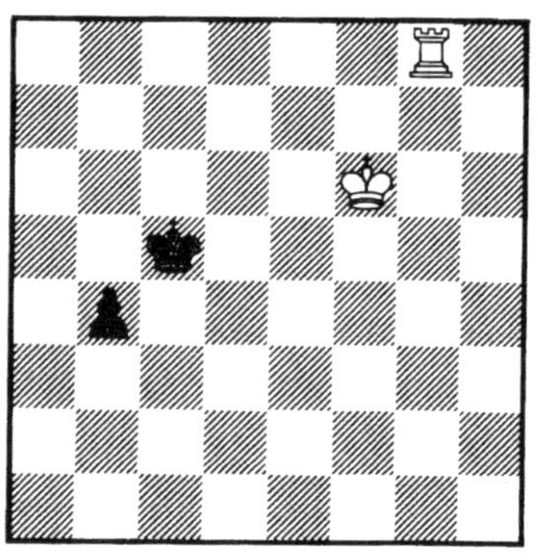

Weiß am Zuge

Weiß hat soeben seinen Gegner gezwungen, seinen Turm gegen einen vorrückenden Freibauern zu opfern und steht nun vor der Aufgabe, den schwarzen Freibauern unschädlich zu machen.
Das muß sehr sorgfältig geschehen. So würde Weiß beispielsweise mit dem naheliegenden 1. Tb8 den Gewinn sofort aus der Hand geben.
Richtig ist:

1. Kf6–e5	Kc5–c4
2. Ke5–e4	Kc4–c3
3. Ke4–e3	b4–b3

Auf 3. ... Kc2 folgt ebenfalls 4. Tc8†, wonach der König vor seinen Bauern gehen muß (4. ... Kd1? 5. Tb8).

4. Tg8–c8†	Kc3–b2
5. Ke3–d2	Kb2–b1

Oder 5. ... Ka2 6. Tb8 Kb2 (auf 6. ... b2 folgt 7. Kc2 Ka1 8. Ta8 matt) 7. Tb7 Ka2 8. Kc3 usw.

6. Kd2–c3	b3–b2
7. Kc3–b3	

Nach 7. Tb8 kann Schwarz sich mit 7. ... Ka1! verteidigen.

7. ...	Kb1–a1
8. Tc8–a8†	Ka1–b1
9. Ta8–a2 usw.	

Wenn *der weiße König nicht auf f6, sondern auf g6 steht,* dann macht Schwarz remis durch ein „Abhaltemanöver“.

1. Kg6–f5	Kc5–d4!
1. Tg8–b8	

Auch 2. Kf4 b3 3. Td8† Kc3 4. Ke3 b2 5. Tc8† Kb3 holt nichts heraus.

2. ...	Kd4–c3
3. Kf5–e4	b4–b3
4. Ke4–e3	Kc3–c2
5. Tb8–c8†	Kc2–d1!

Der König vermeidet es, sich vor den Bauern zu stellen, und so macht Schwarz remis: 6. Tb8 Kc2 7. Ke2 b2 8. Tc8† Kb3 9. Tb8† Kc2.
Wenn der *weiße König auf c7* steht, gewinnt Weiß auf ganz andere Art:

1. Tg8–b8

Jetzt sehr wohl dieser Turmzug, der dazu dient, den Durchschlupf des weißen Königs nach der anderen Seite des Bauern möglich zu machen.

1. ...	Kc5–c4
2. Kc7–b6	b4–b3
3. Kb6–a5	Kc4–c3
4. Ka5–a4	b3–b2
5. Ka4–a3 und gewinnt.	

Wenn der *weiße Turm in der Anfangsstellung bereits auf b8* steht, dann kann der weiße König ruhig noch ein Feld weiter weg stehen, und Weiß gewinnt immer noch. So wird der weiße König von d8 aus dem selben Gewinnweg folgen können wie in dem soeben behandelten Fall (1. Kc7 Kc4 2. Kb6 usw.). Auch kann der *weiße König auf h6 stehen (Turm auf b8)*, wonach Weiß auf einfache Weise gewinnt: 1. Kg5 Kc4 2. Kf4 b3 3. Ke3 Kc3 4. Tc8† usw. Der schwarze König verfügt nicht über ein Abhaltemanöver, weil der b-Bauer Deckung braucht.

Stellung 102

(mit fünf Variationen)

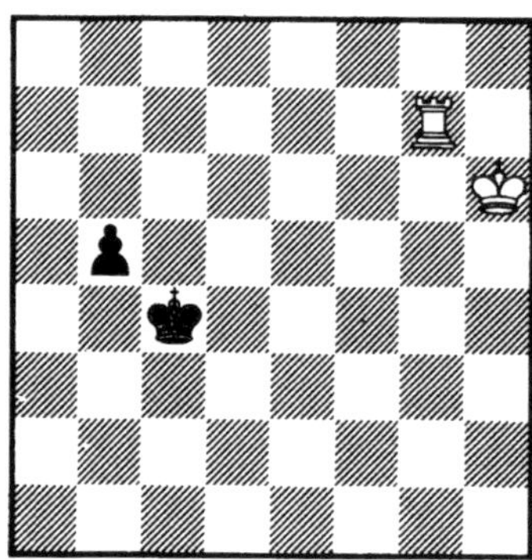

Weiß am Zuge

Eine etwas andere Anfangsstellung, die neue Möglichkeiten eröffnet. Weiß gewinnt:

1. Tg7–c7†! Kc4–b3

Auf 1. ... Kd3 zwingt 2. Tb7 den schwarzen König zurück, wonach (2. ... Kc4) 3. Kg5 b4 4. Kf4 zu der soeben behandelten letzten Variante von Stellung 101 führt.

2.Kh6–g5	b5–b4
3. Kg5–f4	Kb3–a2
4. Kf4–e3	b4–b3
5. Ke3–d2	b3–b2
6. Tc7–a7†	Ka2–b1

Wenn 6. ... Kb3, so 7. Tb7† Ka2 8. Kc2 usw.

7. Ta7–b7

Vor allem nicht 7. Kc3? Kc1 8. Th7 b1S†! und Schwarz macht remis (Stellung 77).

7. ...	Kb1–a2
8. Kd2–c2	Ka2–a1

9. Tb7–a7 matt (nicht 9. Tb2: patt).

Steht der *weiße König auf d8* (anstelle von h6), eine Stellung von Kopajev, 1954, dann gewinnt Weiß ebenfalls:

1. Tg7–c7† Kc4–b3

Oder 1. ... Kd3 2. Tb7 Kc4 3. Kc7 mit demselben Gewinnweg wie in Stellung 101, zweite Variation.

2. Kd8–d7	b5–b4
3. Kd7–d6	Kb3–a2
4. Kd6–c5	b4–b3
5. Tc7–a7†	Ka2–b1
6. Kc5–b4	b3–b2
7. Kb4–b3	Kb1–c1
8. Ta7–c7†	Kc1–b1
9. Tc7–c8	Kb1–a1
10. Tc8–a8†	Ka1–b1

11. Ta8–a2 und gewinnt.

Es ist einigermaßen merkwürdig, daß Weiß mit dem *weißen König auf d7* nicht gewinnen kann. Die Tatsache, daß der weiße König ein Feld weiter weg steht, kompensiert offensichtlich nicht den Nachteil, daß der Turm von seinem König behindert wird. Es folgt:

1. Kd7–c6	b5–b4
2. Tg7–g4†	

Es gibt keine anderen Möglichkeiten; geht der weiße König über b6 nach a5, dann kommt er gerade zu spät. Auf 2. Tb7 folgt nicht 2. ... Kc3? wegen 3. Kb5, sondern 2. ... b3.

2. ...	Kc4–c3
3. Kc6–c5	b4–b3
4. Tg4–g3†	Kc3–c2
5. Kc5–c4	b3–b2
6. Tg3–g2†	Kc2–c1
7. Kc4–c3	b2–b1S†

und remis (Stellung 77).
Man beachte ferner, daß Weiß, wenn die Stellung 102 *eine Linie nach links* versetzt wird, sehr wohl gewinnt, weil der auf a1 umgewandelte Springer schnell gefangen wird (siehe die Variation von Stellung 77).
Wenn wir in Stellung 102 den *schwarzen König nach b4 stellen und den weißen König nach d8*, macht Schwarz am Zug remis mit:

1. ... Kb4–a3!

Zu beachten ist dabei, daß 1. ... Kc3? verliert wegen 2. Tc7† (erste Variation von Stellung 102).

2. Tg7–a7†	Ka3–b3
3. Kd8–c7	b5–b4
4. Kc7–b6	Kb3–c2
5. Ta7–c7†	Kc2–d2 usw.

Zum Schluß ein kleines Gegenstück zu dieser letzten Variation: *weißer König auf f7, schwarzer König auf b4, Turm auf g8.*
Nun würde Schwarz am Zuge mit 1. ... Ka3 verlieren, hingegen mit 1. ... Kc3 leicht remis machen.
Einen besonderen Fall erhalten wir, wenn der weiße Turm sich vor dem Freibauern befindet.

Stellung 103

R. Réti (mit einer Variation)

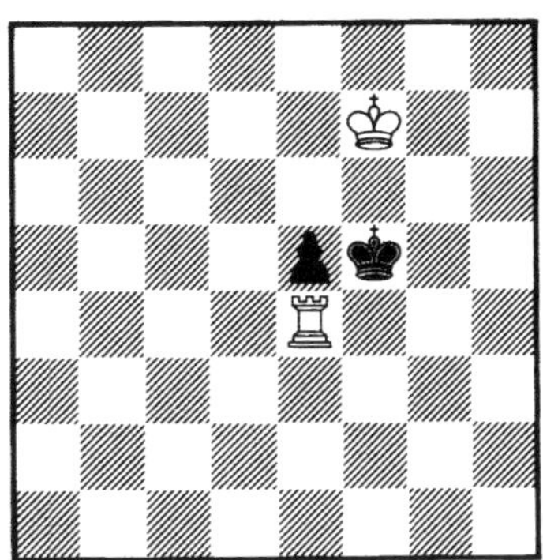

Weiß am Zuge

Weiß gewinnt:

1. Te4–e2! e5–e4

Nach 1. ... Kf4 2. Ke6 e4 3. Kd5 ist der Gewinn einfach.

2. Te2–e1!

Der Zweck des vorigen Zuges war, ein Tempo zu verlieren und so die hier so wichtige Opposition zu erobern, wobei der Turm so weit entfernt vom schwarzen König wie möglich stehen muß.

2. ...	Kf5–e5
3. Kf7–e7	Ke5–d4

Natürlich wird 3. ... Kf4 mit 4. Kd6 beantwortet.

4. Ke7–f6! Kd4–d3

Es ist deutlich, daß Schwarz, würde der weiße Turm auf e2 stehen, ein Tempo gewinnen würde und dann leicht remis macht.

5. Kf6–f5	e4–e3
6. Kf5–f4 und gewinnt.	

1. Te4–e1? führt in Stellung 103 nur zum Remis: 1. ... e4 2. Ke7 Ke5; Schwarz hat die Opposition und läßt den weißen König nicht durch.
Stellen wir nun in Stellung 103 den *weißen König nach g8 und den weißen Turm nach e1* (das übrige wie zuvor). Weiß gewinnt:

1. Kg8–f8!

Nach 1. Kf7 e4 ist es remis.

1. ... Kf5–f4

1. ... e4 2. Kf7! führt zur Hauptvariante von Stellung 103.

2. Kf8–e7 e5–e4
3. Ke7–d6 e4–e3
4. Kd6–d5 Kf4–f3
5. Kd5–d4 und gewinnt.

Stellung 104

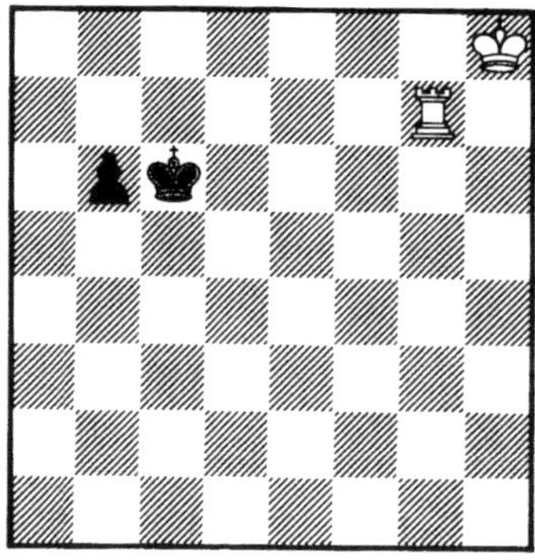

Schwarz am Zuge

Schwarz muß verlieren:

1. ... b6–b5

Oder 1. ... Kc5 2. Tc7† Kd6 (2. ... Kb4, so 3. Kg7 usw., siehe Stellung 102) 3. Tb7 Kc6 4. Tb8 Kc7 (4. ... b5, siehe Stellung 101, dritte Variation) 5. Tg8 Kc6 6. Tg5 und Schwarz hat sich nicht verbessert.

2. Tg7–g5 Kc6–b6

Das einzige; nach 2. ... b4 3. Kg7 geht der schwarze Bauer nach einem weiteren Vorrücken verloren (3. ... b3 4. Tg3).

3. Kh8–g7 Kb6–a5
4. Kg7–f6 Ka5–b4
5. Kf6–e5 Kb4–c3
6. Tg5–g3† Kc3–c4

Der schwarze König muß zurück, weil sonst der Bauer verloren geht.

7. Ke5–e4 b5–b4
8. Ke4–e3 Kc4–c3
9. Tg3–g8 und gewinnt (Stellung 101).

C 2. Turm gegen zwei Bauern

Wir behandeln nur ein Beispiel, in dem der Turm es gegen zwei verbundene Freibauern aufnehmen muß.

Stellung 105

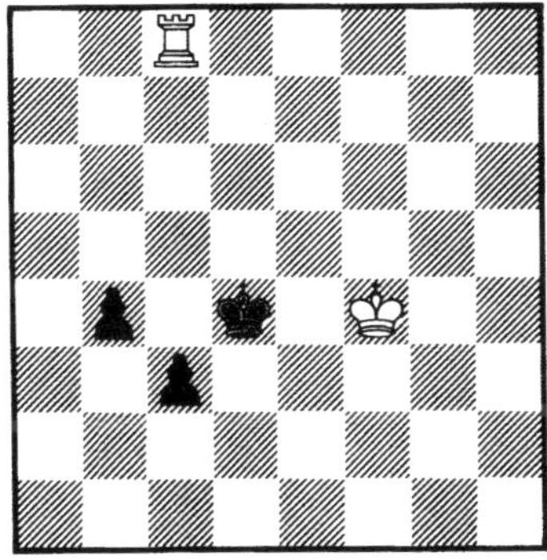

Weiß oder Schwarz am Zuge

Weiß am Zuge gewinnt:

1. Tc8–d8† Kd4–c4
2. Kf4–e3 Kc4–b3

Nach 2. ... b3 3. Tc8† Kb4 4. Kd3 c2 5. Kd2 Ka3 6. Kc1 ist Schwarz mit seinem Latein am Ende.

3. Td8–b8 Kb3–c4

Nach 3. ... c2 entscheidet 4. Kd2, und auf 3. ... Ka3 folgt 4. Kd3.

4. Ke3–e2 b4–b3
5. Ke2–d1

und der König stellt sich zwischen die Bauern, wonach diese rasch verloren gehen.

Schwarz am Zuge kann nicht gewinnen und muß sich mit remis zufrieden geben:

1. ... b4–b3

Oder 1. ... Kd3 2. Td8† Kc2 3. Tb8 (oder auch 3. Ke3) 3. ... b3 4. Ke3 Kb2 (4. ... b2, dann 5. Kd4 b1D 6. Tb1: Kb1: 7. Kc3: oder auch 5. ... Kd2 6. Tb3) 5. Tc8 c2 6. Kd2 Ka2 (6. ... Kb1 dann 7. Tc3) 7. Ta8† Kb1 8. Tc8 usw.

2. Tc8–d8† Kd4–c4
3. Kf4–e4 b3–b2

Auf 3. ... c2 folgt 4. Tc8† Kb4 5. Kd3.

4. Td8–c8† Kc4–b3
5. Tc8–b8† Kb3–c2
6. Ke4–d4, remis.

C 3. Turm gegen drei verbundene Bauern

Wenn die Bauern nicht zu weit vorgerückt sind und der König der Turmpartei sich in der Nachbarschaft befindet, wird die Turmpartei durchweg gewinnen. Der König stellt sich zwischen die Bauern, wonach der Turm einen der Bauern erobert, und dann geht der Rest von selbst. Viel schwieriger geht es im folgenden Beispiel zu, wo die vorgerückten Bauern bei richtiger Fortsetzung das Remis erzwingen.

Stellung 106

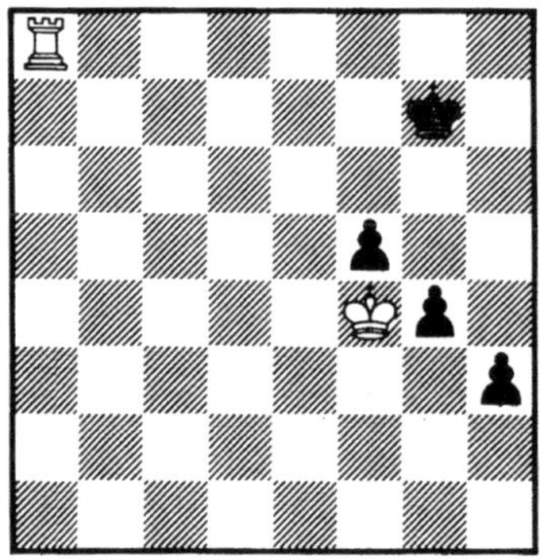

Schwarz am Zuge

Es ist deutlich, daß Schwarz in dieser Stellung nicht 1. ... h2 spielen kann wegen 2. Ta1, wonach der vorgerückte Bauer verloren geht. Andererseits darf Weiß nicht auf f5 schlagen wegen h3–h2, g4–g3 usw.

Schwarz am Zuge macht remis mit 1. ... Kf7. Allein mit diesem Zug; alle anderen Züge verlieren. Der Beweis folgt:

1. ... Kg7–f6?

Nach anderen Zügen gewinnt Weiß einfacher: 1. ... Kh6? 2. Kf5: h2 3. Th8†; 1. ... Kh7? 2. Tf8 Kg6 (2. ... Kg7 dann 3. Tf5:) mit Übergang zur Textfolge; 1. ... Kg6? 2. Tf8 Kh6 3. Tf6†! (natürlich nicht 3. Tf5: wegen 3. ... h2) 3. ... Kh5 (3. ... Kg7 ebenfalls 4. Tf5:) 4. Tf5:† Kh4 5. Tf8 und gewinnt.

2. Ta8–f8† Kf6–g6

Offensichtlich das einzige, um nicht unmittelbar zu verlieren. Der Gewinn ist nun besonders schwer zu erzwingen.

3. Kf4–g3 Kg6–g5
4. Tf8–g8† Kg5–h6!

Auf 4. ... Kh5 folgt 5. Kf4 Kh6 6. Kf5:! Etwas schwieriger ist es nach 4. ... Kf6 5. Kf4 Kf7 (auch auf 5. ... Ke6 folgt 6. Tg5) 6. Tg5 Ke6 7. Th5! (jedoch nicht 7. Tf5: wegen 7. ... g3!) 7. ... Kf6 8. Tf5:† und gewinnt.

5. Kg3–f2 Kh6–h5

5. ... Kh7 scheitert an 6. Tg5 und 7. Tf5:, weil der weiße König die Freibauern aufhält.

6. Kf2–e3 Kh5–h6

Nicht 6. ... Kh4? 7. Kf4 Kh5 8. Kf5: usw.

7. Ke3–e2!!

Das ist der Schlüsselzug einer 1958 von Kopajev gegebenen Analyse. Der weiße König führt einen Dreiecksmarsch aus, um den schwarzen König bald in Zugzwang zu bringen.

7. ... Kh6–h5

Nicht 7. ... Kh7 wegen 8. Tg5.

8. Ke2–f2 f5–f4

Zwei andere Möglichkeiten:
8. ... Kh6 9. Kg3 (die gleiche Stellung wie nach dem vierten Zug, doch nun mit Schwarz am Zuge; das erklärt den 7. Zug von Weiß) 9. ... Kh5 10. Kf4 Kh6 11. Kf5: usw.
8. ... Kh4 9. Tg7 Kh5 (9. ... f4 führt zur Textfolge) 10. Kg3 Kh6 11. Tg8 wie in der vorigen Variante.

9. Tg8–h8† Kh5–g5
10. Kf2–g1 Kg5–f5
11. Kg1–h2 Kf5–e5

Natürlich ist der Gewinn nach 11. … f3 12. Kg3 viel einfacher.

12. Th8–g8 Ke4–f3

Auch auf 12. … Kf5 folgt 13. Tg7 mit Zugzwang.

13. Tg8–g7! Kf3–e2

Oder 13. … g3† 14. Kh3: Kf2 15. Ta7 usw.

14. Tg7×g4 f4–f3
15. Tg4–e4† Ke2–f1

Nach 15. … Kd3 16. Tf4 Ke3 17. Tf8 f2 18. Kh3: ist die Partie ebenfalls entschieden.

16. Kh2–g3!

Nicht 16. Kh3:? f2, remis.

16. … h3–h2
17. Te4–h4 und gewinnt.

D. Dame gegen Bauer(n)

Wir wissen, daß die Dame gegen einen Bauern auf der vorletzten Reihe (unterstützt vom König) gewinnt, falls es einen b-, d-, e- oder g-Bauern betrifft, aber nur remis macht gegen den a-, c-, f- oder h-Bauern (es sei denn, die Dame kann das Umwandlungsfeld besetzen). Die Nähe des Königs der stärkeren Partei kann manchmal noch den Gewinn möglich machen. Lehrreich sind in dieser Hinsicht die Grenzen, die D. Hooper in seinem Lehrbuch angegeben hat: wenn der weiße König sich in oder auf dem Rand des Gebiets befindet, das durch die Felder a5, b5, c5, d5, e4, e3, e2, e1 begrenzt wird, ist der Gewinn in der folgenden Stellung gesichert.

Stellung 107

(mit einer Variation)

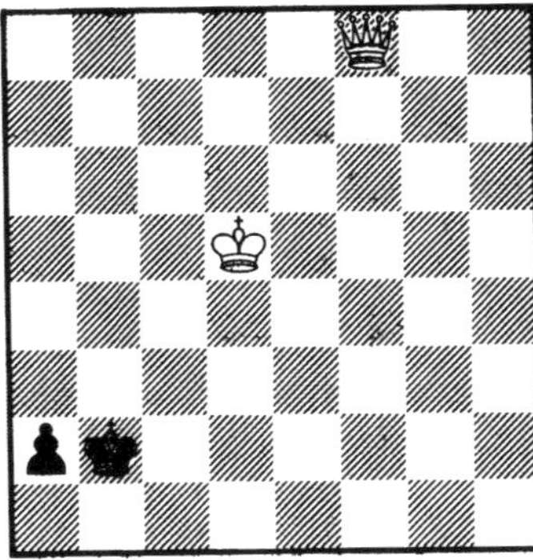

Weiß zieht und gewinnt

1. Kd5–c4 a2–a1D
2. Df8–f2† Kb2–a3
3. Df2–e3†

und weiter wie in Stellung 68.
Man stelle den *weißen König auf e1.*

1. Ke1–d2 a2–a1D
2. Df8–b4† und gewinnt.

Stellung 108

(mit zwei Variationen)

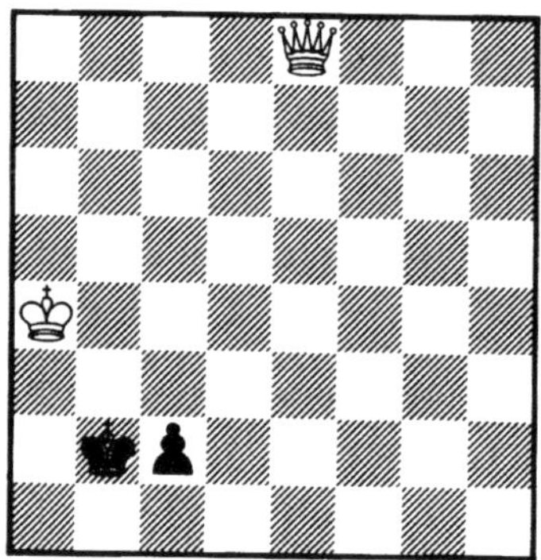

Weiß am Zuge

Weiß gewinnt:

1. De8–e2 Kb2–b1

1. ... Ka1 2. Dd2 kommt auf dasselbe heraus.

2. De2–d3 Kb1–a1

Oder 2. ... Kb2 3. Da3† Kb1 4. Kb3 und gewinnt.

3. Dd3–a3† Ka1–b1
4. Ka4–b3 und gewinnt.

Ein solcher Gewinnweg ist möglich, wenn der weiße König sich innerhalb oder am Rande des Gebiets befindet, das durch die Felder a4, b4, c4, d3, e3, e2 und e1 begrenzt wird.
Wenn wir den *schwarzen König nach d2* stellen und die *weiße Dame auf b8*, ist das Gewinngebiet etwas ausgebreiteter und wird begrenzt durch die Felder a5, b5, c5, d5, e4, f4, g4, g3, g2 und g1. Falls dann der *weiße König auf g4* steht, ist der Sieg ganz einfach zu erringen: 1. Db2 Kd1 2. Kf3 c1D 3. De2 matt.
Wäre der *weiße König auf a5* postiert, kommen wir zum vorigen Beispiel, sobald der schwarze König sich nach c1 begibt (begeben muß), beispielsweise nach 1. Db2 Kd1 2. Dd4† Ke2 3. Dc3 Kd1 4. Dd3†.
Zum Schluß ein einziges Beispiel von Dame gegen zwei verbundene Freibauern.

Stellung 109

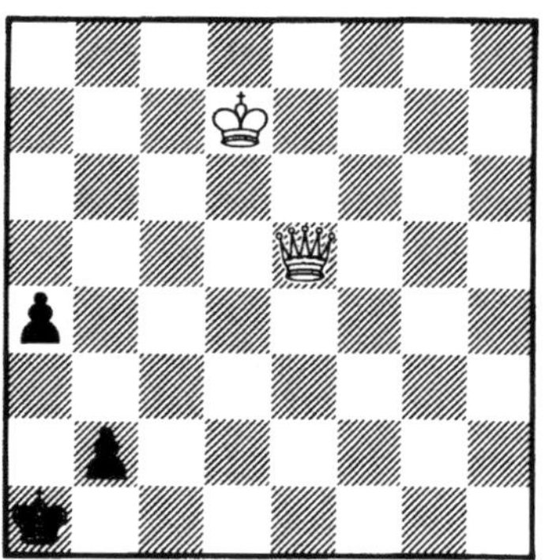

Weiß am Zuge

Auch für diese Stellung gibt Hooper ein Gewinngebiet an und zwar mit der folgenden Begrenzung: a7, b7, c7, d7, d6, d5, e4, e3, e2 und e1.
Weiß gewinnt:

1. Kd7–c6 Ka1–a2

Wenn der schwarze a-Bauer nach a2 vorrückt, geht es leichter: 1. ... a3 2. Kb5 a2 3. Dd4! Kb1 4. Dd1 matt.

2. De5–d5† Ka4–a3

2. ... Ka1 3. Dd4 a3 4. Kb5 Ka2 kommt auf dasselbe heraus: 5. Dc4† Ka1 6. Dc3 Ka2 7. Ka4 usw.

3. Dd5–d3† Ka3–a2

Oder 2. ... Kb4 3. Db1 Kb3 4. Kc5 a3 5. Kb5 Kc3 (5. ... a2 6. Dd3 matt) 6. Da2 Kc2 7. Kb4 Kc1 8. Da3: usw.

4. Dd3–c2 a4–a3
5. Kc6–b5 Ka2–a1
6. Dc2–c3 Ka1–a2
7. Kb5–a4! b2–b1D
8. Dc3×a3 matt.

5. Figuren und Bauern gegen Figuren

Wir unterscheiden die folgenden Abschnitte:
A. Springer und Bauer(n) gegen Springer
B. Springer und Bauer(n) gegen Läufer
C. Läufer und Bauer(n) gegen Springer
D. Läufer und Bauer(n) gegen Läufer (gleiche Farbe)
E. Läufer und Bauer(n) gegen Läufer (ungleiche Farbe)
F. Turm und Bauer gegen Springer
G. Turm und Bauer gegen Läufer
H. Turm und Bauer gegen Dame
Die Endspiele „Turm und Bauer gegen Turm" und „Dame und Bauer gegen Dame" werden im Kapitel 6 respektive 7 behandelt.

A. Springer und Bauer(n) gegen Springer

Im allgemeinen wird das Endspiel „Springer und Bauer gegen Springer" remis werden. Um das zu erreichen, braucht die schwächere Partei nur ihren Springer gegen den Bauern zu opfern. Das wird durchweg möglich sein, wenn der verteidigende König sich vor dem Bauern befindet und sein Springer nicht zu weit entfernt steht.
Ist die Lage allerdings anders, erhält die stärkere Partei Gewinnchancen und zwar um so mehr, je weiter der Bauer vorgerückt ist.
Die wichtigste Waffe, die zur Verfügung steht, ist eine Bedrohung des „schwächeren" Springers durch den „stärkeren" Springer, um den Durchzug des Freibauern zu erzwingen.
Mit einem Bauern auf der vorletzten Reihe ist der Gewinn fast immer gesichert.

Stellung 110

Kling (1867)

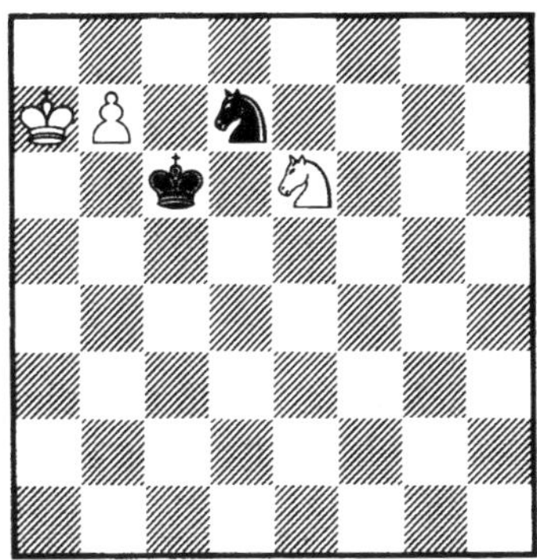

Weiß oder Schwarz am Zuge

Weiß am Zuge gewinnt sofort mit 1. Se6-f8!
Mit *Schwarz am Zuge* ist es etwas umständlicher.

1. ... Kc6–d5(!)

Man beachte, daß 1. ... Kd6 glatt verliert wegen 2. Sf8, wonach die Ressource der Textfortsetzung (2. ... Se5) wertlos ist wegen des Schachgebots 3. b8D†. Aus dem gleichen Grund scheitert auch 1. ... Kb5 an 2. Sf8.

2. Se6–f8 Sd7–e5

Das einzige; auf 3. b8D? würde nun 3. ... Sc6† kommen.

3. Ka7–b6 Se5–c6
4. Kb6–c7 Sc6–b4

Um nun 5. b8D? mit 5. ... Sa6† zu beantworten. Nach 4. ... Kc5 anstelle des Textzugs entscheidet 5. Sd7† Kd5 6. Se5! Sb4 7. Kb6.

5. Sf8–d7 Sb4–a6†

Auf einen Zug mit dem König gewinnt Weiß mit 6. Kb6.

6. Kc7–b6 und gewinnt.

Steht der Bauer auf der sechsten Reihe, hat die stärkere Partei natürlich mehr Hindernisse zu überwinden, vor allem weil der Verteidiger manchmal über eine raffinierte Feinheit verfügt (vergleiche Stellung 19).

Stellung 111

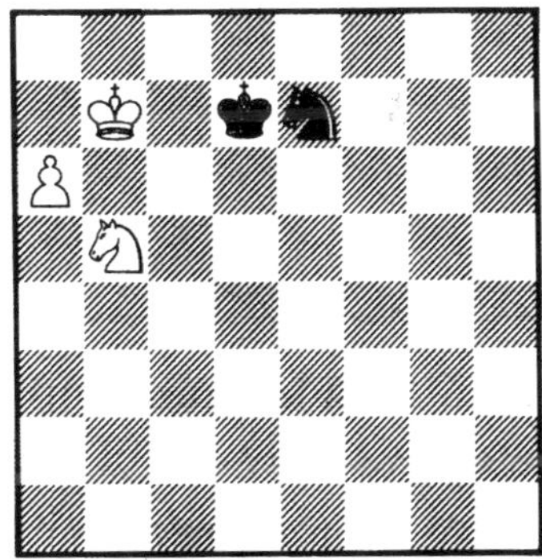

Schwarz am Zuge

1. ... Se7–c6

Auf 1. ... Sc8 folgt nicht 2. Kb8 Sb6 3. a7 wegen 3. ... Sa8!! 4. Ka8: Kc8 remis (Stellung 19).
Weiß gewinnt jedoch mit (1. ... Sc8) 2. Sa3! Sd6† (oder 2. ... Kd8 3. Sc4) 3. Kb8 Sc8 4. Sc4 Kd8 5. Kb7 und Schwarz hat keine Züge mehr (5. ... Kd7 6. Sb6†).

2. Sb5–d4 Sc6–a5†

Oder 2. ... Sd8† 3. Kb8 usw.

3. Kb7–b8 Sa5–c4
4. a6–a7 Sc4–b6

5. Kb8–b7 Sb6–a8!
6. Sd4–e6! und gewinnt

(jedoch nicht 6. Ka8: wegen 6. ... Kc7!, remis).

Stellung 112

R. Réti (1929)

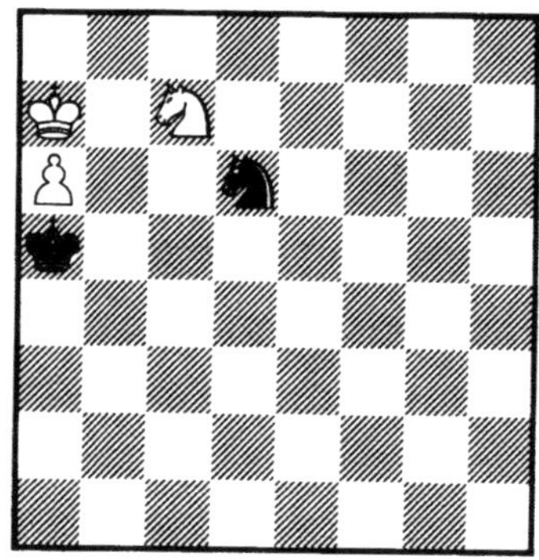

Weiß am Zuge

Weiß kann nicht gewinnen:

1. Ka7–b8

Auf einen Zug des Springers erzwingt 1. ... Sc8† 2. Kb7 Sd6† das Remis.

1. ... Sd6–b5!

Nun wird der schwarze Springer „lästig". Weiß kann nicht schlagen wegen 2. ... Ka6:.

2. Kb8–b7

Auf 2. Kc8 stellt 2. ... Kb6 das Remis sicher.

2. ... Sb5–d6†

Nicht 2. ... Sc7: wegen 3. a7!

3. Kb7–a7

Auf 3. Kb8 oder 3. Kc6 folgt wieder 3. ... Sb5!

3. ... Sd6–f7
4. Sc7–e6

Auf 4. ... Sd6 hat Weiß nun eine verwickelte Gewinnfortsetzung zur Verfügung: 5. Sc5 Sb5† (oder 5. ... Kb5 6. Kb8 usw.) 6. Kb7 Sd6† 7. Kc7 Sb5† 8. Kc6 Sa7† 9. Kb7 Sb5 10. Se4! (verhindert das Schach auf d6) 10. ... Kb4 11. Kb6 Kc4 12. Sc3! Sd6 13. Kc7 Se8† 14. Kc6.

4. ... Ka5–b5!
5. Se6–d4† Kb5–a5
6. Sd4–c6† Ka5–b5
7. Sc6–b4

Nun deckt der Springer den Bauern und erhält der König Gelegenheit, freie Bahn zu machen für den vorrükkenden Bauern.

7. ... Sf7–d8!

Nicht 7. ... Kb4:? wegen 8. Kb8 Sd8 (8. ... Sd5 9. Kb7) 9. Kc7 Se6† 10. Kc8.

8. Ka7–b8 Sd8–c6†
9. Kb8–b7 Sc6–a5†
10. Kb7–c7 Sa5–c6. Remis.

Mit zwei Bauern mehr ist die Gewinnführung meistens leicht, aber eine Ausnahme davon hebt das nun folgende Endspiel hervor.

Stellung 113

Taimanov–Spasski
(Leningrad 1952)

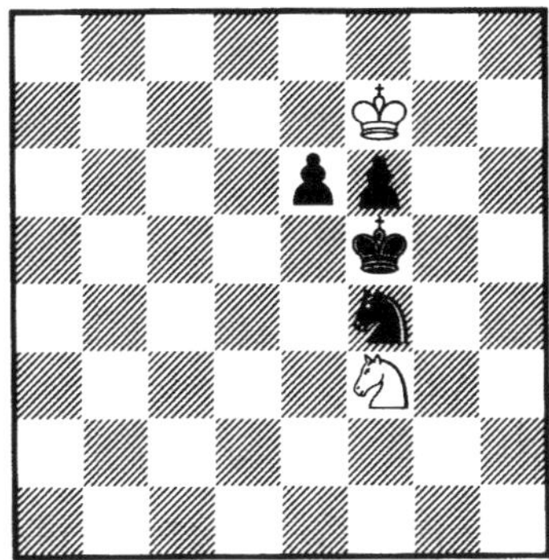

Schwarz am Zuge

Dieses Beispiel zeigt, über welche Möglichkeiten der König verfügt, wenn er sich hinter den feindlichen Bauern befindet. Stünde der weiße König auf f2, würde der Weg zum Sieg leicht sein. Es folgte:

1. ... Kf5–g4

Auf 1. ... Ke4 folgt 2. Sd2† mit ähnlichen Folgen wie im Text: Symmetrie hinsichtlich der f-Linie. Die Alternative 1. ... e5 ist klar unzureichend: 2. Sh4† Kg5 (2. ... Kg4, so 3. Kf6:) 3. Sf3† usw.

2. Sf3–h2† Kg4–h3

Auf 2. ... Kg5 folgt natürlich 3. Sf3† Kf5 4. Sd4† Ke5 5. Sf3† Ke4 6. Sd2† usw. (symmetrisch zur Textfolge).

3. Sh2–f1

Unzureichend war 3. Kf6: Kh2: 4. Ke5 Kg3.

3. ... f6–f5

Wenn Schwarz die Verfolgung fortsetzt: 3. ... Kg2, so geschieht 4. Kf6: Kf1: 5. Ke5 usw.

4. Sf1–e3

und nun hat Schwarz keine Verteidigung gegen 5. Kf6 und 6. Sf5:.

B. Springer und Bauer(n) gegen Läufer

Nur unter sehr günstigen Umständen (unter anderem, wenn der verteidigende König weit entfernt steht) ist es der stärkeren Partei möglich, den Bauern umzuwandeln.

Stellung 114

(mit zwei Variationen)

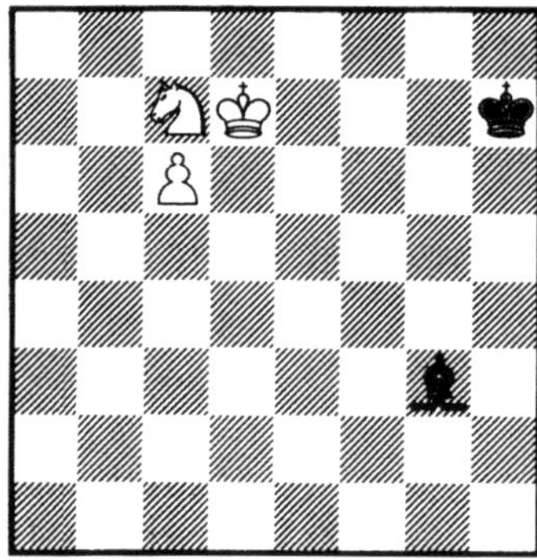

Weiß oder Schwarz am Zuge

Weiß am Zuge gewinnt:

1. Sc7–b5

Mit der Drohung 2. Sd6, wonach der Bauer durchläuft.

1. ...	Lg3–b8
2. Sb5–c7	

Mit anderen Zügen erreicht Weiß nichts; der Läufer muß zuerst von der langen Schrägen vertrieben werden.

2. ...	Kh7–g6

Nach 2. ... La7 geht es etwas leichter: 3. Sa6! (verhindert die Rückkehr des Läufers) 3. ... Lb6, und nun braucht Weiß seinen Springer nur noch nach c4 zu bringen, um den Läufer von der Diagonalen a5/d8 zu vertreiben (Sb4, Sd5, Se3 und Sc4).

3. Kd7–c8	Lb8–a7
4. Sc7–b5	La7–g1

Auf 4. ... Lb6 folgt 5. Kd7 nebst 6. Sd6 und 7. Sc4.

5. Kc8–d7	Lg1–b6

Erzwungen, weil 5. ... Lh2 mit 6. Sd6 beantwortet wird.

6. Sb5–d6 und
7. Sd6–c4.

Schwarz am Zug kann gerade noch verhindern, daß Weiß das entscheidende Manöver ausführt:

1. ...	Kh7–g6
2. Sc7–b5	Lh2–b8
3. Sb5–c7	Kg6–f5
4. Kd7–c8	Lb8–a7
5. Sc7–b5	La7–b6
6. Kc8–d7	Kf5–e5
7. Sb5–d6	Ke5–d4

Auf diese Weise wird der entscheidende Zug Sc4 verhindert.

Es ist deutlich, daß der Gewinn darauf beruht, daß Weiß alle Felder der Diagonalen a5/d8 angreifen kann, wobei der weiße König und der Springer je zwei Felder unter Kontrolle nehmen.

Daraus folgt zugleich, daß der Gewinn unmöglich wird, wenn wir Stellung 114 eine Linie nach rechts verschieben, gleichgültig wo der schwarze König steht, denn dann zählt die kurze Diagonale a4/e8 fünf Felder.
Stellen wir *alle Figuren in Stellung 114 eine Linie nach rechts*, wobei der schwarze König auf jedem willkürlichen Feld stehen kann, dann könnte folgen: 1. Sc5 Lc8 2. Sd7 La6 3. Sb6 Lb5 4. Kd8 Lc6 5. Kc7 Lb5 (Schwarz hat seinen König nicht nötig; der Läufer erledigt alles allein) 6. Sd5 La4 7. Se7 Le8 (es drohte 8. Sc6) remis. Mit Zugzwang kann Weiß nicht arbeiten, weil der schwarze König willkürlich ziehen kann.
Plazieren wir in Stellung 114 *die Figuren eine Linie nach links*, dann ist der Gewinn ganz einfach:

1. Sb7–a5 Lf3–a8
2. Sa5–b7 und
3. Kc7–b8.

Steht der Bauer auf der a-Linie, können sich einige Verwicklungen ergeben.

Stellung 115

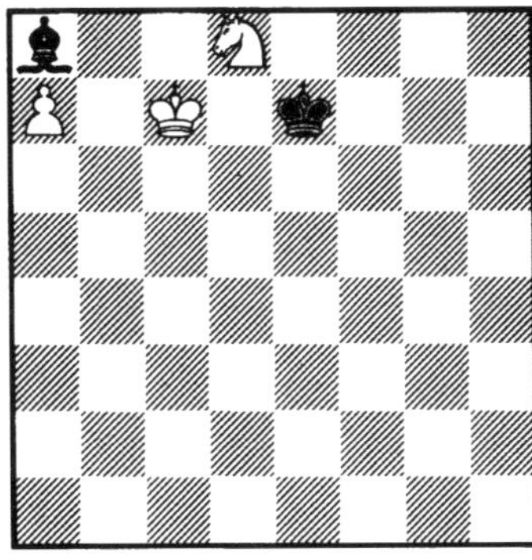

Weiß zieht und gewinnt

1. Sd8–b7 Ke7–e8
2. Sb7–a5!

Das auf der Hand liegende 2. Kb8 wird widerlegt durch 2. ... Kd7 3. Ka8: Kc8! (Stellung 19).

2. ... Ke8–e7

Es ist klar, daß der Läufer nicht ziehen darf wegen 3. Sb7.

3. Kc7–c8 Ke7–e8

Nun wird 3. ... Kd6 beantwortet mit 4. Kb8 Kd7 5. Sb7, und dann kann der schwarze König nach 6. Ka8: nicht auf das rettende Feld c8 gelangen.

4. Sa5–c4 Ke8–e7

Auf einen Läuferzug folgt 5. Sd6† und 6. Sb7.

5. Kc7–b8 Ke7–d8

Auf 5. ... Kd7 zieht Weiß 6. Sb6†, und 5. ... Lg2 wird durch 6. Sa5 widerlegt (der schwarze König kommt nicht rechtzeitig).

6. Sc4–d6!

Es ist klar, daß 6. Ka8: wieder an 6. ... Kc8! scheitert.

6. ... Kd8–d7
7. Sd6–b7

Nimmt dem schwarzen König Feld d8 und hindert ihn so, im kritischen Augenblick nach c8 zu gelangen.

7. ... Kd7–c6
8. Kb8×a8 Kc6–c7

Der schwarze König steht auf der verkehrten Felderfarbe.

9. Sb7–d6 und gewinnt.

In einem einzigen Fall ist selbst das Übergewicht von zwei verbundenen Bauern nicht ausreichend, um den Sieg zu sichern. Das lehrt das folgende Beispiel.

Stellung 116

Aljechin–Vajda
(Kecskemet 1927)

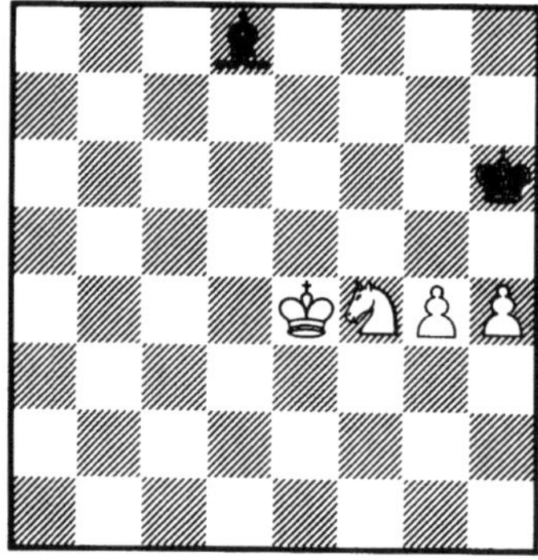

Weiß am Zuge

1. h4–h5?

Mit 1. Sg2 hätte Weiß langsam gewonnen, zum Beispiel 1. ... Lh4: 2. Sh4: Kg5 3. Kf3!, oder 1. ... Kg6 2. Kf3 Le7 3. Kg3 Ld8 4. Sf4† Kh6 5. Se6 Le7 6. g5† Kg6 (6. ... Kh5? 7. Sf4 matt) 7. Kg4 usw. Nach dem gespielten Zug ist die Partie merkwürdigerweise remis.

1. ...	Kh6–g5
2. Ke4–f3	

Oder 2. Se6† Kg4: 3. h6 Lf6.

2. ...	Ld8–e7
3. Sf4–h3†	Kg5–h6
4. Kf3–f4	Le7–d8
5. Kf4–f5	

Es sieht zunehmend vorteilhafter für Weiß aus, und doch ist kein Gewinn in der Stellung.

5. ...	Ld8–e7
6. Sh3–f4	Le7–d8!

Hier würde 6. ... Lg5? zum Verlust führen wegen 7. Sd5, und Schwarz gerät in Zugzwang: 7. ... Ld8, dann 8. Sf6 und 9. g5†, oder 7. ... Ld2 8. Sf4 und 9. g5†.

7. Sf4–d5	Ld8–g5

Weiß kommt nicht weiter: remis.

C. Läufer und Bauer(n) gegen Springer

In diesem Abschnitt geht es um Probleme anderer Art als im vorigen Abschnitt. Der Läufer kann den Springer nicht abschirmen; doch er kann danach trachten, dem Springer vitale Felder zu nehmen, wobei vor allem der Zugzwang eine Rolle spielen kann.

Stellung 117

(mit einer Variation)

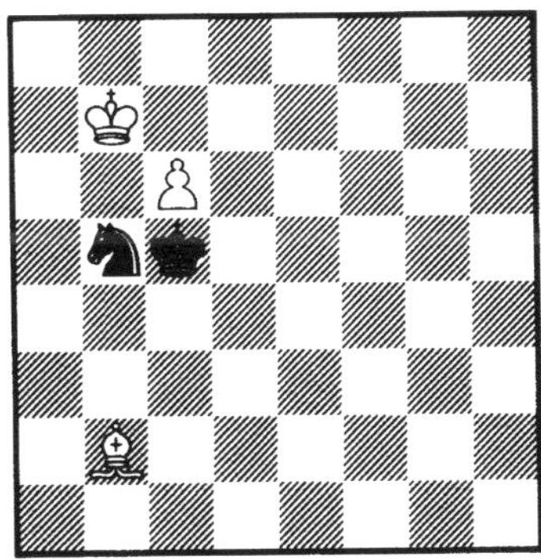

Weiß oder Schwarz am Zuge

Weiß am Zug gewinnt:

1. Lb2–e5!

Nimmt dem Springer das wichtige Feld d6.

1. ... Kc5–d5

1. ... Kc4 2. Kb6 kommt auf dasselbe heraus. Auf 1. ... Sa7 folgt 2. Ld4†.

2. Kb7–b6 Kd5–c4

Erzwungen, weil 2. ... Sa7 mit 3. c7 Sc8† 4. Kb7 Se7 5. Lf6 Sf5 6. Kb8 Sd6 7. Le7 beantwortet wird.

3. Le5–g7 Kc4–b4

Die Alternative 3. ... Sd6 wird widerlegt durch 4. c7 Sc8† (4. ... Kd5 5. Lf8 Sc8† 6. Kb7) 5. Kb7 Sd6† (5. ... Se7 6. Lf8) 6. Kb8 und 7. Lf8.

4. Lg7–h6

Nach 4. Lf8† Kc4 5. Le7 (Zugzwang) rettet Schwarz sich mit 5. ... Sc3! (6. c7 Sd5†). Jetzt würde 4. ... Sc3 an 5. Ld2 scheitern und 4. ... Sd6 an 5. Lf8.

4. ... Kb4–c4
5. Lh6–d2

Nun muß der Springer ziehen.

5. ... Sb5–d6
6. c6–c7 Sd6–c8†.

Oder 6. ... Kd5 7. Lb4 Sc8† 8. Kb7.

7. Kb6–b7 Sc8–d6†

Wenn 7. ... Se7, so 8. Lg5 Sf5 9. Kb8 Sd6 10. Lf4.

8. Kb7–b8

und nun hat Schwarz keine Abwehr gegen 9. Lf4.
Schwarz am Zuge macht remis: 1. ... Sd6† 2. Kc7 Sb5† usw.
Wenn Stellung 117 *eine Linie nach rechts* verschoben wird, macht Schwarz in jedem Fall remis, auch mit Weiß am Zuge.

Auf 1. Lc2–f5 folgt 1. ... Sc5–a6† 2. Kc7–d7 Sa6–b8† 3. Kd7–e7 Sb8–c6† 4. Ke7–d7 Sc6–b8†, remis.

Stellung 118

(mit einer Variation)

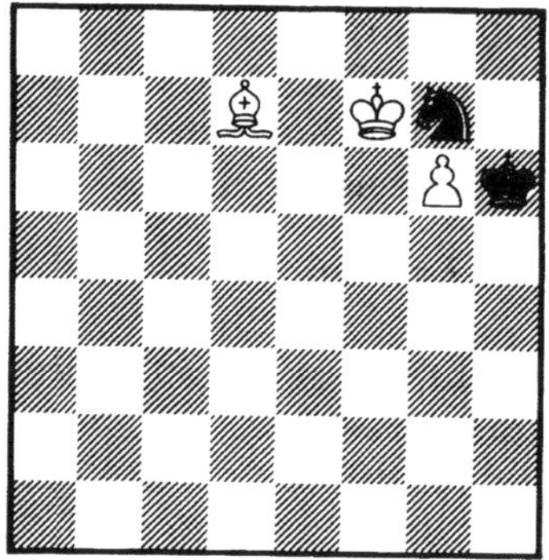

Weiß am Zuge

Wenn der Bauer fest blockiert ist, gibt es durchweg keinen Gewinn, weil der Läufer dem Springer nicht alle Felder zu nehmen vermag.

1. Ld7–g4

Augenscheinlich steht nun der Springer patt. Es gibt jedoch noch eine Rettung:

1. ... Sg7–e8!

Weiß kann den Springer nur schlagen, wenn er seinen Bauern preis gibt.
Ist der weiße Bauer ein Feld weiter vorgerückt, ist die Verteidigung chancenlos, selbst wenn der Bauer einige Linien zur Mitte hin verschoben wird. Betrachten wir Stellung 118 *zwei Linien nach links und eine Reihe nach vorn,* also Weiß: Kd8 Lf4 Be7; Schwarz: Kf7 Se8. Dem Springer werden alle Felder genommen:

1. ...	Se8–f6
2. Lf4–g3	Sf6–e8
3. Lg3–e5 und gewinnt.	

(Um remis zu machen, würde Schwarz hier Sc9 spielen müssen!)
Besonders überraschend wirkt die hier folgende Komposition.

Stellung 119

P. R. v. Bilguer (1843

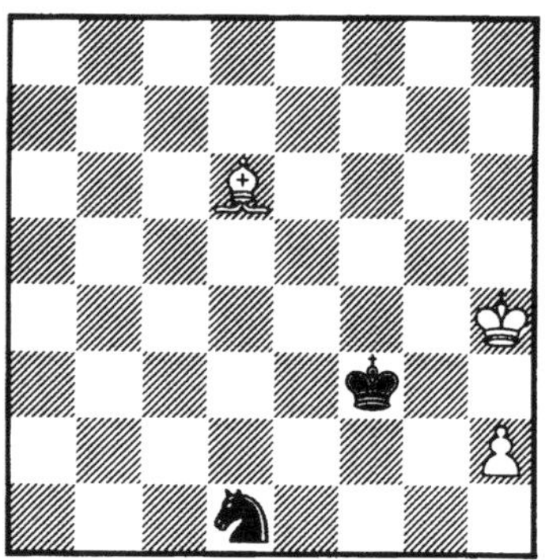

Weiß am Zuge

Obschon der h-Bauer noch auf seinem ursprünglichen Feld steht, gelingt es Schwarz nicht, seinen Springer gegen diesen Bauern zu opfern. Weiß gewinnt:

1. Kh4–g5 Sd1–f2

Droht sowohl die Eroberung des Läufers durch 2. ... Se4† als auch die endgültige Blockade des Bauern durch 2. ... Sh3.

2. h2–h4!	Sf2–e4†
3. Kg5–g6	Se4×d6
4. h4–h5	

und Schwarz kann den freien h-Bauern nicht mehr stoppen (4. ... Sc4 5. h6 Se5† 6. Kg7 usw.).
Sieht Schwarz vom Läufergewinn ab und versucht, den h-Bauern mit seinem König aufzuhalten, kommt er ebenfalls nicht zurecht:

1. Kh4–g5 Kf3–e4
2. h2–h4 Ke4–d5

Wenn 2. ... Se3, so 3. h5 Sf5 4. Lc7 (Zugzwang) 4. ... Sg7 5. h6 usw.

3. h4–h5 Kd5–e6

Nach 3. ... Kd6: 4. h6 ist der h-Bauer nicht aufzuhalten.

4. h5–h6 Ke6–f7
5. Ld6–e5 Kf7–g8
6. Kg5–g6 und gewinnt.

D. Läufer von gleicher Farbe und Bauer(n)

Der Prozeß der Ausschaltung des Verteidigungsläufers erinnert in etwa an den Prozeß, den wir unter 5B (Springer und Bauer gegen Läufer) gesehen haben, und zwar in dem Sinn, daß dieser Läufer zuerst von der einen Schrägen vertrieben wird und danach (endgültig) von der anderen.

Stellung 120

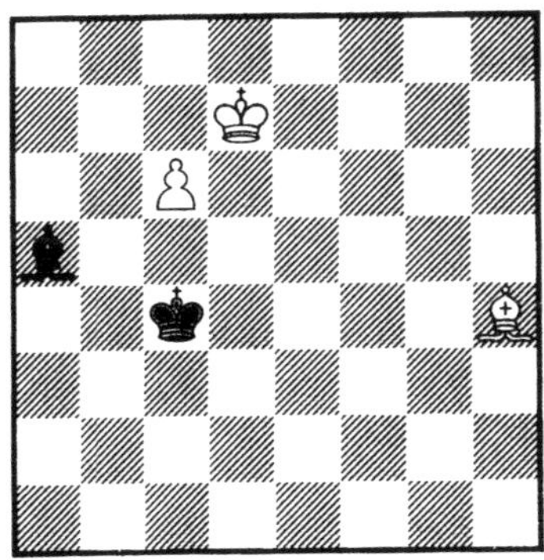

Weiß oder Schwarz am Zuge

Weiß am Zuge gewinnt unmittelbar durch 1. Lh4-d8.
Schwarz am Zuge macht remis:

1. ... Kc4–d5
2. Lh4–g3

Nachdem 2. Ld8 unmöglich geworden ist, probiert Weiß es anders; er will 3. Lc7 folgen lassen.

2. ... La5–b6
3. Lg3–c7 Lb6–f2

Um den Bauern entlang der anderen Diagonalen aufzuhalten. Stünde nun der schwarze König auf c5 (oder auf einem anderen schwarzen Feld), dann wäre der Prozeß nach 4. Ld6† und 5. c7 entschieden.

4. Lc7–d8 Lf2–g3
5. Ld8–e7 Lg3–f4

Weiß kommt nicht weiter, weil Schwarz das „Abschirmungsfeld“ d6 in seiner Gewalt hat. Darum würde 1. ... Kb5 als erster Zug zwar 2. Ld8 eben-

falls unmöglich machen, doch diese Fortsetzung würde nach 2. Lg3 Lb6 3. Lc7 Lf2 4. Ld8 Lg3 5. Le7 sich doch als unzureichend erweisen (es folgt immer 6. Ld6).
Probieren wir von Stellung 120 aus noch

1. ...	Kc4–c5

Dieser Zug ist natürlich weniger stark als 1. ... Kd5, aber besser als 1. ... Kb5, denn mit dem Textzug kann Schwarz gerade noch remis machen:

2. Lh4–e1	

Mit 2. Lg3 Kd5! gelangen wir in die eben angegebene Remisvariante.

2. ...	La5–d8!

2. ... Lb6 scheitert an 3. Lf2†.

3. Le1–g3	Kc5–d5!

3. ... La5 verliert wegen 4. Lc7 Le1 5. Ld6†.

4. Lg3–c7	Ld8–g5
5. Lc7–f4	Lg5–d8!

Remis.

Merkwürdig ist, daß der schwarze König hinter dem Bauern stehend die Ausschaltung seines Läufers abwenden kann, während es auf der Vorderseite nicht immer gelingt.

Stellung 121

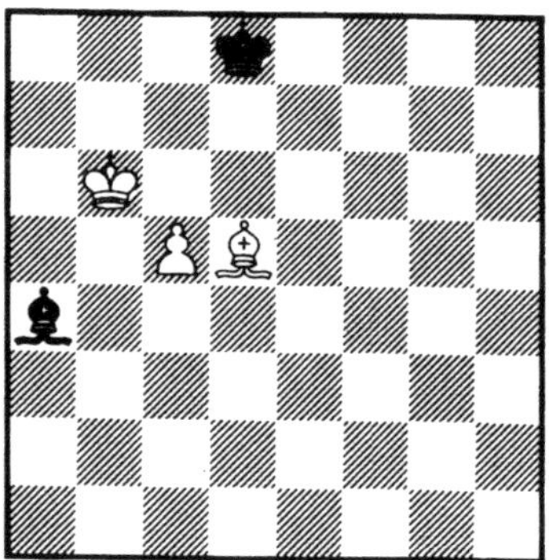

Weiß oder Schwarz am Zuge

Weiß gewinnt:

1. Ld5–c6	La4–d1
2. Lc6–b5	Ld1–f3

Schwarz versucht, den Bauern so weit wie möglich vom Umwandlungsfeld entfernt zu halten. Nach 2. ... Kc8 3. La6† Kb8 4. c6 ist es gleich aus (4. ... Lg4 5. Lb7 und 6. c7 matt).

3. Lb5–a6	Kd8–d7

Gegen 4. Lb7 ist nichts zu erfinden. Schwarz bringt seinen König in eine bessere Stellung.

4. Lc6–b7	Lf3–g4

Der schwarze Läufer muß nun danach trachten, die Umwandlung zu verhindern, indem er c8 beherrscht, und vorderhand scheint dies auch zu glücken.

5. c5–c6†	Kd7–d6
6. c6–c7	Lg4–h3

7. Lb7–a6	Lh3–g4
8. Kb6–b7	Kd6–c5

Bringt den König auf einen aktiveren Posten. Wartet Schwarz ab, hat Weiß es viel leichter: 8. ... Lf5 9. Kb8 Lh3 10. Lc8 Lf1 11. Lf5 La6 12. Le4, und Schwarz kann 13. Lb7 nicht verhindern.

9. Kb7–b8	Kc5–b6
10. La6–c8	Lg4–f3

10. ... Le2 11. Lh3 La6 12. Lg2 führt zur Fortsetzung im Text.

11. Lc8–h3	Lf3–b7
12. Lh3–g2	Lb7–a6
13. Lg2–f3!	

Schwarz ist im Zugzwang. Er muß mit dem König ziehen, und danach gewinnt Weiß mit 14. Lb7.
Ist Schwarz in Stellung 121 am Zuge, gewinnt Weiß nach der gleichen Methode, weil Schwarz seine Stellung nicht verstärken kann.
Aus der gegebenen Gewinnführung ist jedoch abzuleiten, daß Schwarz remis machen kann, wenn Stellung 121 eine oder mehr Linien nach rechts geschoben wird. Dann ist jeweils die kurze Diagonale ein oder mehrere Felder länger, und dann kann Schwarz nicht gezwungen werden, die Zugzwangstellung in der vorigen Ausarbeitung zuzulassen (er braucht nicht mit dem König zu ziehen.). Ein Läuferzug hebt dann die Kraft des Zugzwanges auf.
Von etwas anderer Art ist das folgende Beispiel aus der Praxis.

Stellung 122

Lipnitzki–Sokolski

(Moskau 1950)

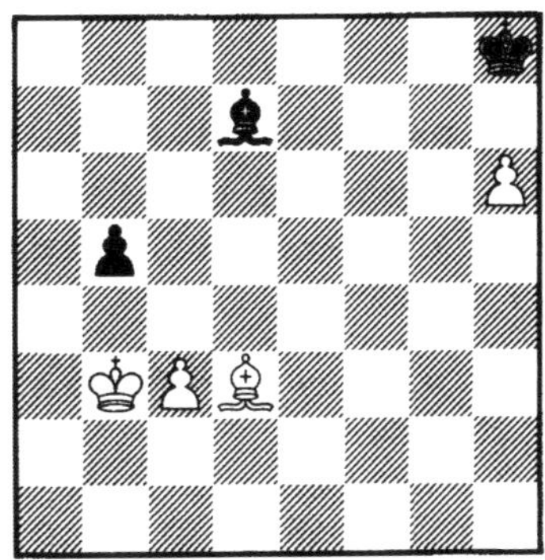

Schwarz am Zuge

Gelingt es Schwarz, seinen Läufer gegen den weißen c-Bauern zu tauschen, ist die Partie remis, weil Weiß dann den Randbauern mit dem verkehrten Läufer übrig behält. Weiß kann jedoch gewinnen.
Zuerst wird der b-Bauer erobert:

1. Kb3–b4	Ld7–e8
2. Ld3×b5	Le8–f7
3. Lb5–a4	Kh8–h7
4. La4–b3	

Alles nach erprobtem Rezept.

4. ...	Lf7–h5

Nach 4. ... Le8 5. c4 Kh6: 6. c5 ist Weiß schon bereit für die methodische Fortsetzung des Prozesses mit 7. La4.

5. c3–c4	Kh7×h6

Nachdem der weiße h-Bauer erobert ist, gelingt es dem schwarzen König vielleicht noch, beim Aufhalten des weißen c-Bauern mitzuwirken.

6. c4–c5	Lh5–f3
7. Kb4–a5	Kh6–g7
8. Ka5–b6	Kg7–f6

Anzumerken ist, daß die beiden Könige aus Respekt vor den Läufern auf weißer Farbe ausschließlich schwarze Felder betreten.

9. Lb3–a4	Kf6–e5
10. La4–c6	Lf3–d1
11. Lc6–b7	Ld1–a4
12. Lb7–a6	

Alles gemäß den bekannten Richtlinien.

12. ...	Ke5–d5
13. La6–b5	La4–d1
14. c5–c6	

Der Bauer hat das kritische Feld c6 passiert, und damit ist der Vorgang zugunsten von Weiß entschieden.
Man fragt sich vielleicht, wie es gegangen wäre, hätte der schwarze König nach dem 12. Zug bereits auf d8 gestanden. Dann hätte 13. Lb5 nicht zum Ziel geführt wegen 13. ... Lb5: 14. Kb5: Kc7.
Untersuchen wir diese Alternative und beginnen wir beim 9. Zug von Weiß (nach 1. Kb4 Le8 2. Lb5: Lf7 3. La4 Kh7 4. Lb3 Lh5 5. c4 Kh6: 6. c5 Lf3 7. Ka5 Kg7 8. Kb6 Kf6).

9. Lb3–a4	Kf6–e7
10. La4–b5!	

Der Läufer begibt sich nun direkt nach b7.

10. ...	Ke7–d8
11. Lb5–a6	Lf3–e4
12. La6–b7	

Dieses Tauschangebot wäre wiederum nicht möglich gewesen, wenn der schwarze König nach d4 gewandert wäre.

12. ...	Le4–f5
13. c5–c6	

und wir befinden uns in einer der Varianten von Stellung 121.

E. Läufer von ungleicher Farbe und Bauer(n)

Ist nur ein Bauer vorhanden, ist das Remis unvermeidlich, weil der verteidigende Läufer nicht abgeschirmt werden kann. Die schwächere Partei hat jedoch auch gegen zwei gegnerische Bauern gehörige Remischancen.
Das Hauptproblem lautet: in welchen Fällen gewinnt die stärkere Partei durch den Besitz von zwei *verbundenen* Freibauern?
Für vereinzelte Bauern gibt es keine Regeln: alles hängt davon ab, ob der König der stärkeren Partei einen der Freibauern in seinem Vormarsch unterstützen kann, ohne dabei den anderen Bauern aufzugeben.
Was nun die verbundenen Bauern betrifft, ist es zunächst klar, daß die stärkere Partei nicht gewinnen kann, wenn ihre Bauern auf der falschen Felderfarbe stehen

(das heißt auf der Farbe des eigenen Läufers) und der feindliche König mit Hilfe seines Läufers das Vorrücken verhindern kann. Zum Beispiel Weiß: Kf6 Le3 Be5 und d6, Schwarz Kd7 Lh3.
Die verbundenen Bauern stehen am günstigsten *nebeneinander*, aber selbst in diesem Fall ist der Gewinn meist nur gesichert, wenn die Bauern bereits auf der 6. (für Schwarz 3.) Reihe stehen.

Stellung 123

(mit zwei Variationen)

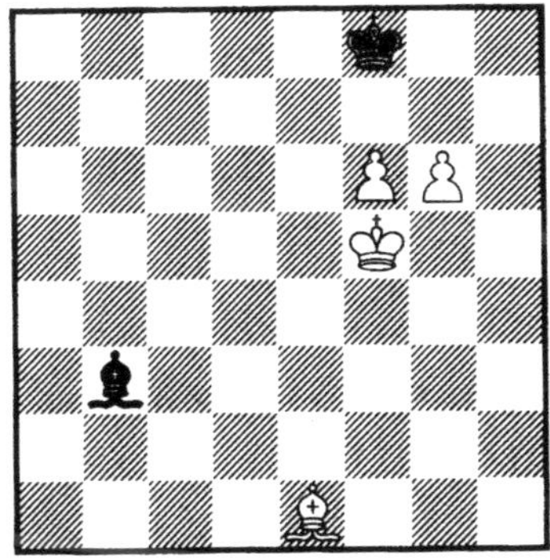

Weiß am Zuge

Es ist deutlich, daß Weiß den Gewinn lediglich dann erzwingen kann, wenn es ihm gelingt, mit seinem f-Bauern vorzurücken und der schwarze Läufer sich nicht gegen beide Bauern opfern kann. Das bedeutet, daß der weiße König zusehen muß, nach e7 oder g7 zu kommen.

1. Le1–b4† Kf8–g8

Der schwarze König hat die Wahl: rechts oder links, wonach der weiße König sich nach der gegenüberliegenden Seite begibt (1. ... Ke8, so 2. Kg5, gefolgt von 3. Kh6, 4. Kg7 und 5. f7†).

2. Kf5–e5 Lb3–a2.

Sobald der Läufer die Diagonale a2/g8 verläßt, folgt entscheidend f6-f7†.

3. Ke5–d6 La2–b3
4. Kd6–e7 und gewinnt.

Stellen wir nun in Stellung 123 den *schwarzen Läufer nach e8*, dann kann der weiße König nicht auf die Wanderung gehen, weil g6 gedeckt bleiben muß. Weiß kann jedoch ebensowohl gewinnen, indem er vom Zugzwang Gebrauch macht.

1. Le1–b4† Kf8–g8
2. Lb4–a3

Zieht nun der schwarze Läufer, dann geht er entweder verloren, oder 3. f7† gewinnt; nach 2. ... Kh8 entscheidet ebenso 3. f7.
Wenn wir Stellung 123 *eine oder mehrere Linien nach links* versetzen, bleibt das Ergebnis das gleiche. Eine neue Verwicklung tritt nur auf bei der Verschiebung nach rechts.

Stellung 124

(mit zwei Variationen)

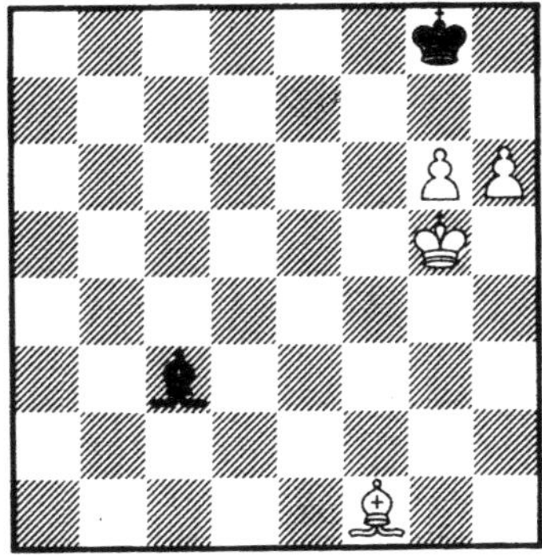

Weiß am Zuge

Weiß kann nicht gewinnen:

1. Lf1–c4† Kg8–f8!

Nicht 1. ... Kh8, worauf der weiße König über f5, e6 nach f7 läuft.

2. Kg5–f5

Auf der anderen Seite gibt es keinen Platz.

2. ... Lc3–b2
3. Kf5–e6 Lb2–c3

Weiß kommt nicht weiter.
Steht der *schwarze König auf h8*, dann kann Weiß ebensowenig gewinnen angesichts der Tatsache, daß 1. Lc4 mit 1. ... Ld2† 2. Kh5 Lh6:! 3. Kh6: patt beantwortet wird.
Steht jedoch in Stellung 124 der *weiße König auf h5* und der *schwarze König auf h8*, dann gewinnt Weiß ganz einfach: 1. Lc4 Lb2 2. Kg4! Lc3 3. Kf5 usw.
Wenden wir uns nun den verbundenen Bauern auf der fünften Reihe zu.

Stellung 125

(mit einer Variation)

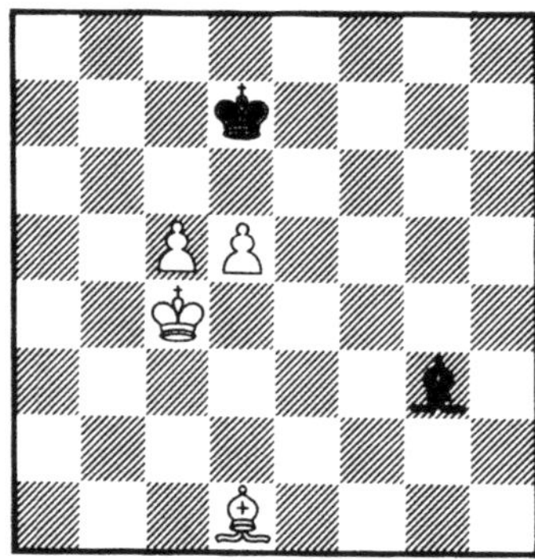

Weiß am Zuge

Weiß gewinnt hier, weil er die Möglichkeit hat, den erforderlichen Vorstoß d5–d6 durchzusetzen, indem er den König näher heranbringt. Dazu hat Weiß jedoch die Mitwirkung seines Läufers nötig, weil der schwarze König sonst das Eindringen seines weißen Kollegen verhindern kann, indem er sich nach derselben Seite begibt wie der weiße König. Wir probieren:

1. Ld1–g4†(?) Kd7–c7!

Auf 1. ... Ke7 würde 2. Kb5 nebst 3. Kc6 und 4. d6 folgen.

2. Kc4–d3

Der weiße König strebt nach e6 (über e4, f5).

2. ... Lg3–f2!

Weiß hat nun nichts Besseres als 3. Kc4, da 3. d6† Kc6 4. d7 Kc7 zu einer klaren Remisstellung führt.
Probieren wir es anders:

1. Ld1–a4†! Kd7–c7

Auf 1. ... Ke7 geschieht 2. Kb5 Kd7 3. Kb6† Ke7 4. Kc6 und 5. d6†.

2. Kc4–d3 Lg3–f2

Nach anderen Zügen steht Schwarz machtlos der Umgehungsbewegung des weißen Königs gegenüber: 2. ... Lh2 3. Ke4 Lg3 4. Kf5 Lh2 5. Ke6 Lg3 6. d6† und gewinnt.

3. d5–d6†

Hier wird der klare Unterschied deutlich zu der soeben angeführten Variante: der schwarze König kann nun nicht nach c6.

3. ... Kc7–d8

Auf 3. ... Kb7 folgt ebenfalls 4. Kc4.

4. Kd3–c4

Nicht 4. c6? wegen 4. ... Lg3.

4. ... Lf2–g3
5. Kc4–d5 Lg3–e1
6. c5–c6 Le1–a5
7. La4–c2

Weiß bringt nun seinen Läufer nach f5 und läuft dann mit seinem König über c4 nach b5, worauf der schwarze Läufer die Kontrolle über c7 aufgeben muß.
Stellt man in Stellung 125 den *schwarzen Läufer nach f8*, dann erzwingt Schwarz bequem das Remis. Der weiße König muß c5 gedeckt halten, kann also nicht nach f5 laufen. Auf 1. Kb5 folgt natürlich 1. ... Kc7.
Diese Möglichkeit der Umgehung ist in diesen Endspielen stets von wesentlicher Bedeutung. So auch im folgenden Beispiel.

Stellung 126

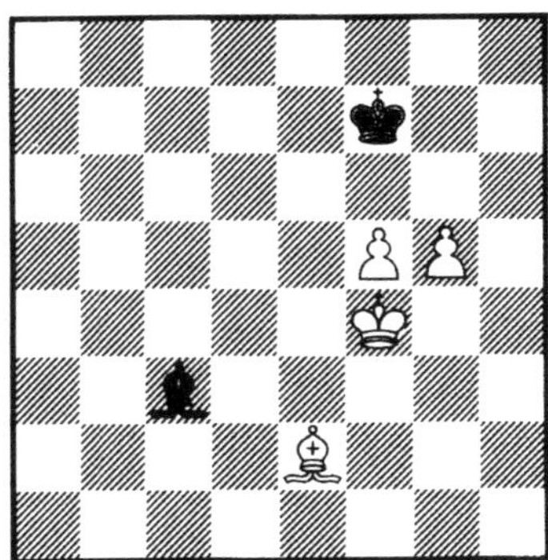

Weiß am Zuge

Schwarz macht remis, wenn er auf 1. Lh5† mit 1. ... Ke7! antwortet und auf 1. Lc4† mit 1. ... Kg7 fortsetzt. Eine nähere Ausarbeitung:

1. Le2–h5† Kf7–e7

Nach 1. ... Kg7 würde der weiße König über e4–d5 nach e6 laufen und dann f5–f6 unterstützen.

2. Kf4–g4 Lc3–b2
3. Lh5–g6 Lb2–c3
4. Kg4–h5

Weiß versucht herumzulaufen, aber der eigene Läufer steht im Wege.

4. ... Lc3–g7
5. Lg6–h7 Ke7–f7

Weiß kommt nicht weiter.
Nun das andere Schachgebot:

1. Le2–c4† Kf7–g7

Hier würde 1. ... Ke7 2. Kg4 zum Gewinn für Weiß führen.

2. Kf4–e4 Lc3–d2!
3. f5–f6† Kg7–g6.

Remis.
Wie kommt es, daß Weiß jetzt nicht gewinnen kann? Antwort: sein König hat zu wenig Platz für den Umgehungsmarsch auf der rechten Seite des Brettes.
Es ist klar, daß für verbundene Bauern auf der 4. Reihe (bei Schwarz der 5.) nur wenig Gewinnmöglichkeiten vorhanden sind. Der verteidigende Läufer wird wohl durchweg Zeit haben, sich so günstig aufzustellen wie in der Variation von Stellung 125, womit also das Remis gesichert ist.

F. Turm und Bauer gegen Springer

Unter normalen Umständen muß die Turmpartei gewinnen. Es gibt aber Ausnahmefälle, wenn der Bauer zu weit vorgerückt ist und weder vom König noch vom Turm genügend gestützt werden kann. Ein berühmtes Beispiel ist das folgende.

Stellung 127

Emanuel Lasker–Eduard Lasker (New York 1924)

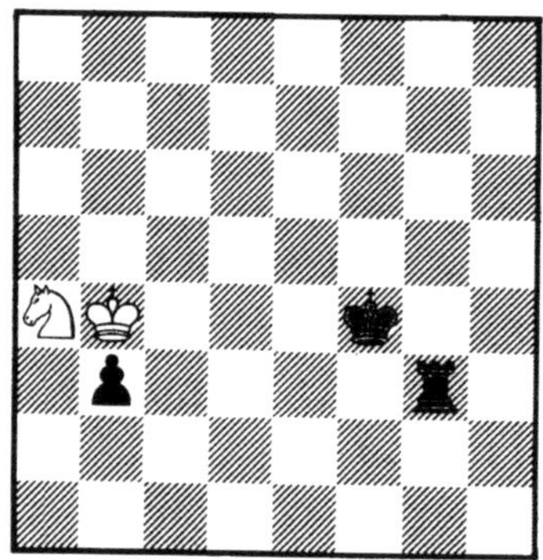

Schwarz am Zuge

Allgemein herrschte die Meinung, daß Dr. Lasker, der geradeswegs auf den Turniersieg zusteuerte, diesmal das kürzere Ende gezogen hatte. Wunderbarerweise erwies sich das Endspiel jedoch als für Schwarz nicht gewinnbar. Es folgte:

1. ... Tg3–e3

Um den König näher heranzubringen (1. ... Ke4? 2. Sc5†).

2. Sa4–b2

Weiß darf nicht mit 2. Sc3 auf Eroberung des Bauern spielen, denn es wäre dann 2. ... Ke5 3. Kb3:? Kd4 gefolgt.

2. ... Kf4–f3
3. Sb2–a4 Kf3–e2
4. Kb4–a3 Ke2–d2
5. Ka3–b2!

So wird der schwarze König ferngehalten. Versucht der König es von der anderen Seite (über d5), dann stellt Weiß seinen König auf b4, und Schwarz kann wiederum nicht weiterkommen. Auch mit Zugzwang ist nichts auszurichten: der weiße Springer kann zwischen a4 und b2 hin- und herspringen.

Stellung 128

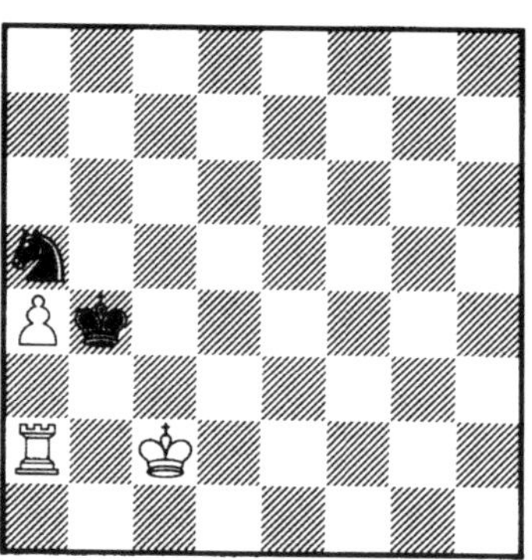

Weiß am Zuge

Auch in dieser Stellung kann die schwächere Partei durch sorgfältiges Spiel remis erreichen. Einige Autoren betrachten diese Stellung als gewonnen für Weiß, weil der weiße König im weiten Bogen an die andere Seite des Bauern kommen kann. Schwarz vermag jedoch inzwischen den Bauern zu schlagen oder Remis durch Zugwiederholung zu erzwingen.

1. Ta2–a1

1. Kd3 Kb3 2. Ta1 Kb4 führt zur gleichen Stellung.

1. ...	Sa5–c4
2. Kc2–d3	Sc4–a5

Nun scheitert 3. Ke4 an 3. ... Sb3 nebst 4. ... Sc5† und Sa4: und 3. Ke3 an 3. ... Sb3 4. Ta2 Sc1 5. a5 Sa2: 6. a6 Sc3 und Schwarz kommt gerade noch zurecht.

3. Kd3–c2

Er versucht es aufs neue, indem er zunächst den Anzug auf Schwarz überträgt.

3. ...	Sa5–c4
4. Kc2–b1	Sc4–a5
5. Kb1–b2	Sa5–c4†
6. Kb2–c2	Sc4–a5
7. Kc2–d3	Sa5–b3
8. Ta1–b1	Kb4×a4
9. Kd3–c3	Sb3–a5
10. Tb1–b4†	Ka4–a3
11. Tb4–h4	Sa5–c6

Weiß kommt nicht weiter.
Wenn die Springerpartei noch einen Bauern hat und die stärkere Partei keinen Freibauern, ist das Remis in den meisten Fällen gesichert.

G. Turm und Bauer gegen Läufer

Im allgemeinen ist das Endspiel Turm und Bauer gegen Läufer für die stärkere Partei natürlich gewonnen; es gibt jedoch Ausnahmen, wenn der Bauer zu weit vorgerückt ist. Die Turmpartei muß deshalb danach streben, den feindlichen König nach hinten zu treiben, ohne dabei ihren Bauern nach vorn zu bringen. Steht der Bauer bereits in der Ausgangsposition auf der sechsten Reihe, so ist der Gewinn sehr schwierig oder selbst unmöglich. Das letztere lehrt das nun folgende Beispiel.

Stellung 129

Szabó–Botwinnik
(Budapest 1952)

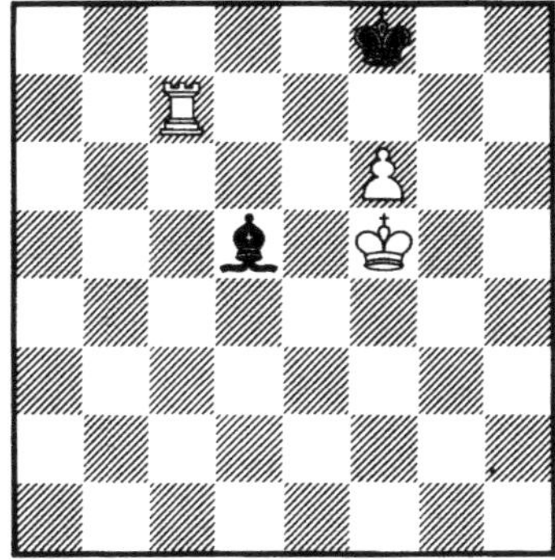

Weiß am Zuge

Die Schwierigkeit liegt darin, daß Weiß seinen König nicht neben den Bauern auf die 6. Reihe bringen kann. Auf 1. Kg6 folgt 1. ... Le4†, und auf f6 steht der Bauer im Wege. Weiß kann nicht gewinnen:

1. Kf5–g6	Ld5–e4†
2. Kg6–g5	Le4–d5

Weiß kann nun mit Turm und König langdauernd manövrieren, um eine Situation zu erreichen, in der der König sich doch auf der 6. Reihe behaupten kann. Das wäre zum Beispiel der Fall, wenn der schwarze Läufer auf b3 steht und Kg5–g6 nicht mit Lb3–c2† beantworten kann. Aber Weiß kann eine solche Lage nicht zwangsläufig erreichen, weil der schwarze Läufer auf der Diagonalen a2/g8 zuviel Auswahl an Zügen hat. Dabei ist zu beachten, daß der Läufer nicht nach g8 kann (wegen Tc8† und Tg8:) und ebensowenig nach f7, ebenfalls wegen Tc8†. Aber auch ohne diese beiden Felder hat Schwarz die Wahl im Überfluß. Das einzige, das Weiß in der erreichten Stellung noch probieren kann, ist:

3. f6–f7

Um auf 3. ... Lf7: mit 4. Kf6 siegreich fortzusetzen (vergleiche Stellung 75 mit Weiß am Zuge).

3. ... Kf8–g7!

Nun kommt Weiß nicht weiter, da 4. f8D† Kf8: 5. Kf6 Ke8 zu einer Remisstellung führt (vergleiche Stellung 75 mit Schwarz am Zuge).
Mit dem e-Bauern anstelle des f-Bauern ist die Partie jedoch sehr wohl zu gewinnen, wenn auch außerordentlich mühevoll.

Stellung 130

(mit einer Variation)

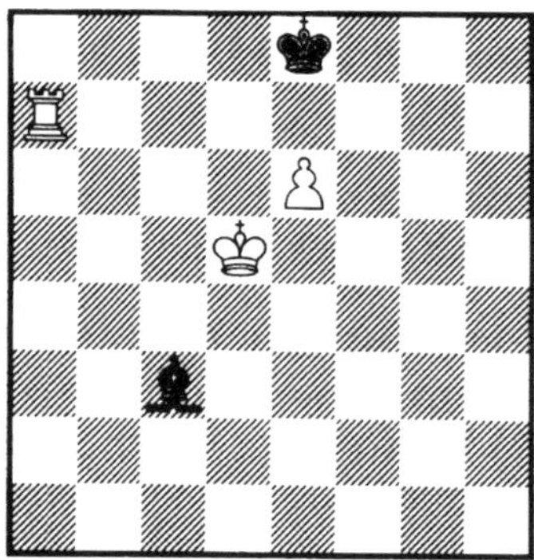

Weiß oder Schwarz am Zuge

Dieses Endspiel tritt an die Stelle desjenigen, das entsteht, wenn man Stellung 129 eine Linie nach links verschiebt (Weiß: Ke5 Tb7 Be6; Schwarz: Ke8 Lc5).
Wir würden dies letztere (verschobene) Endspiel in einer (großen) Anzahl Varianten ausarbeiten können und so den Gewinn nachweisen, doch dann entstünde ein unübersichtliches Ganzes, aus dem nicht viele Lehren zu ziehen sind.
Wir geben daher einem etwas einfacheren Endspiel den Vorzug (Stellung 130), in dem doch alle wichtigen Gewinnwendungen vorkommen, die der Turmpartei zu Gebote stehen. Vorab zwei Anmerkungen:
a. Wenn Weiß seinen König nach d6 oder f6 bringen kann, ohne unmittelbar durch ein Läuferschach verjagt zu werden, ist der Streit entschieden.
b. Wenn es Weiß gelingt, unter Bewahrung seines Bauern den König nach e6 zu bringen, ist der Gewinn kein Problem, woraus folgt, daß Schwarz ein eventuelles e6–e7 mit Ke8–f7 beantworten muß.
Schwarz befindet sich in Stellung 130 im Zugzwang. Hierauf hat Paul Keres in seinem Buch „*Praktische Endspiele*" hingewiesen, wenngleich ohne die Ausarbeitung zu geben, die hierunter folgt:

I. 1. ... Lc3–b2 (oder f6)
2. Kd5–d6 und gewinnt (siehe a).

II. 1. ... Lc3–h8?
2. Ta7–a8† usw.

III. 1. ... Lc3–b4
2. Ta7–a4 Lb4–e1

Der Läufer muß die Schräge a3/f8 verlassen. Diese ist kürzer als in Stellung 129, und das gibt gerade den Ausschlag. Auf 2. ... Lc3 oder 2. ... Ld2 folgt 3. Kd6. Ferner führt 2. ... Lf8 oder 2. ... Le7 nach 3. Ta8† zu bereits angegebenen Wendungen.

3. e6–e7! Ke8–f7 oder Ke8–d7

Auf 3. ... Ke7: folgt 4. Te4†, und auf einen Zug des Läufers entscheidet 4. Ke6 (siehe b).

4. e7–e8D† und gewinnt.

IV. 1. ... Lc3–e1
2. e6–e7 Ke8–f7 (nach b)
3. Ta7–a4!

Nun scheitert 3. ... Ke7: an 4. Te4†, während ein beliebiger Läuferzug mit 4. Te4 Ke8 (erzwungen) 5. Ke6 usw. (siehe b) widerlegt wird.
Die Pointe besteht darin, daß der Läufer nicht nach h4 oder b4 gehen kann, um e7 anzugreifen. Darum würde 3. Ta2 (anstelle von 3. Ta4) nach 3. ... Lb4 oder 3. ... Lh4 nicht zum Gewinn führen.

V. 1. ... Lc3–d2

Betritt der Läufer die d-Linie, kann der Gewinn durchweg mit dem nun folgenden Manöver erzwungen werden.

2. e6–e7 Ke8–f7
3. e7–e8D† Kf7×e8
4. Kd5–e6 Ke8–f8

Schwarz muß die Opposition sofort aufheben, weil er sonst nach der Methode in Stellung 75 verliert. Die Pointe ist, daß 4. ... Kd8 wegen der unglücklichen Stellung des Läufers nicht geht (5. Td7†). Sonst würde Schwarz auf diese Manier remis machen (Stellung 75).

5. Ta7–f7† Kf8–g8

Nicht 5. ... Ke8 6. Tf2 (Stellung 75).

6. Ke6–f6 nebst
7. Kf6–g6 und Weiß gewinnt (Stellung 76).

Der schwarze König befindet sich in der guten Ecke. Zu beachten ist, daß die gegebene Methode nicht aufgeht, wenn der Läufer Feld f6 bestreicht.
Die unter III. und IV. gegebene Methode ist häufig auch anwendbar, wenn der schwarze Läufer nicht auf der e-Linie steht. Man stelle dazu den *weißen Turm auf g7 und den schwarzen Läufer auf f4.* Weiß gewinnt mit 1. e7 Kd7 2. Tg4 Lh2 (der Läufer kann e7 nicht angreifen) 3. Te4 Ke8 4. Ke6 usw.
Wenn in Stellung 130 *Weiß am Zuge* ist, gewinnt dieser am einfachsten, indem er die Zugpflicht auf den Gegner abwälzt:

1. Ta7–a8† Ke8–e7
2. Ta8–a4

Eines der charakteristischen Merkmale dieses Endspiels ist, daß Weiß durch Schachs auf der 7. und/oder 8. Reihe den Turm auf sein ursprüngliches Feld zurückbringen kann (a7).

2. ... Ke7–e8

Nach einem beliebigen Läuferzug folgt 3. Ta7† und danach eine der unter

I.–V. gegebenen Gewinnfortsetzungen.

3. Ta4–a7!

So ist Stellung 130 entstanden, doch nun mit Schwarz am Zuge.
Die behandelten Methoden kommen nur zum Teil bei dem Randbauern zur Anwendung. Wenn ein weißer h-Bauer auf h6 steht, ist der Gewinn ausgeschlossen, falls der Läufer sich auf der Schrägen b1/h7 befindet. Denn Weiß kann nach einem eventuellen h6–h7 L×h7 Kh6 nicht gewinnen (Stellung 76; verkehrte Ecke). Der Gewinn ist gleichwohl einfach, wenn es sich um einen schwarzfeldrigen Läufer handelt (gute Ecke). Beschränken wir uns darum auf den ersten, schwierigen Fall: Weiß hat den h-Bauern und Schwarz den Läufer auf den weißen Feldern.

Stellung 131

Guretzky–Cornitz (1863)

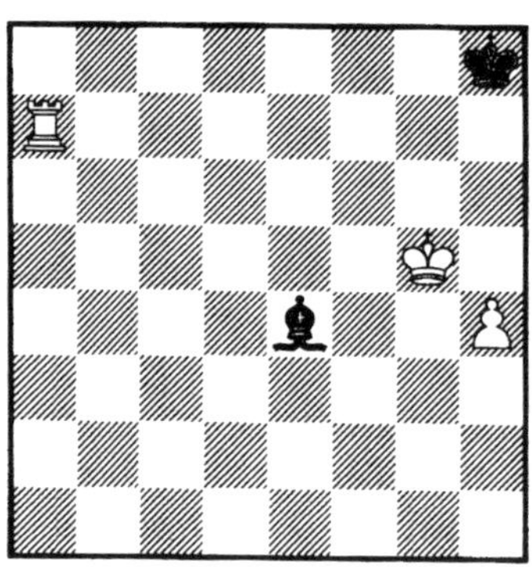

Weiß am Zuge

Wie schon bemerkt, ist dieses Endspiel remis, wenn der h-Bauer auf h6 steht. Aber selbst mit dem Bauern auf h5 kann Weiß nicht gewinnen. Stellung 131 ist allerdings für Weiß gewonnen, obschon alles andere als einfach. Es folgt:

1. Kg5–h6 Kh8–g8

Eine belangreiche Alternative ist 1. ... Ld5, worauf folgt: 2. Td7 Le6 3. Td8† Lg8 4. Kg5 Kg7 5. Td7† und nun:
I. 5. ... Kf8 6. Kf6 Ke8 7. Tb7 Ld5 8. Tb8† Kd7 9. h5 usw.
II. 5. ... Lf7 6. Tb7 Kg8 (6. ... Kf8 7. Kf6) 7. Kh6 Lc4 8. Tg7† mit Übergang zur Hauptvariante.
III. 5. ... Kh8 6. Kg6 Lb3 7. Th7† Kg8 8. Tc7 (verhindert das störende Schach auf c2) 8. ... Kh8 (8. ... Kf8 9. Tc8† Ke7 10. Kg7) 9. h5 La2 (oder 9. ... Lg8 10. h6 und 11. h7) 10. Th7† Kg8 11. Tb7 Kh8 12. h6 Ld5 13. Te7 La2 14. h7 und gewinnt.

2. Ta7–g7† Kg8–f8

Oder 2. ... Kh8 3. Te7 Lc6 4. Tc7 Ld5 5. Tc8† Lg8 6. Kg5 Kg7 7. Tc7† mit denselben Varianten wie in der vorigen Anmerkung (I, II und III).

3. Tg7–g5

Nun ist der schwarze König abgeschnitten und der h-Bauer kann vorrücken, wenn der weiße König nicht im Weg steht. Es geht jetzt für Weiß darum, den König über h5 nach g4 zu bringen und so die Bahn für den Bauern frei zu machen. Aus diesem und jenem geht somit hervor, daß das Endspiel remis wäre, stünde der h-Bauer bereits auf h5.

3. ... Kf8–f7

Auf 3. ... Lc2 folgt 4. Kh5 Ld1† 5. Kg6, und nun scheitert 5. ... Kg8 an 6. Tc5 Lg4 7. Tb5 Kf8 8. Tb8† Ke7 9. Kg7 usw.

4. Tg5–g3 Le4–c2

Andere Möglichkeiten:
I. 4. ... Lb1 5. Tg7† Kf8 (5. ... Kf6 6. Tg1 und 7. Tf1†, das den schwarzen König auf die e-Linie vertreibt) 6. Tg5 nebst 7. Kh5 und 8. Kg4. Trachtet Schwarz dies letztere durch beispielsweise Lc2 und Ld1† zu verhindern, dann kommen wir in der soeben angegebenen Variante zurecht.
II. 4. ... Ld5 5. Tg1! La2 (5. ... Le4 6. Kg5, und nun geht 6. ... Kg7 nicht wegen 7. Kf4†) 6. Tg7† Kf6 (6. ... Kf8, so 7. Kg6) 7. Tg2 und 8. Tf2†.
III. 4. ... Kf6 5. Tg4 Lf5 6. Tf4 Ke5 7. Kg5 usw.

5. Tg3–f3† Kf7–g8
6. Tf3–c3

Nun kann Schwarz auf drei Arten verlieren:

I. 6. ... Le4 7. Tg3† Kf7 (7. ... Kh8 8. Te3 wurde bereits untersucht) 8. Kg5 usw. (8. ... Kg7? 9. Kf4†).

II. 6. ... Lb1 7. Tg3† Kf7 8. Tg7† Kf8 9. Tg5 Ld3 10. Kh5 Le2† 11. Kg6 Kg8 12. Td5 usw.

III. 6. ... La4 7. Tc8† Kf7 8. Kh7 (auch 8. h5 ist gut) 8. ... Lb5 (auf 8. ... Kf6 folgt 9. Tc4 und 10. Tf4†) 9. Td8 Lc6 (9. ... La4 10. Td2) 10. Td4 und 11. Td4†.

Ein unglaublich schwieriges Endspiel, das gleichwohl für die Praxis von Belang ist.

H. Turm und Bauer gegen Dame

Normalerweise muß das Übergewicht der Dame gegen Turm und Bauer zum Gewinn ausreichen; es ist jedoch durchweg sehr schwierig und oft unmöglich, den Weg zum Gewinn zu finden. Eine einigermaßen vollständige Behandlung dieses Themas würde viel zu weit führen, und wir begnügen uns denn auch mit einem einzigen Beispiel, das wir mit kurzen Analysen versehen haben. Ferner geben wir eine Anzahl von Regeln, die den Ablauf einiger dieser beschwerlichen Endspiele bestimmen.

Stellung 132

A. Philidor (1777)

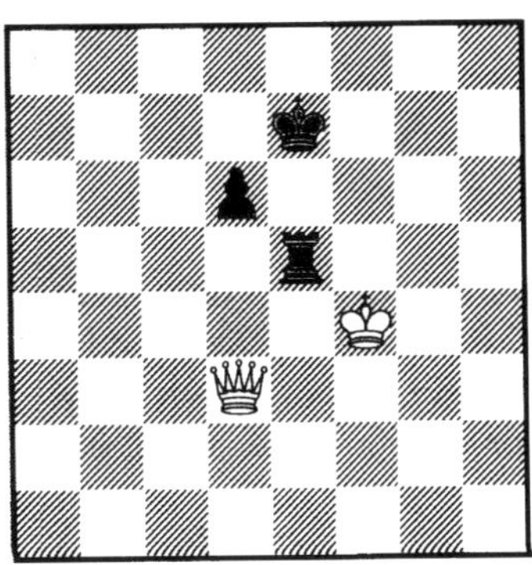

Weiß am Zuge

Die hier folgende Gewinnführung wurde zu einem großen Teil von Philidor selbst angegeben.
Wenn Weiß gewinnen will, muß der König den schwarzen Bauern von hinten angreifen. Dazu muß dieser König erst die fünfte Reihe überschreiten und danach noch die e-Linie. Dies kann nur

durch Zugzwang gelingen, ohne den der Turm seinen Standplatz nicht zu verlassen braucht und also den Durchgang über die fünfte Reihe und die e-Linie versperrt.

1. Dd3–h7† Ke7–d8

Nicht 1. ... Kf8 wegen 2. Dd7 und nicht 1. ... Ke8 wegen 2. Dc7. In beiden Fällen geht der d-Bauer rasch verloren.

2. Dh7–f7 Kd8–c8

Im allgemeinen ist festzustellen, daß Weiß leicht gewinnt, falls der Turm seine gedeckte Stellung aufgibt.

3. Df7–a7 Kc8–d8
4. Da7–b8† Kd8–d7
5. Db8–b7† Kd7–d8
6. Db7–c6 Kd8–e7
7. Dc6–c7† Ke7–e6
8. Dc7–d8 Te5–f5†
9. Kf4–g4 Tf5–e5
10. Dd7–e8† Ke6–d5

Auf 10. ... Kf6 folgt 11. Dd7 Td5 12. Kf4 mit baldiger Eroberung des Bauern.

11. De8–d7 Kd5–c5
12. Dd7–c8† Kc5–d5
13. Kg4–f4

Zugzwang: der Turm muß ziehen, weil 13. ... Kd4 mit 14. Dc6 Td5 15. Kf3 Ke5 16. Ke3 beantwortet wird. Weiß gewinnt (16. ... Ke6 17. Dc4).

13. ... Te5–e4†
14. Kf4–f5

Die fünfte Reihe wird überschritten.

14. ... Te4–e5†
15. Kf5–f6 Te5–e4
16. Dc8–c3 Te4–e5
17. Kf6–f7

Wiederum herrscht Zugzwang.

17. ... Te5–e4
18. Dc3–d3† Te4–d4

Auf 18. ... Ke5 folgt 19. Ke7.

19. Dd3–f5† Kd5–c4
20. Df5–c2† Kc4–d5
21. Kf7–e7.

Die zweite Etappe ist geschafft. Der Bauer muß nun bald fallen. Es kann noch folgen 21. ... Ke5 (oder 21. ... Te4† 22. Kd7 Td4 23. Dc6† Ke5 24. Df3!) 22. Df2 Ke4 (oder 22. ... d5 23. De3† Te4 24. Dg5† Kd4† 25. Kd6 usw.) 23. De2† Kd5 24. Kd7 Kc5 25. Dc2† Kd5 26. Dc3 Ke4 27. Ke6 Td3 28. De1† Kf4 29. Kd7 und Weiß erobert bald den d-Bauern (29. ... Kf3 30. Kc6 Kf4 31. De2 Td4 32. Kd7 Td5 33. Kc7 Td4 34. Kc6! Kf5 35. De3 usw.).
Zum Schluß einige Regeln, die den Ausgang des Endspiels Dame gegen Turm und Bauer bestimmen.
a. Wenn der schwarze Bauer sich auf der 7. Reihe befindet und der Turm, von diesem Bauern gedeckt, hin und herspringen kann, ist Weiß nicht in der Lage, den Gewinn zu erzwingen. Ein Beispiel von Philidor; Weiß: Kd5 Db3; Schwarz: Kd8 Te6 Bd7.
b. Wird allerdings diese letzte Stellung drei Linien nach links verschoben, wodurch der Bauer ein Randbauer wird,

der Turm also nicht auf vom Bauern gedeckten Feldern Züge markieren kann, dann gewinnt Weiß.
c. Wenn jedoch der schwarze Bauer auf a6 steht und der weiße König die b-Linie nicht passieren kann, ist ein Gewinn unmöglich. (Beispiel – Weiß: Kc4 Da3; Schwarz: Kb7 Tb5 Ba6).
d. Wenn in Stellung 132 der schwarze Bauer auf der fünften, vierten oder selbst der dritten Reihe steht, kann Weiß durchweg auf die angegebene Weise den Gewinn erzwingen.
e. Je näher der schwarze Bauer am Rand steht, um so größer werden die Remischancen von Schwarz. Gegen den c-Bauern gewinnt Weiß im allgemeinen mit größter Mühe, und gegen den b-Bauern geht es oft überhaupt nicht.

6. Turm und Bauer gegen Turm

Das Endspiel von Turm und Bauer gegen Turm ist von fundamentaler Bedeutung für die Turmendspiele im allgemeinen und verdient darum eine ausführliche, wo möglich erschöpfende Behandlung.
Wir unterscheiden die folgenden Abschnitte:
A. Verteidigender König vor dem Bauern
B. Verteidigender König seitlich zum Bauern
C. Verteidigender König abgeschnitten
D. Turm und Randbauer gegen Turm

A. Verteidigender König vor dem Bauern

Den einfachsten und am häufigsten vorkommenden Fall bietet die folgende Stellung. Weiß: Kc5 Tg2 Bd5 Schwarz: Kd7 Th6. Der schwarze Turm bestreicht die sechste Reihe und verhindert damit, daß der weiße König sich nach 1. Tg7† auf die 6. Reihe begibt. Sobald der weiße Bauer jedoch vorrückt, geht der schwarze Turm zur ersten Reihe, um von dort aus dem weißen König dauernd Schach zu bieten: 1. Tg7† Kd8 2. d6 Th1! 3. Kc6 Tc1† usw. Schwarz wird im allgemeinen verlieren, wenn der Bauer die sechste Reihe erreicht hat, bevor der schwarze Turm für Schachgebote bereit steht, zum Beispiel Weiß: Kb6 Th2 Bc6; Schwarz: Kb8 Tf8. Weiß gewinnt wie folgt: 1. ... Tg8 (der schwarze Turm darf die 8. Reihe nicht verlassen) 2. Th7 Te8 3. Tb7† Kc8 4. Ta7! Kb8 5. c7† usw.
Wenn die Stellung eine Reihe nach links verschoben wird, kann Weiß nicht gewinnen, weil sein Turm nicht von der anderen Seite aus operieren kann.

Stellung 133

(mit einer Variation)

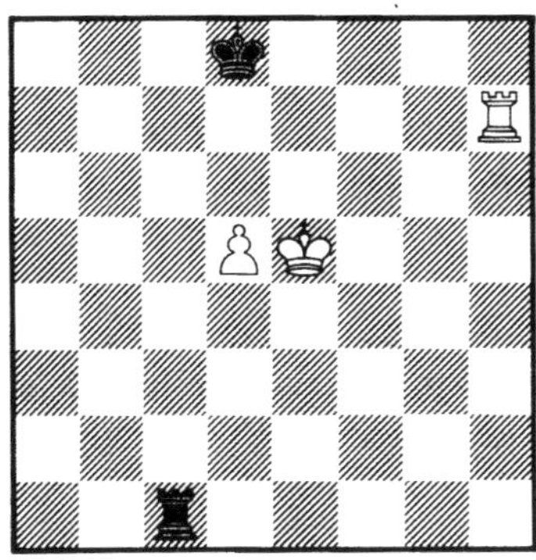

Weiß am Zuge

Mit 1. Ke6? Td1! (also kein Schachgebot) kann Weiß nicht gewinnen, weil nach 2. Th8† Kc7 der weiße d-Bauer nicht vorrücken kann, ebensowenig nach 2. Kd6 Kc8 3. Th8† Kb7 4. Ke6 Kc7!

Weiß gewinnt gleichwohl mit 1. Kd6!. Es folgt:

I. 1. ... Kc8 2. Th8† Kb7 3. Kd7 Tg1 4. d6 und weiter wie in 6B, zweiter Abschnitt (siehe unten).

Hierzu ist jedoch zu bemerken, daß, wenn der weiße Turm auf g7 anstatt h7 gestanden hätte, Schwarz mit 3. ... Th1! hätte remis machen können (Turm auf der langen Seite). Auch das wird unter 6B näher ausgeführt.

II. 1. ... Ke8 2. Th8† Kf7 3. Kd7 Ta1 4. d6 Ta7† (der Turm befindet sich auf der kurzen Seite und kann die Partie nicht retten) 5. Kc6 Ta6† 6. Kc7 Ta7† 7. Kb6 Td7 8. Kc6 und gewinnt.

Stellen wir die Figuren *eine Reihe nach links* (Weiß: Kd5 Tg7 Bc5; Schwarz Kc8 Tb1), dann ist das Endspiel remis: 1. Kc6 (auf 1. Kd6 folgt 1. ... Tc1!) 1. ... Kb8! 2. Tg8† Ka7 3. Kc7 Th1 und Schwarz macht remis entsprechend einem unter 6B gegebenen Rezept. Die Partie ist gleichfalls remis, wenn der weiße Turm auf h7 stünde. Schwarz macht dann mit 3. ... Tg1 remis. In beiden Fällen kommt der Turm auf die lange Seite (6B).

B. Verteidigender König seitlich zum Bauern

Wir unterscheiden:

1. Bauern auf der 7. Reihe
2. Bauer auf der 6. Reihe
3. Bauer auf der 4. oder 5. Reihe

B 1. Bauer auf der 7. Reihe

Grundsätzlich wichtig ist das „Brükkenbau"-Manöver. Der Turm verhilft seinem König zu einem sicheren Platz vor dem Bauern. Eine wichtige Stellung, die den Endpunkt darstellt von fast allen folgenden Gewinnvarianten, ist die folgende.

Stellung 134

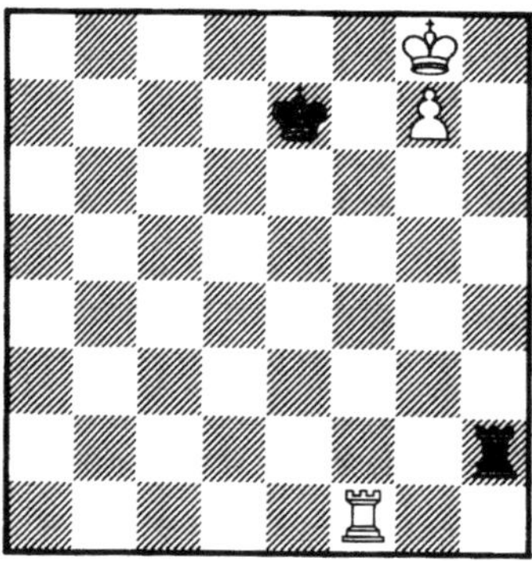

Weiß am Zuge

Augenscheinlich hat Weiß leichtes Spiel. Er kann den schwarzen König vertreiben und danach den Weg für seinen Bauern freimachen. Daß hiermit gleichwohl das Problem nicht gelöst ist, geht aus der folgenden Variante hervor: 1. Te1† Kd7 2. Kf7 Tf2† 3. Kg6 Tg2† 4. Kf6 Tf2†. Weiß kommt nicht weiter. Diese Variante führt zur richtigen Lösung:

1. Tf1–e1† Ke7–d7

Nach 1. ... Kf6 2. Kf8 ist es sofort aus. Auf 1. ... Kd6 kann (unter anderem) folgen 2. Kf8 Tf2† 3. Ke8 Tg2 4. Te7 Ta2 (sonst folgt 5. Kf8 usw.) 5. Td7† und gewinnt.

2. Te1–e4!

Mit dem deutlichen Zweck, die bald folgende Reihe von Schachgeboten durch Dazwischenstellen zu unterbrechen.

2. ... Th2–h1

Oder 2. ... Tf2 3. Kh7 mit ähnlichen Folgen wie nach dem Textzug.

3. Kg8–f7 Th1–f1†
4. Kf7–g6 Tf1–g1†
5. Kg6–f6 Tg1–f1†

Auf 5. ... Tg2 folgt 6. Te5, drohend 7. Tg5, wonach 6. ... Tf2† mit 7. Tf5 beantwortet wird. Auf 5. ... Kd6 folgt 6. Td4† Kc6 7. Td8 oder 6. ... Kc7 7. Td5.

Dieser Gewinnweg geht auf bei allen Verschiebungen von Stellung 134 nach links oder nach rechts und zugleich für alle Spiegelungen. Lediglich mit der Ausnahme, daß Weiß nicht gewinnt, wenn er einen Randbauern hat (siehe Abschnitt D dieses Kapitels).

Stellung 135

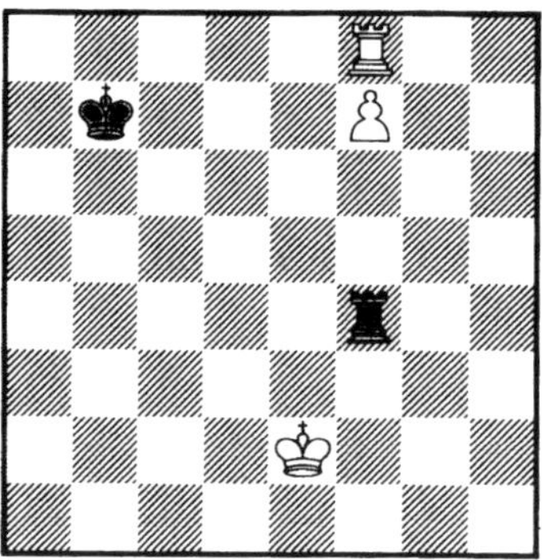

Weiß am Zuge

Wenn nicht der weiße *König*, sondern der weiße *Turm* auf dem Umwandlungsfeld steht, ist die Lage merklich ungünstiger für die stärkere Partei. Solange der schwarze König auf a7 oder b7 bleibt, kann Weiß nicht gewinnen. Dagegen würde 1. ... Kb6? tödlich sein wegen 2. Tb8† und 1. ... Kc7? wegen 2. Ta7! Das Vorrücken des Königs bringt nichts ein:

1. Ke2–e3	Tf4–f1
2. Ke3–e4	Kb7–a7
3. Ke4–e5	Ka7–b7
4. Ke5–e6	

Nachdem nun der König seinen Bauern deckt, ist der Augenblick gekommen, Schach zu geben.

4. ... Tf1–e1†

Der weiße König hat kein einziges Zufluchtsfeld, müßte sich also wieder dem Turm nähern, um den Schachs zu entkommen: remis.
Wird der Freibauer von seinem Turm seitlich gedeckt, hängt der Gewinn davon ab, ob der weiße König rechtzeitig bei dem Bauern sein wird, das heißt, früher als sein schwarzer Kollege.

Stellung 136

(mit einer Variation)

Schwarz am Zuge macht leicht remis: 1. ... Ke6 2. Kc4 Kd6, gefolgt von 3. ... Kc6 und 4. ... Tb7:.

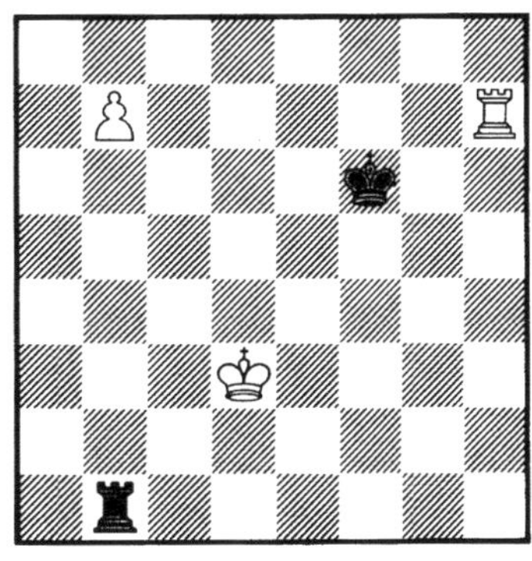

Weiß oder Schwarz am Zuge

Weiß am Zuge gewinnt: 1. Kd4 Ke6 2. Kc5 Tb2 3. Kc6 Tc2† 4. Kb6 Tb2† 5. Kc7 Tc2† 6. Kd8 Tb2 7. Kc8 usw.
Wenn wir alle Steine *eine Reihe nach links* verrücken, (Weiß: Kc3 Tg7 Ba7; Schwarz: Ke6 Ta1), gewinnt Weiß auch, trotz des Handikaps seines Randbauern. Der Gewinnweg verläuft identisch: 1. Kc4 Kd6 2. Kb5 Ta2 3. Kb6 Tb2† 4. Ka6 Ta2† 5. Kb7 Tb2† 6. Kc8 usw.

B 2. Bauer auf der 6. Reihe

Stellung 137

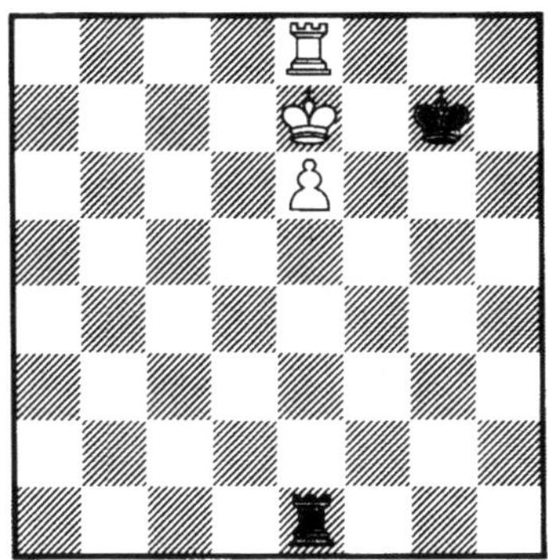

Schwarz am Zuge

Schwarz macht wie folgt remis:

1. ... Te1–a1!

Die wichtigste Waffe in dieser Art Stellungen: waagerechte Schachs (von der langen Seite).

2. Te8–d8

Auch mit 2. Tc8 ist die Reihe seitlicher Schachs durch Dazwischenstellen zu unterbrechen. Diese Möglichkeit wird sogleich getrennt untersucht.

2. ... Ta1–a7†
3. Td8–d7 Ta7–a8

Die gradlinigste Art, remis zu erreichen. Es hätte aber auch 3. ... Ta1 ausgereicht: 4. Ke8† Kf6 5. e7 Ke6! (6. Kf8 Tf1†). Das auf der Hand liegende 3. ... Ta6 führt jedoch zum Verlust: 4. Ke8† Kf6 5. e7 Ke6 6. Kf8! und gewinnt.

4. Td7–b7

Ein Tempozug. Es ist deutlich, daß Schwarz nach 4. Kd6† Kf8 keine Schwierigkeiten mehr hat, aber 4. Td6 stellt noch Probleme. Darauf ist nämlich 4. ... Ta7† fehlerhaft. Nach 5. Ke8 kann Schwarz nicht verhindern, daß der weiße e-Bauer ohne Zugeständnisse nach e7 gelangt, wie aus 5. ... Kf6 6. e7† Kg7 7. Td1 Ta8† 8. Kd7 Ta7† 9. Ke6 Ta6† 10. Td6 oder 5. ... Ta8† 6. Td8 Ta7 7. e7 Kf6 8. Td6† hervorgeht. Auf 4. Td6 muß gleichfalls 4. ... Kg6! geschehen, wonach Weiß seine Stellung nicht weiter verstärken kann (5. Kd7, so 5. ... Kf6) und am besten tut, mit 5. Td7 wieder in die Textfolge einzulenken.

4. ... Kg7–g6

Auch mit 4. ... Ta1 erreicht Schwarz remis:

I. 5. Kd6† Kf6 6. Tf7† Kg6, und um die Reihenschachs zu parieren, ist der weiße Turm gezwungen, zurückzukehren.

II. 5. Ke8† Kf6 6. e7 Ta8† 7. Kd7 Kf7.

III. 5. Kd8† Kf6 6. e7 Ta8† 7. Kd7 Kf7.

Anzumerken ist jedoch, daß 4. ... Kg8 verliert wegen 5. Kf6.

5. Ke7–d7

Auf 5. Kd6 folgt 5. ... Kf6 6. Tf7† Kg6 mit Übergang zu einer der vorangegangenen Analysen.

5. ... Kg6–f6
6. e6–e7 Kf6–f7

Eine bekannte Remisstellung.

7. Tb7–c7

Auf 7. Tb1 folgt 7. ... Ta7† 8. Kd8 Ta8†.

7. ... Ta8–e8
8. Kd7–d6 Te8–a8

Weiß kommt nicht weiter.
Nun die andere Möglichkeit (von Stellung 137 aus):

1. ... Te1–a1
2. Te8–c8 Ta1–a7†
3. Ke7–d6 Ta7–a6†
4. Tc8–c6

Auf 4. Kd7 folgt Ta7† 5. Tc7 (5. Kd8 Kf6) 5. ... Ta8 6. Ke7 (6. e7 Kf7) 6. ... Kg6! 7. Kd6 Kf6; die nun erreichte Stellung haben wir schon früher in unserer Analyse behandelt.

4. ... Ta6–a8
5. Tc6–c7† Kg7–f8

Oder auch 5. ... Kf6 6. Tf7† Kg6.

6. Kd6–d7 Kf8–g7

Nicht 6. ... Te8 wegen 7. Tc1, und ebensowenig 6. ... Tb8 wegen 7. Ta7.

7. Kd7–e7 Kg7–g6

Schwarz kann sich sogar etwas erlauben, weil er seitliche Schachs als Rückhalt hat, sobald der weiße Turm dazu Gelegenheit gibt.

8. Ke7–d6 Kg6–f6

Oder auch 8. ... Ta6†.

9. Tc7–f7† Kf6–g6.

Remis.
Schwarz vermochte Remis zu halten, weil sein Turm auf der langen Seite operieren konnte, das heißt mit vier Feldern Abstand vom weißen Freibauern. Der Sinn ist, daß der Turm stets ausreichenden Abstand hat, der feindliche König ihm also nicht lästig fallen kann. Ganz deutlich erscheint die Bedeutung der langen Seite, wenn wir in Stellung 137 die Steine eine Reihe nach links verschieben. Dann ist nämlich das Endspiel für Weiß gewonnen.

Stellung 138

(Variation von 137)

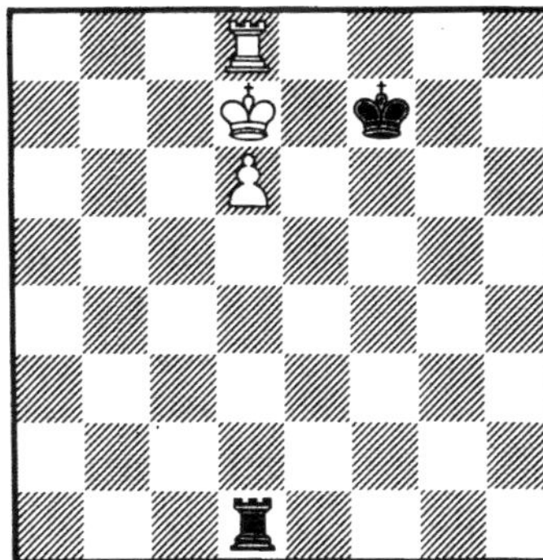

Schwarz am Zuge

1. ...	Td1–a1
2. Td8–c8	Ta1–a7†
3. Kd6–c6	Ta7–a6†
4. Kc6–c7	Ta6–a7†

Schwarz bleibt beim Schachbieten, weil Weiß d6–d7 droht; 4. ... Ke6 wird beantwortet mit 5. Te8† und 6. d7.

5. Kc7–b6

Hier erfährt der Turm die Gefahr der kurzen Seite.

5. ... Ta7–d7
6. Kb6–c6 und gewinnt.

Bemerkenswert ist, daß Schwarz gleichwohl remis halten kann, wenn der schwarze Turm in der Anfangsstellung auf a1 *(anstelle von d1)* steht:

1. ...	Ta1–a7†
2. Kd7–c6	Ta7–a6†
3. Kc6–b7	Ta6–a1

Nun steht der weiße Turm im Wege. Es droht 4. ... Ke6, gefolgt von senkrechten Schachs.

4. Td8–c8	Kf7–e6
5. Tc8–c6	Ke6–d7
	Remis.

Die allgemeine Regel „Auf der langen Seite macht der Turm remis, auf der kurzen verliert er", gilt offenbar nur für die Standardfälle, also die nach den Stellungen 137 und 138.
Diese Regel braucht daher – wie jede Schachregel – gewisse Abgrenzungen.

Stellung 139

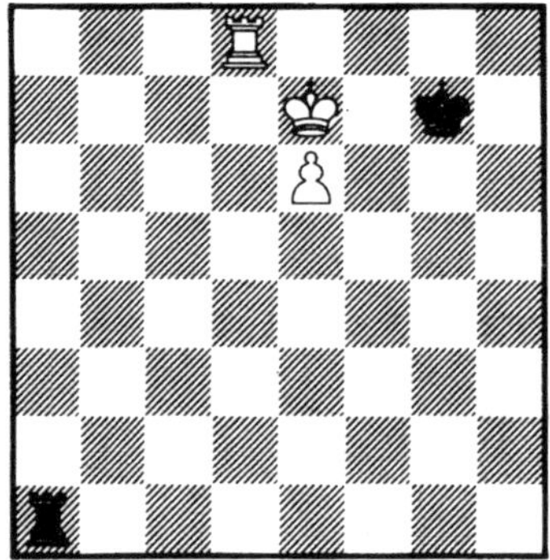

Weiß oder Schwarz am Zuge

Schwarz am Zug macht remis auf die in Stellung 137 angegebene Manier: 1. ... Ta7† usw.
Weiß am Zug gewinnt jedoch:

1. Ke7–e8! Kg7–f6

1. ... Ta7 2. e7 Kf6 bedeutet geänderte Zugreihenfolge. Wartet Schwarz ab, erreicht Weiß mit e6–e7 eine ähnliche Stellung wie in 134.

2. e6–e7 Ta1–a7

Weiß drohte 3. Kf8.

3. Td8–d6† Kf6–g7
4. Td6–e6 und gewinnt.

Der schwarze Turm kann eine Anzahl seitlicher Schachs geben, doch der weiße König sucht dann das „freie Feld" auf, weil die starke Stellung des weißen Turms die Umwandlung verbürgt. Übrigens kann Weiß im 4. Zug auch mit 4. Td6–d1 gewinnen (4. ... Kf6 5. Kf8! Te7: 6. Tf1† usw. oder 4. ... Ta8† 5. Kd7 Ta7† 6. Ke6 Ta6† 7. Td6 Ta8 8. Td8).

Stellen wir den schwarzen Turm nach b2, so befände sich dieser Turm in der tatsächlichen Auswirkung auf der kurzen Seite, und Schwarz müßte daher verlieren. Es gibt jedoch noch Feinheiten.

Stellung 140

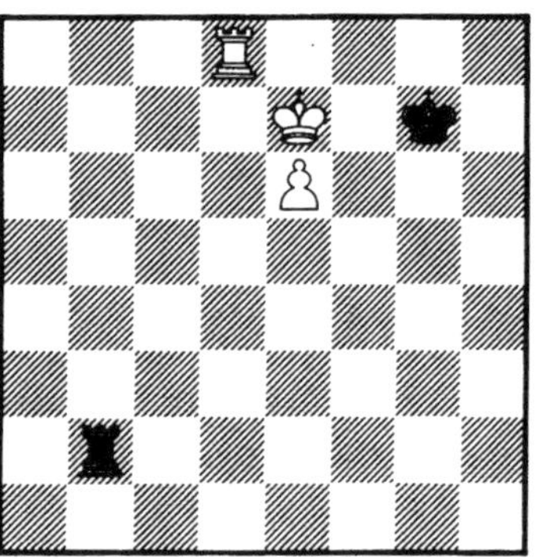

Schwarz am Zuge

1. ... Tb2–b7†

Nach 1. ... Ta2 (Turm auf der langen Seite) entsteht Stellung 139; Weiß gewinnt mit 2. Ke8.

2. Td8–d7 Tb7–b8

Mit 2. ... Tb1 kann Schwarz sich etwas länger verteidigen. Nach 3. Ta7 Tb8 entsteht dann dieselbe Stellung wie im Text mit dem einzigen Unterschied, daß da Schwarz am Zuge ist. Um diese Stellung zu gewinnen, überträgt Weiß den Anzug wie folgt auf seinen Gegner: 4. Kd6† Kf6 5. Kd7 Kg7 6. Ke7. Es ist nicht allzu schwer einzusehen, daß bei anderem Gegenspiel von Schwarz der Gewinnvorgang vereinfacht wird.

3. Td7–a7

Ein wichtiger Zug; Weiß verhindert, daß der schwarze Turm durch ein eventuelles Ta8 auf die lange Seite gelangt.

3. ... Tb8–b1

Einige andere Möglichkeiten:

I. 3. ... Kg8 4. Kf6 usw.

II. 3. ... Tc8 4. Ta1 (Weiß braucht die seitlichen Schachs gar nicht mehr zu fürchten, weil die kurze Seite nun wahrlich sehr kurz geworden ist) 4. ... Tc7† 5. Kd8, gefolgt durch 6. e7.

III. 3. ... Kg6 4. Ta1 Tb7† (4. ... Tb2, so 5. Tg1† Kf5 6. Kf7) 5. Kd6 und nun:

IIIa. 5. ... Tb2 6. Te1! und weiter wie nach dem 8. Zug von IIIb. Diese Sondermöglichkeit hat Weiß der Tatsache zu danken, daß der schwarze König auf g6 anstelle von g7 steht. Im letzteren Falle würde Schwarz nämlich mit Kf8 remis machen können.

IIIb. 5. ... Tb6† 6. Kd7 Tb7† 7. Kc6 Tb8 (7. ... Te7 8. Kd6) 8. Kc7 Tb2 9. Te1! (nach 9. Tf1 erreicht Schwarz mit 9. ... Ta2 remis) 9. ... Tc2† 10. Kd7 Td2† 11. Ke8 Ta2 12. e7 und gewinnt (siehe Stellung 134).

4. Ta7–a8 Tb1–b7†

Wartet Schwarz ab, gewinnt Weiß mühelos: 4. ... Tb2 5. Ke8 Th1 (sonst folgt 6. e7) 6. Ta7† Kf6 7. e7 Th8† 8. Kd7 Kf7 9. Ta1 usw.

5. Ke7–d6 Tb7–b6†
6. Kd6–d7 Tb6–b7†

Hier wird das Handikap der kurzen Seite deutlich sichtbar: Schwarz kann das Schachbieten nur wenige Züge lang durchhalten. Übrigens ist der Textzug praktisch erzwungen, weil 7. e7 drohte, während 6. ... Kf6 mit 7. Tf8† nebst 8. e7 beantwortet wird.

7. Kd7–c7 Tb7–e7
8. Kc6–d6 und gewinnt.

Daß die kurze Seite in derartigen Stellungen übrigens nicht allzeit tödlich zu sein braucht, hat Keres auf besonders lehrreiche Weise in seinem Buch *Praktische Endspiele* bewiesen. Keres geht dabei aus von Stellung 140 und fragt sich, wie der Ausgang des Endspiels sein würde, wenn der weiße Turm auf anderen Feldern stehen würde (die anderen Steine bleiben auf ihren Plätzen).
Wir wissen bereits, daß Weiß mit dem weißen Turm auf d8 gewinnt (Stellung 140). Das gleiche Ergebnis erhalten wir, wenn der Turm auf einem anderen Feld der d-Linie steht mit Ausnahme von d7, wonach es remis ist (1. ... Ta2! 2. Ke8 Kf6 3. e7 Ke6). Weiß gewinnt ferner in den folgenden Fällen:

a. wenn der Turm auf der c-Linie steht mit Ausnahme der Felder c4, c5 und c6

b. wenn er auf der e-Linie steht, außer auf e5 und e8

c. zum Schluß wenn er auf a7 oder a8 steht.
Ferner untersucht Keres die gleiche Stellung mit dem schwarzen König auf g6 (der weiße König bleibt auf e7, der weiße Bauer auf e6, der schwarze Turm auf b2). Bei diesem Stand sind die Gewinnchancen etwas größer: der Turm gewinnt auf den Feldern der a-Linie außer a4, a5 und a6. Weiß ge-

winnt auch mit dem Turm auf c6 und den darunter liegenden Feldern der c-Linie. Zum Schluß auf der d-Linie mit Ausnahme von d5 und d7. Dem gegenüber steht, daß Weiß nicht gewinnt mit seinem Turm auf e4 (schwarzer König auf g6), während das doch der Fall ist, wenn der König auf g7 steht. Es würde natürlich viel zu weit führen, alle diese Endspiele im einzelnen zu behandeln. Verweisen wir zum Schluß nach Stellung 133, wo die Begriffe lange Seite und kurze Seite erstmals zur Sprache kamen.

B 3. Bauer auf der 4. oder 5. Reihe

Je weiter der Bauer vom Umwandlungsfeld entfernt ist, um so geringer werden die Gewinnchancen. Die Kenntnis im einzelnen ist weniger erforderlich, wenn man mit einem Übergang zu Endspielen des vorigen Abschnitts rechnet.

Stellung 141

Kling und Horwitz (1851)

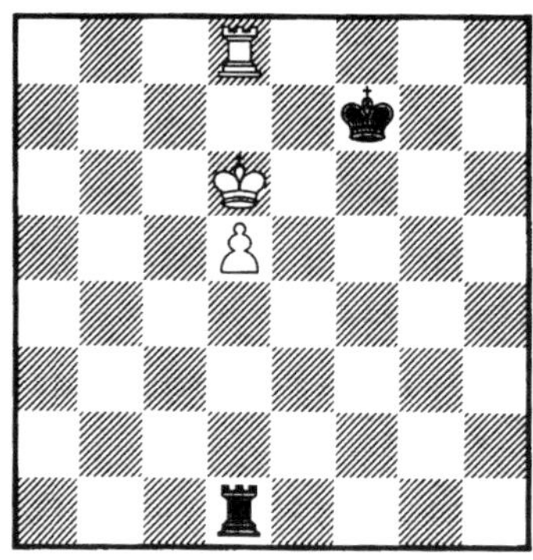

Schwarz oder Weiß am Zuge

Schwarz am Zuge hält ganz einfach remis:

1. ... Td1–a1
2. Td8–c8

Weiß muß auf das Dazwischenstellen vorbereitet sein. Nach 2. Kc7 Ta7† 3. Kb6 Ta1 kommt Weiß nicht weiter, der schwarze König droht näherzukommen.

2. ... Ta1–d1!

Ein wichtiger Zug, der den weißen König an seinen Bauern bindet. Auf 3. Kc6 folgt nun 3. ... Ke7! (Stellung 133). Verläßt der weiße Turm die 8. Reihe, folgt 3. ... Ke8, und ein Tempozug wie 3. Ta8 wird mit dem Tempozug 3. ... Td2 beantwortet.

Weiß am Zuge gewinnt, obschon nicht einfach:

1. Kd6–c7

Oder 1. Ta8 Td2 2. Kc6 Ke7 (siehe Stellung 133).

1. ... Td1–a1

Mit 1. ... Tc1† 2. Kd7 Ta1 3. Tc8 geraten wir in das Fahrwasser des vorigen Abschnitts. Weiß gewinnt, weil der schwarze Turm auf der kurzen Seite steht.

2. Td8–b8

Nach 2. d6 macht 2. ... Ta7† remis (3. Kb6 Ta1).

2. ...	Ta1–a7†
3. Tb8–b7	Ta7–a8
4. Kc7–d7!	

Nicht aber 4. d6 Ke6 remis (5. d7 Ke7).

4. ...	Kf7–f6

Schwarz kann dem Übergang nach Abschnitt 2 nicht zuvorkommen.

5. d5–d6	Kf6–f7

Das Ziel ist erreicht: eine der Standardstellungen des vorigen Abschnitts ist erreicht.
Weiß kann nun auf verschiedene Weise gewinnen:
I. 6. Kc6† Ke8 (6. ... Kf6 7. Te7) 7. Kc7 Td8 (7. ... Kf7 8. Tb8 Ta7† 9. Kb6) 8. Tb1 Td7† 9. Kc6 usw.
II. 6. Tb1 Ta7† 7. Kc8 Ke6 (7. ... Ta8† 8. Kb7) 8. d7! Ta8† 9. Kb7 Td8 10. Kc6 usw.

C. Verteidigender König ist abgeschnitten

Steht der weiße Bauer auf der 4. Reihe oder tiefer, hat Weiß nur Gewinnchancen, wenn er verhindern kann, daß der schwarze König vor den Bauern gelangt. Das heißt also, Weiß hat lediglich Aussichten, wenn der feindliche König abgeschnitten ist.

Stellung 142

(mit drei Variationen)

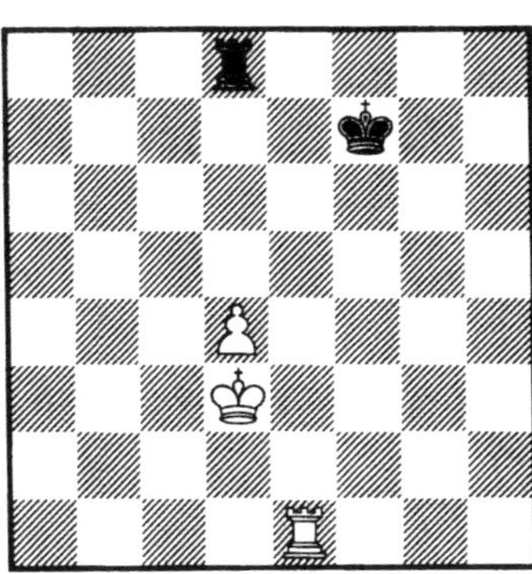

Weiß am Zuge

Weiß kann nicht gewinnen. Sobald der König hinter seinem Bauern hervorkommt, erhält er eben solange senkrechte Schachgebote, bis er wieder auf d3 steht: 1. Kc4 Tc8† 2. Kb5 Td8 3. Kc5 Tc8† 4. Kb6 Td8 5. Kc5 Tc8† usw. Das einzige, was Weiß versuchen kann, ist, seinen Bauern mit dem Turm zu unterstützen:

1. Te1–e4	

Nach 1. Kc4 Tc8† 2. Kb5 Td8 bringt weder 3. Td1 etwas ein wegen 3. ... Ke6, noch 3. Te4 wegen 3. ... Kf6 und 4. ... Kf5.

1. ...	Kf7–f6!
2. Kd3–c4	Td8–c8†
3. Ke4–d5	Tc8–d8†
4. Kd5–c6	Kf6–f5
5. Te4–e5†	Kf5–f6
6. Te5–d5	Td8–a8

Weiß kommt nicht weiter.

Stellen wir nun in Stellung 142 *den weißen Turm nach e4*, dann gewinnt Weiß:

1. Kd3–c4 Td8–c8†

Sobald Schwarz d4–d5 zuläßt, ist der Gewinn nicht mehr schwierig, weil der senkrechte Raum verkürzt ist und der weiße König die Serie senkrechter Schachgebote abbrechen kann, indem er dem Turm entgegenläuft, zum Beispiel 1. ... Kf6 2. d5 Kf5 3. Te1 Kf6 4. Kc5 Tc8† 5. Kb6 Td8 6. Kc6 Tc8† 7. Kd7 usw.

2. Kc4–b5 Tc8–d8

2. ... Tb8† kommt auf dasselbe heraus.

3. Kb5–c6 Td8–c8†
4. Kc6–d6

Auch 4. Kd7 gewinnt: 4. ... Tc4 5. Tf4† usw.

4. ... Tc8–d8†
5. Kd6–c7 Td8–d5
6. Kc7–c6 und gewinnt.

Setzen wir nun in Stellung 142 *den schwarzen Turm nach c8* (alles übrige bleibt unverändert).
Weiß am Zuge gewinnt mit 1. Te4. Darauf ist 1. ... Td8 erzwungen, wonach Weiß auf die bereits angegebene Weise gewinnt. Weiß darf gleichwohl *nicht* das auf der Hand liegende 1. d5 spielen wegen 1. ... Te8! 2. Th1 (nach dem Tausch ist das Bauernendspiel remis) 2. ... Ke7 3. Kd4 Kd7 4. Th7† Kd6 5. Th6† Kd7 6. Kc5 Tc8† usw. Wir sehen also, daß in der veränderten Stellung 1. Te4! gewinnt und 1. d5? nur zum Remis führt.

Stellen wir aber *den schwarzen König auf f6 (der schwarze Turm bleibt auf c8)*, dann ist es gerade umgekehrt: 1. d5! gewinnt und 1. Te4 führt lediglich zum Remis (1. ... Td8).
Stellung 142 kann *eine oder mehrere Linien nach links oder nach rechts* versetzt werden, ohne daß sich am Ergebnis etwas ändert. Schwarz hält bei guter Verteidigung remis.
Ist der schwarze König jedoch zwei Linien abgeschnitten anstelle von einer, ist der Gewinn sicher, wie das folgende Beispiel lehrt.

Stellung 143

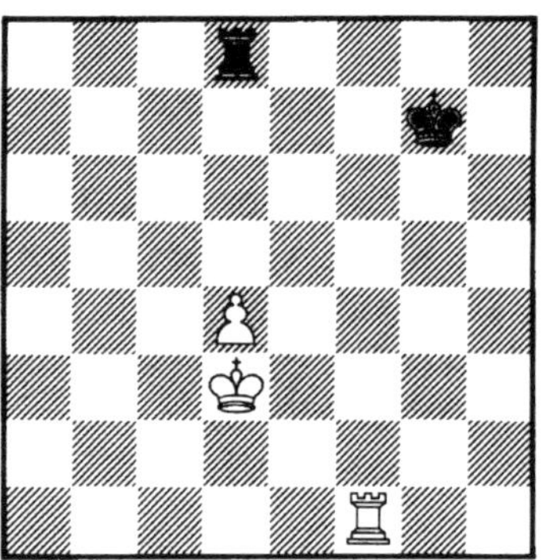

Weiß am Zuge

Weiß gewinnt:

1. Kd3–c4 Td8–c8†
2. Kc4–b5 Tc8–d8
3. Kb5–c5 Td8–c8†
4. Kc5–b6 Tc8–d8
5. Tf1–d1!

Diese Gewinnfortsetzung ist möglich, weil der schwarze König eine Linie weiter entfernt steht.

5. ... Kg7–f6
6. Kb6–c7 Td8–d5

7. Kc7–c6 Td5–d8
8. d4–d5 usw.

Auch Stellung 143 kann nach links und nach rechts verschoben werden, ohne daß sich am Ergebnis etwas ändert. Eine Ausnahme bilden die Randbauern, die natürlich keine Gewinnchancen bieten.
Abgesehen jedoch von diesen Randbauern, stoßen wir merkwürdigerweise noch auf den folgenden Ausnahmefall.

Stellung 144

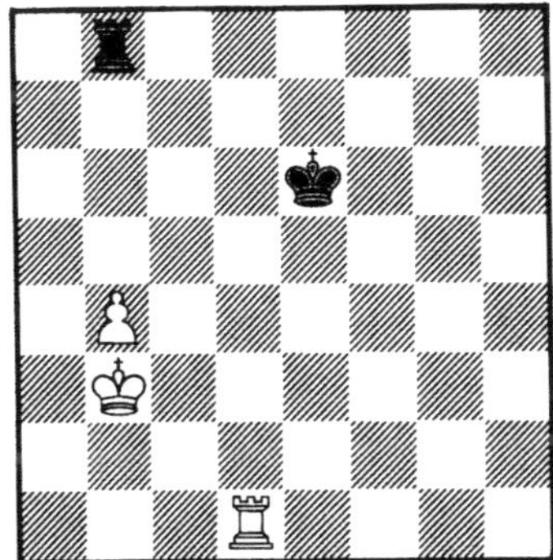

Weiß am Zuge

Obwohl der schwarze König zwei Linien abgeschnitten ist, kann Weiß nicht gewinnen, weil sein König vor dem Bauern unzureichenden Manövrierspielraum hat.

1. Kb3–a4	Tb8–a8†
2. Ka4–b5	Ta8–b8†
3. Kb5–a5	Tb8–a8†
4. Ka5–b6	Ta8–b8†

Der weiße König kann Schachs nicht entgehen, ohne den Bauern aufzugeben, weil er auf der linken Brettseite kein Feld zur Verfügung hat.

Man könnte sich nun fragen, um wieviele Linien der schwarze König abgeschnitten sein muß, um mit noch weniger weit vorgerückten Bauern den Gewinn für Weiß erzwingen zu können. Da der Bauer auf der 4. Reihe (im allgemeinen) nur gewinnt, wenn der König um zwei Linien vom Schlachtfeld abgeschnitten ist, liegt es auf der Hand, daß der Bauer auf der dritten Reihe erst Gewinnmöglichkeiten bietet, wenn der schwarze König um mindestens drei Linien vom Bauern getrennt ist. Das ist in der Tat der Fall, doch der Gewinn ist alles andere als einfach.

Stellung 145

Grigoriev (1937)

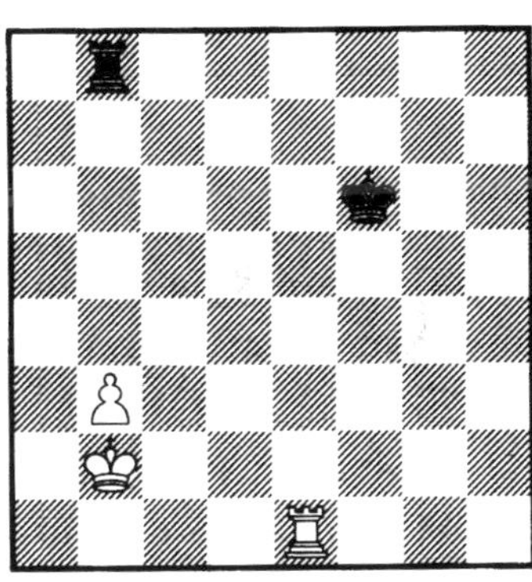

Weiß am Zuge

Das Prunkstück dieser Endspiele! Die hier folgende verwickelte Analyse stammt von dem Komponisten selbst. Wir probieren erst einmal ein wenig, um das Terrain kennenzulernen:
1. Kc3 Tc8† 2. Kd4 Tb8 3. Kc4 Tc8† 4. Kd5 Tb8 5. Tb1 Ke7 6. Kc6 Kd8 7. b4 Tc8† 8. Kb6 Tc2 9. b5 Kc8 10. Th1 Tb2! 11. Th8† Kd7 12. Ka6 Kc7!, remis (Stellung 133).

Daraus sehen wir bereits, daß, falls der schwarze König auf f5 (anstelle von f6) gestanden hätte, die weiße Überlegenheit beträchtlich zu vergrößern gewesen wäre mit 5. Tf1† (statt 5. Tb1), welcher Zug den schwarzen König eine Linie weiter wegdrängt. Es liegt daher auf der Hand, mit 1. Te2 (Tempozug) zu beginnen; aber darauf wahrt 1. ... Tb7 (ebenfalls ein Tempozug) die Balance. Nach dieser Vorgeschichte wird die Auflösung vielleicht etwas leichter verständlich sein.

1. Te1–e4 Kf6–f5

Nach 1. ... Kf7 2. b4 ist der Gewinn kein Problem mehr.

2. Te4–e3 Kf5–f6

Am lehrreichsten ist der Gewinn jetzt nach 2. ... Kf4 3. Te1 und nun:

I. 3. ... Kf5 4. Kc3 Tc8† 5. Kd4 Tb8 6. Kc4 Tc8† 7. Kd5 Tb8 (7. ... Td8† 8. Kc6 Tb8 9. Tb1) 8. Tf1† Kg6 9. Kc4, und mit einem weiter weggetriebenen König geht es viel leichter.

II. 3. ... Th8 4. b4 Th3! (Dieses höchst bemerkenswerte Gegenmanöver stammt von Keres.) 5. Kc2 (aber nicht 5. b5? wegen 5. ... Th5) 5. ... Kf5 6. b5 Kf6 7. b6 Kf7 8. Tb1 Th8 9. Kc3 Ke6 10. Kb4 Kd7 11. Tc1 Tc8 12. Tc5!! und gewinnt.

3. Kb2–c3 Tb8–c8†
4. Kc3–d4 Tc8–b8
5. Kd4–c5 Tb8–c8†
6. Kc5–d6 Tc8–b8

Schwarz hat keine Wahl; nach 6. ... Td8† 7. Kc7 Td4 8. Kc6 ist der Vormarsch des b-Bauern gesichert.

7. Te3–f3† Kf6–g5
8. Kd6–c5

Rückkehr des siegreichen Monarchen.

8. ... Kg5–g4

Ohne diesen pointierten Gegenangriff ist es eine einfache Sache für Weiß: 8. ... Tc8† 9. Kd4 Tb8 10. Kc3 Tc8† 11. Kb2 Tb8 12. Tf1! Kg6 13. Kc3 Tc8† 14. Kd4 Tb8 15. Kc4 Tc8† 16. Kd5 Tb8 17. Tb1! Kf7 18. b4 Ke7 19. Kc6 Kd8 20. b5 Tc8† 21. Kb7 usw.
Es fehlt nur ein einziges Tempo, was zu erwarten war, weil sich der schwarze König ja doch eine Linie „zu weit" entfernt befand.

9. Tf3–d3

Die Figuren stehen so gut, daß Weiß sich mit dem Abschneiden des Königs um weniger Linien begnügen kann.

9. ... Tb8–c8†
10. Kc5–b6 Tc8–b8†
11. Kb6–c7 Tb8–b4
12. Kc7–c6 Kg4–f5

Oder 12. ... Tb8 13. Td4† Kf5 14. b4 Ke5 15. Th4 Tc8† 16. Kb7 Tc1 17. b5 usw.

13. Kc6–c5 Tb4–b8
14. b3–b4 Tb8–c8†

Schwarz kehrt zu der bekannten Technik zurück, um dem Vorrücken des weißen Bauern zuvorzukommen.

15. Kc5–d5 Tc8–d8†
16. Kd5–c4 Td8–c8†
17. Kc4–b3 Tc8–b8

Stünde nun der schwarze König auf e6, wäre es remis (Stellung 144).

18. Td3–d6!

Auch mit 18. Te3 kann Weiß gewinnen; aber der Textzug zeigt einen anderen Gewinnweg, der auf dem waagerechten Abschneiden des schwarzen Königs beruht.

18. ... Kf5–e5
19. Td6–h6 Ke5–d5
20. Kb3–a4 Tb8–a8†

Oder 20. ... Kc4 21. Tc6† Kd5 22. b5.

21. Ka4–b5 Ta8–b8†
22. Kb5–a5 Tb8–a8†
23. Th6–a6 Ta8–h8
24. b4–b5 und gewinnt.

Weiß zieht 25. Tc6, 26. Tc1 und rückt dann mit dem b-Bauern vor.

D. Turm und Randbauer gegen Turm

Die Gewinnchancen sind merklich geringer, wenn der weiße Bauer ein Randbauer ist. Die Regel, daß der Besitz eines Bauern auf der 7. Reihe, gedeckt durch den König, in nahezu allen Fällen den Gewinn garantiert, geht für den Randbauern nicht auf (siehe 6A). Doch ist der Gewinn nicht ganz ausgeschlossen, wie aus den zwei folgenden Beispielen hervorgeht.

Stellung 146

(mit zwei Variationen)

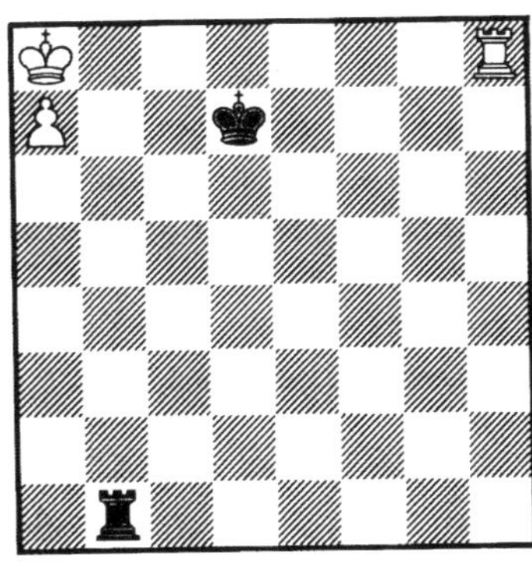

Schwarz oder Weiß am Zuge

Schwarz am Zuge macht leicht remis: 1. ... Kc7 2. Tb8 Tc1. Weiß kann die Blockade seines Königs nicht aufheben; auf 3. Tb7† folgt 3. ... Kc8 usw. *Weiß am Zuge* gewinnt:

1. Th8–b8 Tb1–c1

Oder ein anderer Turmzug entlang der ersten Reihe.

2. Kc8–b7 Tc1–b1†

2. ... Tc7† 3. Kb6 führt zu nichts.

3. Kb7–a6 Tb1–a1†

Schwarz hat nichts anderes.

4. Ka6–b6 Ta1–b1†
5. Kb6–c5 und gewinnt.

Wenn in Stellung 146 der *schwarze König auf d6* gestanden hätte, um die

Flucht des weißen Königs über c5 zu verhindern, wäre der weiße König über c8 entkommen:
1. Tb8 Tc1 2. Kb7 Tb1† 3. Kc8 Tc1† 4. Kd8 Th1 (ein letzter Versuch) 5. Tb6† Kc5 6. Tc6†! Kb5 7. Tc8 Th8† 8. Kc7 usw.
In dieser Stellung geht es darum, den weißen Turm rechtzeitig, will sagen, bevor der schwarze König auf c7 steht, nach b8 zu bringen. Stünde in Stellung 146 der *schwarze König auf e7* und der *weiße Turm auf d2*, könnte der weiße Turm das Feld b8 nicht rechtzeitig erreichen: 1. Th2 Kd7 2. Th8 Kc7. Hingegen kommt der weiße Turm zurecht, wenn der weiße Turm und der schwarze König eine Linie weiter nach rechts stehen.
Wenn der weiße Randbauer die vorletzte Reihe noch nicht erreicht hat, kann Schwarz remis machen, wenn sein König noch ein Feld weiter nach links steht, also auf d7.

Stellung 147

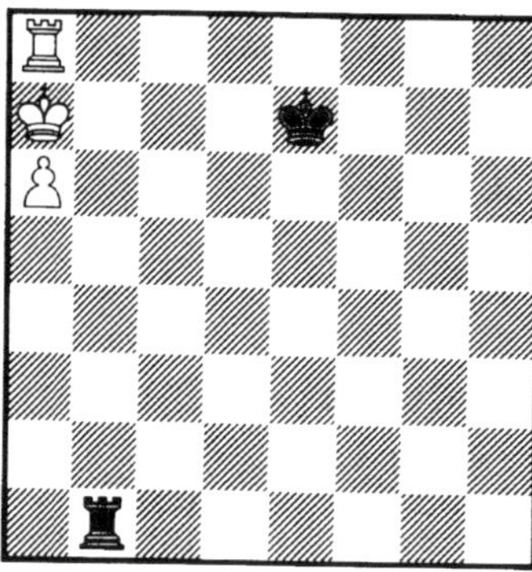

Weiß oder Schwarz am Zuge

Weiß am Zuge gewinnt:

1.	Ta8–b8	Tb1–d1
2.	Ka7–b7	Td1–b1†.

Es ist deutlich, daß 2. ... Td7† ebensowenig Rettung bringt: 3. Kb6 Td6† 4. Ka5 Td5† 5. Tb5 usw.

3. Kb7–a8!

Ein unerwarteter Zug; Weiß ist mit Tempogewinn von a7 nach a8 gekommen.

3.	...	Tb1–c1
4.	a6–a7	

und Weiß gewinnt entsprechend der bei der vorigen Stellung gegebenen Methode. Auf 4. ... Tc7 folgt nicht 5. Tb7? wegen 5. ... Kd7, sondern 5. Th8.
Schwarz am Zuge macht remis:

1.	...	Kc7–d7
2.	Ta8–b8	Tb1–c1
3.	Ka7–b7	Tc1–b1†
4.	Kb7–a8	Tb1–c1

und Weiß kann nicht verhindern, daß der schwarze König noch ein Feld näher herankommt, womit das Remis gesichert ist.
Von ganz anderer Art sind die Endspiele, in denen der Randbauer allein von seinem *Turm* Deckung erhält. Wenn der weiße König nicht zu nahe benachbart ist, hat Schwarz große Remischancen. Das hier folgende Beispiel gibt die zwei möglichen Hilfsmittel des verteidigenden Turms sehr gut wieder.

Stellung 148

Vancura (1924)

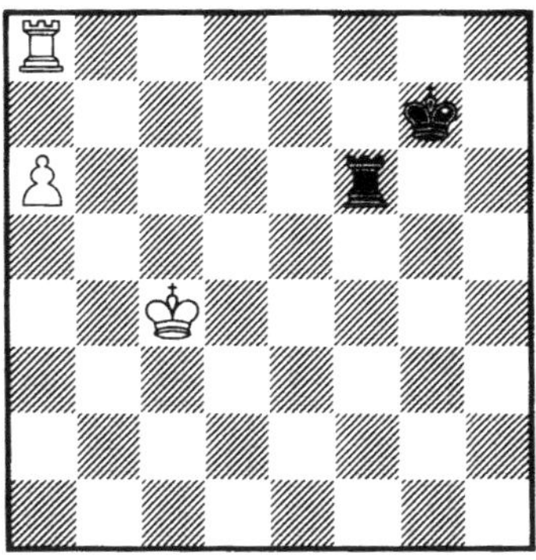

Weiß am Zuge

1. Kc4–b5

Jetzt folgt ein Beschuß durch waagerechte Schachgebote. Nach 1. a7 Ta6 2. Kb5 Ta1 kann aber der weiße König den senkrechten Schachs nicht entkommen, ohne wieder zur zweiten Reihe zurückzukehren (3. Kb6 Tb1† usw.).
Man beachte, daß der schwarze König auf g7 ausgezeichnet steht. Stünde er auf g6, hätte nach 1. a7 Ta6 das Schach 2. Tg8† entschieden. Und hätte der schwarze König auf f7 gestanden, wäre nach 1. a7 Ta6 die siegreiche Umgehung 2. Th8! möglich gewesen. Außer g7 ist h7 unter diesen Umständen das einzig sichere Feld für den König.

1. ...	Tf6–f5†
2. Kb5–c6	Tf5–f6†
3. Kc6–d5	

Um den Schachs zu entgehen, muß der König auf den schwarzen Turm zu gehen.

3. ...	Tf6–f5†
4. Kd5–e6	Tf5–f6†
5. Ke6–e5	

Endlich sind die waagerechten Schachs erschöpft.

5. ... Tf6–b6!

Weiß kommt nicht weiter. Weil der a-Bauer angegriffen ist, kann der weiße Turm nicht auf der 8. Reihe ziehen. Auf 6. Ta7† folgt einfach 6. ... Kg6 und auf 6. a7 Ta6 (nicht 6. ... Tb7? 7. Tg8†).
Aus dem Verlauf dieses Endspiels gewinnt man vielleicht den Eindruck, daß alle Endspiele dieser Art stets remis ausgehen müßten, aber das ist keineswegs der Fall.
Romanovski hat 1950 (ausgehend von der Aufstellung Weiß: Ta8 Ba6 Schwarz: Kg7 Ta1) die Felder angegeben, die der weiße König mindestens erreichen muß, um zu gewinnen. Es sind c2, d3, e4, e5, d6. Es ist deutlich, daß Felder links und über dieser gebrochenen Grenzlinie noch besser sind. Lassen wir uns das eine wie das andere mit einem Beispiel verdeutlichen.

Stellung 149

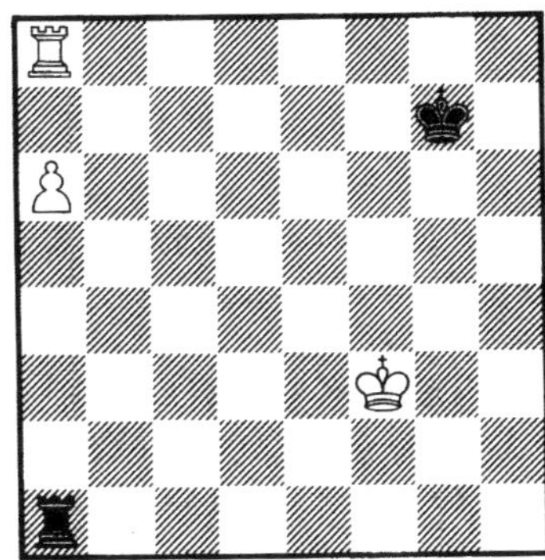

Schwarz oder Weiß am Zuge

Schwarz am Zuge macht leicht remis mit 1. ... Tf1† 2. Ke4 Tf6 – siehe Stellung 148.
Weiß am Zuge gewinnt:

1. Kf3–e4

Wiederum nicht 1. Ke3 wegen 1. ... Te1† nebst 2. ... Te6. Jetzt ist dieses Manöver verhindert.

1. ... Ta1–f1

Um nun doch auf die 6. Reihe zu kommen.

2. Ke4–e5!

Nicht 2. a7 wegen 2. ... Ta1, und nicht 2. Kd5 wegen 2. ... Tf6 3. Ke5 Tb6 (siehe das vorige Beispiel).

2. ... Tf1–e1†

Was sonst? Auf 2. ... Tf6 folgt 3. Tg8† Kf7 4. Tf8†.

3. Ke5–d5

Einfacher als 3. Kd6, worauf noch 3. ... Tf1 folgen würde.

3. ... Te1–f1

Nach weiteren senkrechten Schachs wandert der König nach a7.

4. Ta8–b8 Tf1–a1
5. Tb8–b7† Kg7–f6
6. a6–a7 Ta1–a2

Oder 6. ... Ta6 7. Tb6†!

7. Kd5–d6 und der weiße König läuft nach b8.

Nun ein Beispiel aus der Praxis

Stellung 150

Aus Anlaß einer Partie
Euwe–Aljechin (1935)

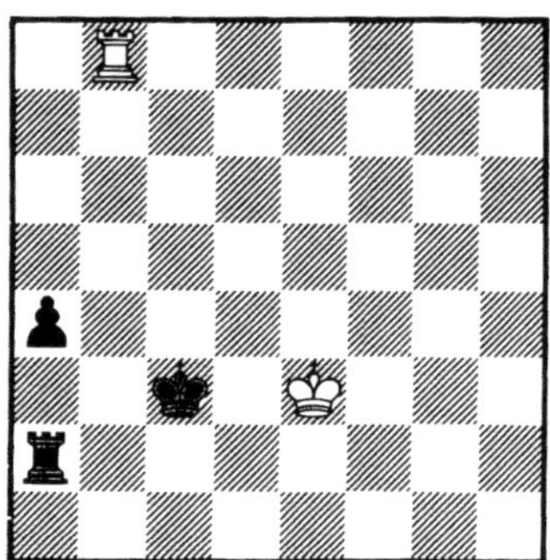

Schwarz am Zuge

Schwarz gewinnt:

1. ... a4–a3

Der schwarze König steht dicht bei dem Bauern, sodaß Weiß die Methoden der vorigen Beispiele nicht anwenden kann.

2. Tb8–c8†

Abwarten hat keinen Sinn: Schwarz spielt 2. ... Th2 nebst 3. ... a2.

2. ... Kc3–b2
3. Tc8–a8

Zwei Alternativen:
I. 3. Tb8† Kc1 4. Ta8 Th2! und gewinnt.

II. 3. Kd2 Kb1† 4. Kd1 Th2 5. Tb8† Tb2 6. Tc8 Tb7 usw.

3. ...	Ta2–a1
4. Ta8–b8†	

Oder 4. Kd2 a2! 5. Tb8† Ka3 6. Ta8† Kb3! 7. Tb8† Kc4 usw. Der weiße König vermag kein sicheres Feld zu finden (8. Ta8 Th1).

4. ...	Kb2–c3
5. Tb8–c8†	

Auf 5. Ta8 folgt einfach 5. ... a2.

5. ...	Kc3–b4
6. Tc8–b8†	Kb4–c5
7. Tb8–c8†	Kc5–b6
8. Tc8–c2!	

Eine hübsche Ausflucht; nach 8. Tb8† Kc7 9. Ta8 a2 ist es sofort aus.

8. ...	a3–a2
9. Tc2–e2!	Kb6–c5
10. Ke3–e4	Kc5–c4
11. Ke4–e3	

Weiß kann nichts anderes tun als abzuwarten. Der Turm darf seinen Platz nicht verlassen, und 11. Ke5 nützt nichts wegen 11. ... Kd3.

11. ...	Kc4–b3 und gewinnt.

Man beachte, daß Schwarz nicht gewinnen kann, wenn es dem Weißen gelungen wäre, auf der f-Linie eine ähnliche Festung aufzubauen (Kf3 Tf2), weil Weiß dann dafür sorgen kann, daß er im kritischen Augenblick über Tf3† verfügt.

Wenn der weiße Turm nicht vor seinem Freibauern steht, kommen wir zu Stellungen, die mit denen von 6C Ähnlichkeit haben. Um trotzdem Gewinnchancen zu erhalten, muß der Randbauer ziemlich weit vorgerückt sein und der schwarze König in gehörigem Abstand stehen.

Stellung 151

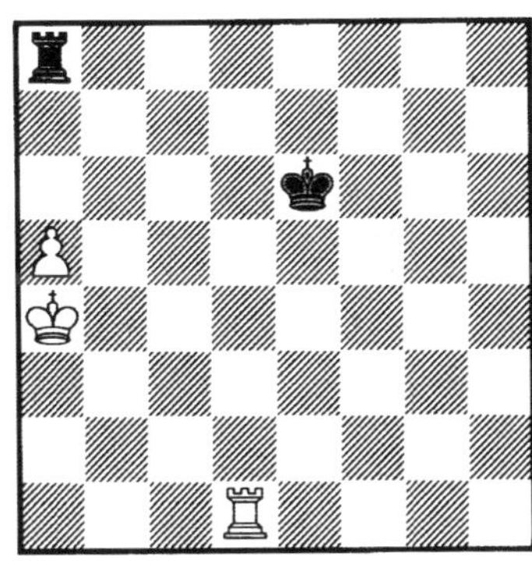

Weiß am Zuge

Weiß kann nicht gewinnen. Zwei Versuche:

I.	1. Td1–d4	Ke6–e7

So ist eine Studie von Chéron (1927) entstanden.

2. Ka4–b5	Ta8–d8
3. Td4–c4	

Oder 3. Ta4 Kd7 4. a6 Kc7.

3. ...	Td8–b8†

Auf 3. ... Kd7 würde 4. a6 gewinnen.

4. Kb5–a4	Ke7–d7
5. a5–a6	Tb8–b1

Auch 5. ... Tc8 macht remis.

6. Ka4–a5	Tb1–a1†
7. Ka5–b6	Ta1–b1†
8. Kb6–a7	Tb1–b2

Weiß kommt nicht weiter. Siehe übrigens auch Stellung 147.

II.	1. Ka4–b5	Ta8–b8†
	2. Kb5–c6	

Nach 2. Ka6 Ke7 3. Ka7 Tb2 geht es nicht weiter (siehe Stellung 147).

2. ...	Tb8–c8†
3. Kc6–b7	Tc8–c2
4. a5–a6	Tc2–b2†
5. Kb7–c7	Tb2–c2†
6. Kc7–d8	Tc2–a2
7. Td1–h1	

Noch ein kleiner Witz: 7. ... Ta6: 8. Th6†.

7. ...	Ta2–d2†
8. Kd8–c8	

Um den senkrechten Schachs zu entfliehen.

8. ...	Td2–g2

Droht matt.

9. Th1–h6†	Ke6–d5
10. a6–a7	Tg2–g8†
11. Ke8–f7	Tg8–a8
12. Th6–a6	Kd5–c5 usw.

Ist der schwarze König noch eine Reihe weiter entfernt, kann Weiß gewinnen, falls er seinen Bauern bereits auf a5 hat. Weiß bringt dann in einem günstigen Augenblick seinen Turm hinter den Bauern und der schwarze König steht gerade einen Zug zu weit entfernt, als daß er Rettung bringen könnte.

7. Die übrigen Turmendspiele

Wir unterscheiden die folgenden Abschnitte:
A. Turm und zwei verbundene Bauern gegen Turm
B. Turm mit f- und h-Bauer gegen Turm
C. Turm und zwei Bauern gegen Turm (anders als A und B)
D. Turm und Bauer gegen Turm und Bauer
E. Turm und zwei Bauern gegen Turm und Bauer
F. Mehr Bauern auf beiden Seiten

A. Turm und zwei verbundene Bauern gegen Turm

Im allgemeinen verläuft die Gewinnführung in diesem Endspiel ohne Probleme; aber der Gewinn kann schwierig oder unmöglich werden, wenn der schwarze König zwischen die Freibauern gelangen kann und der schwarze Turm dem weißen König entweder das Eingreifen unmöglich macht oder ihm mit unablässigen Schachs hinterherläuft.
Ist der weiße König senkrecht oder waagerecht abgeschnitten, wird es die erste Aufgabe des Weißen sein, diese Behinderung zu beseitigen.

Stellung 152

(mit einer Variation)

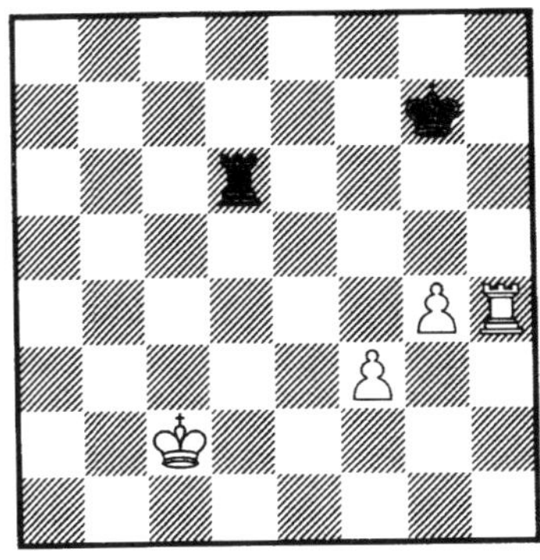

Weiß am Zuge

1. Th4–h2

Das soll dem König ermöglichen den Rubikon zu überschreiten. Der Turmzug ist besser als 1. f4, worauf sowohl 1. ... Td4 wie 1. ... Tg6 Weiß vor lästige Aufgaben stellt, die nur durch langwierige Manöver gelöst werden können.

1. ...	Kg7–g6
2. Th2–d2	Td6–f6
3. Td2–d3	Kg6–g5

3. ... Te6 4. Kd2 Kg5 5. Te3 würde Weiß die Arbeit erleichtern.

4. Kc2–d2 Kg5–f4
5. Kd2–e2 Tf6–a6

Nun sieht es für Weiß ganz schwierig aus. Auf 6. Kf2? folgt 6. ... Ta2†, und der Gewinn ist verscherzt.

6. Td3–d4† Kf4–g5

Oder 6. ... Kg3 7. g5 (drohend 8. Tg4† nebst Vormarsch des g-Bauern) 7. ... Ta2† (7. ... Te6†, so 8. Te4) 8. Ke3 Ta3† 9. Ke4 Tf3: 10. Td3 usw.

7. Ke2–f2 Ta6–a3

Mit 7. ... Kh4 8. Td5 (droht matt) erreicht Schwarz ebensowenig etwas: 8. ... Ta2† 9. Ke3 Kg3 10. g5 Kh4 11. g6 Ta6 12. g7 Tg6 13. Td4† Kh5 14. Tg4 und gewinnt.

8. Kf2–g3

Die erste Phase ist vorbei: der König hat Schutz und die Bauern sind gedeckt. Der Rest ist einfach. Es geht nur noch darum, die Bauern nach vorn zu bringen, wobei der Turm die belangreichste Rolle spielt.
Es kann folgen: 8. ... Tb3 9. Td5† Kg6 10. Te5 Ta3 11. Kf4 Ta6 12. g5 Kh5 (sonst folgt 13. Kg4 und 14. f4) 13. Kf5 usw.
Stellen wir in Stellung 152 den *schwarzen König nach g6* (anstelle von g7), dann wird der Gewinn erheblich schwieriger. Es folgt:

1. Th4–h5!

Nach 1. f4 Td4 2. g5 Kf5 oder 2. f5† Kg5 ist der Sieg verscherzt. Auch 1. Th2 Kg5 2. Td2 Tf6 3. Td3 Kf4 scheint nicht zum Ziel zu führen.

1. ... Td6–f6

Nicht 1. ... Td7 wegen 2. f4 Td4 3. f5† Kf6 4. Th6† und Weiß gewinnt mühelos.

2. Th5–h3 Kg6–g5

Oder 2. ... Td6 3. f4 Td4 4. Tf3 und Weiß kommt langsam vorwärts.

3. Kc2–d3 Kg5–f4

Auf 3. ... Ta6 setzt Weiß fort mit 4. Th5† Kf4 5. Tf5† oder 4. ... Kg6 5. f4.

4. Th3–h5!

Der einzige Weg zum Gewinn. Nach 4. Ke2 Ta6 ist das Remis vollzogene Tatsache.

4. ... Tf6–d6†

4. ... Kf3: scheitert an 5. Tf5†.

5. Kd3–e2 Td6–f6

Schwarz muß Tf5† verhindern.

6. Ke2–f2 Tf6–f8
7. Th5–a5 nebst 8. Ta4† und 9. Kg3.

Der Gewinn ist in verschiedenen Varianten der Tatsache zu verdanken, daß der weiße König ein Feld finden konnte, wo er gegen Turmschachs abgeschirmt war, und ferner, daß der Turm ausreichenden Raum zum Manövrieren hatte. Würden die Freibauern ein Feld dichter am Rande stehen, wäre die Sache viel umständlicher und oft unmöglich, vor allem, wenn der schwarze König sich zwischen die Freibauern stellen kann.

Stellung 153

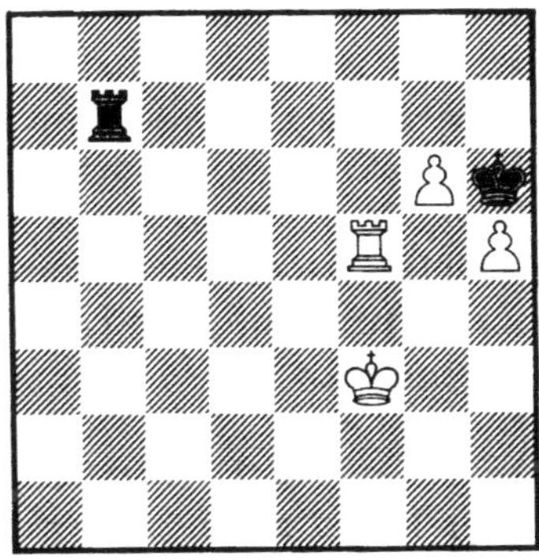

Schwarz am Zuge

Weiß kann gewinnen, wenn es auch nicht einfach ist.
Erkunden wir zuerst das Terrain, indem wir zwei Fortsetzungen ausprobieren: 1. ... Ta7 (1. ... Tb4? 2. Tf8! usw.) und nun:

I. 2. Kf4 Tb7 3. Ke5 Kg7 4. Ke6 Tb6† und Weiß kommt nicht voran.

II. 2. Kf4 Tb7 3. Ke4 Ta7 4. Kd5 Tb7 5. Ke6 (aber nicht 5. Tf7? Tf7: 6. gf Kg7 7. Ke6 Kf8! remis) 5. ... Kg7 (sonst folgt nun doch 6. Tf7) 6. Td5, und nun ist der Übergang des weißen Königs gesichert. Sobald der weiße König die 8. Reihe erreicht, ist der Gewinn kein Problem mehr.

III. 2. Ke4 Tb7 3. Kd5 Kg7! 4. Te5! und weiter wie im nun folgenden Text.

1. ... Tb7–a7

Nicht 1. ... Tb1 2. Tf8 Kh5: 3. g7. Daraus geht hervor, daß der weiße König nicht auf g3 oder g4 stehen darf, weil dann 3. ... Tg1† die Partie retten würde.

2. Tf5–e5!

Um den weißen König gegen spätere Schachs abzuschirmen.

2. ... Ta7–b7
3. Kf3–e4 Tb7–a7

3. ... Kg7 ist weniger gut wegen 4. Kf5 Kh6 (es drohte 5. Kg5) 5. Kf6 usw. Sobald der weiße König auf die 7. oder 8. Reihe vorgerückt ist, ist die Sache entschieden. Siehe die Textfolge.

4. Ke4–d5 Tb7–a7

Nach 4. ... Kg7 5. Ke6 nebst 6. Kf5 erreicht Weiß sein Ziel ebenfalls. Eine nette Variante ist noch: 4. ... Tb6 5. Te8 Tb5† 6. Ke6 Tg7: 7. Kf6 und Weiß gewinnt.

5. Kd5–e6 Kh6–g7

Sonst folgt 6. Kf6 mit schnellem Sieg.

6. Ke6–f5 Kg7–h6

Schwarz möchte 7. Kg5 auf keinen Fall zulassen.

7. Kf5–f6

Weiß hat den Übergang erzwungen. Noch sind jedoch Fußangeln und Fallen ausgelegt.

7. ... Ta7–a6†

Auf 7. ... Tb7 folgt 8. Te7 mit ähnlichen Folgen wie im Text.

8. Kf6–e7!

Nicht 8. Kf7? Tg6:! 9. hg patt.

8. ... Ta6–a7†
9. Ke7–f8 Ta7–a8†
10. Te5–e8 Ta8–a7

Auf andere Züge folgt 11. g7.

11. Kf8–g8 Ta7–b7

Schwarz wartet ab. Nach 11. ... Kh5: 12. g7 Kg6 13. Te6† gewinnt Weiß.

12. Kg8–h8 Tb7–a7
13. g6–g7 Ta7×g7
14. Te8–e6† und gewinnt.

Es leuchtet wohl ein, daß von einem Gewinn keine Rede sein kann, wenn wir in Stellung 153 alle Steine eine Reihe tiefer postieren.

Stellung 154

Kasparjan

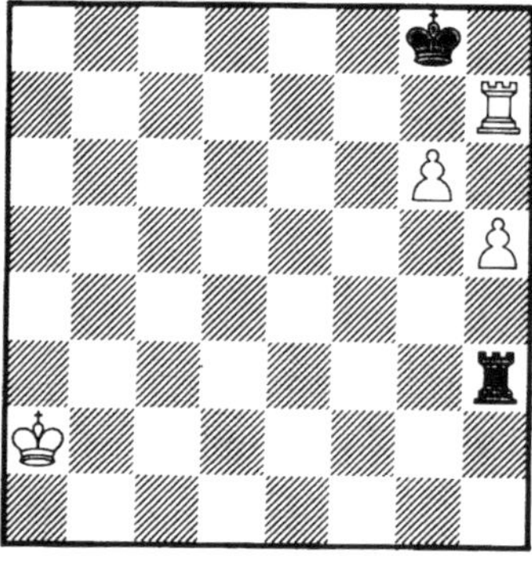

Weiß am Zuge gewinnt

Eine höchst eigenartige Komposition, in der Zugzwang eine Rolle spielen wird. Betrachten wir erst die Aufstellung in der rechten oberen Ecke. Der weiße Turm kann nicht ziehen, und das einzige, was passieren kann, ist das Nachvornbringen des h-Bauern mit h5–h6. Das ist jedoch die denkbar schlechteste Aufstellung von Turm und verbundenen Bauern, weil dann jede weitere Bewegung ausgeschlossen ist. Der König muß zu Hilfe kommen, aber auch damit kann Weiß nichts erreichen. Der schwarze Turm bleibt auf der h-Linie (resp. auf der g-Linie nach einem eventuellen Tg7†), und sobald der weiße König auf g5 erscheint, folgt eine Anzahl senkrechter Schachgebote, bis der König einige Reihen tiefer steht, worauf der Turm seine Kontrollaufgabe auf der h-Linie wieder einnimmt. Schlußfolgerung: der weiße König muß unverzüglich auf die andere Seite gebracht werden, denn ohne h5–h6 steht dem König eventuell das Versteck h6 zur Verfügung.

1. Ka2–b2

Da der weiße König die lange Wanderung nach g2 zu machen hat, scheint es, als ob diese Wanderung nicht unbedingt gradlinig geschehen muß, sondern beispielsweise im Zickzack: Kb1–c2–d1 usw. Verkehrt gedacht: auf 1. Kb1 kann Schwarz remis machen, wie sich bald zeigt.
Vertiefen wir uns nun in die Möglichkeiten des schwarzen Turms. Ein Zug entlang der h-Linie enthält die Gefahr, daß der weiße König mehr Freiheit und die Chance zu Manövern erhält, die ihn nach g5 und danach h6 führen. Also

bleibt der Turm am besten auf der dritten Reihe:

1. ... Th3–g3

So behält der Turm die rechte obere Ecke im Griff. 2. Td7 kann ja mit 2. ... Tg5 beantwortet werden, wonach der weiße Turm unverrichteter Dinge nach h7 zurückkehren muß. Wir sollten uns aber fragen, was auf 1. ... Td3 geschehen sollte. Auf der Hand liegt dann 2. Kc2, doch darauf führt 2. ... Tg3 zum Remis! Ein Mysterium, das bald entschleiert werden wird. Auf 1. ... Td3 ist 2. Tf7! die gute Fortsetzung, um nach 2. ... Th3 3. Tf5 in das Fahrwasser des vorigen Beispiels zu kommen. Ebenso geht es nach 1. ... Td3 2. Tf7 Td6 3. Kc3 nebst 4. Kc4.

2. Kb2–c2

Hier wiederum würde 2. Kc1 einen Fehler bedeuten, der den Gewinn aus der Hand gibt.

2. ... Tg3–h3

Das einzige. Nach anderen Zügen hat Weiß es einfacher.

3. Kc2–d2 Th3–g3
4. Kd2–e2 Tg3–h3
5. Ke2–f2

Nun muß der schwarze Turm die 3. Reihe aufgeben, wonach der weiße König nach oben läuft und bald h6 erreicht. Würde Schwarz jedoch in dieser Stellung die h-Linie aufgeben, dann folgt 6. Tf7 (drohend 7. h6), und Weiß gewinnt ebenfalls leicht. Betrachten wir nun die Stellung nach 5. Kf2 etwas näher und unterstellen wir, daß Weiß am Zuge ist. Augenscheinlich ist die Partie danach mit 6. Kg2 ebenfalls entschieden. Es folgt jedoch 6. ... Ta3 7. Tf7 Ta5! und der weiße Turm muß zurück, weil 8. h6 an 9. Tg5† scheitert. Hieraus folgt, daß die nach 5. Kf2 erreichte Stellung eine Zugzwangstellung ist: Weiß am Zug macht remis, Schwarz am Zug verliert. Tatsächlich ist der Zugzwang bereits in der ursprünglichen Position (154) vorhanden, wenn auch im umgekehrten Sinn: Weiß am Zuge gewinnt, Schwarz am Zug macht remis.

Mit dem schwarzen Turm in Stellung 154 auf g3 (anstelle von h3) ist der Ausgang ebenfalls umgekehrt: Schwarz am Zug verliert, Weiß am Zug macht remis.

Damit sind die früher aufgetauchten Mysterien erklärt: Schwarz kann remis machen, wenn er die Chance erhält, ein Tempo zu verlieren!

a. Nach 1. Kb1? (Stellung 154) macht Schwarz mit 1. ... Tb3† remis: 2. Kc2 Tg3! 3. Kd2 Th3 4. Ke2 Tg3 5. Kf2 Th3.

b. Wenn in Stellung 154 der schwarze Turm auf g3 stehen würde, wäre die Partie remis. Er muß dann jedoch auf 1. Kb1 wieder 1. ... Tb3† spielen, weil er nach 1. ... Th3? 2. Kb2! ein Tempo verloren haben würde, was unter den gegebenen Umständen Verlust für Schwarz bedeutet.

Es sind viele andere Endspiele dieser Art denkbar, doch mit den aus den vorigen Beispielen gesammelten Erfahrungen besteht begründete Hoffnung, daß der Leser in diesen Endspielen den richtigen Weg zu finden imstande sein wird, sei es als Führer der stärkeren Partei nach einem möglichen Gewinn, sei es als Verteidiger nach einem möglichen Remis.

B. Turm und F- und H-Bauer gegen Turm

Ein berüchtigtes Endspiel, das unter bestimmten Umständen von der schwächeren Partei remis zu halten ist, wenn diese mit allen Kniffen vertraut ist. Punkt Eins ist, daß sie auf jeden Fall verhindern muß, mit ihrem König auf die letzte Reihe zurückgetrieben zu werden.
Die allgemeine Regel lautet: Wenn der schwarze König auf der letzten Reihe abgeschnitten ist, gewinnt die stärkere Partei. Andere Gewinnmöglichkeiten können entstehen, wenn der König des Angreifers besonders günstig steht (zum Beispiel auf f6 oder f7). Zu allererst einige Beispiele zur Illustration, was es mit der gegebenen Regel vom König auf sich hat, der auf der letzten Reihe abgeschnitten ist.

Stellung 155

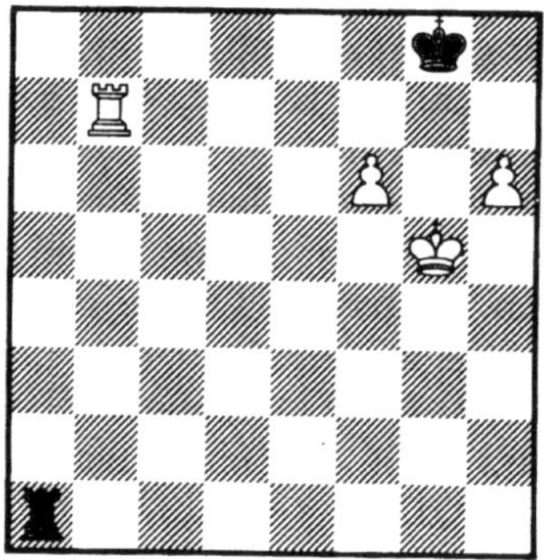

Weiß oder Schwarz am Zuge

Weiß am Zuge gewinnt schnell:

1. Tb7–b8†

Nicht 1. Tg7† Kh8 2. f7? wegen 2. … Ta5† mit ewigem Schach. Der weiße König kann zwar näher herankommen, aber er kann den schachbietenden Turm doch nicht schlagen wegen Patts.

1. … Kg8–h7

Auf 1. … Kf7 folgt 2. h7 usw.

2. f6–f7 und gewinnt.

Wohl steht der König nun patt, doch Schwarz kann davon nicht profitieren, weil der weiße König auf ein Turmschach die Deckung der Punkte h6 und g6 und damit das Patt sofort aufhebt (2. … Tg1† 3. Kh4).
Wenn *Schwarz am Zuge* ist, hat Weiß es etwas schwerer:

1. … Ta1–g1†

Auf 1. … Ta8 folgt 2. Kg6 nebst 3. Tg7† Kh8 4. Th7† Kg8 5. f7† usw.

2. Kg5–f5 Tg1–f1†
3. Kf5–e6 Tf1–e1†
4. Ke6–d6!

Keinesfalls 4. Kd7? wegen 4. … Kf7 und Schwarz macht remis.

4. … Te1–d1†

Auf 4. … Kf8 folgt wieder 5. Tb8† Kf7 6. h7.

5. Kd6–e7 Td1–e1†
6. Ke7–d8 Te1–f1

Es hat keinen Sinn, das Hinterherlaufen weiter fortzusetzen: 6. … Td1† 7. Ke8 Te1† 8. Te7.

7. h6–h7† Kg8–h8
8. Kd8–e7

Auf das augenscheinlich starke 8. f7 folgt 8. ... Tf7: 9. Tf7: patt.

8. ... Kh8×h7

Auf 8. ... Tf6: geschieht nicht 9. Kf6: patt, sondern zunächst 9. Tb8† Kh7: und erst dann 10. Kf6:.

9. Ke7–f8† Kh7–h8

Oder 9. ... Kg6 10. Tg7† (auch 10. f7 ist ausreichend) 10. ... Kh6 11. f7 usw.

10. f6–f7 und gewinnt.

Hiermit ist eine der Standardpositionen erreicht: Bauer auf der 7. Reihe gewinnt (Stellung 134).

Stellung 156

Capablanca – Kostić
(Match Havanna 1919)

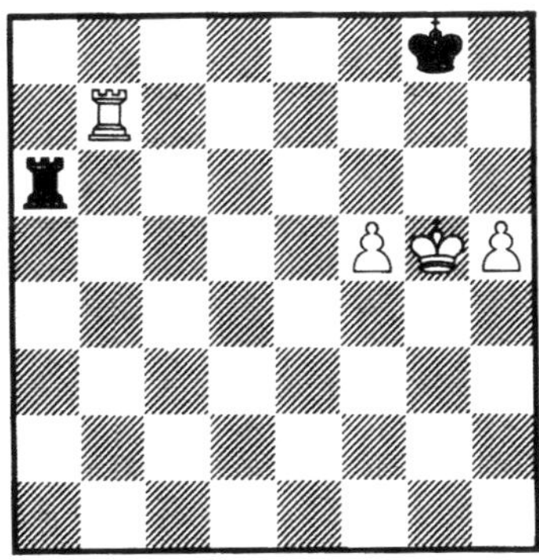

Weiß am Zuge

Weiß gewinnt:

1. Tb7–b8†

Der einfachste von Kopajev angegebene Weg. Ebenso gewinnen die Züge 1. f6 (von Capablanca gespielt) und 1. h6, wenn auch etwas weniger systematisch.

1. ... Kg8–h7

Das einzige. Auf 1. ... Kf7 folgt 2. h6, wonach 3. h7 nicht zu verhindern ist; auf 1. ... Kg7 geschieht 2. f6†! Tf6: (2. ... Kf7 3. Tb7†) 3. h6†! mit Eroberung des Turms.

2. f5–f6 Ta6–a5†

Wenn Schwarz den f-Bauern mit 2. ... Ta7 stoppt, kommt der weiße König über f5–e6 heran.

3. Kg5–f4 Ta5–a4†
4. Kf4–e5 Ta4–a5†
5. Ke5–e6 Ta5–a6†
6. Ke6–e7 Ta6–a7†
7. Ke7–f8 nebst 8. f7 usw.

Man beachte, daß der zusätzliche Bauer auf h5 verhindert, daß Schwarz mit 7. ... Kg6 remis erzwingt.

Stellung 157

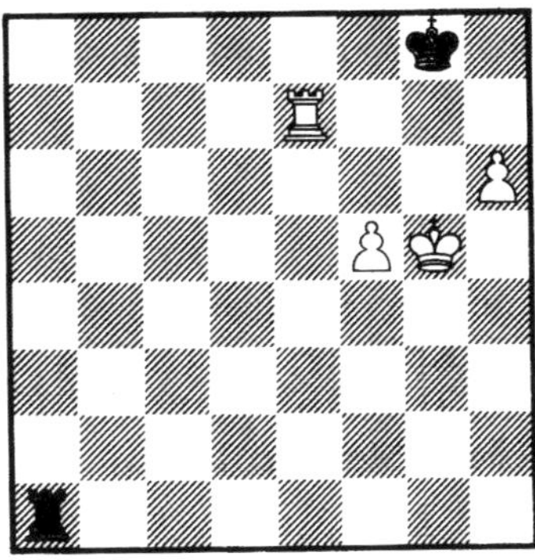

Schwarz am Zuge

Nach der gegebenen Regel muß Weiß gewinnen, aber der Weg zum Erfolg ist keineswegs einfach. Der schwarze Turm kann lange Zeit eine störende Rolle spielen:

1. ... Ta1–g1†
2. Kg5–f6 Tg1–a1!

Ein für diese Endspiele typischer Vorgang: der Turm kehrt auf sein Ausgangsfeld zurück, wo diese Figur sowohl für senkrechte wie für waagerechte Schachs am besten steht.
Auf 2. ... Th1 folgt 3. Ke6!, wonach 3. ... Th6:† 4. f6 sofort verliert. Schwarz setzt jedoch mit 3. ... Te1† fort, und dann kommen wir zur Textfortsetzung.

3. Kf6–e5

Verführerisch ist 3. h7† Kh8 4. Kf7 Ta5! (nicht 4. ... Kh7:? 5. Kf8† Kh6: 6. Te6† Kg5 7. f6, siehe 6B) 5. f6 Kh7: 6. Kf8† Kg6 7. f7 Kf6! (Analyse von Keres).

3. ... Ta1–e1†
4. Ke5–d6 Te1–d1†
5. Kd6–e6 Td1–e1†

Wenn Schwarz mit den Schachgeboten aufhört, folgt 6. f6 mit schneller Entscheidung.

6. Ke6–d7 Te1–f1

Eine andere Möglichkeit ist: 6. ... Td1† 7. Ke8 Tf1 8. Te5 Kh7 9. Kf7 Kh6: 10. Te6† Kh7 11. f6 Ta1 12. Kf8 usw. (siehe Stellung 140).

7. Te7–e8† Kg8–h7
8. Kd7–e6 Tf1–a1

Oder 8. ... Te1† 9. Kf7 Ta1 10. Te6 und gewinnt, wie weiter unten ausgeführt (Stellung 158).

9. f5–f6 Ta1–a6†
10. Ke6–f5!

Nicht 10. Kf7 Ta7† 11. Kf8 Kg6 remis.

10. ... Ta6–a5†
11. Te8–e5 Ta5–a1

Auf 11. ... Ta8 folgt 12. f7, drohend 13. Te8.

12. f6–f7 Ta1–f1†
13. Kf5–e6 Kh7–g6

Es drohte 14. Tf5.

14. Te5–g5†!!

Die prächtige Lösung.

14. ... Kg6×g5
15. h6–h7 und gewinnt.

Stellung 158

I. Maiselis (1935)

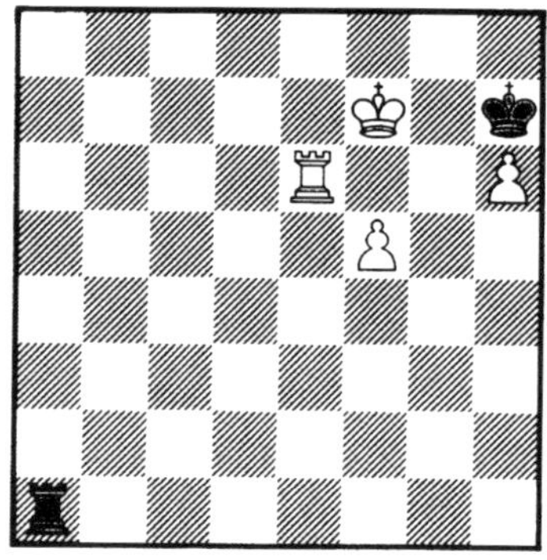

Schwarz am Zuge

Auf diese Stellung ist bei der Behandlung des vorigen Beispiels beim 8. Zug hingewiesen worden. Es gelingt Schwarz nicht, das Remis zu erzwingen. Wir haben es hier mit der zweiten am Anfang dieses Abschnitts erwähnten Gewinnmöglichkeit zu tun.

1. ... Ta1–a8

Wenn der weiße Turm auf d6 steht, würde 1. ... Ta7† zum Remis führen (2. Kf8 Ta8† 3. Ke7 Ta7† 4. Td7 Ta8 5. f6 Kh6:).
Nun würde 1. ... Ta7† nichts nützen: 2. Kf8 Ta8† 3. Te8 Ta6 4. Te7† Kh8 5. Te6 Ta8† 6. Te8 Ta6 7. f6! Tf6:† 8. Ke7† usw.

2. Te6–e8

Nach 2. f6 Kh6: ist remis vollendete Tatsache (vergleiche Abschnitt 6B).

2. ... Ta8–a6

Am besten. Nach 2. ... Ta7† 3. Kf8 Kh6: 4. Te6† Kg5 5. f6 ist es sofort vorbei.

3. Te8–e1!

Dieser Zug ist nicht leicht zu finden, weil er nicht in den Rahmen der in diesem Endspiele gebräuchlichen Züge fällt.
Auf 3. Ke7 folgt 3. ... Ta7† 4. Kf8 Kh6:.

3. ... Ta6–b6

Schwarz muß abwarten, weil 3. ... Th6: mit 4. f6 beantwortet wird und 3. ... Ta7† 4. Kf8 Ta6 5. Te7† Kh8 6. Te6 zu einer bereits behandelten Variante führt.

4. f5–f6 Tb6–b8

Auf 4. ... Ta6 geschieht 5. Ke7 Ta7† 6. Kf8.
Nach 4. ... Kh6: entscheidet 5. Th1† Kg5 6. Kg7.

5. Te1–e8 Tb8–b6

5. ... Tb7† 6. Ke6 führt zur gleichen Stellung.

6. Kf7–e7 Tb6–b7†

Erzwungen wegen der Drohung 7. f7.

7. Ke7–e6 Tb7–b6†
8. Ke6–f5 Tb6–b5†
9. Te8–e5

Diese Position haben wir bereits bei Besprechung von Stellung 157 vor Augen gehabt. Es folgt 9. ... Tb1 10. f7 Tf1† 11. Ke6 Kg6 12. Tg5†!
Während bei den bisher behandelten Endspielen noch einige Gesetzmäßigkeiten zu erkennen waren (zum Beispiel schwarzer König behindert durch die 8. Reihe), ist das bei den nun folgenden Beispielen nicht der Fall, die bei korrektem Spiel des Verteidigers zum Remis führen müssen. Dieses Ergebnis ist oft nur mittels endloser Varianten darlegbar, die wenig übersichtlich sind und viel zu weit führen würden. Wir beschränken uns daher auf einzelne Beispiele, die zeigen sollen, wie eng der Raum zwischen Remis und Verlust ist.

Stellung 159

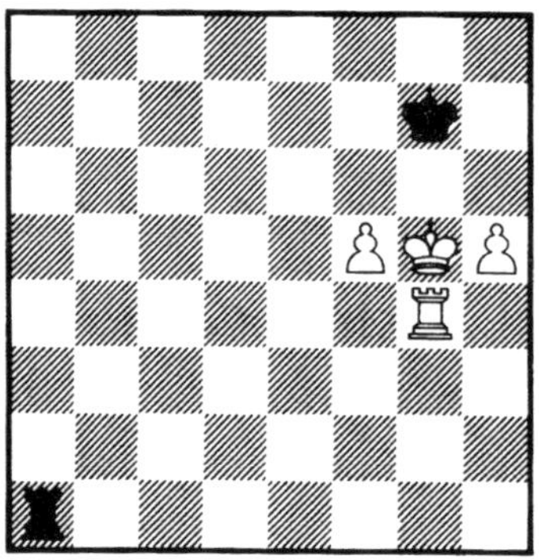

Weiß am Zuge

Man beachte die starke Stellung des schwarzen Turms, die sowohl die Möglichkeit senkrechter wie waagerechter Schachs offen hält. Weiß kann drei Gewinnversuche unternehmen, von denen keine bei guter Verteidigung das erwünschte Ergebnis hervorbringt.

a. 1. f5–f6† Kg7–f7

Der schwarze König stellt sich am besten vor den vorrückenden Bauern. Auf 1. ... Kh7 würde sehr stark 2. Tf4 folgen.

2. h5–h6

Nach 2. Tf4 Tg1† 3. Kh6? sind alle Gewinnchancen vertan: 3. ... Tg2 4. Tf5 Tg8, und nun scheitert 5. Tg5? an 5. ... Th8 matt, während 5. Kh7 beantwortet wird mit 5. ... Tg1, und der weiße König bleibt auf der h-Linie eingeklemmt.

2. ... Ta1–a5†

Ein lehrreicher Fehler ist hier 2. ... Th1?, wonach ein bemerkenswertes Manöver den Gewinn sichert: 3. Tg3 Th2 4. Tg1 Th3 (mit einigen Tempozügen hat Weiß den schwarzen Turm so gelenkt, daß er keine ständigen Schachs zu bieten vermag) 5. Ta1! Tg3† 6. Kh4 Tg2 7. h7 Th2† 8. Kg5 Tg2† (das Bauernendspiel nach 8. ... Th7: 9. Ta7† ist verloren) 9. Kf4 Th2 10. Ta8 Th7: 11. Ta7† usw.

3. Kg5–h4 Ta5–a1

Der Turm kehrt auf seinen Standplatz zurück.

4. Kh4–h5 Ta1–a5†
5. Tg4–g5 Ta5–a1

Weiß kommt nicht voran; das Ergebnis ist remis.

b. 1. h5–h6† Kg7–h7

Vor den vorrückenden Bauern; 1. ... Kf7 2. Th4 führt zum Verlust für Schwarz.

2. Tg4–e4 Ta1–g1†

Schwarz darf auf keinen Fall 3. Te7† zulassen, weil dann der König auf die 8. Reihe getrieben wird.

3. Kg5–f6 Tg1–a1!

Nun werden die waagerechten Schachs wichtig.

4. Te4–e8

Nach 4. Te6 Tf1 bindet Schwarz den weißen König an die Deckung seines Bauern und erreicht so leicht remis: 5. Ke5 Tf2 6. f6 (6. Tf6, so 6. ... Ta2) 6.

... Kg6 7. h7 Kh7: 8. Kd6 Ta2 9. Ke7 Ta8 usw.
(Stellung 137).

4. ... Ta1–a2
5. Kf6–f7 Kh7×h6
6. f5–f6 Ta2–a7†

Remis (Stellung 137).

c. 1. Tg4–g3† Ta1–b1

Schwarz, auf alles vorbereitet, wartet ab.

2. Kg5–h4† Kg7–h6

Auch 2. ... Kf6 führt zum Remis, obwohl es scheint, als ob der weiße h-Bauer dann sehr gefährlich werden könnte: 3. h6 Th1† 4. Th3 Tg1 5. h7 Kg7 6. Tg3† Tg3: 7. Kg3: Kh7: 8. Kf4 Kg7 9. Ke5 Kf7. Schwarz rettet sich gerade noch.

3. Tg3–g6† Kh6–h7
4. Kh4–g5

Weiß hat den Übergang für seinen König erzwungen und es sieht nicht so gut aus für Schwarz.

4. ... Tb1–g1†
5. Kg5–f6 Tg1–a1

Nun müssen die waagerechten Schachs die Rettung bringen.

6. Tg6–g7†

Auch mit 6. Ke6 kommt Weiß nicht weiter: 6. ... Ta6† 7. Ke5 Ta5† 8. Kf4 Ta1!

6. ... Kh7–h6
7. Tg7–e7 Ta1–a6†
8. Te7–e6

Auf 8. Kf7 folgt 8. ... Kg5 9. Kg7 Kf5: 10. h6 Tg6† 11. Kh7 Ta6 12. Tg7 Ta8 13. Tg8 Ta6 usw.

8. ... Ta6–a7
9. Kf6–e5† Kh6×h5

Remis.
Das obenstehende Beispiel zeigt deutlich, wie wirkungsvoll der schwarze Turm auf a1 steht. Das nun folgende Endspiel festigt diese Erkenntnis.

Stellung 160

Rubinstein–Marshall
(San Sebastian 1911)

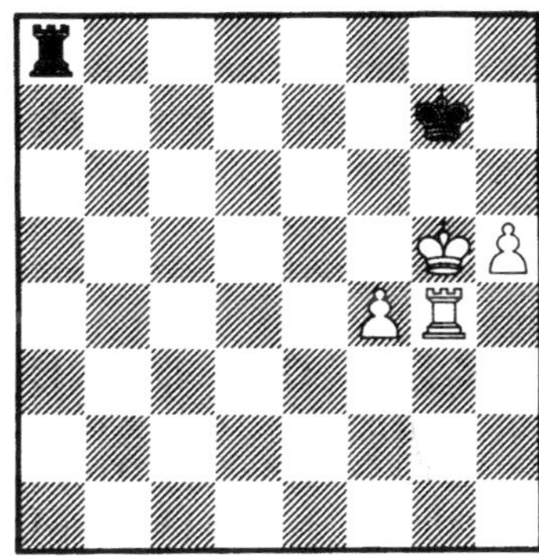

Weiß am Zuge

Ein äußerst schwieriges Endspiel, das für Schwarz nur zu halten ist, wenn er fortwährend die beste (und einzige) Fortsetzung findet.
Wir betrachten zuerst zwei weniger gute Verteidigungen von Schwarz, die beide zum Verlust führen.

a. 1. Kg5–h4† Kg7–h6(?)
2. Tg4–g6† Kh6–h7
3. Kh4–g5 Ta8–a1
4. Tg6–e6 Ta1–g1†

Weiß drohte den schwarzen König mit 5. Te7† an den Rand zu treiben.

5. Kg5–f6

Wir sind hier in ein Endspiel Keres–Sokolski eingemündet, das Keres gewonnen hat. Die Stellung zeigt einige Ähnlichkeit mit mehreren vorangegangenen Beispielen, doch der große Unterschied liegt in der Position des weißen h-Bauern. Weil der schwarze König diesen Bauern eventuell auf h5 erobern muß, geht zu viel Zeit verloren, und das ist eben entscheidend.

5. ... Tg1–f1

Hier noch eine Variante, um zu betonen, daß Schwarz nicht unmittelbar auf h5 losgehen kann: 5. ... Kh6 6. f5 Kh5: 7. Kf7 Ta1 8. f6 Kh6 9. Kf8 und wir sind in bekannten Bahnen angelangt (Stellung 139).
Auch auf 5. ... Th1 folgt 6. f5, weil nach 6. ... Th5: 7. Te7† Kh6 8. Te8 Kh7 9. Ke6 der schwarze Turm „verkehrt“ steht (9. ... Th1 10. f6).

6. f4–f5 Tf1–f2

Auch der Patentzug 6. ... Ta1 rettet nicht: 7. Kf7 Ta7† 8. Te7 Ta8 9. f6 Tb8 10. Te8 Tb7† 11. Kf8, wobei der sonst rettende Zug 11. ... Kg6 durch den h-Bauern auf h5(!) verhindert wird.

7. Te6–e5 Tf2–h2

Das fortwährend wiederkehrende Thema tritt wieder auf nach 7. ... Kh6 8. Kf7 Kh5: 9. f6† Kh6 10. Te1 usw. Schwarz hat zuviel Zeit verloren.

Die Verteidigung 7. ... Ta2 bietet ebensowenig neue Gesichtspunkte: 8. Kf7 Ta7† 9. Te7 mit Übergang in die Variante, die beim vorigen Zug von Schwarz betrachtet wurde.

8. Te5–e7† Kh7–h6
9. Te7–e8 Kh6–h7
10. Kf6–f7 Th2–a2

Oder 10. ... Th5: 11. f6 Ta5 12. Kf8 usw.

11. f5–f6 Ta2–a7†
12. Kf7–f8 und gewinnt.

Wieder mangelt es an dem rettenden 12. ... Kg6.
b. (zurück zu Stellung 160)

1. Kg5–h4† Kg7–h7(?)
2. f4–f5 Ta8–a1

Der richtige Platz für den Turm. Spielt Weiß nun 4. Kg5?, folgt 3. ... Kg7, womit wir in der Remisposition von Stellung 159 angelangt sind.

3. f5–f6 Ta1–f1

Von der Seite ist der Turm weniger aktiv: 3. ... Ta6 4. Tf4 Kg8 5. f7† Kf8 6. Kg5 und weiter wie im Text.
Eine andere Möglichkeit ist 3. ... Kh6 4. Tf4 Ta8 5. f7 Kg7 6. h6† Kf8 7. h7 und gewinnt.

4. Kh4–g5 Tf1–a1

Nach 4. ... Kg8 5. Kg6 hat Weiß es leichter.

5. Tg4–f4 Kh7–g8

Oder 5. ... Tg1† 6. Kf5 Ta1 7. Te4 und gewinnt.

6. f6–f7† Kg8–f8
7. h5–h6 Ta1–g1†
8. Kg5–f6 Tg1–h1

Das „witzige“ 8. ... Tg4 (oder 8. ... Tf1) geht nicht wegen 9. h7 Tf4:† 10. Kg5.

9. Tf4–g4 Th1×h6†

Oder 9. ... Tf1† 10. Kg6 Tf7: 11. h7 Tg7† 12. Kh6.

10. Tg4–g6 Th6–h8
11. Kf6–e6!

Ein merkwürdiger Zugzwang. Weiß gewinnt.
Nun zurück zu Stellung 160, um die Remisfortsetzung zu zeigen.

1. Kg5–h4†

Schwarz am Zuge würde mit 1. ... Ta1 leicht remis machen. Nun ist es beträchtlich schwieriger. Nach verschiedenen Theoretikern hätte Weiß dieses Endspiel gewinnen können, aber es scheint, als ob die angegebenen Analysen nicht ganz stimmen. Rubinstein spielte hier 1. h6† und mußte sich bald mit remis begnügen.

1. ... Kg7–f6!

Die richtige Fortsetzung.

2. h5–h6 Ta8–a1
3. Kh4–h5 Ta1–a5†

Man beachte den Unterschied zu einer der vorigen Varianten: 3. ... Th1† 4. Th4, und nun
I. 4. ... Tg1 5. h7 Kg7 6. Tg4† und gewinnt.
II. 4. ... Th4:† 5. Kh4: Kg6 6. h7 Kh7: 7. Kh5! und gewinnt.
III. 4. ... Ta1 5. Kg4 Tg1† 6. Kf3 Tg8 7. h7 Th8 8. Kg4 und gewinnt.

4. Tg4–g5 Ta5–a1
5. Tg5–g6† Kf6–f7

5. ... Kf5 verliert, weil der König dabei zu weit von zu Hause weg geht: 6. Tg4 Ta7 7. Tg7 Ta1 8. Tf7† Ke6 9. Tf8 Th1† (9. ... Ke7, so 10. Tf5 Ke6 11. Kg6) 10. Kg6 Tg1† 11. Kh7 Tg2 (auf 11. ... Kg7 folgt 12. Tf5 und 13. Tg5) 12. Kh8 Tg1 13. h7 Tg4 14. Tg8 Tf4: 15. Kg7 usw.

6. Tg6–g4 Ta1–h1†

Es drohte 7. h7. Mit einem seitlichen Schach kommt Schwarz den Problemen nicht bei: 6. ... Ta5† 7. Tg5 Ta1 8. Tf5† Kg8 9. Kg6 Tg1† 10. Tg5 Ta1 11. f5 und 12. f6.

7. Kh5–g5 Th1–a1
8. f4–f5 Ta1–b1
9. Tg4–h4

Bis hierher die erwähnten Analysen, die nun weitergehen mit 9. ... Kg8 10. f6 Kh7 11. Tf4 und Weiß gewinnt. Schwarz hat jedoch stärkeres:

9. ... Tb1–g1†!
10. Kg5–f4

Oder 10. Kh5 Tf1 11. h7 Kg7 12. Kg5 Tg1† 13. Kf4 Kh8 und nun scheint 14.

f6 sehr vielversprechend. Es folgt jedoch 14. ... Tf1† 15. Ke5 Tf6:! 14. Kf6: patt.

10. ...	Tg1–f1†
11. Kf4–g4	Kf7–g8

Schwarz darf kein Schach mehr geben: 11. ... Tg1†? 12. Kf3, und nun wird 12. ... Kg8 durch 13. Tg4† und 12. ... Tf1† durch 13. Kg2 Tf5: 14. h7 widerlegt.

12. Kg4–g5	Kg8–h7
13. Th4–e4	Tf1–g1†
14. Kg5–f6	Tg1–a1

Es ist eine uns bekannte Remisstellung entstanden.

Die besprochenen Beispiele geben uns vielleicht einige Anhaltspunkte bei der Behandlung dieses schwierigen Endspiels. Sehr wichtig ist es, die Endspiele aus Abschnitt 6B zu kennen und wiederzuerkennen.

Ferner, und dies gilt natürlich für alle Endspiele, geht es darum, die gegebenen Anweisungen und Regeln nicht automatisch anzuwenden, sondern den Gebrauch den Umständen „an Ort und Stelle" anzupassen.

C. Turm und zwei Bauern (vereinzelt mit Ausnahme des F- und H- oder A- und C-Bauern) gegen Turm

Über dieses Endspiel ist im allgemeinen nur zu sagen, daß es durchweg für die stärkere Partei gewonnen ist. Mögliche Ausnahmen kommen in der Hauptsache nur vor, wenn es um beide Randbauern geht.

Stellung 161

Smyslov–Bondarevski (1940)

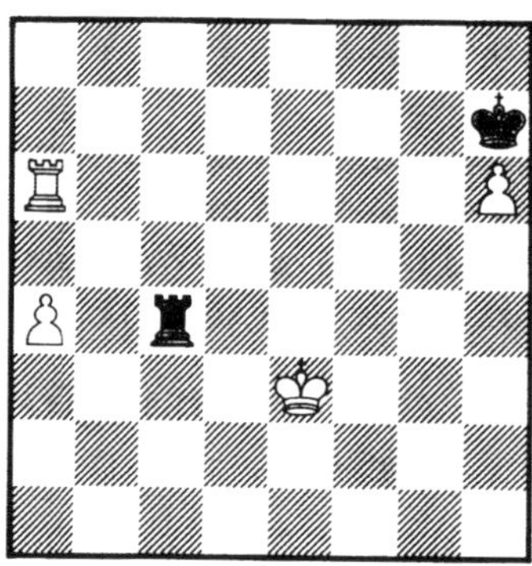

Weiß am Zuge

Weiß kann nicht gewinnen. Der weiße Turm steht ungünstig (vor dem Bauern), und Bauer h6 spielt praktisch keine Rolle. Würden die beiden Türme ihre Plätze tauschen (weißer Tc4 und schwarzer Ta6) und der weiße Bauer auf h4 stehen (statt auf h6), dann stellte das Gewinnen keinerlei Problem dar, im Gegensatz zu der Aufgabe, vor die sich Weiß in Stellung 161 gestellt sieht. Das von Schwarz zu befolgende System beruht auf der von *Vancura* angegebenen Methode. Schwarz bedroht den weißen a-Bauern, um, sobald der weiße König herankommt und diesen Bauern zu decken droht, eine Anzahl

Seitenschachs vorzubereiten. So ist der Verlauf dieses Endspiels leicht verständlich.

1. Ke3–d3 Tc4–b4
2. Kd3–c3 Tb4–f4

Zurecht wählt Schwarz die f-Linie für die Flankenschachs; nicht die g-Linie, weil Feld g7 unzugänglich ist, und nicht die e-Linie, die etwas dichter bei dem weißen König liegt (obwohl noch nicht *zu* dicht).

3. Kc3–b3 Tf4–f3†
4. Kb3–c4 Tf3–f4†
5. Kc4–d5 Tf4–b4

Nicht aber 5. ... Tf5† wegend 6. Ke6 Tf4 7. a5 Ta4 8. Kd7 Ta1 9. Kc7 Ta2 10. Kb7 Ta1 11. Ta8 Kh6: 12. a6 usw.

6. Kd5–c6 Tb4–f4

Um auf 7. a5 die Antwort 7. ... Tf5 zur Hand zu haben.

7. Kc6–d7 Tf4–d4†

Gut war auch 7. ... Tb4 oder 7. ... Tc4. Dagegen führt 7. ... Tf7† zum Verlust wegen 8. Ke6 Tf4 9. a5 Ta4 10. Kd7 usw.

8. Kd7–c7 Td4–f4
9. a4–a5 Tf4–f5!

Der Rest ist nicht mehr von Belang. Bevor Remis beschlossen wurde, folgte in der Partie noch 10. Kd7 Td5† 11. Ke7 Te5† 12. Kf6 Tc5 13. Ta8 Tb4 14. a6 Tb6† 15. Ke7 Th6: (unnötig, aber es geht noch) 16. Kf7 Tb6 17. Ta7 Kh6 18. Kf8 Tb8† (es gelingt Schwarz, einige – wenn auch überflüssige – Variationen in die Remisposition hineinzubringen; planmäßig war 18. ... Tc6) 19. Ke7 Tb6 20. Kd8 Tf6 21. Kc8, remis.

D. Turm und Bauer gegen Turm und Bauer

Wenn der weiße und der schwarze Bauer auf der gleichen oder einer angrenzenden Linie stehen, wird das Endspiel in praktisch allen Fällen remis. Gelingt es nämlich einer der Parteien, den Bauern seines Gegners zu erobern, dann kann letzterer es durchweg so einrichten, daß eine der uns bekannten Remisstellungen von T+B gegen T entsteht.

Es bleiben deshalb nur die Endspiele, in denen beide Parteien einen Freibauern haben, die sich beeilen, ihr Umwandlungsfeld zu erreichen. Der Turm der „langsameren" Partei wird sich gegen den vorrückenden Freibauern opfern müssen, und danach geht es darum, ob das sich ergebende Endspiel von Turm gegen Bauer remis oder gewonnen wird. Ein einfaches, aber lehrreiches Beispiel entlehnen wir einer Weltmeisterschaftspartie.

Stellung 162

Aljechin–Bogoljubow (Match 1929)

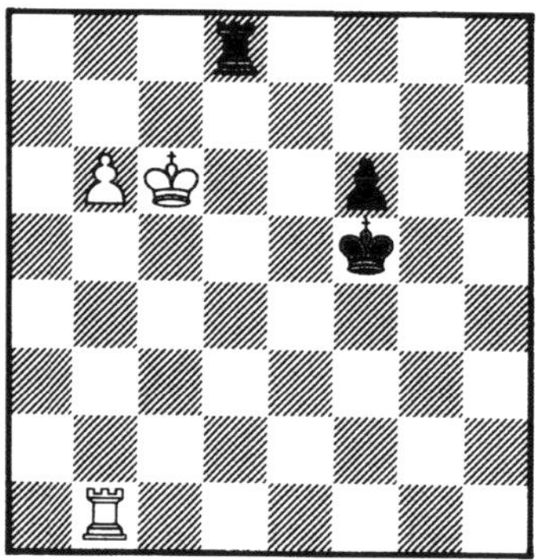

Schwarz am Zuge

Weiß steht viel besser: sein Bauer ist weiter vorgerückt und der Stand seines Königs garantiert die Umwandlung des Freibauern. Doch sind diese Vorteile bei richtigem Gegenspiel noch nicht zum Gewinn ausreichend.

1. ... Kf5–g4?

Das verliert. Schwarz verstößt gegen die einfache Regel, die bei der Behandlung des Endspiels Turm gegen Bauer zur Sprache gekommen ist, daß nämlich der verteidigende König sich an dieselbe Seite des Freibauern begeben muß wie der angreifende König, solches mit dem Ziel, diesem das Näherkommen zu erschweren. Mit 1. ... Ke4! konnte Schwarz remis erreichen: 2. b7 (Schachgebote verbessern die weiße Lage nicht) 2. ... f5 3. b8D Tb8: 4. Tb8: f4 5. Tb4† (wenn der Turm sich hinter den Freibauern stellt, hat Weiß gar keine Aussichten: 5. Te8† Kd4 6. Tf8 Ke3 usw.) 5. ... Ke3 6. Kd5 (der König kann nicht rechtzeitig auf die andere Seite gelangen) 6. ... f3 7. Tb3† Ke2 8. Ke4 f2 9. Tb2† Ke1 10. Ke3 f1S†. Der Remiszug (Stellung 77).

2. b6–b7	f6–f5
3. b7–b8D	Td8×b8
4. Tb1×b8	f5–f4
5. Kc6–d5	f4–f3
6. Kd5–e4	f3–f2
7. Tb8–f8	

Nun ist alles ganz einfach: 7. ... Kg3 8. Ke3 usw.
Mitunter kann die angreifende Partei gewinnen, indem sie den feindlichen König und seinen Bauern voneinander trennt, um ein Endspiel des Typs von Stellung 104 (Anmerkung beim zweiten Zug) anzusteuern.

Stellung 163

Vidmar–Duras (Karlsbad 1911)

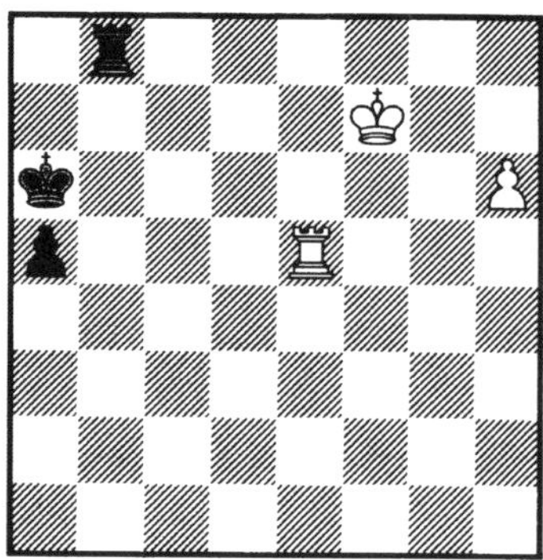

Schwarz am Zuge

Der weiße Turm steht sehr günstig, und Weiß würde gegen das Duo schwarzer König und Bauer ohne weiters gewinnen, falls die Eroberung des schwarzen Turms gegen den weißen vorgerückten Freibauern in Kürze erzwungen werden kann. Es folgte:

1. ... a5–a4?

Spielt Weiß in die Hände. Mit 1. ... Tb7† hätte Schwarz remis machen können, weil Weiß, um den Flankenschachs zu entgehen (ohne seine Umwandlungsmöglichkeiten aufzugeben) seinen Turm dazwischenstellen muß, womit diese Figur ihre beherrschende Stellung hinsichtlich schwarzem König und Bauer aufgegeben hätte. Es hätte folgen können:
I. 2. Te7 Tb1 3. h7 Th1 4. Kg8 Kb5 5. h8D Th8: 6. Kh8: a4 usw.
II. 2. Kf6 Tc8 (abwartend; nicht 2. ... Tb6† 3. Te6) 3. Th5 Tc6† 4. Ke7 Tc7† 5. Kd8 Th7 6. Ke8 a4! (jetzt sehr wohl dieser Vorstoß, denn Schwarz ist in der Lage, den weißen Turm zu zwingen, die fünfte Reihe zu verlassen) 7. Kf8 Th6: 8. Th6:† Kb5 usw.

2. h6–h7 Tb8–b7†
3. Kf7–g6

Mit 3. Te7 Tb8 4. Te8 Tb7† kommt Weiß nicht weiter.

3. ... Tb7–b6†
4. Kg6–h5 Tb6–b8

Das verführerische 4. ... Tb1 wird widerlegt durch 5. Te4!, wonach Schwarz seinen a-Bauern aufgeben muß, weil 6. h8D droht (5. ... Th1† 6. Th4 oder 5. ... Th5† 6. Kg4).

5. Te5–g5 a4–a3

Nach 5. ... Th8 6. Kh6 hat Weiß erreicht, was er wollte: der schwarze Turm muß sich opfern gegen den weißen h-Bauern und der weiße Turm kann den unbeschirmten a-Bauern erobern, sobald sich dieser nach vorn wagt.
Der Tempozug 5. ... Tc8 nützt nichts wegen 6. Tg8 Tc1 (6. ... Tb5† 7. Kg4 Tb4† 8. Kf3 Th4 9. h8D usw.) 7. Tg4! (die gleiche Pointe) und gewinnt. Nach 7. h8D? Th1† 8. Kg4 Th8: 9. Th8: Kb5 kommt Weiß zu spät.

6. Tg5–g3

Auch 6. Tg8 gewinnt, wenn auch etwas weniger einfach nach 6. ... Tb5† 7. Kh6 Tb3.

6. ... Tb8–b5†
7. Kh5–h6 Tb5–b6†

Es gibt nichts anderes.

8. Tg3–g6 a3–a2
9. h7–h8D und gewinnt.

Der spätere Weltmeister Dr. Emanuel Lasker hatte den folgenden schönen Einfall.

Stellung 164

Dr. E. Lasker (1890)

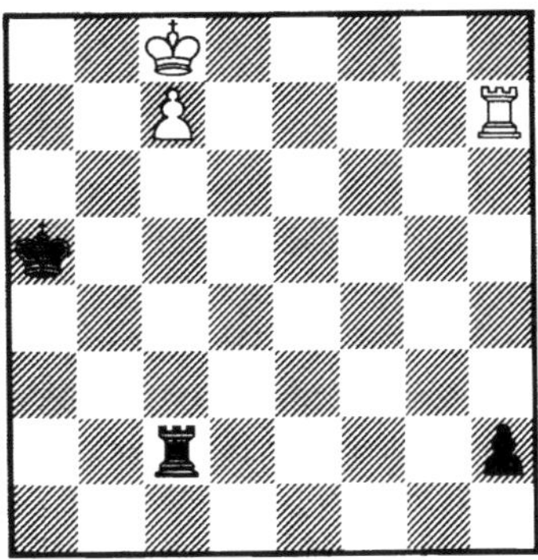

Weiß am Zug gewinnt

1. Kc8–b7 Tc2–b2†

Es gibt nichts anderes, um 2. c8D zu unterbinden.

2. Kb7–a7 Tb2–c2
3. Th7–h5†

Etappenweise wird der schwarze König nach unten gedrängt.

3. … Ka5–a4

Wenn der König die b-Linie betritt, folgt 4. Kb7 und 5. c8D.

4. Ka7–b7 Tc2–b2†
5. Kb7–a6 Tb2–c2
6. Th5–h4† Ka4–a3
7. Ka6–b6 Tc2–b2†

Zwar drohte nun nicht 8. c8D, aber Weiß verfügte noch über eine zweite Drohung, nämlich 8. Th2:!.

8. Kb6–a5 Tb2–c2
9. Th4–h3† Ka3–a2
10. Th3×h2!

Früher war das nicht möglich, weil Bc7 ungedeckt geblieben wäre. Nun jedoch ist der schwarze Turm gefesselt. Weiß gewinnt.
Eine Anzahl von Studien sind nach diesem Lasker-Thema verfaßt worden; daß aber diese Kompositionen für die praktische Partie Bedeutung haben würden, schien unwahrscheinlich, bis der Endspielkenner Hooper ein ähnliches Endspiel in der Partie Clarke–Venkatraman (Olympiade Moskau 1956) entdeckte.

Stellung 165

(die Komposition wich davon etwas ab)

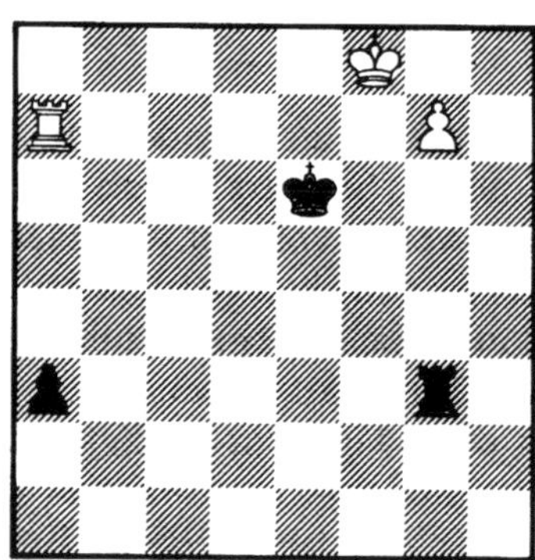

Schwarz am Zuge

Es folgte:

1. … Tg3–f3†
2. Kf8–e8 Tf3–g3
3. Ta7–a6† Ke6–e5

Daß 3. … Kf5 nicht geht, wissen wir bereits (4. Kf7). 3. … Kd5 scheitert an einer kleinen taktischen Feinheit: 4. Kf7 Tf3† 5. Tf6 Tf6:† a2 und Weiß verwandelt den Bauern mit Schach in die Dame.

4. Ke8–f7 Tg3–f3†
5. Kf7–e7 Tf3–g3
6. Ta6–a5†

Immer nach dem gleichen Muster.

6. … Ke5–e4

Eine ähnliche Wendung wie das im 3. Zug entkräftete 3. … Kd5 ergibt sich bei 6. … Kd4, nämlich 7. Kf7 Tf3† 8. Kg6 Tg3† 9. Tg5 Tg5:† 10. Kg5: a2 11. g8D a1D 12. Dh8† usw.

7. Ke7–f7 Tg3–f3†
8. Kf7–e6 Tf3–g3

9. Ta5–a4† Ke4–e3
10. Ta4×a3† usw.

Daß der Bauer, den die verteidigende Partei zusätzlich besitzt, auch einmal einen entscheidenden Nachteil mit sich bringen kann, geht aus dem folgenden Beispiel hervor.

Stellung 166

Kotov–Eliskases
(Stockholm 1952)

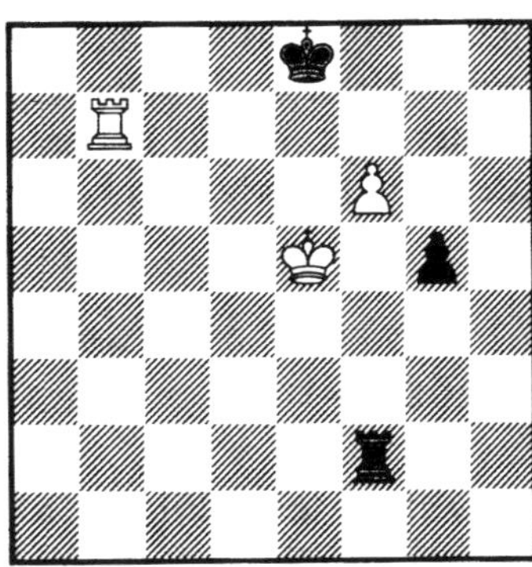

Weiß am Zuge

Ohne den Bg5 würde dieses Endspiel ohne weiteres remis sein (siehe die Ausführungen zu Stellung 133). Nun aber gewinnt Weiß:

1. Ke5–e6 Tf2–e2†
2. Ke6–f5 g5–g4

Auch nach 2. ... Tf2† versteckt der weiße König sich hinter dem g-Bauern.

3. Kf5–g6 Te2–f2
4. f6–f7† Ke8–f8
5. Ta7–a8† Kf8–e7
6. Ta8–e8† usw.

E. Turm und zwei Bauern gegen Turm und Bauer

Dieses Endspiel kommt in der Praxis ziemlich oft vor, namentlich in der Form, in der die stärkere Partei zwei verbundene Freibauern auf dem einen Flügel aufweist und die Gegenpartei einen vorgerückten Freibauern auf dem anderen Flügel.

Stellung 167

(mit einer Variation)

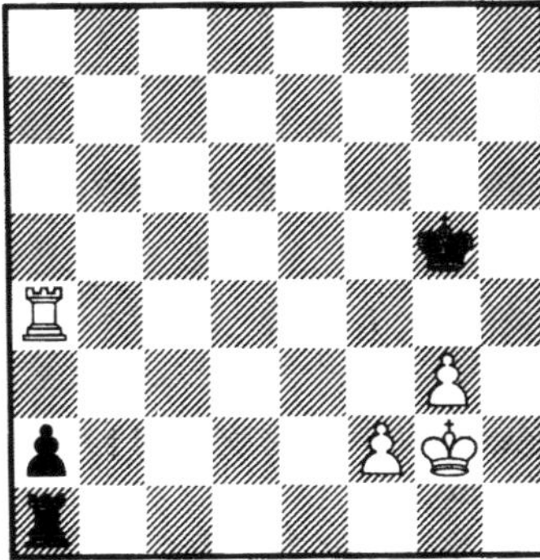

Weiß am Zuge

Die einzige Remischance des Schwarzen besteht darin, daß er in einem günstigen Moment mit seinem Turm einen ungedeckten weißen Bauern angreift und so seinen Freibauern gegen diesen Bauern tauscht.
In Stellung 167 gewinnt Weiß mühelos:

1. Ta4–a5 Kg5–f6

Wenn 1. ... Kg4?, so 2. f3 matt, eine in diesem Endspiel charakteristische Wendung.

2. g3–g4 Kf6–g6

Schwarz bleibt passiv und verliert chancenlos. Nach 2. ... Ke6, das hiernach untersucht wird, können sich noch kleine Verwicklungen bemerkbar machen.

3. Kg2–f3 Kg6–f6
4. Kf3–f4!

Man beachte, wie wichtig es ist, daß der f-Bauer auf seinem ursprünglichen Feld stehen bleibt: nach 4. ... Tf1? 5. Ta2: ist der Bf2 gedeckt.

4. ... Kf6–g6
5. Ta5–a6† Kg6–f7
6. Kf4–f5 Kf7–g7
7. g4–g5

Es geht alles ganz von selbst. Nach 7. ... Kf7 8. Ta7† Kg8 9. Kf6 wird Schwarz mattgesetzt.
Untersuchen wir nun (nach 1. Ta5† Kf6 2. g4) die weniger passive Fortsetzung:

2. ... Kf6–e6

Der König will nach b6 laufen, um den Turm anzugreifen und in der Folge nach b3 zu gehen, wo er den schwarzen Turm von der Deckung von a2 entlastet. Das sieht wie ein sehr langer Weg aus, aber wenn wir die Stellung Zug um Zug untersuchen, zeigt sich, daß Schwarz fast noch rechtzeitig kommt: 3. Kf3 Kd6 4. Kf4 (4. g5?, so 4. ... Tg1) 4. ... Kc6 5. g5 Kb6 6. Ta8 Kb5 7. Kf5 Kb4 8. g6 Kb3 9. g7 Tg1 10. Kf6 Kb2 11. Kf7 a1D 12. Ta1: Ka1: 12. g8D Tg8: 13. Kg8: Kb2 14. f4 usw.

3. g4–g5

So sieht es einfacher aus, weil Weiß nun ein Tempo gewinnt, so daß die Königswanderung nach b6 viel zu spät käme. Es ergeben sich jedoch auch hier (kleine) Probleme.

3. ... Ke6–f7!

Nun geht 4. Kf3 nicht wegen 4. ... Tg1.

4. Ta5–a6!

Nach 4. f4 Kg6 macht Schwarz remis.

4. ... Kf7–g7
5. f2–f4

Weiß muß ohne Hilfe seines Königs auskommen, aber das geht auch ohne weiteres.

5. ... Kg7–f7
6. f4–f5 Kf7–g7

6. ... Tb1 7. Ta2: Tb5 8. Tf2 ist ebenfalls für Weiß gewonnen.

7. Ta6–a7† Kg7–g8
8. g5–g6!

Mit 8. f6 Tb1 9. Ta2: Tb5 würde Weiß es sich unnötig schwer machen (10. Ta8† Kf7 11. Ta7† Kf8 12. Tg7).

8. ... Ta1–b1

Sonst folgt 9. f6 mit Mattdrohung.

9. Ta7×a2 Tb1–b5
10. Ta2–f2

und gewinnt (10. ... Kg7 11. f6† Kg6: 12. f7 usw.).
Wenn in Stellung 167 der *weiße f-Bauer auf f3* steht, kann der weiße König

nicht mitwirken, und Weiß gewinnt in der soeben angegebenen Manier (1. Ta5† Kg6 2. f4 Kf6 3. g4 Kg6 4. Ta6† Kg7 5. g5 Kf7 6. f5 Kg7 7. Ta7† Kf8 8. g6! usw.).

Stellung 168

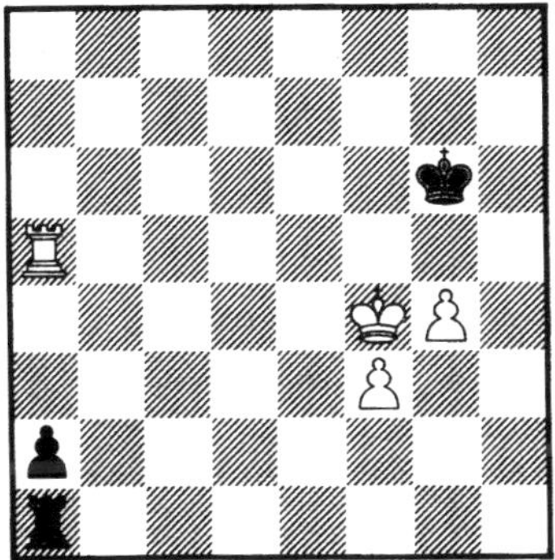

Weiß am Zuge

Stünde der f-Bauer noch auf f2, dann wäre das Endspiel für Weiß leicht gewonnen. Aber nun gelingt es nicht; Schwarz hält remis!

1. Ta5–a6†	Kg6–f7
2. g4–g5	Kf7–g7
3. Kf4–f5	

Das einzige, das Weiß noch versuchen kann; auf 3. g6 folgt einfach 3. ... Tg1.

3. ...	Ta1–f1
4. Ta6–a7†	Kg7–f8
5. Ta7×a2	Tf1×f3†
6. Kf5–g6	Tf3–g3!

Die richtige Methode. Auf 7. Ta8† Ke7 8. Kh6 folgt nun 8. ... Kf7. Remis (Stellung 133).
Deckt der schwarze Turm seinen Bauern von der Seite, entstehen ganz andere Probleme. Im allgemeinen kann nicht bestimmt gesagt werden, welche der beiden Formen dem Schwarzen die meisten Remischancen bietet. Alles hängt von der Lage am anderen Flügel ab. Während im ersten Fall (Turm vor dem Bauern) der schwarze Turm manchmal mit einer senkrechten Drohung (zum Beispiel schach) remis erreicht, bringt im zweiten Fall oft eine waagerechte Bedrohung die Rettung.

Stellung 169

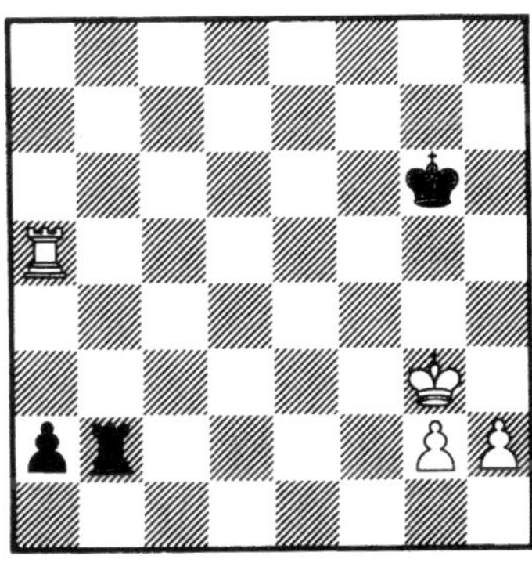

Schwarz oder Weiß am Zuge

Ein unglaublich schwieriges Endspiel, mit dem sich verschiedene Experten (darunter Namen wie Keres und Hooper) eingehend befaßt haben. Man hat sich darüber geeinigt, daß Schwarz am Zuge remis machen kann und daß Weiß am Zuge gewinnt.
Schwarz am Zuge macht remis, indem er mit seinem König auf den anderen Flügel marschiert, wie wir das auch im vorigen Beispiel gesehen haben.

1. ...	Kg6–f6
2. Kg3–h3	

Mit 2. h4 Kg6 kommen wir zu einer Stellung, die alsbald untersucht wird

und von der festgestellt wird, daß Schwarz remis machen kann (Analyse von Maiselis).

2. ...	Kf6–e6
3. g2–g4	Ke6–d6
4. Kh3–g3	

Nach dem auf der Hand liegenden 4. g5 kehrt der schwarze König zurück (4. ... Ke6) und macht leicht remis: 5. Kg3 Tb5! 6. Ta6† Kf5 7. h4 Tb3† 8. Kg2 Tb2† (oder auch 8. ... Kg4).

4. ...	Kd6–c6
5. h2–h3	

Es ist sehr lehrreich, zwei Alternativen zu untersuchen.

I. 5. h4 Tb3† 6. Kf4 Tb4† 7. Kf3 Tb3† 8. Kf2 Tb4 und Weiß kommt nicht weiter (9. Ta2: Tg4: 10. h5 Th4 11. h6 Kb5).

II. 5. g5 Kb6 6. Ta8 Kb5 7. g6 Tb3† 8. Kf2 (der weiße König darf nicht auf die 4. Reihe wegen 8. ... Tb4† und 9. ... Ta4) 8. ... Tb2† 9. Kf3 Tb3† (Schwarz schlägt erst auf h2, wenn der weiße König etwas weiter weg ist) 10. Ke2 Tb2† 11. Kd3 Th2: 12. g7 Tg2, remis.

5. ...	Kc6–b6
6. Ta5–a8	Kb6–b5
7. Kg3–h4	

Nach 7. g5 Tb3† erhalten wir eine ähnliche Variante wie die obenstehende.

7. ...	Kb5–b4
8. g4–g5	Kb4–b3
9. g5–g6	Tb2–b1
10. Kh4–h5	

Nach 10. g7 Tg1 würde der g-Bauer verloren gehen.

10. ...	a2–a1D
11. Ta8×a1	Tb1×a1
12. g6–g7	Ta1–g1

Der Rest ist eine Frage des Abzählens: der schwarze König kommt gerade zurecht.
Zurück zu Stellung 169.

1. h2–h4?

Maiselis hat nachgewiesen, daß Weiß hiermit nur remis erreicht. Weiß muß erst seinen König „einhüllen" (hinter den eigenen Bauern verschwinden lassen).

1. ...	Tb2–c2

Schwarz wartet ab, bis der weiße g-Bauer nach vorn gebracht worden ist, wonach der schwarze Turm aggressiver aufzutreten vermag.

2. Kg3–h3	Tc2–b2
3. g2–g3	

Es ist klar, daß 3. g4 schlecht ist: Schwarz gibt eine Anzahl waagerechter Schachs, und sobald der weiße König etwas dichter herangekommen ist, erobert der Turm einen der vorgerückten Bauern.

3. ...	Tb2–c2
4. h4–h5†	

4. Ta6† Kf7 kommt auf dasselbe heraus.

4. ...	Kg6–f6
5. Kh3–h4	

Der eigentliche Schlüssel zur Lösung der Probleme des Schwarzen besteht darin, daß die Stellung nach 5. g4 Tc5! 6. Ta2: Kg5 überraschenderweise remis ist.

5. ... Tc2–h2†
6. Kh4–g4 Th2–b2
7. Ta5–a6† Kf6–g7

Es sieht so aus, als erhielte Weiß doch noch Chancen.

8. Kg4–g5 Tb2–b5†

Schwarz darf seinen König nicht auf die 8. Reihe zurückdrängen lassen.

9. Kg5–h4 Tb5–b2
10. g3–g4 Kg7–f7!

Auf 10. ... Tc2? folgt 11. h6† Kf7 (11. ... Kh7, so 12. Kh5 Th2† 13. Kg5 Th6: 14. Ta7† usw.) 12. Kh5 Tb2 13. Ta7† Kf6 14. g5† Kf5 15. Ta5† und 16. Kg6.

11. Ta6–a7†

Nach 11. h6 Tb6! 12. Ta7† Kg6 ist es auch remis.

11. ... Kf7–f6
12. g4–g5† Kf6–f5
13. Ta7–a5†

Falls 13. h6, so 13. ... Th2† 14. Kg3 Th1 15. Ta5† Kg6 16. Ta2: Kg5:.

13. ... Kf5–f4
14. Kh4–h3 a2–a1D usw.

Aus dem vorangegangenen geht hervor, daß der weiße h-Bauer soweit wie möglich zurückbleiben muß, um den König längs der h-Linie abzuschirmen. Der g-Bauer fungiert dann als waagerechter Schild. Noch einmal zurück zu Stellung 169. Weiß gewinnt wie folgt:

1. Kg3–h3! Kg6–f6
2. g2–g4 Kf6–g6

Will Schwarz dem soeben gegebenen aggressiven Weg folgen, kommt er gerade einen Zug zu spät: 2. ... Ke6 3. Kg3 Kd6 4. h3 Kc6 5. Kh4 (Weiß spielt sehr vorsichtig und ist fortwährend auf der Hut vor Flankenschachs) 5. ... Kb6 6. Ta8 Kb5 7. Kh5 Kb4 8. g5 Kb3 9. h4! Tc1 10. g6 a1D 11. Ta1: Ta1: 12. g7 usw.

3. Kh3–g3 Kg6–f6
4. h2–h3

Es läuft alles „wie am Schnürchen“.

4. ... Kf6–g6
5. Kg3–h4 Kg6–f6
6. Ta5–a6† Kf6–e5

Nach 6. ... Kg7 7. Kh5 geht es einfach und mit der Regelmäßigkeit eines Uhrwerks.

7. Kh4–h5 Tb2–h2
8. h3–h4 Ke5–d4

Um wenigstens etwas zu unternehmen.

9. g4–g5 Kd4–c3
10. g5–g6 Kc3–b2
11. g6–g7 Th2–g2
12. Kh5–h6 a2–a1D
13. Ta6×a1 Kb2×a1
14. h4–h5

Hier war die letzte Gelegenheit, mit 14. Kh6–h7? Tg2–h2! 15. g7–g8D

Th2×h4† 16. Kh7–g6 Th4–g4† den Gewinn aus der Hand zu geben.

14. ... Ka1–b2
15. Kh6–h7 und gewinnt.

Sind die verbundenen Bauern der stärkeren Partei nicht frei, ist der Gewinn viel schwieriger und in den meisten Fällen unmöglich. Ein einziger Ausnahmefall hebt sich ab, wenn die weißen Bauern weit vorgerückt sind. Das folgende Beispiel aus einer Partie zeigt es.

Stellung 170

(mit einer Variation)
Tschechower–Kajekewitsch (1949)

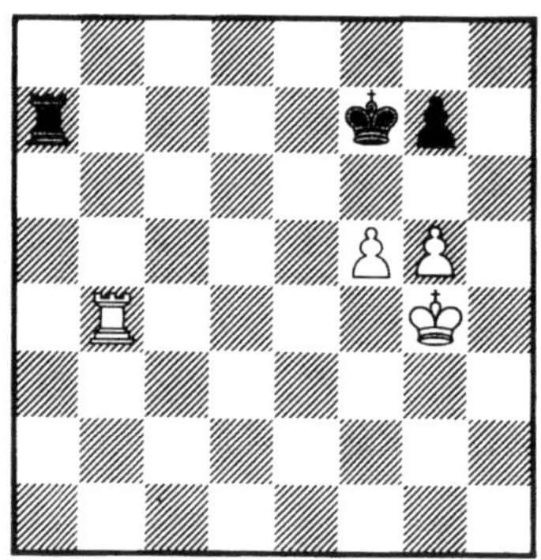

Weiß am Zuge

Weiß am Zuge gewinnt.

1. Kg4–h5 Ta7–c7

Schwarz wartet ab. Wir betrachten drei andere Möglichkeiten.
I. 1. ... g6† 2. Kh6! (nach 2. fg† Kg7 ist das Endspiel remis) 2. ... gf 3. g6† Kf6 4. Tb6† (das naheliegende 4. g7 wird widerlegt durch 4. ... Ta1) 4. ... Ke5 5. g7 Ta8 6. Tg6 Tg8 (6. ... f4 7. g8D Tg8: 8. Tg8: führt zum Gewinn für Weiß) 7. Kh7 Ta8 (7. ... Tg7:† 8. Tg7: kommt ungefähr auf dasselbe heraus) 8. g8D Tg8: 9. Tg8: f4 10. Kg6 und Weiß kommt rechtzeitig.
II. 1. ... Ta1 2. Tb7† Kf8 3. Kg6 Ta6† 4. f6 gf 5. gf Ta8 6. Th7 usw.
III. 1. ... Ta6 2. Tb7† Kf8 3. Tb8† Ke7 (3. ... Kf7 4. g6† führt zum nachfolgenden Text) 4. f6† gf 5. g6 Ta1 6. g7 Th1† 7. Kg6 Tg1† 8. Kh7 Th1† 9. Kg8 f5 10. Tb7† Kf6 (nicht 10. ... Ke8 wegen 11. Tb5 und 12. Te5†) 11. Kf8 Ta1! 12. Tf7†! (es kommt auf ein Tempo an; nach 12. Tb6† Kg5! 13. g8D Ta8† erreicht Schwarz remis) 12. ... Ke5 13. g8D Ta8† 14. Kg7 Tg8:† 15. Kg8: f4 16. Kg7 und gewinnt – der weiße König steht auf der günstigen Seite.

2. Tb4–b8 Tc7–c6

Auch auf 2. ... Ta7 folgt 3. g6† Ke7 4. Tg8 Kf6 5. Tf8† Ke5 6. f6. Weiß erzwingt einen Freibauern, und das entscheidet: 6. ... gf 7. Kh6! Ta1 8. g7 usw.

3. g5–g6† Kf7–e7
4. Tb8–g8 Ke7–f6
5. Tg8–f8† Kf6–e5
6. f5–f6!!

Dieser überraschende Zug rührt von Tschechower her. Nach 6. Tf7 Kf4 würde 7. Tg7:? sogar zum Verlust führen (7. ... Ta1).

6. ... Ta6×f6
7. Tf8–f7!

Nun geht g7 verloren, und damit ist die Sache entschieden.

7. ... Ke5–e6

Oder 7. ... Tf5† 8. Kg4 Tf6 9. Tg7:.

8. Tf7×g7 Tf6–f1
9. Tg7–a7 Tf1–h1†
10. Kh5–g5 und gewinnt.

Wenn wir in Stellung 170 alle Steine *eine Linie nach links* verschieben, gewinnt Weiß auf die gleiche Weise. Wenn aber in diesem letzten Fall der *weiße Bauer noch auf f4* steht und der *weiße König auf f5* (Weiß: Kf5 Tb6 Be5 f4; Schwarz: Ke7 Tc7 Bf7), vermag Schwarz durch sorgfältiges Spiel remis zu halten, wie Keres in seinem *Praktische Endspiele* hervorgehoben hat. Auf 1. Kg5 muß er dann 1. ... Tc5! spielen, um das Vorrücken des f-Bauern zu verhindern.

Stellung 171

Kortschnoj–Karpov, 25. Matchpartie 1978

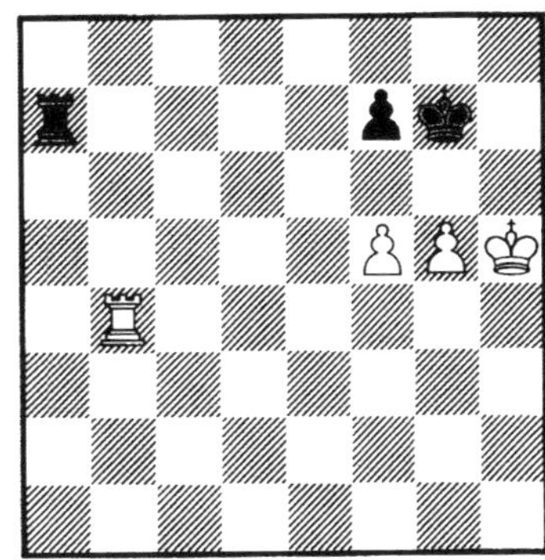

Weiß am Zuge

Diese Stellung zeigt viel Ähnlichkeit mit der vorigen, ist aber doch wesentlich anders geartet; zum ersten, weil hier der schwarze König von der Seite geschützt ist, und zum zweiten, weil der weiße König keine Möglichkeit hat, in die schwarze Stellung einzudringen (wie in Stellung 170 mit Kh5–g6). Schwarz kann mit seinem Turm auf der 7. Reihe bleiben, da 1. Tb8 Tc7 2. f6† Kh7 3. Tf8 Ta7 4. Tf7:† Tf7: 5. g6† nur remis ergibt, während 3. Te8 mit der Drohung 4. Te7 einfach mit 4. ... Th1 beantwortet wird.
Angriffslust des schwarzen Turms bringt große Gefahren mit sich: 1. Tb8 Ta1 2. f6† Kh7 3. Tf8 Th1†? (3. ... Ta7!) 4. Kg4 Tg1† 5. Kf4 Tf1† 6. Ke5 Kg6 7. Tg8† Kh5 8. Tg7.

F. Turmendspiele mit beiderseits mehr Bauern

Als allgemeine Anweisung gilt, daß es empfehlenswert ist, im Turmendspiel nach der Initiative zu streben. Ein Turm, der einen feindlichen Bauern bedroht oder unter Beschuß hält, kann viel mehr Aktivität entwickeln als der Turm, der mit der Aufgabe beschwert ist, seinen Bauern zu decken. Besonders wirkungsvoll ist die Stellung des weißen Turms auf der 7., des schwarzen auf der 2. Reihe, wenigstens wenn sich auf dieser Reihe noch ein oder mehrere feindliche Bauern befinden, die natürlich gedeckt werden müssen. Außerdem spielt ganz allgemein im Endspiel, aber ganz besonders im Turmendspiel der König eine wichtige Rolle, sowohl im Angriffs- als auch im Verteidigungssinn.

Der König, dem es gelingt, in die feindliche Stellung einzudringen, läßt durchweg eine Spur der Verwüstung zurück. Ferner ist der König die Figur, die ausnehmend dazu bestimmt ist, dem gegnerischen Turm den Zugang auf die vorletzte Reihe zu nehmen. Als dritter wichtiger Faktor im Turmendspiel kann der Freibauer gelten, der im Zusammenspiel mit König und Turm Mattbilder schaffen kann.
Die genannten drei Elemente finden wir harmonisch vereinigt in dem hier folgenden lehrreichen Endspiel.

Stellung 172

Capablanca–Tartakower
(New York 1924)

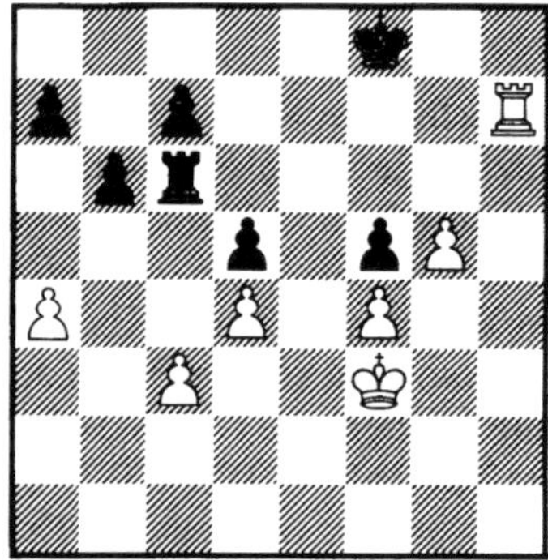

Weiß am Zuge

1. Kf3–g3!

Weiß dringt mit seinem König in die schwarze Stellung ein. So erhält er einen klaren Gegenwert für den nun folgenden Bauernverlust.

1. ... Tc6×c3†
2. Kg3–h4

Schwarz muß sich nun gegen die tödliche Drohung 3. g6 und 4. Kg5 zur Wehr setzen, wonach Weiß die Wahl zwischen 5. Kf5: hat, das ihm zwei verbundene Freibauern verschafft, und 5. Kf6, um auf Matt zu spielen.

2. ... Tc3–f3

So wird wenigstens die Gefahr der verbundenen Freibauern beschworen. Die Alternative bestand in der Gegenoffensive 2. ... c5 3. g6 cd 4. Kg5 d3. Weiß kommt jedoch zurecht, um den schwarzen Freibauern unschädlich zu machen: 5. Td7 Tc5 5. Kh6, und nun scheitert 6. ... d2 an 7. g7†, und Weiß verwandelt den Bauern in eine Dame (7. ... Ke8 8. Td5:! Td5: 9. g8D†).

3. g5–g6 Tf3×f4†
4. Kh4–g5 Tf4–e4

Nicht 4. ... Td4: wegen 5. Kf6 Ke8 (5. ... Kg8 6. Tc7: und matt) 6. g7 (auch möglich und vielleicht noch stärker ist zuerst 6. Tc7:) 6. ... Tg4 7. Th8† mit Turmgewinn.

5. Kg5–f6 Kf8–g8

Diese Verteidigung ist möglich, weil der schwarze Turm nun auf die 8. Reihe kommen kann.

6. Th7–g7†

Gut genug war auch 6. Tc7:; aber der Textzug treibt den König auf ein weniger gutes Feld.

6. ... Kg8–h8

Auf 6. ... Kf8 folgt 7. Tc7: Te8 (es drohte 8. Tc8† Te8 9. g7†) 8. Kf5:, und nun wird 8. ... Te7 mit 9. Te7: Ke7: 10. Ke5 beantwortet.

7. Tg7×c7 Te4–e8
8. Kf6×f5 Te8–e4

Auch nach 8. ... a6 ist der Gewinn einfach: 9. Tb7 b5 10. ab ab 11. Tb5: Td8 12. Tb7 Kg8 13. Ke6 und 14. Td7.

9. Kf5–f6 Te4–f4†

Praktisch erzwungen.

10. Kf6–e5 Tf4–g4
11. g6–g7†

So behält Weiß wenigstens seinen g-Bauern, weil 11. ... Tg7: nicht gut möglich ist wegen 12. Tg7: Kg7: 13. Kd5:.

11. ... Kh8–g8
12. Tc7×a7 und Weiß gewann.

Auch im Weltmeisterschaftskampf 1978 kam die große Kraft des eingedrungenen Königs sehr gut zu ihrem Recht.

Stellung 173

Kortschnoj–Karpov
(Baguio City 1978)

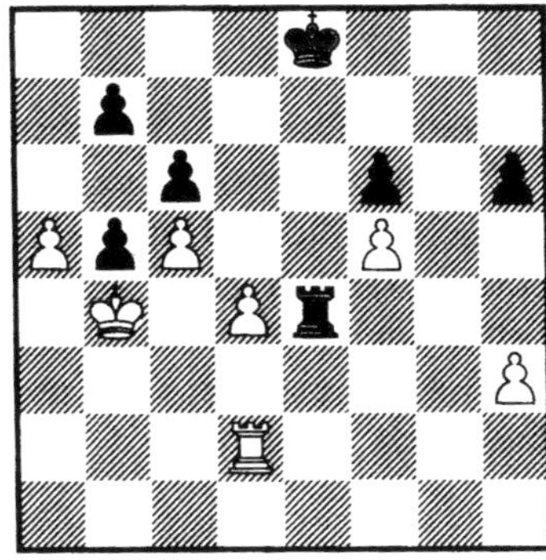

Weiß am Zuge

Diese Stellung ist entstanden, nachdem der Nachziehende mehrmals die beste Fortsetzung verpaßte, die höchstwahrscheinlich zum Remis geführt hätte. Weiß entschied das Endspiel mit einigen kräftigen Zügen:

1. a5–a6! b7×a6
2. Kb4–a5 Ke8–d7
3. Ka5–b6!

Ein neuerlicher Beweis für die These, daß es in Turmendspielen nicht allein und durchweg nicht an erster Stelle um das Materialverhältnis geht.
Nach 3. Ka6:? Kc7 hat Schwarz vorzügliche Chancen, weil der weiße d-Bauer nicht vorgehen kann wegen des Matts auf a4. Mit dem Textzug droht Weiß sich durch d4–d5 (eventuell nach voraufgegangenem Kb7) einen mächtigen Freibauern zu verschaffen.

3. ... b5–b4

Weiß hat sich bis hierher „unter dem Schirm" der schwarzen Bauern belangreiche Angriffschancen verschafft. Der Textzug dient als Vorbereitung, um diesen Schirm zu beseitigen.
Auf 4. Kb7 folgt nämlich 4. ... b3 5. d5 Tb4†.

4. d4–d5 c6×d5
5. Td2×d5† Kd7–c8
6. Td5–d3

Noch immer genießt Weiß die abschirmende Wirkung der schwarzen Bauern.

6. ... a6–a5
7. Td3–g3 b4–b3

Das auf der Hand liegende 7. ... a4 wird mit 8. c6 Te8 9. Tg4 mit Eroberung der feindlichen a- und b-Bauern beantwortet, womit die schwarze Gegenoffensive entkräftet ist.
Mit dem Textzug droht 8. ... Tb4†, welcher Zug nach 8. Tb3: sogar zum Gewinn für Schwarz führen würde.

8. Kb6–c6

Wieder mit Mattdrohung.

8. ... Kc8–b8

Auch nach 8. ... Kd8 9. Tb3: ist das Endspiel für Schwarz nicht zu halten.

9. Tg3×b3† Kb8–a7

Viel mehr Widerstand hätte 9. ... Tb4 geleistet, worauf 10. Tb4: ab lediglich remis ergibt. Die Partie hätte wie folgt weitergehen können (9. ... Tb4): 10. Ta3 a4 11. Kd7 Tf4 12. c6 Td4† 13. Ke6 Kc7 14. Kf6: Kc6: 15. Kg6 Kd7 16. f6 Ke8 17. Tc3† Kf8 18. Tc3 Td8 19. Tc7 usw.

10. Tb3–b7†

mit leichtem Gewinn für Weiß:
10. ... Ka6 11. Tb6† Ka7 12. Kb5 a4 13. Tf6: Tf4 14. Th6: a3 15. Ta6† Kb8 16. Ta3: usw.

Stellung 174

Tarrasch–Rubinstein
(San Sebastian 1911)

Augenscheinlich muß Schwarz verlieren. Er hat einen Bauern weniger und

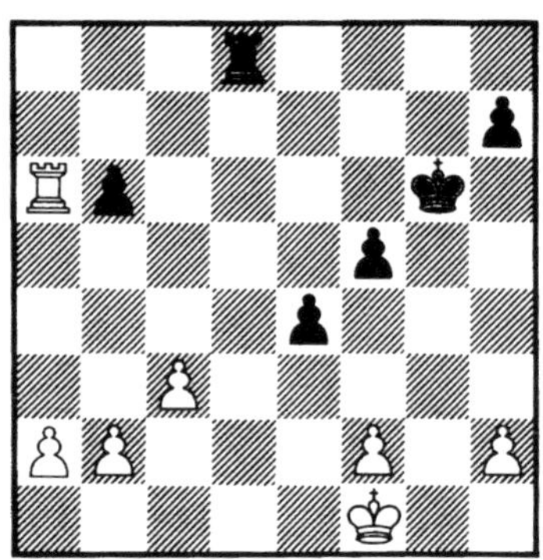

Schwarz am Zuge

ist in Gefahr, noch einen zweiten Bauern einzubüßen. Die einzige Möglichkeit, die Partie zu retten, besteht in einem Gegenangriff:

1. ... Td8–d2!
2. Ta6×b6† Kg6–g5
3. Kf1–e1 Td2–c2
4. Tb6–b5

Weiß muß etwas gegen das Vorrücken des f-Bauern tun. Nach 4. a4 f4 5. a5 Kg4 6. a6 Kf3 7. a7 Tc1† 8. Kd2 Ta1 ist es sicher nicht Weiß, der besser steht.

4. ... Kg5–g4
5. h2–h3†!

Noch immer drohte 5. ... f4 nebst 6. ... Kf3. Mit dem Textzug versteht es Weiß, die feindliche Hauptmacht zu vernichten, für welchen Zweck er gleichwohl soviel Material preisgeben muß, daß seine eigenen Gewinnchancen illusorisch werden.

5. ... Kg4×h3
6. Tb5×f5 Tc2×b2

Der Bauer, den Weiß mehr besitzt, ist nicht von großem Wert, weil alle seine Bauern vereinzelt sind und sein König auf der untersten Reihe festgehalten wird.

7. Tf5–f4

Auf 7. a4 folgt 7. ... Ta2 8. a5 Kg4 und eventuell 9. ... Kf3.

7. ...	Tb2×a2
8. Tf4×e4	h7–h5
9. c3–c4	Kh3–g2
10. Te4–f4	

Auf 10. Th4 geschieht nicht 10. ... Tf2: wegen 11. Th2†, sondern 10. ... Tc2 11. Tf4 Kg1, und Weiß kommt nicht weiter. Sobald der c-Bauer verloren geht, ist das Remis vollzogene Tatsache.

10. ...	Ta2–c2
11. Tf4–h4	Kg2–f3

Auch mit 11. ... Kg1 kann Schwarz remis machen.

12. Ke1–d1	Tc2×f2
13. c4–c5	Kf3–e3
14. Th4×h5	

Oder 14. c6 Tf6, und nun nicht 15. Tc4? wegen 15. ... Kd3 und Schwarz gewinnt!

14. ... Ke3–d4

Remis.

Stellung 175

Aljechin–Euwe
(Match 1927)

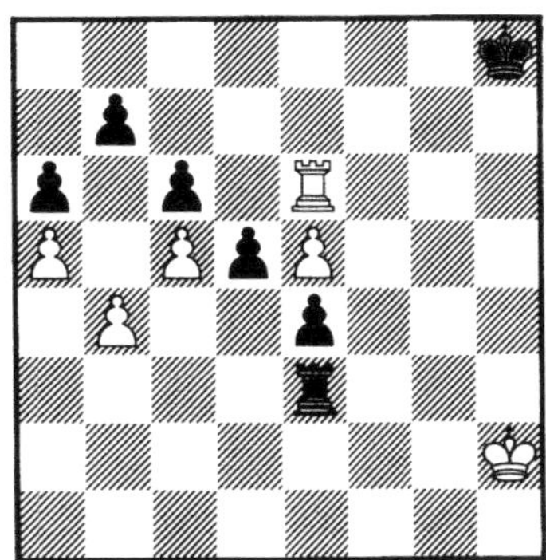

Schwarz am Zuge

Ein besonders aufregendes Beispiel, nicht so sehr wegen des wirklichen Verlaufs, als wegen der von Aljechin nach der Partie gegebenen Analyse. Schwarz kann gewinnen, aber man frage nicht wie.
In der Partie geschah 1. ... d4? 2. Tg6! Tf3 (erzwungen, weil der weiße Freibauer durchzulaufen drohte) 3. Tg4. Weiß erobert einen der schwarzen Freibauern und erreicht so remis. Die von Aljechin angegebene Gewinnfortsetzung lautet:

1. ... Te3–f3

Der angewiesene Zug, um den weißen Freibauern zu stoppen, ohne die eigenen Bauern zu schwächen. Aber der Textzug leistet noch mehr: er schneidet den weißen König von der f-Linie ab, so daß der schwarze e-Bauer ungehindert durchzulaufen droht.
Will Weiß sich dagegen verteidigen, muß er sofortige Maßregeln ergreifen. Er kann sich zum Beispiel nicht erlau-

ben, mit 2. Te7 auf Bauerngewinn zu spielen. Das bedeutet also, daß Weiß überhaupt kein Gegenspiel mehr hat. Scheinbar muß Weiß chancenlos untergehen.

2. Kh2–g2

Verhindert das unmittelbare Vorrükken des e-Bauern.

2. ... Tf3–f5

Um e5 unschädlich zu machen, sobald sich der weiße Turm zurückgezogen hat, um den schwarzen e-Bauern zu stoppen.

3. b4–b5! e4–e3

Nach dem naheliegenderen 3. ... cb erhält Weiß mit 4. c6 bc 5. Tc6: e3 6. Ta6: e2 7. Th6† Kg7 8. Th1 Te5: 9. Kf2 noch einige Remischancen!

4. b5×a6 b7×a6

Natürlich nicht 4. ... e2 wegen 5. ab Tf8 6. Th6† und Weiß hat sogar selbst Gewinnchancen.

5. Te6×c6 e3–e2
6. Tc6–h6† Kh8–g7
7. Th6–h1 d5–d4
8. c5–c6 d4–d3
9. c6–c7 Tf5–f8

Nun scheint das Los des Weißen besiegelt zu sein. Es droht 10. ... d2 und nach 10. c8D Tc8: 11. Kf2 Tc5! 12. e6 Te5 kämpft Weiß für eine hoffnungslose Sache.

10. Th1–g1!!

Ein besonders feines Manöver, das 10. ... d2 verhindert. Darauf würde nämlich folgen: 11. c8D Tc8: 12. Kf2† usw.

10. ... Kg7–h6

Aufs neue droht 11. ... d2.

11. Tg1–h1† Kh6–g5
12. Th1–g1 Kg5–f4
13. Kg2–f2 Kf4×e5†
14. Kf2–e1

14. Ke3 scheitert an 14. ... Tf1 15. Tf1: efD 16. c8D De2 matt.

14. ... Ke5–d4
15. Ke1–d2 Tf8–f1
16. Tg1–g4† Kd4–d5
17. Tg4–g5† Kd5–d6
18. c7–c8D e2–e1D†

und gewinnt (19. Kd3: Dd1† 20. Ke4 Df3† 21. Kd4 Td1†).

8. Damen-Endspiele

Wir unterscheiden die folgenden Abschnitte:
A. Dame und Bauer gegen Dame
B. Damenendspiele mit mehreren Bauern auf beiden Seiten

A. Dame und Bauer gegen Dame

Für die Endspiele von Dame und Bauer gegen Dame gelten die folgenden Regeln:
1. Stellungen, in denen der verteidigende König vor dem Bauern steht und der angreifende König dahinter, bieten nur in Ausnahmefällen Gewinnchancen.
2. Es ist nicht so schwierig, einen Bauern, dessen Vormarsch nicht durch den verteidigenden König aufgehalten wird, zur vorletzten Reihe zu bringen; aber das größte Problem erhebt sich erst dann: das Vermeiden des ewigen Schachs.
3. Mit einem Bauern auf der vorletzten Reihe sind die Gewinnchancen verschieden.
a. mit dem Randbauern nahezu gleich Null
b. mit dem Springerbauern annehmbar
c. mit dem Läufer-, Dame- und Königsbauern am größten
4. Der verteidigende König hält sich, falls er nicht vor dem feindlichen Bauern steht, am besten in großem Abstand von dem Bauern auf, um die eigene Dame nicht beim Schachbieten zu beeinträchtigen.
5. Der Damentausch bedeutet die größte Gefahr für die verteidigende Partei, die fortdauernd darauf zu achten hat.
6. Die zwei wirkungsvollsten Mittel, mit denen der Verteidiger die Umwandlung des Bauern zu verhindern trachten muß, sind das Schachbieten und das Fesseln (auf der Waagerechten oder der Schrägen) des Bauern, Weniger verläßlich ist das Bestreichen des Umwandlungsfeldes durch die verteidigende Dame; am wenigsten zweckmäßig ist, die Dame vor den Freibauern zu stellen.
Wir wollen nun an Hand eines Beispiels zeigen, wie die stärkere Partei ihren Bauern nach vorn bringt und weiter, wie der Bauer, auf der 7. Reihe angelangt, entscheidende Bedeutung erhält. Der erste Teil dieses Endspiels wird lediglich flüchtig kommentiert, während bei der Behandlung des zweiten Teils die verschiedenen Verteidigungen so weit möglich vollständig untersucht werden.

Stellung 176

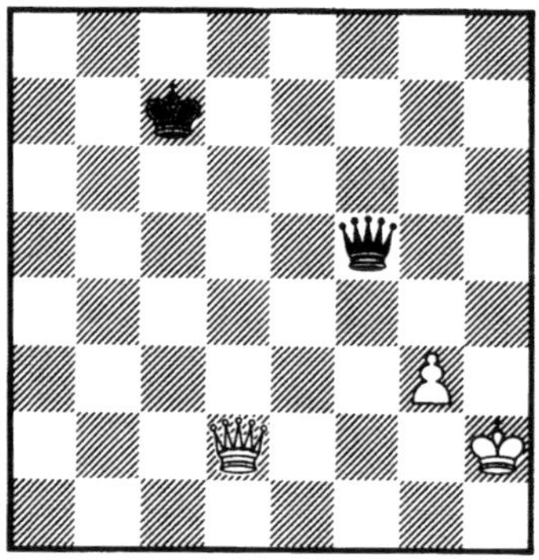

Weiß am Zuge

1. Kh2–g2

Der Damentausch 1. Df4† Df4: 2. gf Kd6 führt lediglich zum Remis.

1. ...		Df5–e4†
2. Kg2–h3		De4–h7†
3. Kh3–g4		Dh7–g6†
4. Dd2–g5		Dg6–e6†

Natürlich scheitert 4. ... De4† an 5. Df4†

5. Kg4–h4 Kc7–d6

Schwarz hat kein Schach mehr und trachtet nun danach, seinen König nahe heranzubringen: 5. ... Kd7 wäre natürlich verfehlt wegen 6. Dg4.

6. g3–g4	De6–e1†
7. Kh4–h5	De1–h1†
8. Kh5–g6	Dh1–e4†
9. Kg6–g7	De4–e2

Nicht 9. ... Dd4† wegen 10. Df6†.

10. Dg5–f6†	Kd6–d5
11. g4–g5	Kd5–c5

Nachdem es offenbar nicht geglückt ist, den schwarzen König vor den Bauern zu stellen, bläst die schwarze Majestät zum Abzug.

12. g5–g6	Kc5–b4
13. Kg7–g8	Kb4–a4

Der König bleibt lieber so weit wie möglich entfernt von der Nachbarschaft des Bauern (Regel 4).

14. Df6–f7

Nach 14. g7? würde eine lange Reihe von Schachgeboten folgen, beginnend mit 14. ... De8†.

14. ...	De2–d3
15. g6–g7	

Stellung 177

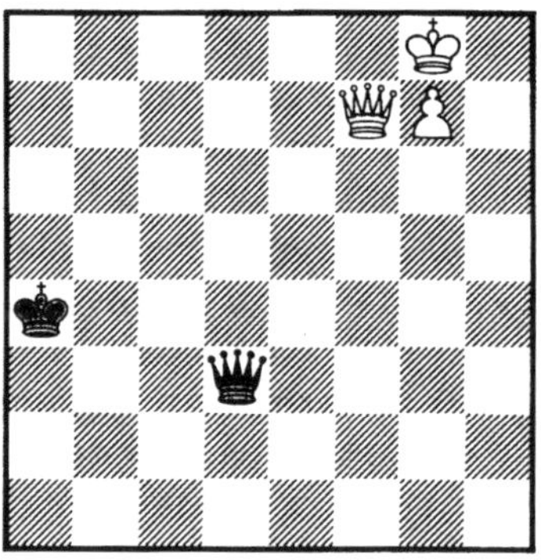

Schwarz am Zuge

Nun ist eine äußerst heikle Lage entstanden; heikel für beide Parteien, aber vor allem für Schwarz. Weiß kann einen minder genauen Zug wohl noch einmal gut machen, doch für Schwarz führt ein fehlerhafter Zug unerbittlich

zum Verlust. Schwarz muß genau rechnen, durchweg vier bis fünf Züge tief. Auf gut Glück schach zu bieten, kann leicht zu einer verlorenen Stellung führen.
Um mit dem Gang der Sache etwas vertraut zu werden, probieren wir:

15. ... Dd3–d8†

Dieses Schach war nicht nötig, weil Weiß nichts drohte.

16. Kg8–h7 Dd8–h4†

Nun war das Schach sehr wohl nötig, angesichts der Drohung 17. g8D.

17. Kh7–g6 Dh4–g4†
18. Kg6–h6 Dg4–h4†
19. Df7–h5 Dh4–f6†
20. Kh6–h7

Plötzlich gibt es nun kein Schach mehr. Schwarz muß das Fesselungsmittel anwenden.

20. ... Df6–e7
21. Dh5–f5

Wenn Weiß schachbietend seine Dame nach f4 bringen könnte, wäre damit der Prozeß bereits entschieden. Es würde Kh7–h8 folgen, worauf die Umwandlung nicht mehr zu verhindern ist. Die Fesselungsfelder f6 und e5 sind unzugänglich und die schwarze Dame hat kein Schach.
Aus diesem Grund würde Schwarz auf 21. Dg4† Kb3 22. Df3† nicht mit 22. ... Ka4 fortsetzen dürfen wegen 23. Df4† und 24. Kh8.

21. ... De7–h4†
22. Kh7–g6 Dh4–g3†
23. Df5–g5 Dg3–d3†

Nach 23. ... Dd6† 24. Kh5! kommt ein neues Element ins Spiel. Schwarz steht auf Verlust, denn er darf weder 24. ... Dh2† spielen wegen 25. Dh4† noch 24. ... Dd1† wegen 25. Dg4†.

24. Kg6–h5 Dd3–h7†

Das einzige Schachgebot.

25. Kh5–g4

Ein vorläufiges Ende der Schachserie: 25. ... De4† wird mit 26. Df4 beantwortet.

25. ... Dh7–g8

Eine neue Lage ist entstanden: die Dame vor dem Freibauern. Weiß wird wohl sicher gewinnen, wenn auch keineswegs einfach.

26. Dg5–e5!

26. Df4† und 27. Df8 sieht gut aus, führt aber nicht zum Gewinn, weil danach die Schachgebote aufs neue beginnen.

26. ... Db8–c8†
27. Kg4–g3 Dc8–g8
28. De5–d4†

Mit Zeitgewinn bringt Weiß seine Dame auf ein Feld, von wo aus die feindlichen Schachs am besten unter Kontrolle gehalten werden. Dazu sind die Zentralfelder (d4 oder e5) im allgemeinen am geeignetsten.

Stellung 178

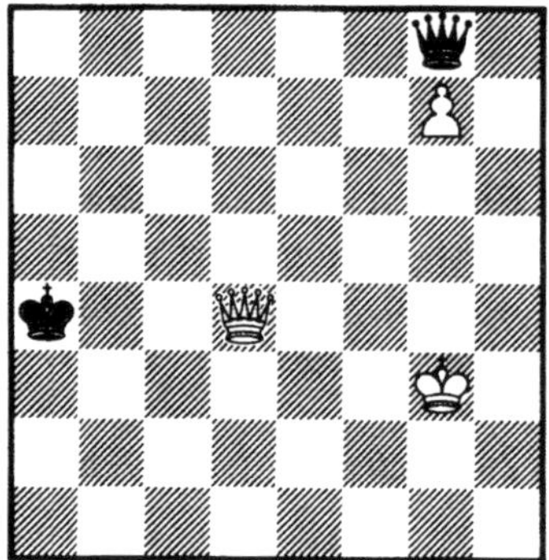

Schwarz am Zuge

Eine lehrreiche Stellung. Abhängig von der schwarzen Antwort folgt jeweils ein anderer Gewinnweg.
I. 28. ... Kb3 29. Kg2 Da8† 30. Kg1 Dg8. Es ist beachtenswert, daß der weiße König auf g1 vor feindlichen Schachgeboten vollkommen sicher ist. Weiß kann also ruhig die Entscheidung vorbereiten: 31. De3† Kc4 (31. ... Kc2 32. Df2† kommt auf dasselbe heraus) 32. Df4† Kc3 33. Df8 usw.
II. 28. ... Ka3 29. Kg2 auch jetzt strebt der weiße König wieder zu dem sicheren Feld g1 hin) 29. ... Da2† 30. Df2 und Schwarz kann die Umwandlung des g-Bauern nicht verhindern: 30. ... Dd5† 31. Df3† oder 30. ... Dg8 31. Df8† oder 30. ... Dc4 31. Dg3† und 32. g8D.
III. 28. ... Kb5 (oder 28. ... Ka5) 29. Kh4 Dh7† 30. Kg5 Dg8 31. De5† Ka4 32. Kg6! Hier steht der weiße König ebenso sicher wie auf g1, wenn die weiße Dame mindestens die Schachfelder e6 und e8 angreift. Angesichts der Drohung 33. Df4† und 34. Df7 muß die schwarze Dame das Feld räumen.
IIIa. 32. ... Dd8 33. Df4† Kb3 (sonst folgt Damentausch) 34. Df7† und 35. g8D.
IIIb. 32. ... Dc8 33. Df4† mit genau den gleichen Folgen.
IIIc. 32. ... Da8? 33. Da1† usw.
IIId. 32. ... Dc4 (oder Db3 oder Da2) 33. Da8† und 34. g8D.
Im allgemeinen kann festgestellt werden, daß Schwarz verlieren muß, sobald seine Dame gezwungen wird, das Umwandlungsfeld ohne Schachgebot zu verlassen.
Außerdem ist der Gewinn ziemlich sicher erreichbar, wenn die schwarze Dame nicht mehr über ein Schach oder eine Fesselung verfügt und deshalb „die Notbremse ziehen“ muß, indem sie sich auf das Umwandlungsfeld begibt.
Der allgemeine Beweis des letzteren ist noch nicht geliefert (die Anzahl an Möglichkeiten ist unvorstellbar groß); vielleicht kann jedoch in dieser Hinsicht der Computer in Zukunft eine helfende „Hand“ reichen.
Aus dem gegebenen Beispiel sehen wir, daß die Stellung des schwarzen Königs von außerordentlicher Bedeutung ist, weil diese die Möglichkeiten des Damentauschs bestimmt.
Das nun folgende Beispiel bestätigt dies noch einmal und läßt außerdem einen bemerkenswerten Erfolg für den verletzlichen weißen König bei seinem „Handgemenge“ auf kurzem Abstand mit der Dame sehen.

Stellung 179

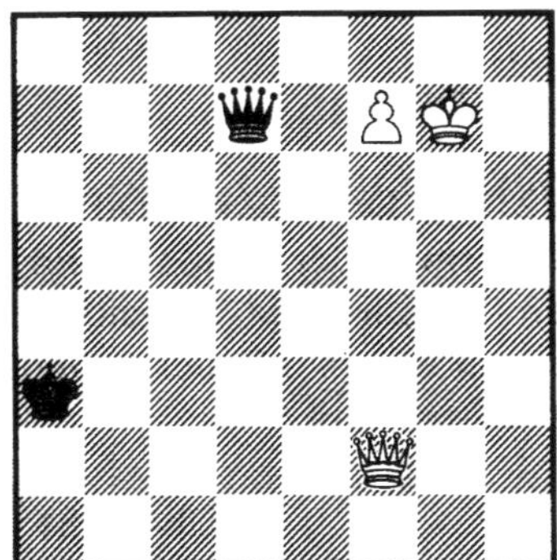

Weiß am Zuge

Weiß gewinnt:

1. Kg7–g6 Dd7–d6†

1. ... Dc6† und 1. ... De6† kommen auf dasselbe heraus, aber 1. ... Dg4† 2. Kh6 Dh3†? wird widerlegt durch 3. Kg5!, und die schwarze Dame ist machtlos.

2. Kg6–g5 Dd6–e5†

Es ist leicht nachzuprüfen, daß andere Schachs ebenfalls totlaufen. Zum Beispiel 2. ... De7† 3. Kg4 De6† 4. Kg3 De5† 5. Kg2. Sobald der weiße König auf g2 steht, ist er gegen weitere Schachs gesichert. Das zeigt sich auch nach 2. ... Dd5† 3. Kh4 De4† 4. Kh3 Dh7† 5. Kg2. Beachtenswert ist noch die Variante 2. ... Dd5† 3. Kh4 Dh1† 4. Kg3. Eine ähnliche Pattstellung der schwarzen Dame wie soeben gezeigt.

3. Kg5–h4

Auf 3. Kh6 folgt nicht 3. ... Dh8† 4. Kg6 „patt", sondern 3. ... Dd6† und Weiß kommt nicht weiter.

3. ... De5–e7†

Auch nach 3. ... Dh8† 4. Kg3 De5† 5. Kg2 ist der weiße König in Sicherheit.

4. Kh4–h3 De7–d7†
5. Kh3–g2 und gewinnt.

Stellung 180

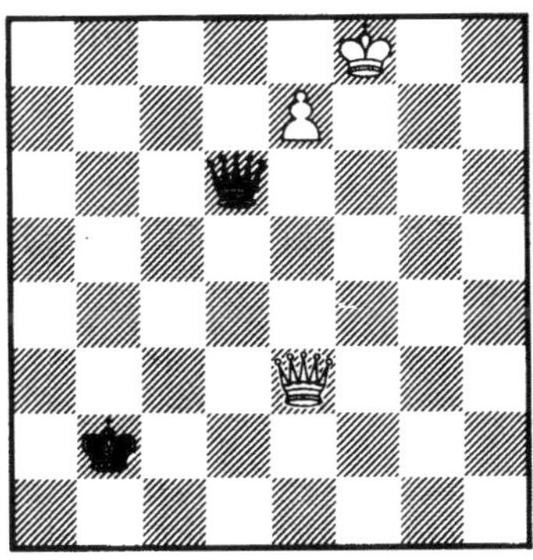

Weiß am Zuge

Der vorgerückte e-Bauer bietet ebenso wie der f-Bauer gehörige Gewinnchancen. Der weiße König hat etwas mehr Raum zum Manövrieren; demgegenüber verfügt aber auch die schwarze Dame eventuell über eine größere Anzahl an Schachgeboten.
Weiß gewinnt:

1. Kf8–f7 Dd6–c7

1. ... Dd7 und 1. ... Dd5† führen nach 2. Kf6 Dd6† oder Dc6† zur gleichen Stellung.

2. Kf7–f6 Dc7–c6†

Oder auch 2. ... Dd6† 3. Kg5.

3. Kf6–g5 Dc6–g2†

3. … Dd5† kommt nach 4. Kg4 Dg2† 5. Kf4 aufs gleiche heraus, und nach 3. … Dd5† 4. Kg4 Dg8† gehen der Dame die Schachgebote schneller aus, weil der weiße König nach f1 läuft, worauf ein Linienschach mit Df2† beantwortet wird.

4. Kg5–f4	Dg2–h2†
5. Kf4–f3	Dh2–h3†

Nach 5. … Dh1† 6. Kg3 haben wir wieder die quasi Pattstellung der schwarzen Dame.

6. Kf3–f2	Dh3–h2†

6. … Dh4† 7. Kf1 Dh1† 8. Dg1 führt zum Text.

7. Kf2–f1	Dh2–h1†
8. De3–g1	Dh1–e4

Die schwarzen Schachs sind erschöpft. Weiß gewinnt mit 9. Db6† Kc3 (9. … Ka3 10. Da7† und 11. Db8†) 10. Dc7† usw.

Die Remischancen der schwächeren Partei wurden bisher noch unzureichend beleuchtet. Zunächst zwei charakteristische Stellungen.

Stellung 181

Lolli (1763)

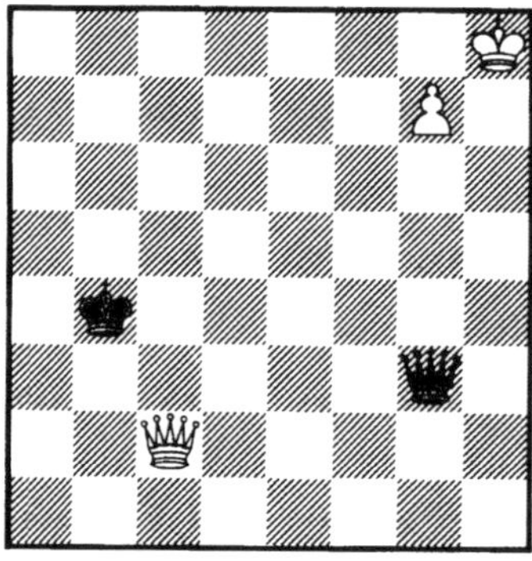

Schwarz am Zuge

Schwarz erzwingt das Remis:

1. …	Dg3–h4†
2. Dc2–h7	

Nach 2. Kg8 Dd8† 3. Kf7 Dd7† 4. Kf6 Dd4† vermag der weiße König dem ewigen Schach nicht zu entkommen, weil dieser seinen g-Bauern ständig gedeckt halten muß.

2. …	Dh4–d8†
3. g7–g8D	

3. Dg8 Dh4† führt ebenfalls zum ewigen Schach.

3. …	Dd8–f6†
4. Dh7–g7	Df6–h4†
5. Dg8–h7	Dh4–d8†

Remis durch ewiges Schach.

Das ist der einzige „normale“ Fall, wo es eine Dame gegen zwei feindliche Damen aufnehmen kann.

Stellung 182

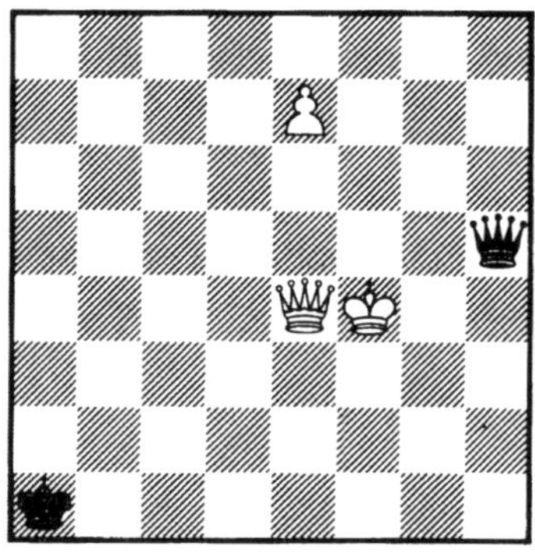

Schwarz am Zuge

Schwarz macht remis:

1. ...	Dh5–h4†
2. Kf4–f3	Dh4–h1†
3. Kf3–e3	Dh1–e1†
4. Ke3–d4	De1–b4†
5. Kd4–d5	Db4–b7†

Remis.
David Hooper spricht in seinem *Pocket guide to endgames* von „Sternschachs", ein vortrefflicher Begriff für diese Schachserie.
Im folgenden Beispiel sehen wir zwei ganz verschiedene Remiswendungen, die auftreten, wenn die stärkere Partei den richtigen Weg verläßt.

Stellung 183

P. Keres (1972)

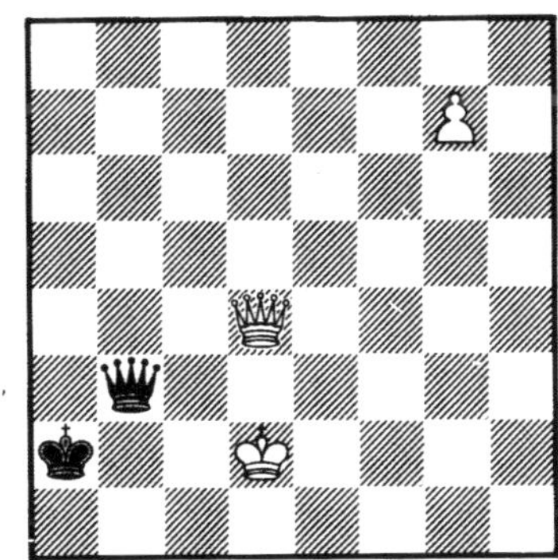

Schwarz am Zuge

Die Lage ist für Schwarz nicht die beste: er verfügt nicht über Schachs und muß mit einer Reihe von Schachgeboten der weißen Dame rechnen, die zwangsläufig zur Umwandlung des g-Bauern führen können. Zum Beispiel 1. ... De6 2. Da7† Kb2 3. Db8†, gefolgt von g7–g8D. Hier liegt jedoch eine Fußangel versteckt. Auf 3. ... Ka1 darf Weiß nicht 4. g8D spielen wegen 4. ... De3†! 5. Ke3: patt, sondern muß 4. Da8† einschalten, wonach die Pattstellung aufgehoben ist. Es folgt:

1. ... Db3–f7

Auf 1. ... Dg8 geschieht gleichfalls 2. Dg4 Dd8† (2. ... Dd5† führt zur Textfolge) 3. Ke1 Dg8 (3. ... Da5† 4. Kf1 usw.) 4. Kf1 Df7† 5. Kg1. Hier ist der König vor weiteren Schachs sicher (Stellung 178). Es folgt: 5. ... Dg8 6. De2† Kb3 7. Df8† und 8. Df8.

2. Dd4–g4! Df7–d5†

Nach 2. ... Df2† 3. Kd3! ist es sofort aus.

3. Kd2–e1!

Der einzige Gewinnzug. Keres stellt fest, daß der weiße König nach 3. Ke2? Db5† 4. Kf2 Db6† 5. Kg2 Dc6† 6. Kh2 Dh6† dem ewigen Schach nicht entkommen kann.

3. ... Dd5–h1†

Oder 3. ... Da5† 4. Kf1 usw.

4. Ke1–f2 Dh1–h2†

5. Dg4–g2, gefolgt von einem Abzugsschach des weißen Königs und danach der Bauernumwandlung.
Wenn man in der Lage ist, stets die guten Züge zu finden, macht die Abwicklung eines Damenendspiels wie dieses einen insgesamt einfachen und flotten Eindruck.
Daß Gewinn und Remis sehr dicht beianander liegen, geht noch aus den beiden folgenden Beispielen hervor.

Stellung 184

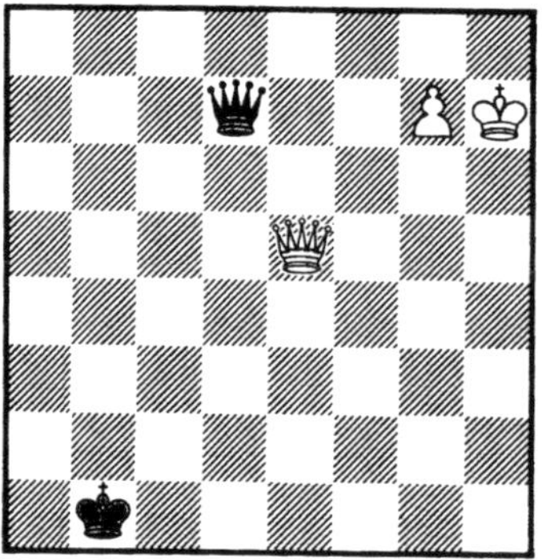

Schwarz am Zuge

Awerbach zeigt, daß Weiß am Zuge gewinnt, während Schwarz am Zuge remis macht. Wir beschränken uns auf das letztere.
Es folgt:

1. ...	Kb1–a2!

Die Bedeutung dieses Zuges ist deutlich. Schwarz bringt seinen König aus der Schrägen h7/g1 und vermindert damit die Tauschdrohungen des Weißen ganz erheblich.

2. Kh7–g6	Dd7–g4†
3. Kg6–f6	Dg4–f3†
4. Kf6–e7	

Nach 4. Df5 Dc3† 5. Kf7 Dc7† 6. Kg8 Dd8† 7. Df8 Dd4! ist remis ebensowenig zu vermeiden. Und auch mit 4. Ke6 Dg4† 5. Kf7 Dd7† kommt Weiß nicht weiter.
Wir folgen einer Analyse von Nowotjelnov.

4. ...	Df3–b7†
5. Ke7–d8	Db7–b6†
6. De5–c7	Db6–d4†
7. Dc7–d7	Dd4–b6†

Schwarz segelt hier um eine gefährliche Klippe: 7. ... Df6†? führt zum Verlust nach 8. Kc8 Dc3† 9. Dc7 Dh3† 10. Kb8 Db3† 11. Db7 Dg8† 12. Ka7. Die schwarzen Schachgebote sind erschöpft. Man muß es aber sehen!

8. Kd8–c8	Db6–c5†
9. Kc8–b7	Dc5–b4†
10. Kb7–a6	Db4–a3†

Aufs neue eine kleine Schwierigkeit: 10. ... Dc4† verliert: 11. Da7 Dc5† 12. Ka8 usw.

11. Ka6–b5	Da3–b3†
12. Kb5–a5	Db3–c3†

und Weiß hat nichts erreicht.
Der lückenlose Nachweis des Gewinns, falls Weiß am Zuge ist, würde viel zu weit führen. Awerbach gibt die folgende Variante:
1. Kg6 Dc6† 2. Kg5 Dg2† 3. Kf6 Dc6† 4. De6 Dc3† 5. Kg6 Dg3† 6. Kh7 Dh2† 7. Dh6 Dc7 8. Dd2 nebst 9. Dd4. Weiter gibt Awerbach als allgemeine Richtlinie, daß der weiße König nach a4 oder b4 laufen muß, wonach Weiß durch Tausch den Gewinn erzwingen kann. Wohl ein ganz langer Weg!

Stellung 185

Fontana (1850)

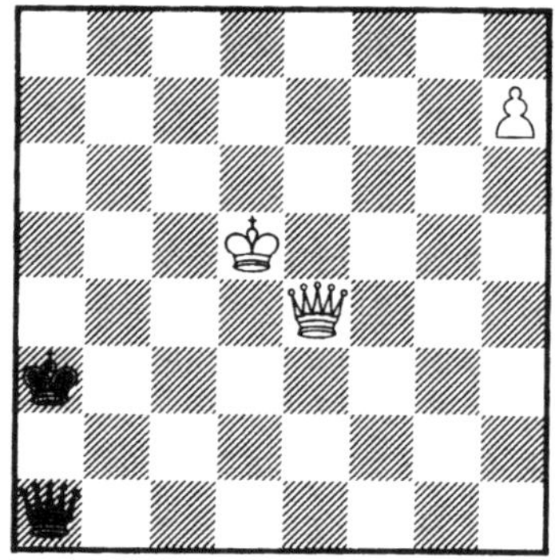

Schwarz am Zuge

Hier ist festzustellen, daß die Aufstellung des weißen Königs in der Mitte die Gefahr von ewigen Schachs erheblich vermindert. Es gelingt Schwarz nicht, remis zu erzwingen, wie aus den folgenden sechs Varianten hervorgeht:

I. 1. ... Dd1† 2. Ke6 Db3† 3. Ke7 Db8 (die Schachs sind bereits erschöpft; die schwarze Dame muß nun h8 beobachten. Mit 3. ... Dh3 wäre das unzureichend gewesen wegen 4. Da8† und 5. h8D) 4. Dd3† Ka2 (sonst folgt 5. Dd4† und 6. h8D) 5. Dc2† und 6. Dc3†.

II. 1. ... Da2† 2. Kc6 Db2 3. Dd3† Ka2 4. Da6† Kb1 5. Db5.

III. 1. ... Dg7 2. Ke6! (droht 3. Da8†), und nun

IIIa. 2. ... Kb3 3. Df3† Kc2 4. Dh5! (Merkwürdig, daß die schwarze Dame kein einziges Schach hat) 4. ... Dh8 5. Dg6† und 6. Dg8.

IIIb. 2. ... Dh6† 3. Kd7 Dh3† 4. Ke7 (Die Schachs sind wieder erschöpft, und es ist auffallend, daß dabei die Stellung des schwarzen Königs keine Rolle gespielt hat) 4. ... Dc8 (sonst folgt 5. Da8†) 5. Df3† Kb4 6. Df4† Kb3 7. Dg3† Ka4 8. Dh4† und gewinnt.

IV. 1. ... Dh8 2. Df3† Kb4 3. Dg4† Kb5 4. Dg8 usw.

V. 1. ... Df6 2. De3† Ka2 3. Da7† Kb3 4. Db8† usw.

VI. 1. ... Db2 2. Dd3† Ka2 3. Da6† Kb1 4. Dg6† Ka1 5. Dg1† Ka2 6. Dg8!, eventuell gefolgt von einem Abzugsschach.

Fontana weist außerdem nach, daß bei weniger aggressiver Aufstellung des weißen Königs (auf c1 anstelle von d5), wobei die schwarze Dame auf g7 steht, das Remis unvermeidlich ist: 1. ... Kb3! 2. De6† Kb4. Es gelingt Weiß nicht, mit Schachzügen eines der Felder e8 oder h3 zu erreichen.

B. Mehr Bauern auf beiden Seiten

Zwei für diese Endspiele wichtige Merkmale sind:
a. eine befestigte Königsstellung
b. der Besitz eines Freibauern
Eine sichere Königsstellung ist wichtig; es ist aber in den meisten Fällen nicht möglich, den eigenen König vor ewigem Schach zu behüten und gleichzeitig die geeigneten Maßregeln zu treffen, um ein positionelles (oder materielles) Übergewicht zur Geltung zu bringen. Nicht selten muß der König der stärkeren Partei über das ganze Brett flüchten, um sich hinter den feindlichen Linien aus dem Staube zu machen.

Stellung 186

Barcza–Kluger
(Meisterschaft von Ungarn)

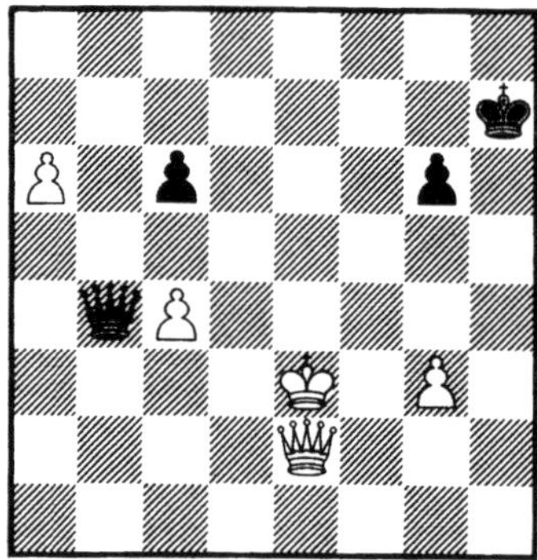

Weiß am Zuge

Weiß hat nicht allein einen Bauern mehr; er verfügt außerdem über einen mächtigen Freibauern. Der Gewinn liegt jedoch noch nicht zum Greifen nahe, weil der weiße König zunächst keinen Bauernschutz genießt und deswegen fortwährend Schachgeboten ausgesetzt ist.
Es folgte:

1. De2–h2†

Auch unmittelbar 1. Da2 war möglich; Weiß möchte aber den schwarzen König lieber auf g7 haben und hat dabei eine Lage im Auge, die zehn Züge später entstehen kann.

1. ...	Kh7–g7
2. Dh2–a2	Db4–e1†

Dies ist viel chancenreicher als das verteidigende 2. ... Dc5†? 3. Kf3 Da7, worauf 4. Db2† und 5. Db7 rasch entschieden hätte.

3. Ke3–f4	De1–f1†
4. Kf4–e5	Df1–e1†

Die wichtigste Variante lautet: 4. ... Df6† 5. Ke4 Df5†, aber dann findet der weiße König ausreichende Sicherheit in der Nähe seines g-Bauer nach 6. Ke3 De5† 7. Kf3 Dh5† (7. ... Df5† 8. Kg2 De4† 9. Kh2 führt zu einer gleichartigen Lage) 8. Kg2. Mangels Besserem muß die schwarze Dame sich dem Aufhalten des gefährlichen Freibauern widmen: 9. ... Dh8 10. a7 Da8, doch darauf entscheidet 11. Db2† (vergleiche die Anmerkung bei dem ersten Zug von Weiß) 11. ... Kh7 12. Db8 usw.

5. Ke5–d6	De1×g3†
6. Kd6–d7!	

Weiß läßt den schwarzen c-Bauern auf dem Brett, weil dieser dem flüchtenden König als Schirm dienen kann.

6. ...	Dg3–g4†
7. Kd7–c7	Dg4–f4†
8. Kc7–b7	Df4–f7†
9. Kb7–b6	

Der König ist nun vor Schachs sicher. Die Rolle des Bc6 als Schild für den weißen König ist jetzt deutlich erkennbar.

9. ...	Df7–e7

Schwarz hofft nun auf 9. ... Db4† oder 9. ... Dd8†.

10. Da2–b2†	Kg7–h6
11. Db2–d2†	

Mit Tempogewinn hat Weiß die Schachs auf b4 oder d8 unmöglich gemacht . . .

11. ... g6–g5
12. a6–a7 De7–f8
13. c4–c5 Kh6–h5

Es drohte 14. Dd6†.

14. Dd2–h2† Kh5–g4
15. Dh2–b8

Entscheidend.

15. ... Df8–f5

Um auf 16. a8D mit 16. ... Db1† eine lange (aber einmal endende!) Reihe von Schachgeboten einzuleiten.

16. Db8–d8!

Das sicherste.

16. ... Df5–b1†
17. Kb6–c7

Schwarz gab auf, denn 17. ... Dh7† wird beantwortet mit 18. Dd7†.

Stellung 187

Lissizin–Capablanca
(Moskau 1936)

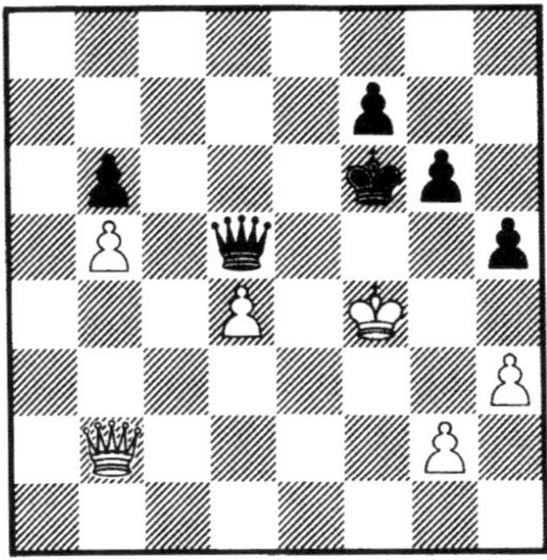

Schwarz am Zuge

Ein klassisches Beispiel dafür, wie kleine Vorteile ausgenützt und vergrößert werden können. Schwarz steht besser aufgrund der zentralen Stellung seiner Dame und des Drucks, den diese Figur auf die zwei Schwächen ausübt (b5 und d4). Es folgt:

1. ... Kf6–e6,

um den schwarzen König im richtigen Augenblick nach d5 zu bringen, wonach Weiß dem Bauernverlust nicht mehr entgehen kann.

2. h3–h4 f7–f6

Augenscheinlich kann Weiß nun mit 3. De2† Kd6 4. De4 remis erzwingen, weil das Bauernendspiel nach Damentausch nicht zu gewinnen ist. Das Turnierbuch gibt jedoch die folgende tiefe Variante: 4. ... g5† 5. hg Dg5:† 6. Kf3 Db5: 7. Df4† Kd7!, und nun scheitert 8. Df6: an 8. ... Df1†.

3. Kf4–e3 Dd5–c4

Wachablösung. Die schwarze Dame macht Platz für ihren König.

4. g2–g3

Weiß geht chancenlos zu Grunde. Nach Bondarevski mußte er mit 4. Db1! auf Gegenangriff spielen, auch wenn dabei ein Bauer verloren geht. Nach 4. ... Dc3† 5. Ke2! (nicht 5. Dd3 Dd3:† 6. Kd3: Kd5 und Schwarz gewinnt) 5. ... Dd4: 6. Dg6: De5† und 7. ... Db5: hat Weiß noch vortreffliche Remischancen, weil seine Dame sehr aktiv steht und der schwarze König bloßgestellt ist.

Ebenso wie im Turmendspiel kommt es auch im Damenendspiel darauf an, die Führung in die Hand zu bekommen. Die Initiative ist im allgemeinen mindestens einen Bauern wert.

4. … g6–g5
5. h4×g5 f6×g5

Damit hat Schwarz den Grundstein gelegt für einen entfernten Freibauern, so daß Weiß nun in jedem Fall Damentausch vermeiden muß.

6. Db2–h2?

Als Gegenaktion gemeint, die sich jedoch als vollkommen verkehrt erweist. Noch immer gab 6. Db1 einige Gegenchancen. Nun geschieht, um den König auf ein ungünstiges Feld zu zwingen:

6. … Dc4–b3†
7. Ke3–e4

7. Kf2 war nicht möglich wegen 7. … Dc2† mit Damentausch.

7. … g5–g4

Droht 8. … Df3 matt.

8. Dh2–e2

Auch 8. Kf4 führt regelrecht zum Verlust: 8. … Df3† 9. Kg5 Df6† 10. Kh5: Dh8†. Ebenso wenig gab 9. d5† Dd5:† 9. Ke3 Db5: viel Hoffnung.

8. … Db3×g3
9. Dc2–c4†

Das letzte Schach; es drohte bereits die Abwicklung 9. … Df3†.

9. … Ke6–e7
10. Dc4–g8

Sieht noch kräftig aus, führt aber zu nichts, weil Schwarz in wenigen Zügen Damentausch erzwingt.

10. … Dg3–f3†
11. Ke4–e5 Df3–f6†
12. Ke5–e4

Oder 12. Kd5 Df7† 13. Df7:† Kf7: usw. Der schwarze g-Bauer ist schneller als der weiße d-Bauer.

12. … Df6–e6†

Weiß gab auf.

Stellung 188

Euwe–Reshevsky
(Nottingham 1936)

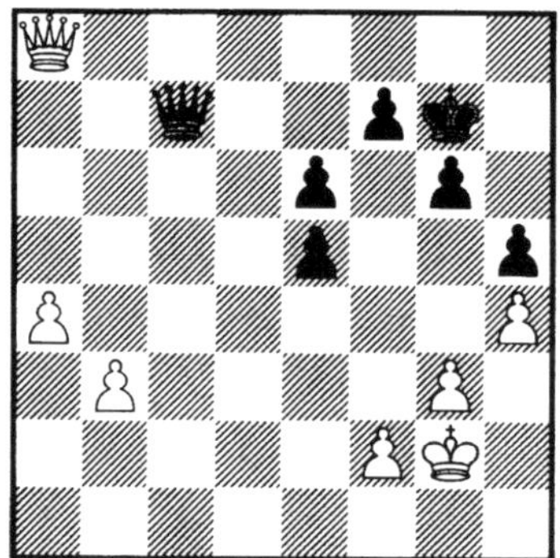

Schwarz am Zuge

Eine ideale Stellung für Weiß. Er hat zwei verbundene Freibauern, und dem kann Schwarz nicht viel entgegenstellen. Seine verdoppelte Bauernmehrheit auf dem anderen Flügel kann erst zu einem späten Termin zu ihrem

Recht kommen. Dazu kommt, daß die weiße Dame durch die Beherrschung der Diagonalen a8/f3 eine schnelle Gegenaktion der schwarzen Dame unmöglich macht.
So gesehen, sollte das Gewinnverfahren keine große Probleme stellen. Aber wie auch hier der Schein trügt! Es gibt nämlich ein „Aber“: die Gefahr des ewigen Schachs ist hier entgegen allen Erwartungen lebensgroß gegenwärtig.
Wir besprechen erst den Partieverlauf:

1. ... Dc7–b6?

Später wird ausgeführt, daß 1. ... Dc3! den Vorzug verdiente. Der Textzug führt geradeswegs zum Verlust.

2. a4–a5!

Der weiße b-Bauer ist nicht mehr wichtig, weil ja die Umwandlung des a-Bauern gesichert ist. Besser ein Bauer auf der letzten Reihe als vier in der Hand.

2. ... Db6×b3
3. a5–a6 Db3–a3

Um Gegenchancen zu bekommen, muß Schwarz trachten, die Diagonale a8–f3 zu unterbrechen, indem er seinen e-Bauern vorrückt. Unmittelbar e5–e4 würde ohne Gegenwert einen Bauern kosten. Mit dem Textzug bereitet Schwarz e5–e4 vor. Betrachten wir noch 3. ... Da2 4. a7 e4 5. Db8 e3 6. a8D Df2:† 7. Kh3 Df1† 8. Dg2 e2 9. Db2† usw.

4. a6–a7 e5–e4

Über einen Tausch des Be4 gegen den starken weißen Freibauern a7 wäre Schwarz sehr erfreut.

5. Da8–b8

Weiß kommt gerade noch zurecht, um ewiges Schach zu verhindern. Dazu ist das Bauerngerüst f2–g3–h4 besonders geeignet.

5. ... Da3–f3†
6. Kg2–g1 Df3–d1†
7. Kg1–h2

Nun hat Schwarz kein Schachgebot mehr.

7. ... Dd1–e2

Nach 7. ... Dd4 8. Kg2 hätte Schwarz keine einzige Chance mehr.

8. Db8–e5†.

Schwarz gab auf angesichts von:

a. 8. ... Kh7 9. Df6 Da2 10. Df7:† Kh6 11. Df8† usw.;

b. 8. ... Kh6 9. Dh8 matt;

c. 8. ... f6 9. Dc7† Kh6 10. Df4† usw.
Nun die gute Fortsetzung (von Stellung 188 aus):

1. ... Dc8–c3!

Setzt Weiß jetzt wie in der Partie 2. a5 fort, folgt unmittelbar 2. ... e4, worauf 3. De4: Da5: eine Remisstellung ergibt, während 3. a6 ebensowenig zum Gewinn führt: 3. ... Df3† 4. Kg1 Dd1† 5. Kh2 e3! 6. fe De2† 7. Dg2 Da6:.

2. Da8–b7

Auch dieser Versuch, zwangsläufig zu gewinnen, bringt nichts ein. Weiß muß

2. Df3 spielen und aufs neue beginnen, obwohl es zweifelhaft ist, ob dies etwas einbringt.

2. ...	e5–e4
3. Db7×e4	Dc3×b3

Es scheint so, als könne Weiß nun auf ähnliche Weise gewinnen wie in der Partie, denn der schwarze Be5 und die damit verbundenen Möglichkeiten eines ewigen Schachs ist verschwunden.

4. ...	e6–e5!

Schwarz hat noch einen zweiten e-Bauern. Wenn wir die jetzt entstandene Stellung mit der in der Partie vergleichen, zeigt sich, daß Schwarz einen Zug mehr hat. Das reicht gerade aus, um remis zu erzwingen.

5. a4–a5	Db3–a2

Auch 5. ... Da3 6. a6 e4 7. a7 Df3† genügt zum Remis.

6. a5–a6	e5–e4
7. a6–a7	e4–e3

Weiß hat nun nichts anderes als 8. Df3, wonach 8. ... Da7: leicht remis macht.

Stellung 189

Portisch–Filip (1971)

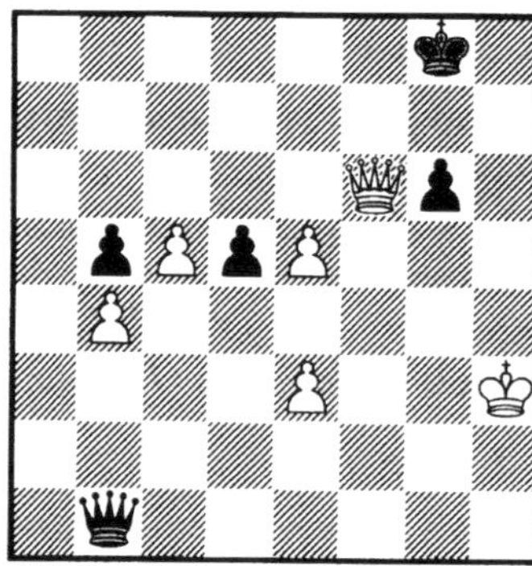

Weiß am Zuge

Weiß hat zwei vorgerückte Freibauern, doch sein König steht so exponiert, daß es scheint, als ob dieser ewiges Schach nicht vermeiden kann. Und doch glückt es ihm, sei es auch darum, daß der weiße König dazu einen bizarren Weg nehmen muß, um seinen Verfolgern zu entkommen.

1. c5–c6

Weiß hätte auch versuchen können, die schwarzen Schachzüge mit beispielsweise 1. Df3 unmöglich zu machen; doch nach 1. ... Db4: wären seine Gewinnchancen dann wohl erheblich kleiner geworden. Nach dem Textzug verfügt Weiß über die starke Drohung 2. c7, eventuell nach vorangegangenem Dd8†.

1. ...	Db1–h1†
2. Kh3–g4	Dh1–g2†
3. Kg4–h4	Dg2–h2†
4. Kh4–g5	

Wenn es Weiß gelingt, Bg6 zu erobern, ist die Gefahr des ewigen Schach endgültig weggeräumt: 4. ... Dg3† 5. Kh6 De3:† 6. Kg6: Dg3† 7. Dg5 usw.

4. ...	Dh2–h5†

Auf diese Art und Weise kann Schwarz das Schachbieten mindestens noch eine Zeitlang fortsetzen.

5. Kg5–f4	Dh5–h2†
6. Kf4–f3	Dh2–h1†
7. Kf3–f2	Dh1–h2†
8. Kf2–e1	Dh2–g1†
9. Ke1–d2	Dg1–g2†
10. Kd2–c3.	

Endlich hat der König Ruhe, nach einem Marsch über h3-g4-g5-f4-f3-f2-e1-d2.

10. ... Dg2–e4

Mit neuen Drohungen.

11. Dg5–d8† Kg8–g7

Der Gewinn hängt in diesen Endspielen oft von einer Kleinigkeit ab, in diesem Fall von der Möglichkeit, die weiße Dame nach einigen Schachzügen in eine optimale Position zu bringen, wo sie gleichzeitig offensiv und defensiv arbeitet.

12. Dd8–e7†

So bringt Weiß seine Dame in die gewünschte Stellung, nämlich nach c5, wo der Freibauer gestützt wird und der weiße König ausreichenden Schutz genießt. Hätte Schwarz mit seinem vorherigen Zug den König nach f7 gespielt (um De7† zu verhindern), dann wäre 12. Dc7† Kg8 (12. ... Ke6?, so 13. Dd7† Ke5: 14. De7† und Damentausch) 13. Db8† Kg7 14. Da7† nebst 15. Dc5 gefolgt.

12. ... Kg7–g8
13. De7–c5 De4×e5†
14. Kc3–b3 De5–e4

Auch 14. ... Dc7 nützt nichts: es folgt 15. Dd5:† Kf8 16. Db5: und mit zwei verbundenen Freibauern ohne besondere Gefahr von Schachgeboten hat Weiß es ziemlich leicht.

15. c6–c7! De4–b1†
16. Kb3–c3 Db1–a1†

Nach 16. ... Dc1† kommt der weiße König über d4 in Sicherheit.

17. Kc3–d2 Da1–b2†
18. Dc5–c2 Db2×b4†
19. Dc2–c3

Nun gibt es kein Schach mehr. Schwarz gab auf.

9. Endspiele mit leichten Figuren

Wir teilen den Stoff in folgende Abschnitte auf:
A. Läufer gegen Läufer
B. Läufer gegen Springer
C. Springer gegen Springer
D. Beiderseits zwei leichte Figuren

A. Läufer gegen Läufer

Bei dieser Sorte von Endspielen macht es in mehr als einer Hinsicht einen großen Unterschied, ob die Läufer von gleicher oder von ungleicher Felderfarbe sind. Die Gewinntechnik ist unterschiedlich, die wichtigsten Anzeichen und Regeln ebenso und ferner auch die Chancen auf Gewinn und remis für beide Parteien.
Wir unterscheiden darum:
1. Läufer von gleicher Farbe
2. Läufer von ungleicher Farbe

A 1. Läufer von gleicher Farbe

In vielen Fällen wird bei gleicher Bauernzahl der Kampf zwischen Läufern von gleicher Farbe unentschieden bleiben. Es gibt natürlich Ausnahmefälle. Bestimmte Merkmale, die bei ziemlich allen Endspielen mit leichten Figuren eine Rolle spielen, sind auch hier wichtig:

a. die Möglichkeit, mit dem König in die feindliche Stellung einzudringen;

b. bei festgelegter Bauernformation die Farbe, auf der sich die Bauern beider Parteien befinden.

Stellung 190

Maróczy – Mieses
(Monte Carlo 1903)

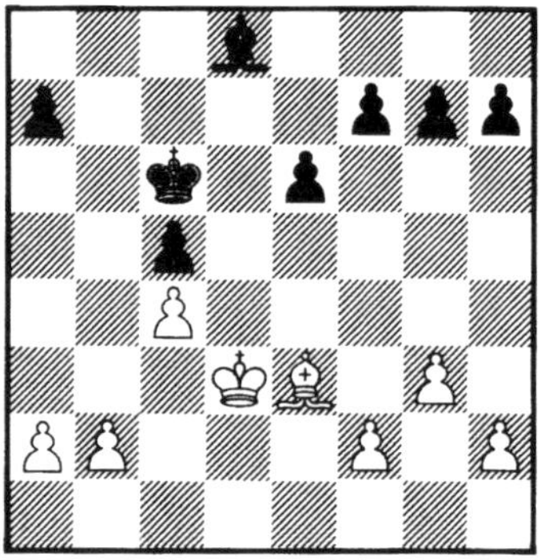

Weiß am Zuge

Weiß steht etwas besser, weil Bc5 auf der Farbe der Läufer steht und er die Bauernmehrheit auf dem Damenflügel hat, obschon diese im vorliegenden Falle nur eine indirekte Rolle spielt. Es folgte:

1. g3–g4

Nicht um dem schwarzen Vormarsch auf dem Flügel entgegenzutreten, wo er die Mehrheit hat, sondern um nach dem Vorrücken der schwarzen Bauern durch Tausch Schwächen zu schaffen.

1. ... f7–f5
2. h2–h3

In diesem Augenblick würde 2. gf gf noch keine Anknüpfungspunkte für irgend ein Vorgehen gegen die schwarzen Bauern am Königsflügel bieten.

2. ... g7–g6
3. a2–a3 a7–a5

Schwarz läßt 4. b4 nicht zu, bleibt aber nun mit einem zweiten Bauern am Damenflügel auf der Farbe der Läufer sitzen, die des Figurenschutzes bedürfen. In Betracht kam 3. ... a6 4. b4 Le7.

4. b2–b3

Verhindert, daß Schwarz den Damenflügel mit 4. ... a4 lahmlegt.

4. ... e6–e5
5. Le3–d2 e5–e4†
6. Kd3–e2 Kc6–b6

Enthebt den Läufer von der Deckung von a5, so daß diese Figur nun frei manövrieren kann.

7. Ld2–e3 Ld8–f6
8. g4×f5

Dieser Tausch bedeutet eine tatsächliche Schwächung des feindlichen Flügels, wie sich bald zeigen wird. Das verführerische 8. b4 hätte nach 8. ... Ld4 nichts bewirkt.

8. ... g6×f5
9. f2–f3!

So vereinzelt Weiß den schwarzen Freibauern und legt außerdem den Weg für den weißen König zum Königsflügel frei.

9. ... Lf6–d4!

In der Partie folgte sehr schwach 9. ... f4, wonach Schwarz schnell verlor. Die jetzt folgende lehrreiche Variante wird von Fine in seinem Buch *Basic Chess Endings* angegeben.

10. f3×e4 f5×e4
11. Le3–d2 Ld4–b2
12. a3–a4

Nun ist von der weißen Mehrheit am Damenflügel nicht viel übriggeblieben. Gleichwohl ist wichtig, daß der schwarze König an die Deckung von a5 gebunden ist. Deswegen muß der schwarze Läufer die Lage auf dem anderen Flügel allein klären, und das ist eine Aufgabe, die ihn sichtlich überfordert.

12. ... Lb2–d4
13. Ke2–f1

Auf einem Umweg dringt der König in die gegnerische Stellung ein.

13. ... h7–h5
14. Kf1–g2 Kb6–a6

Schwarz wehrt sich nicht gegen die Drohung 15. Kg3. Denn 14. ... Le5 würde nach 15. Kf2 Ld4† (sonst 16. Ke3) 16. Kg3 auf dasselbe herauskommen, und 14. ... h4 würde nach 15. Lg5 ohne weiteres einen Bauern kosten.

15. Kg2–g3 Ld4–e5†

Es geht nicht um den h-Bauern, sondern um den e-Bauern. Der Textzug verhindert 16. Kf4.

16. Kg3–h4 Le5–d4!

Um auf 17. Kh5:? mit 17. ... Lf2! den Durchmarsch des e-Bauern zu sichern.

17. Kh4–g5!

Der weiße König verschmäht h5 und schwenkt nach dem e-Bauern um, der bald unhaltbar wird.

17. ... e4–e3

Auch andere Züge führen zum Verlust des e-Bauern. Auf 17. ... Lf2 wäre 18. Kf4 gefolgt.

18. Ld2–e1 Ld4–b2
19. Kg5–f4

Noch immer nicht 19. Kh5: wegen 19. ... Lc1 und 20. ... Ld2.

19. ... Lb2–c1
20. Kf4–f3 und Weiß erobert den e-Bauern, indem er seinen Läufer über h4 nach g5 herumspielt.

Stellung 191

Karpov–Ribli (Bath 1973)

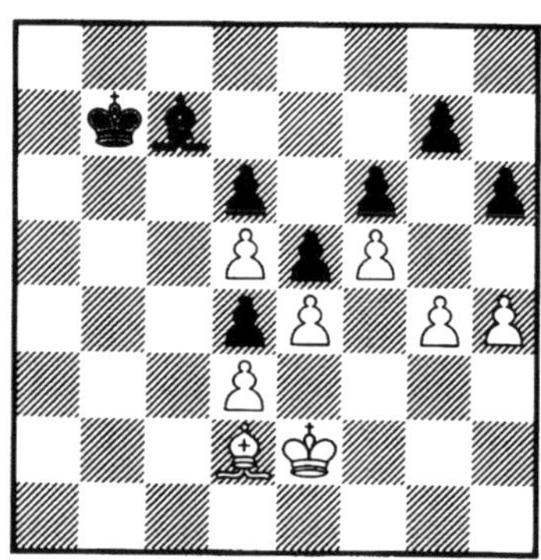

Weiß am Zuge

Ein klarer Fall: alle schwarzen Bauern stehen auf der falschen Farbe und der weiße König kann einmarschieren.

1. g4–g5! h6×g5

Auf 1. ... h5 folgt 2. g6 Ld8 3. Lh6! und gewinnt.

2. h4×g5 Lc7–d8

Nach 2. ... fg 3. Lg5: hat Schwarz keine Verteidigung gegen 4. Le7 mit Eroberung von g7 oder d6.

3. Ke2–f3

Nun würde 3. g6 nichts einbringen: 3. ... Le7 4. Lh6 Lf8.

3. ... Kb7–c8
4. Kf3–g4 Kc8–d7
5. Kg4–h5 Kd7–e8
6. Ld2–b4

Auch 6. Kg6 hätte ausgereicht: 6. ... fg 7. Kg7: usw., oder 6. ... Kf8 7. Lb4.

6. ... f6×g5

Oder 6. ... Le7 7. gf gf 8. Kg6, und Bf6 muß fallen.
Übrigens entscheidet auf 8. ... Kf8 auch noch das Figurenopfer 9. Ld6: Ld6: 10. Kf6! usw.

7. Lb4×d6 Ld8–f6
8. Ld6–b4 Ke8–f7
9. Lb4–d2 und gewinnt.

Stellung 192

Teichmann–Marshall
(San Sebastian 1911)

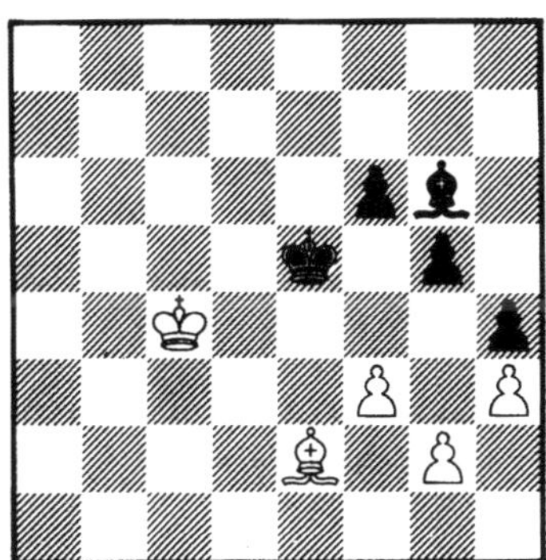

Schwarz am Zuge

Es ist klar, daß Schwarz große Gewinnchancen hat: sein König kann eindringen und die weißen Bauern stehen auf der verkehrten Farbe. Ein kleines Handikap ist, daß die Bauern lediglich auf einer Brettseite stehen.
Die Hauptvariante lautet: 1. ... Lf7† 2. Kd3 Kf4 3. Lf1 Kg3 4. Ke3 Ld5 5. Ke2 f5 6. Ke3 Le6 7. Ke2 g4 8. fg fg 9. Ke3 Ld7 10. hg Lg4: 11. La6 (in der Partie geschah 11. Ke4? Lc8 12. Ke3 Ld7 und Schwarz gewann) 11. ... Kg2: 12. Kf4! Ld7 13. Lb7† Kf2 14. Lc6! Lh3 15. Lb7 Lg2 16. Lc8, remis.
Gleichwohl sieht es so aus, als ob Schwarz mit 1. ... Lb1 (Awerbach) auf Gewinn spielen kann. Damit verhindert Schwarz weiterhin, daß der weiße König seinem bedrohten Flügel mit Kc4–d3 usw. zu Hilfe eilt. Außerdem bringt Schwarz seinen Läufer auf ein Feld, wo er nicht angegriffen wird, was von Belang ist, wenn der weiße König, wie in der folgenden Variante 1, nach e6 und f6 wandert. Wir beschränken uns auf die folgenden zwei Varianten:
I. 2. Lf1 Kf4 3. Kd5 Kg3 4. Ke6 f5 5. Kf6 Kf2 6. Lc4 Kg2: 7. Kg5: Kh3: 8. f4 Kg3 usw.
II. 2. Ld3 La2† 3. Kc5 f5 4. Lf1 Lf7! (ein Wartezug) 5. Kc6 Lb3 6. Kc5 Kf4 7. Kd4 Kg3 8. Ke3 Ld1 9. Kd2 Kf2 10. Ld3 La4 11. Lf5: Kg2: 12. Ke3 Kg3, gefolgt von La4–b5–f1–h3 mit Gewinn.

A 2. Läufer von ungleicher Farbe

Ein schwer abzuschätzendes Endspiel, weil die materiellen Verhältnisse einigermaßen im Hintergrund bleiben. Es gibt Endspiele mit ungleichen Läufern, in denen ein Übergewicht von zwei (oder selbst drei) Bauern noch nicht zum Gewinn ausreicht und andererseits auch Stellungen, in denen bei materiellem Gleichgewicht andere, scheinbar unwichtige Faktoren den Ausschlag geben.

Stellung 193

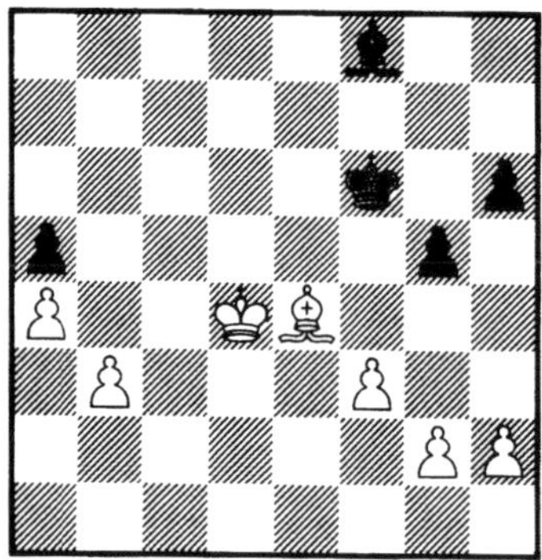

Es ist ohne weiteres klar, daß Weiß nicht gewinnen kann. Der Lf8 schützt den Damenflügel, und Weiß hat kein Mittel, den schwarzen König von f6 zu vertreiben.

Man vermißt deswegen den bequemen Anhaltspunkt des materiellen Sachverhalts. An dessen Stelle tritt die wichtige Regel, daß man in Endspielen mit ungleichen Läufern trachten muß, Möglichkeiten auf beiden Flügeln zu schaffen. Sie können im Besitz eines Freibauern bestehen, im Angriff auf einen festgelegten feindlichen Bauern oder im Eindringen des Königs. Dazu einige Beispiele.

Stellung 194

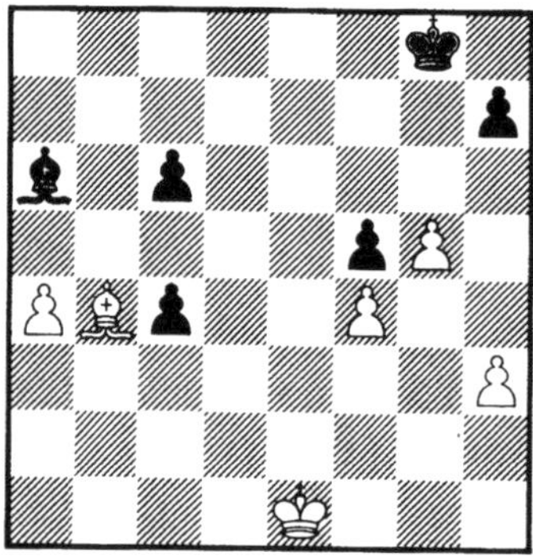

Weiß am Zuge

Hier wird die Kraft von zwei voneinander entfernten Freibauern deutlich. Es folgte:

1. h4 Kf7 2. h5 Ke8 3. Kd2 Lc8 4. Kc3 Le6 5. Kd4 Lf7 6. g6! (Der Gewinnzug; mit 6. h6? gäbe Weiß die Chance aus der Hand, einen zweiten Freibauern zu bilden und Schwarz würde remis erreichen, indem er seinen König nach a8 bringt.) 6. ... hg 7. h6! (Jetzt hat Weiß sogar einen Bauern weniger.) 7. ... Lg8 8. Ke5 Lh7 (8. ... Kf7, so 9. a5; auf 8. ... Kd7 entscheidet 9. Kf6) 9. Kf6 c5 10. Ld2 Kf8 (Pariert die Drohung 11. Kg7; doch jetzt entscheidet der a-Bauer.) 11. a5 g5 12. a6 und gewinnt.

Stellung 195

Euwe – Yanofski
(Groningen 1946)

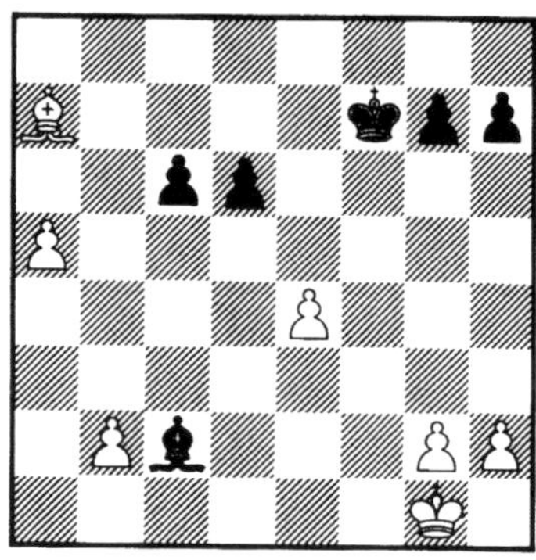

Weiß am Zuge

Weiß hat einen Bauern mehr, der verloren zu gehen droht, und es sieht nicht danach aus, ob Weiß noch ernsthafte Gewinnversuche zu unternehmen vermag. Auf 1. a6 folgt einfach 1. ... Ld3 mit Eroberung des weißen Freibauern, wenn auch gegen Preisgabe von d6. Es folgte:

1. La7–c5!

Ein überraschender Zug. Schwarz darf nicht schlagen, weil der weiße a-Bauer ungehindert durchläuft (verfehlt wäre 1. La7–b8 Kf7–e6! 2. a5–a6 Lc2×e4 3. a6–a7 c6–c5).

1. …	Lc2–d3
2. Lc5×d6	Ld3×e4
3. a5–a6	c6–c5!

Es drohte 4. Lc5, wonach der a-Bauer nicht mehr hätte aufgehalten werden können.

4. Ld6×c5

Weiß hat nun zwei Bauern mehr, doch ist dieser Vorteil zum Gewinn nicht ausreichend, weil Weiß (vor der Hand) lediglich auf einem Flügel Möglichkeiten hat.

4. … h7–h5

Nach 4. … Ke6 5. Kf2 Kd5 6. Lf8 g6 würde sich Weiß mit 7. Lh6! eine Chance auf dem Königsflügel verschaffen (festgelegter Bh7).

5. Kg1–f2 Le4–d3!

Die richtige Technik: Schwarz treibt den weißen Freibauern auf die falsche Farbe.

6. a6–a7	Ld3–e4
7. g2–g3	Kf7–e6
8. Kf2–e3	Le4–g2?

Der Nachziehende, der sein Ziel bereits erreicht zu haben meint, ist sorglos geworden. Er mußte hier 8. … Kf5! spielen, um das Eindringen des weißen Königs auf dem Königsflügel zu verhindern. Der schwarze König kommt dann doch noch zurecht, wenn der weiße König zum Damenflügel eilt: 9. Lf8 g6 10. Kd4 Lg2 11. Kc5 Ke6 12. Kb6 Kd7, remis.

9. Kg3–f4 g7–g6

Weiß sucht auf dem Königsflügel keinen materiellen Vorteil, er hat es vielmehr darauf abgesehen, eine Gelegenheit zu suchen, unter Abhaltung des schwarzen Kollegen mit dem König nach dem anderen Flügel herüberzuschwenken.

10. g3–g4!	h5×g4
11. Kf4×g4	Lg2–h1
12. Kg4–g5	Ke6–f7

Die Deckung 12. … Le4 würde auf den Tausch des weißen a-Bauern gegen den schwarzen g-Bauern (a7–a8D La8: Kg6:) herauslaufen. Damit würde sich Weiß wieder zwei weit voneinander entfernte Freibauern verschaffen, die den Gewinn sicherstellen.

13. Lc5–d4	Lh1–g2
14. h2–h4	

Damit sind die Bedingungen für die siegreiche Abwicklung geschaffen. „Ordnungshalber“ trifft Weiß noch eine Anzahl Vorbereitungen, um die Ausgangsstellung so günstig wie möglich zu gestalten.

14. …	Lg2–h1
15. b2–b4	Lh1–g2
16. b4–b5	Lg2–h1
17. Ld4–f6	Lh1–g2
18. h4–h5!	

Dieser Zug wäre auch schon früher möglich gewesen, aber Weiß hatte genügend Zeit.

18. ... g6×h5
19. Kg5–f5!

Schwarz gab auf; er kann nicht verhindern, daß der weiße König nach c7 läuft und die Umwandlung eines der Bauern erzwingt. Der schwarze h-Bauer spielt dabei keine Rolle.

Stellung 196

Nimzowitsch–Tarrasch
(Bad Kissingen 1928)

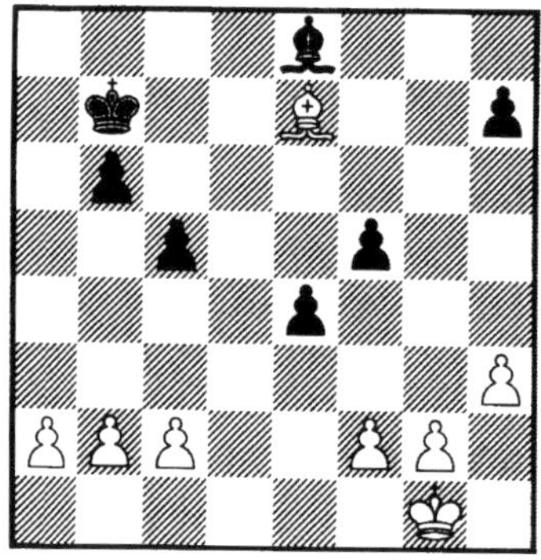

Weiß am Zuge

Weiß hat die Bauernmehrheit am Damenflügel, die im Zusammenspiel mit bestimmten Möglichkeiten auf dem anderen Flügel den Gewinn garantiert. Gleichwohl sind aber einige überraschende Hindernisse zu überwinden.

1. Kg1–h2?

Der weiße König strebt nach f4 und wählt dazu den kürzesten Weg. Diesmal ist jedoch der kürzeste Weg nicht der beste, wie sich bald zeigt. Richtig war 1. Kf1!. Wenn Schwarz darauf die Wanderung über e2 und e3 nach f4 durch 1. ... Lb5† verhindert, folgt 2. Ke1, und obschon Weiß nach 2. ... La6 nicht unmittelbar mit 3. Kd2 und 4. Ke3 fortsetzen kann (wegen 3. ... Lf1) hat Weiß beliebig Zeit, um zuerst seinen Königsflügel mit g2–g3 und h2–h4 sicherzustellen.
Hooper gibt in seinem *A Guide to Chess Endings* als zusätzliche Züge noch b2–b3 und a2–a4 an, womit die Lage am Damenflügel befestigt wird und Weiß später nur noch wenig Mühe hat, um auf diesem Flügel einen Freibauern zu schaffen.

1. ... c5–c4?

Awerbach gibt hier 1. ... Lb5! als die richtige Fortsetzung an, die den Schwarzen rettet. Nach 2. Kg3 Lf1! kommt Weiß nicht weiter, weil er seinen Plan nicht auszuführen vermag, ohne Bg2 aufzugeben: 3. Kf4 Lg2: 4. Kf5: h5! (nicht 4. ... Lh3:† 5. Ke4: und Weiß hat am Königsflügel einen Freibauern). Vor allem dieser letzte Zug (h7–h5) ist wichtig; es folgt stets 5. ... Lf3, und der schwarze Läufer (allein) ist imstande, seinen Königsflügel zu verteidigen. Dies ist wesentlich: der schwarze Läufer hält auf dem Königsflügel stand und der schwarze König kann den anderen Flügel leicht verteidigen.
Untersuchen wir noch 1. ... Lb5! 2. g4 fg 3. hg Le2 4. Kg3 Lf3. Schwarz wartet nun ruhig ab, bis h7 in Gefahr gerät und hat dann gerade noch Zeit, seinen Läufer über h5 nach g6 zu transportieren. Zum Beispiel 5. Kf4 Kc6 6. Kf5 Kd5 7. g5 Kc6 8. Kf6 Lh5.

Außer 1. ... Lb5 scheint auch 1. ... f4 in Betracht zu kommen. Es folgt jedoch 2. Lg5 f3 3. g4 und Weiß hat sein Ziel wieder erreicht: eine Mehrheit auf beiden Flügeln. Das schwarze Duo e4–f3 ist bedeutungslos, solange der weiße Läufer das Feld e3 bestreicht.

2. Kh2–g3 Kb7–c8

Der schwarze König muß zu Hilfe kommen, um den Königsflügel zu verteidigen, und das würde genügen, remis zu machen, wenn der Läufer auf dem anderen Flügel standhalten könnte, aber dazu ist der Läufer nicht imstande.

3. Kg3–f4 Kc8–d7

Nach 3. ... Ld7 4. Kg5 geht der schwarze h-Bauer verloren, und dasselbe passiert nach 3. ... Lg6 4. Kg5 nebst h3–h4–h5, eventuell nach vorangegangenem Kh6.

4. Le7–b4 Kd7–e6
5. Lb4–c3 Lc8–d7

Schwarz hat die Aufgaben verteilt: der Läufer paßt auf f5 auf und der König verteidigt seinen h-Bauern. Nach 5. ... h5 würde Schwarz bald in Zugzwang geraten: 6. b3 cb 7. cb b5 8. h4. Nun muß Schwarz entweder a2–a4 zulassen oder einen der Bauern (f oder h) aufgeben.

6. g2–g3 b6–b5
7. Kh4–g5 Ke6–f7
8. h3–h4 Ld7–c8
9. Kg5–h6 Kf7–g8
10. b2–b3!

Die Schlußoffensive. Weiß verschafft sich einen Freibauern auf dem Damenflügel.

10. ... c4×b3
11. c2×b3 Lc8–d7

Verhindert das Entstehen eines Freibauern, doch Schwarz kann dies nicht lange durchhalten, weil der Läufer auch noch mit einer anderen Aufgabe belastet ist, nämlich der Deckung seines f-Bauern.

12. Lc3–e5

Ein Wartezug: Schwarz ist im Zugzwang.

12. ... Ld7–e8

12. ... Lc8 13. a4 ist gewiß nicht besser. Nun kann der weiße König von der zeitweise ungedeckten Stellung des Bf5 profitieren, um zwangsläufig nach f6 zu kommen.

13. Kh6–g5 Le8–d7
14. Kg5–f6 Kg8–f8

Schwarz läßt 15. Ke7 nicht zu. Das ist freilich nichts anderes als eine Verzögerung der Exekution.

15. Le5–d6†

Der Rest ist einfach: auf 15. ... Kg8 folgt 16. Ke7 Lc6 17. Ke6, und nach 15. ... Ke8 16. Kg7 geht h7 verloren.

B. Läufer gegen Springer

Die Regeln, die das Kräfteverhältnis zwischen Läufer und Springer im Endspiel betreffen, laufen darauf hinaus, daß der Läufer in offenen Stellungen der stärkere ist, insbesondere dann, wenn sich auf beiden Flügeln Verwicklungen andeuten. Ferner dominiert der Läufer, wenn im Falle von festgelegten Bauern (auf dem ganzen Brett oder einem Teil davon) die Bauern der Springerpartei auf der Farbe des feindlichen Läufers stehen: guter Läufer gegen Springer. Der gute Läufer wird in seinen Bewegungen nicht durch die eigenen Bauern behindert (die ja auf der anderen Farbe stehen) und es kommt dann auch zu einem vortrefflichen Zusammenspiel von Läufer und Bauern in dem Sinne, daß der Läufer die Felder der einen Farbe kontrolliert und die Bauern die Felder der anderen. Soweit über das Übergewicht des Läufers.

Demgegenüber ist der Springer stärker bei festgelegten Bauern, wenn die Bauern der Gegenpartei auf der Farbe des eigenen Läufers postiert sind: Springer gegen schlechten Läufer.

Dr. Tarrasch formuliert das Kräfteverhältnis zwischen Springer und Läufer ganz einfach: der Läufer ist immer stärker als der Springer (er sprach sogar von der „halben Qualität"), außer wenn der Läufer nicht laufen kann. Dies letztere ist namentlich der Fall, wenn die Bauern auf der Farbe des Läufers stehen.

Diesen Vergleichen zwischen Läufer und Springer kann noch das folgende hinzugefügt werden. Erstens kann der Läufer den Springer „patt" setzen und nicht umgekehrt (es sei denn, der Läufer wird durch eigene Bauern beschränkt); zum Beispiel L auf e5, S auf e8.

Zweitens kann der Läufer in einer geraden oder einer ungeraden Zügezahl auf ein bestimmtes Feld zurückkehren, der Springer aber nur in einer geraden Zahl von Zügen. Das schließt ein, daß die Läuferpartei unter bestimmten Umständen dieselbe Stellung mit der anderen Partei am Zuge herbeiführen kann, wodurch deshalb der Zugzwang eine Rolle spielen kann.

Wir teilen diesen Abschnitt „Läufer gegen Springer" wie folgt ein:

1. guter Läufer gegen Springer
2. schlechter Läufer gegen Springer
3. gewöhnlicher Läufer gegen Springer

Stellung 197

Fischer–Taimanov
(Vancouver 1971)

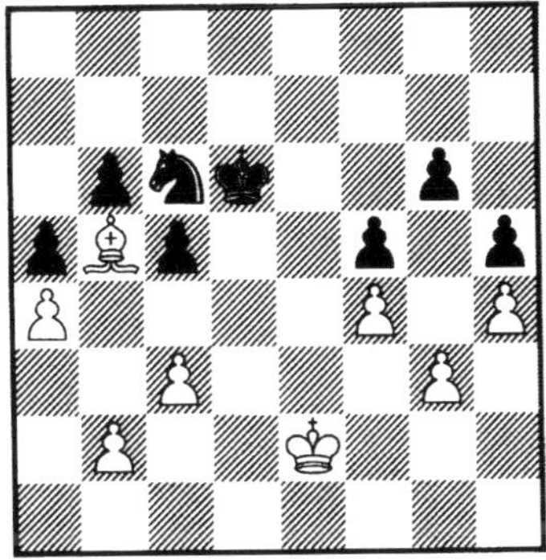

Weiß am Zuge

Auf dem Königsflügel sind die Bauern festgefahren; dort stehen sie auf einer für Weiß günstigen Art und Weise einander gegenüber. Hinsichtlich dieses Flügels hat Weiß also den guten Läufer, wodurch sich g6 in dauernder Gefahr befindet und damit auch die übrigen Bauern. Der Springer ist jedoch ein ausgezeichneter Verteidiger, und es sind eine erkleckliche Zahl Züge nötig, um Schwarz zur Kapitulation zu zwingen, wobei als wesentliches Mittel auch der Zugzwang zu seinem Recht kommt. Es folgte:

1. Ke2–d3

Nach sofortigem Tausch auf c6 ist das Bauernendspiel remis. Nun droht jedoch 2. Lc6:.

1. ... Sc6–e7
2. Lb5–e8 Kd6–d5
3. Le8–f7† Kd5–d6
4. Kd3–c4 Kd6–c6
5. Lf7–e8† Kc6–b7
6. Kc4–b5

Der König ist energisch vorgeprescht; um aber seinen Anteil am Gewinn zu liefern, muß er über a6 oder c6 eindringen, wobei natürlich das Eindringen über c6 am ergiebigsten wäre. Augenscheinlich befindet sich Schwarz hier bereits im Zugzwang: der Springer muß g6 decken und der König muß a6 oder c6 freigeben.

6. ... Se7–c8!

Eine unangenehme Überraschung. Es droht 7. ... Sd6 matt.

7. Le8–c6† Kb7–c7
8. Lc6–d5

Weiß verhindert, daß der schwarze Springer nach einem Schach auf d6 nach c4 hüpft.

8. ... Sc8–e7

Nach 8. ... Sd6† 9. Ka6 hätte Weiß eine seiner Voretappen geschafft (das Eindringen), und in der Folge würde 9. ... Sc8 10. Lf7 Se7 11. Le8 dann zu dem angestrebten Zugzwang führen, eine Stellung, die erst neun Züge später entsteht (siehe das nächstfolgende Diagramm). Von großem Belang ist noch, daß der Springer nicht erfolgreich ausbrechen kann, wie aus folgendem hervorgeht: 8. ... Sd6† 9. Ka6 Se4 (sieht gut aus) 10. Lf7 Sg3: 11. Lg6: Kc6 (oder auch sofort 11. ... Se2) 12.

Le8† Kc7 13. Ka7 Se2 (13. ... Kd8 14. Lc6 Kc7 15. Lf3 ist noch nachteiliger für Schwarz) 14. Lh5: Sf4: 15. Lf7 und Weiß gewinnt.
Es gibt jedoch in dieser Schlußstellung noch einige Probleme:

I. 15. ... Sh3 16. Le6! und nicht 16. h5, wonach Schwarz mit 16. ... Sg5 gute Remischancen erhält. Weiß erobert f5 und gewinnt ohne Mühe.

II. 15. ... Sd3 16. Lg6 Sb2: 17. h5 Sc4 18. h6 Se5 19. Lh5 und der h-Bauer läuft durch.

III. 15. ... Kc6 16. h5 Sh3 17. h6 Sg5 18. Lg8 usw.

Die Feststellung, daß der Springer diese Gegenaktion nicht unternehmen darf, ist für die Gewinnführung sehr wichtig.

9. Ld5−f7	Kc7−b7

Es sieht so aus, als ob Weiß nichts erreicht hat; aber nun folgen einige Manöver mit dem Läufer, die zum Schluß zum gewünschten Ziel führen.

10. Lf7−b3	Kb7−a7
11. Lb3−d1	Ka7−b7
12. Ld1−f3†	Kb7−c7
13. Kb5−a6	Se7−g8

Wir haben bereits auseinandergesetzt, daß das Angriffsmanöver des Springers (Se7−c8−d6−e4) schneller zum Verlust führt.

14. Lf3−d5	Sg8−e7
15. Ld5−c4!	

Das angestrebte Feld ist e8, und der Läufer könnte in zwei Zügen dort hinkommen; um Schwarz jedoch in Zugzwang zu bringen, muß er dafür drei Züge verbrauchen: Ld5−c4−f7−e8. Man spricht wohl von einem „Dreiecksmanöver“ in Analogie mit dem Dreieck, daß der König ausführt, um das Tempo an den Gegner zu übertragen, oder vom „Tempoverlustmanöver“.

15. ...	Se7−c6
16. Lc4−f7	Sc6−e7
17. Lf7−e8	

Stellung 198

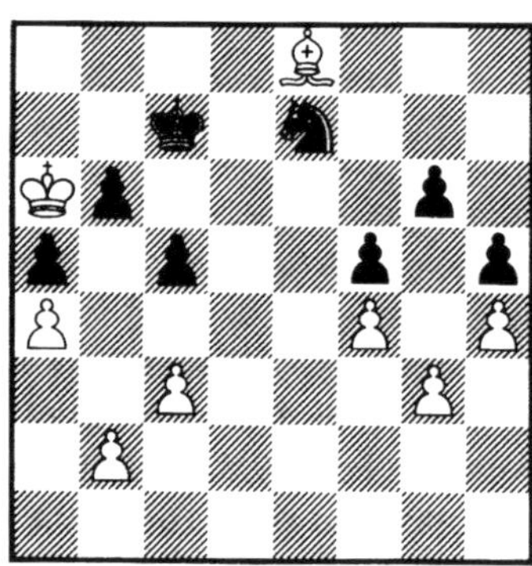

Schwarz am Zuge

Schwarz befindet sich im Zugzwang; der Gewinn ist jedoch noch nicht einfach.

17. ...	Kc7−d8
18. Le8×g6!	

Ein solches Opfer muß „zufällig drin“ sein. Weiß erhält drei Bauern für seine Figur, und damit ist der Gewinn gesichert.

18. ...	Se7×g6
19. Ka6×b6	Kd8–d7
20. Kb6×c5	Sg6–e7

Der Springer steht äußerst unglücklich für den Gegenangriff. Man prüfe, wieviele Züge er braucht, um den Bg3 anzugreifen.

21. b2–b4!

Es ist wichtig, daß der weiße König auf seinem Posten bleibt, um zu verhindern, daß der Springer sich auf dem kürzesten Weg (über d5) nach dem weißen Königsflügel begibt.

21. ...	a5×b4
22. c3×b4	Se7–c8
23. a4–a5	Sc8–d6
24. b4–b5	Sd6–e4†
25. Kc5–b6	

Endlich hat Schwarz einige Gegenchancen bekommen, doch das scheint nur so, denn 25. ... Sg3: ist jetzt nicht möglich, weil dann der a-Bauer ungehindert durchläuft.

25. ...	Kd7–c8
26. Kb6–c6	Kc8–b8

Oder 26. ... Sg3: 27. a6 Kb8 28. b6 Se2 29. a7† Ka8 30. b7† Ka7: 31. Kc7 usw.

27. b5–b6.

Schwarz gab auf (27. ... Sc3 28. a6 Ka8 29. a7 Sa4 30. b4† und nicht 30. Kc7? Sb6:!. Oder 27. ... Sd2 28. a6 Sc4 29. a7† Ka8 30. b7† usw.).

Stellung 199

König–Smyslov
(Radiomatch 1946)

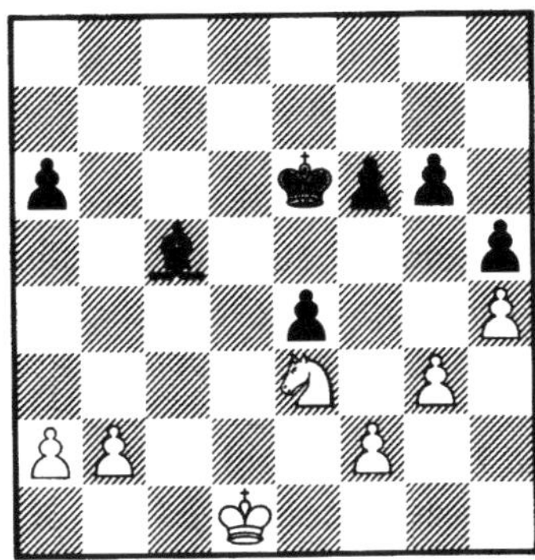

Schwarz am Zuge

Der Läufer ist „gut“ angesichts der weißen Königsflügelbauern, und infolgedessen muß Weiß fortwährend dieser Seite des Brettes Aufmerksamkeit schenken. Dagegen ist die Tatsache, daß Weiß auf dem anderen Flügel einen potentiellen Bauern mehr besitzt, nur von geringer Bedeutung, weil dieser nicht mit viel Unterstützung seitens des weißen Königs oder des Springers rechnen darf.

1. ... g6–g5!

Hiermit erzwingt Schwarz eine weitere Schwächung der weißen Bauern-Formation, es sei denn, daß Weiß seinem Gegner einen Freibauern auf der h-Linie zugesteht.

2. Kd1–e2

Bei der Wahl unter zwei Übeln nimmt Weiß einen schwachen Bauern auf h4 hin. Zu Recht, denn nach 2. hg fg 3.

Ke2 h4 4. gh gh 5. Kf1 h3 6. Kg1 Ke5 7. Kh2 Kf4 8. Sd1 Kf3 9. Kh3: Lf2: müßte Weiß bald seinen Springer gegen den schwarzen freien e-Bauern opfern. Damit wäre der Sieg gesichert, weil das Umwandlungsfeld des übriggebliebenen h-Bauern die gute Farbe hat.
Es ist noch anzumerken, erstens, daß Schwarz seinen Läufer nicht frühzeitig gegen den Springer tauschen sollte, weil Weiß dann mit seinem entfernten Freibauern im Vorteil wäre, zweitens, daß die Lage für Weiß viel besser aussehen würde, wenn er h4 mit seinem Springer decken könnte. Das ging hier nicht: 2. Sg2 Lf2:. Nun aber „droht“ 3. Sg2.

2. ... g5×h4
3. g3×h4 f6–f5
4. Se3–g2

Der Springer ist an die Deckung von h4 gebunden und kann demzufolge nicht die geringste Wirksamkeit entfalten.

4. ... Ke6–e5
5. a2–a3

Um wenigstens etwas zu unternehmen. Auf einen Zug des Königs würde f5–f4–f3 folgen, wonach mindestens der Bh4 fallen muß. Verläßt der Springer seinen Platz, wird diese Figur mit 5. ... Le7 zur Ordnung gerufen.

5. ... Lc5–d6

Schwarz hatte hier die Gelegenheit, einen lehrreichen Fehler zu begehen: 5. ... a5? 6. b4 ab 7. ab Lb4: 8. f3. Schwarz hat nun zwar einen Bauern mehr, aber der Kampf wird auf einem einzigen Flügel ausgefochten, und dann ist der Springer prinzipiell im Vorteil. Außerdem hat der schwarze h-Bauer das verkehrte Umwandlungsfeld, so daß Weiß nur seinen Springer für den anderen schwarzen Bauern zu opfern braucht, um remis zu erreichen.

6. b2–b4

Mit seinen letzten Zügen hat Weiß das Eindringen des schwarzen Königs erleichtert, doch Weiß hatte wenig Wahl. Auf 6. Ke3 war 6. ... f4† vorgesehen (7. Sf4:? Lc5†).

6. ... f5–f4
7. f2–f3

Praktisch erzwungen.

7. ... Ke5–d4

Um nun 8. ... e3 nebst 9. ... Kc3 folgen zu lassen. Sofort 7. ... e3 hatte Gefahren wegen 8. Kd3, und Schwarz kommt nicht so einfach weiter.

8. f3×e4 Kd4×e4
9. Sg2–e1

Um eventuell nach f3 zu gehen, womit h4 gedeckt ist und der schwarze f-Bauer blockiert wird.

9. ... Ke4–d4
10. Ke2–f3

Auch nach 10. Kd2 hätte Schwarz gewonnen, wenn auch etwas weniger bequem: 10. ... Kc4 11. Kc2 Lc7! (11. ... Le7, um Weiß nach 12. Sf3 Lf6 in Zugzwang zu bringen, ist weniger gut wegen 13. Sg5, worauf Schwarz nicht tauschen darf) 12. Sf3 Lb6 13. Se5† (nach 13. Sg5 Le3 14. Sf3 Lf2 ist Weiß im Zugzwang und muß daher den schwarzen König auf der einen oder der anderen Seite passieren lassen) 13. ... Kd4 14. Sd7 Ld8 15. Sb8 Lh4: 16. Sa6: Ke3! 17. Sc7 f3 und gewinnt.

10. ...	Kd4–c4
11. Kf3–e4	

Das Bauernendspiel nach 11. Sg2 Kb3 12. Sf4: Lf4: 13. Kf4: Ka3: 14. Kg5 Kb4: 15. Kh5: a5 geht für Weiß aus Zeitgründen verloren.

11. ...	Kc4–b3
12. Se1–d3	Kb3×a3
13. Sd3–c5	Ka3×b4
14. Sc5×a6†	Kb4–b5

Weiß gab auf; sein Springer ist gefangen.

B 2. Schlechter Läufer gegen Springer

Stellung 200

Awerbach–Lilienthal
(Moskau 1949)

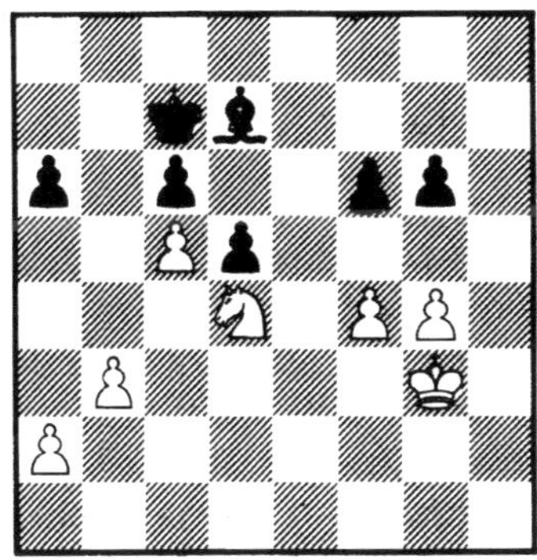

Weiß am Zuge

Schwarz hat den schlechten Läufer. Der Springer steht auf einem starken Feld und ist übermächtig. Als Folge davon kann der weiße König im richtigen Augenblick in die schwarze Stellung eindringen – natürlich über die schwarzen Felder, wo diese Figur weder von dem Läufer, noch von den Bauern auf Widerstand stößt (Bf6 bleibt nicht lange auf diesem Feld).

1. g4–g5

Legt auch den schwarzen g-Bauern auf einem weißen Feld fest.

1. ...	f6×g5

Ebenso lehrreich sind die Folgen von 1. ... f5. Es folgt: 2. Sf3 Le8 3. Se5 Kd8 4. Kf3 Ke7 5. Ke3 Ke6 6. Kd4 Ke7 7. Sd3 (macht Platz für den König), und nun:

I. 7. ... Ke6 8. Sb4 a5 9. Sd3 Ld7 10. a4 Le8 (auf 10. ... Lc8 folgt nicht 11. b4 wegen 11. ... La6, sondern einfach 11. Se5 mit Bauerngewinn) 11. b4 und Weiß gewinnt mit seinem Freibauern.

II. 7. ... Ld7 8. Ke5 Lc8 9. Sb4 Lb7 10. a4 a5 (nun befindet sich die Läuferpartei im Zugzwang) 11. Sc2 La6 12. b4 usw.

2. f4×g5

Damit ist der Weg für den weißen König nach e5 geöffnet.

2. ...	Ld7–c8

Schwarz bringt seinen Läufer auf die andere Seite.

3. Kg3–f4	a6–a5
4. Kf4–e5	Lc8–a6

Oder 4. ... Lg4 5. Kf6 Lh5 6. Se6† Kd7 7. Sf4 Ke8 (es drohte 8. Sh5: gh 9. g6) 8. Ke6 Lf3 9. Kd6 d4 10. Ke5! usw.

5. Ke5–f6	La6–d3
6. Kf6–e7!	

Weiß darf nicht mit 6. Se6† und 7. Sf4 auf Eroberung von g6 spielen, denn nach dem Tausch Springer gegen Läufer würde der schwarze d-Bauer gefährlich werden.

6. ...	Ld3–b1
7. a2–a3	Lb1–e4
8. Sd4–e6†	Kc7–b7
9. Ke7–d6	

und nach 9. ... Lc2 10. Sd4 Ld1 11. Sc6: gab Schwarz auf.

Stellung 201

Subarev–Alexandrov
(Moskau 1915)

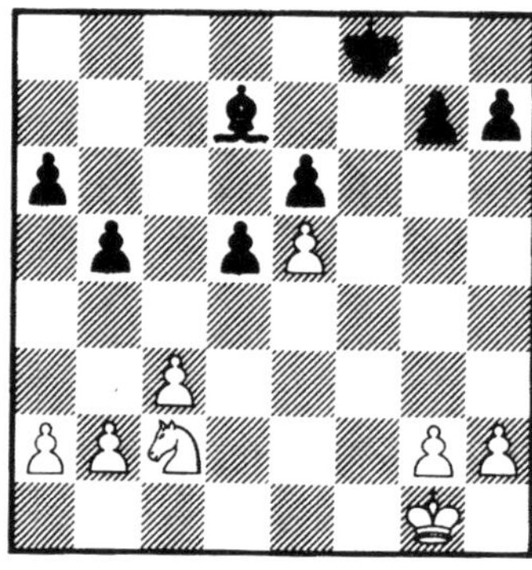

Weiß am Zuge

Auch diese Stellung trägt die ausschlaggebenden Merkmale der vorigen: ein starkes Feld d4 für den Springer und die Möglichkeit für den weißen König, in die schwarze Stellung einzudringen.
Die Gewinführung ist einfach, aber langwierig und äußerst lehrreich.

1. Kg1–f2	Kf8–e7

Eine Gegenaktion auf dem Königsflügel wäre nutzlos, weil Weiß das Eindringen des schwarzen Königs mit Springer und g-Bauern verhindern kann: 1. ... Kf7 2. Se3 g6 3. Ke2 Kg5 4. g3 h5 5. Kd3. Weiß geht auf dem anderen Flügel ruhig seinen Weg.

2. Kf2–e3	Ke7–d8
3. Ke3–d4	Kd8–c7
4. Kd4–c5	

Wenn Schwarz dieses Eindringen hätte verhindern können (zum Beispiel wenn in Stellung 201 Schwarz am Zuge gewesen wäre), hätte Weiß wohl noch die Initiative behalten, aber ein Gewinn wäre vermutlich nicht möglich gewesen.

4. ...	Ld7–c8
5. Sc2–b4	Lc8–b7

Schwarz kann sich keine weitere Schwäche erlauben. Nach 5. ... a5 6. Sc2 wäre Bb5 schnell unhaltbar geworden. Schwarz will nun 6. ... d4 und 7. ... Lg2: spielen.

6. g2–g3	Lb7–c8
7. Sb4–d3	

Der Springer eilt auf den anderen Flügel herüber, um dort Schwächen zu erzwingen.

7. ... Lc8–d7
8. Sd3–f4 g7–g6
9. Sf4–h3 h7–h6

Um Sg5 zu verhindern.

10. Sh3–f4 g6–g5

Der schwarze Königsflügel ist zwar nun geschwächt, aber Weiß will (muß) die schwarzen Bauern auf weißen Feldern haben.

11. Sf4–h5 Ld7–e8
12. Sh5–f6 Le8–f7
13. Sf6–g4 h6–h5
14. Sg4–e3

Zurecht gibt Fine hier 14. Sf2 und 15. Sh3 als einfacher an. Damit hätte Weiß sein Ziel, die schwarzen Bauern auf die weißen Felder zu treiben, einige Züge eher erreicht.

14. ... Lf7–g6
15. h2–h4 g5×h4
16. g3×h4 Lg6–e4

Weiß hat einige Mühe, seinen Springer nach f4 zu bringen, was er einige Züge zuvor bequem hätte durchsetzen können.
Der Textzug verhindert 17. Sg2.

17. Se3–f1 Le4–f3
18. Sf1–d2 Lf3–e2
19. Sd2–b3 Le2–g4
20. Sb3–d4 Lg4–h3
21. Sd4–e2 Lh3–f5
22. Se2–f4

Endlich ist es geglückt. Der Rest ist einfach. Schwarz gerät bald in Zugzwang: 22. ... Lg4 23. b4! Kd7 24. Kb6 Lf3 25. Ka6: Kc6 26. Se6:. Schwarz gab auf.
Nicht zu Unrecht nennt man diese Art Endspiele den „Schrecken der Läuferpartei“. Stundenlang spielen zu müssen ohne eine einzige Rettungsaussicht! Die Springerpartei braucht sich nicht zu beeilen und kann, wenn sie den richtigen Weg verpaßt, aufs neue beginnen. Ein wahres Martyrium!

B 3. „Gewöhnlicher“ Läufer gegen Springer

In den Beispielen dieses Unterabschnitts sind die Bauernformationen nicht festgefahren, und daher wird nicht von gutem oder schlechtem Läufer gesprochen. Wenn sich auf beiden Flügeln Bauern befinden, hat die Läuferpartei die besseren Chancen auf eine erfolgreiche Initiative, das jedoch nur, wenn es entweder deutlich bemerkbare Schwächen in der feindlichen Bauernstellung gibt, oder der König die Möglichkeit hat, in die feindliche Stellung einzudringen. Vor allem dies letztere spielt in vielen Endspielen dieser Art eine wichtige Rolle.

Stellung 202

Tschechower–Lasker
(Moskau 1935)

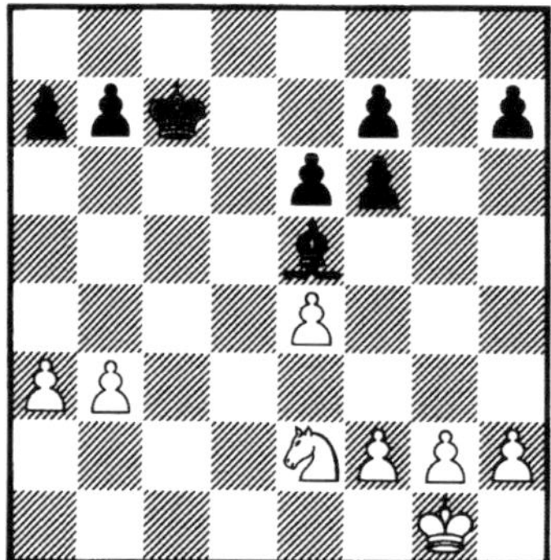

Weiß am Zuge

Die schwarze Bauernstellung ist etwas geschwächt; dem steht aber gegenüber, daß der schwarze König tatendurstig ist und versuchen wird, am Damenflügel einzudringen. Stünde der weiße Springer auf d3, gäbe es keine Handhabe: dieser Springer und der weiße b-Bauer würden dann das Eindringen des schwarzen Königs verhindern und Weiß mühelos remis machen können (falls nicht noch mehr angesichts der geschwächten Bauernstellung von Schwarz auf dem Königsflügel).

1. Kg1–f1

1. Sc1, um den Springer auf das ideale Feld d3 zu bringen, würde nach 1. ... Lb2 einen Bauern kosten. Die Vorbereitung 1. a4 kommt gerade einen Zug zu spät: 1. ... Kb6 2. Sc1 Kc5 3. Sd3† Kd4.

1. ... b7–b5

Um ein kommendes a3–a4 mit Tausch zu beantworten, wonach Weiß mit einem sehr schwachen a-Bauern sitzen bleibt.

2. Kf1–e1 Le5–b2

Treibt den a-Bauern nach vorn.

3. a3–a4 b5×a4
4. b3×a4 Kc7–c6

Die Pointe ist nun, daß 6. Kc2 mit 6. ... Ld4 beantwortet wird. Durch den Angriff auf f2 gewinnt Schwarz das Tempo, das ihn instand setzt, seinen König nach c4 zu bringen.
Tausch von Springer gegen Läufer bringt Weiß in ein verlorenes Bauernendspiel, weil der schwarze König bereits so weit vorgerückt ist.

6. Se2–c3

Zurecht nimmt Weiß Bauernverlust hin und leitet eine Gegenoffensive ein. Nach Tausch auf c3 würde das Endspiel remis werden, weil Weiß soviele Extratempi auf dem Königsflügel hat.

6. ... Kc5–b4
7. Sc3–b5 a7–a5
8. Sb5–d6 Kb4×a4
9. Kd2–c2

Nach 8. Sf7: Kb3! wäre die Umwandlung des a-Bauern nur noch durch ein Springeropfer aufzuhalten: 10. Sd8 a4 11. Se6: a3 12. Sc5† Kc4 13. Kc2 Kc5: nebst 14. ... Kc4.

9. ... Lb2–e5

Es klappt alles präzise; stünde der weiße h-Bauer auf h3, dann wäre die Partie für Weiß sehr wohl noch haltbar gewesen.

10. Sd6×f7 Le5×h2

Mit dem Einschließen des Läufers durch 11. g3 braucht Schwarz nicht zu rechnen. Er befreit seinen Läufer sofort mit 11. ... Lg1.

11. Sf7–d8	e6–e5
12. Sd8–c6	Lh2–g1
13. f2–f3	Lg1–c5

Die Entscheidung ist gefallen. Es folgte noch 14. Sb8 Kb5 15. g4 Le7 (nun droht 16. ... Kb6 mit Eroberung des Springers) 16. g5 (Verzweiflung) 16. ... fg 17. Sd7 Ld6 18. Sf6 Kc4. Weiß gab auf (19. Sh7: Le7).

Stellung 203

Euwe–Capablanca
(Bad Kissingen 1928)

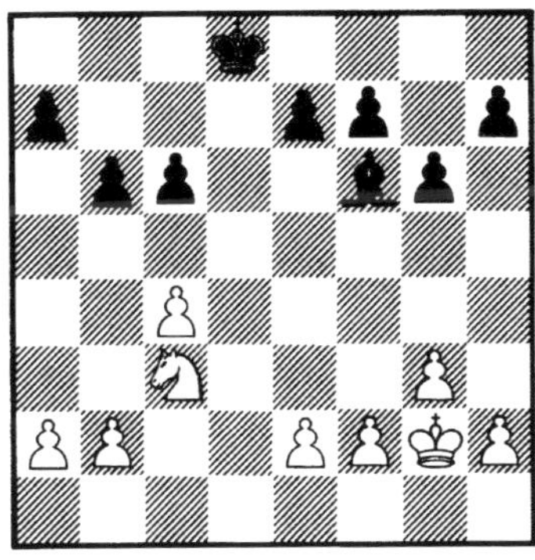

Weiß am Zuge

Weiß hatte gemeint, mit allgemeinem Figurentausch remis zu erzwingen und dabei das strukturelle Übergewicht des Läufers gegen den Springer unterschätzt. Auch hier sind es Kleinigkeiten, die dieses Übergewicht betonen. Stünde beispielsweise der weiße c-Bauer auf c2, dann wäre nichts los.

1. Sc3–d1

Zu Recht läßt Weiß den Tausch auf c3 nicht zu.

1. ...	Kd8–d7
2. Kg2–f3	Kd7–d6
3. Kf3–e3	Kd6–c5
4. Ke3–d3	Kc5–b4!

Zwar ist der weiße König rechtzeitig gekommen, doch damit ist der Verlust keineswegs abgewehrt. Weiß befindet sich praktisch im Zugzwang: König und Springer vermögen sich nicht zu bewegen, und 5. b3 kostet nach 5. ... Ka3 einen Bauern.

5. f2–f4

In der Hoffnung, den lästigen Läufer mit e2–e4–e5 auszuschalten; Schwarz hat jedoch wirksame Gegenmaßnahmen.

5. ...	e7–e5!
6. e2–e4	e5×f4
7. g3×f4	Lf6–g7

Bf4 ist zum Tode verurteilt.

8. e4–e5	Lg7–h6
9. Sd1–e3!	

In Todesnot unternimmt Weiß eine Gegenaktion, die besonders hübsch die Kraft eines Springers illustriert, der nicht mehr an irgendwelche Verpflichtungen gebunden ist.

9. ...	Lh6×f4
10. Se3–c2†	Kb4–a5
11. Kd3–e4	

Weiß ist viel daran gelegen, seinen e-Bauern zu behaupten.

11. ...	Lf4×h2
12. Sc3–d4	Ka5–b4
13. Sd4×c6†	Kb4×c4
14. Sc6–d8!	

Der Springer ist noch immer ungestüm. Der schwarze f-Bauer ist wichtiger als der a-Bauer.

14. ...	Lh2×e5

Erzwungen, aber auch sehr stark.

15. Ke4×e5	Kc4–d3?

Zuerst mußte 15. ... f5! geschehen. Geht Weiß danach auf die Bauern des Königsflügels los, kommt er zu spät: 16. Se6 Kd3 17. Sf8 Kc2 18. Sh7: Kb2: 19. a4 Kb3 20. Sf8 Ka4: 21. Sg6: Kb3 22. Sf4 a5 23. Sd5 a4 usw.
Auch eine Unternehmung auf der anderen Seite bringt nichts ein: 16. Sc6 a6 17. Sb8 a5 18. Sd7 b5, und Weiß hat keine Verteidigung gegen 19. ... Kd3 und 20. ... Kc2. Gelingt es Schwarz, auf dem Damenflügel einen einzigen Bauern festzuhalten, ist der Prozeß entschieden.
Betrachten wir zum Schluß noch die Fortsetzung 16. Sf7 Kd3 17. Sd6 (droht 18. Sc8). Nach 17. ... a6 oder 17. ... Kc2 erhielte Weiß noch Remisaussichten, doch Schwarz spielt am besten 17. ... h5! 18. Kf4 h4, um auf 19. Sc8 mit 19. ... g5† 20. Kf3 g4† 21. Kg2 f4 22. Sa7: f3† 23. Kf2 h3 24. Kg3 Ke3 usw. fortzusetzen.

16. Sd8×f7	Kd3–c2
17. b2–b4	Kc2–c3
18. b4–b5	Kc3–b4
19. Sf7–d6	h7–h5

Remis ist unvermeidlich. Es folgte noch: 20. Kf4 Kc5 21. Sc8 Kb5 22. Sa7:† Kb4 23. Sc8 b5 24. Se7 Ka3 25. Sg6: 26. Se5. Remis auf Vorschlag von Schwarz.

C. Springer gegen Springer

Anders als bei den Endspielen von 9A und 9B spielen hier festgelegte Bauernformationen keine große Rolle. Dagegen ist die Möglichkeit des Eindringens des Königs sehr wohl von Belang, und dies bildet dann auch oft das Hauptmotiv, vor allem, wenn damit ein Freibauer geschaffen und unterstützt werden kann.

Stellung 204

Aljechin–Turover
(Bradley Beach 1929)

Der schwarze Doppelbauer auf dem Königsflügel ist verletzlich. Andererseits können auch die weißen Bauern auf diesem Flügel leicht angegriffen werden, so daß beiderseits Bauern verloren gehen können, was die Chance auf ein Remis erhöht.

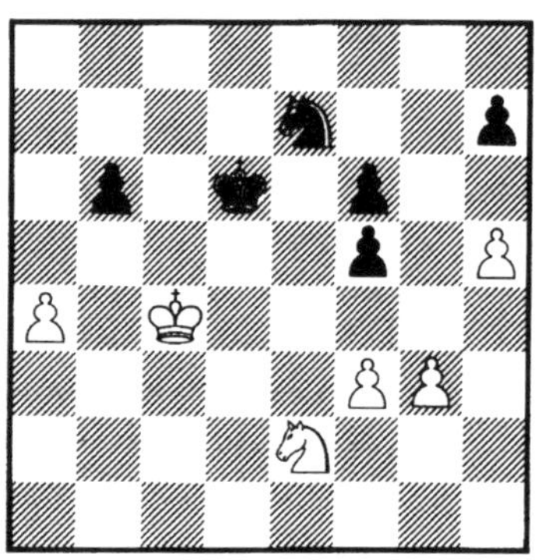

Weiß am Zuge

Die Behandlung von Springerendspielen erfordert stets äußerste Genauigkeit. Allgemein ist festzustellen, daß das Übergewicht eines Bauern fast durchweg zum Gewinn führt.
Es folgte:

1. Kc4–b5	Se7–d5
2. f3–f4	

Um ein eventuelles f5–f4 zu verhindern, das zur Vereinfachung führen würde.

2. ...	Kd6–c7
3. Se2–d4	Sd5–c3†
4. Kb5–b4	

Weiß darf seinen a-Bauern nicht aufgeben.

4. ...	Sc3–d5†
5. Kb4–c4	Sd5–e7
6. Kc4–b5	Kc7–b7
7. Sd4–e6	

Droht Bauerngewinn durch 8. Sf8 h6 9. Sd7.

7. ...	Se7–c8

Um den weißen König mit 8. ... Sd6† zu vertreiben und dann mit 9. ... Se4 den weißen g-Bauern anzugreifen.

8. Kb5–c4	

Der weiße König hat einen Weg gefunden, auf dem diese Figur in die schwarze Stellung eindringen kann; Schwarz kann das nicht verhindern, weil 8. ... Kc6 an 9. Sd4† und 10. Sf5: scheitert.

8. ...	Sc8–d6†
9. Kc4–d5	Sd6–e4
10. h5–h6!	Se4–f2

Die Alternative 10. ... Sg3: war schwieriger zu widerlegen. Darauf folgt 11. Sf8 Se2 12. Sh7: Sf4:† 13. Kd4 Sg6 14. Sf6: Kc6 15. Sd5 b5 (ohne den Bauerntausch am Damenflügel wäre Schwarz ebenfalls chancenlos, weil der König b6 decken und der Springer den freien h-Bauern bewachen muß) 16. ab† (16. a5 ist vielleicht stärker, doch der Tausch ist am einfachsten) 16. ... Kb5: 17. h7 Sh8 (17. ... Kc6 ging nicht wegen 18. Se7†) 18. Ke5 Kc6 19. Sf4 Kd7 20. Kf6 Ke8 21. Sg6! Sf7 22. Kf5: Kd7 23. Se5† usw.

11. Se6–f8	Sf2–g4
12. Kd5–e6	Sg4×h6
13. Ke6×f6	Kb7–a6

Ein Versuch, auf dem Damenflügel Gegenchancen zu erhalten.

14. Kf6–g5	Sh6–g8
15. Kg5×f5	Ka6–a5
16. Sf8–d7	

So hält Weiß den gewonnenen Bauern fest.

16. ...	Ka5×a4
17. Sd7×b6†	Ka4–b5
18. Sb6–d5	Kb5–c6
19. Kf5–e6	Sg8–h6
20. Sd5–f6!	

Der Gnadenstoß; der schwarze Springer hat keinen Ausweg mehr und wird mit g3–g4–g5 erobert. Schwarz gab auf.

Stellung 205

R. Fine (Basic Chess Endings)

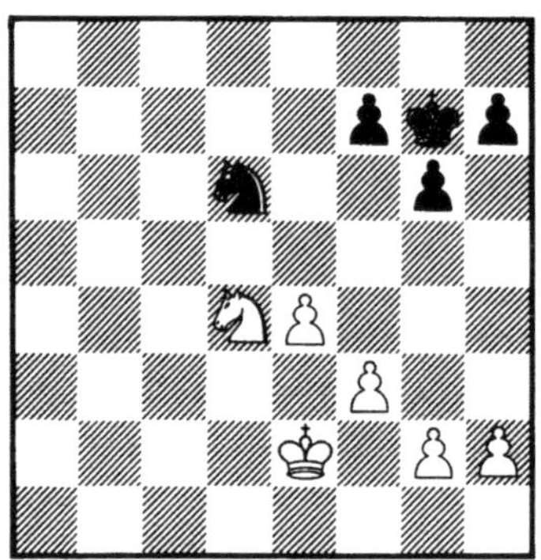

Schwarz am Zuge

Wir wissen, daß das Übergewicht von vier gegen drei Bauern auf einem Flügel bei Anwesenheit Läufer, Turm oder Dame beiderseits in den meisten Fällen zum Gewinn nicht ausreicht. Fine merkt gleichwohl an, daß unter diesen Umständen das Springerendspiel als gewonnen zu betrachten ist. Wir wollen Fine's tüchtige Beweisführung nicht im ganzen nachdrucken, zum besseren Verständnis aber doch eine einzige Variante geben als Illustration für die einzuschlagende Methode:
1. ... Kf6 2. g3 Ke5 3. Sc6† Ke6 4. Ke3 Kd7 5. Sd4 f6 6. f4 Ke7 7. h4 Sf7 8. g4 Kd7 9. Kd3 Ke7 10. Kc4 Kd6 11. g5 fg 12. hg Ke7 13. e5 Sd8 14. Kd5 Sf7 15. Sc6† Ke8 16. e6 Sh8 17. Ke5 Kf8 18. Kf6 Ke8 19. Kg7 usw.

Stellung 206

Aljechin – Andersen
(Folkestone 1933)

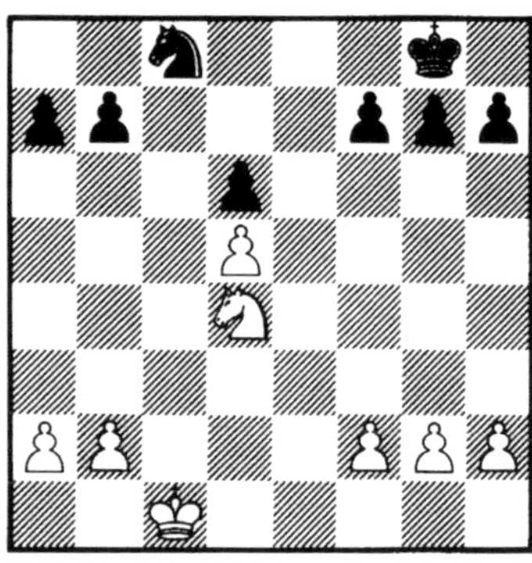

Weiß am Zuge

Eine ziemlich ruhige Stellung, die dem Weißen nicht viel Gewinnchancen bietet. Sein einziger Vorteil besteht in der günstigen Position seines Königs, verglichen mit der seines Gegners. Der weiße König steht dichter am Kampfgebiet.

1. Sd4–b3

Um „überhaupt" etwas anfangen zu können, muß Weiß erst eine Schwächung des schwarzen Damenflügels hervorrufen.

1. ... Kg8–f8

1. ... b6 2. Sd4 nebst 3. Sc6 kommt auf dasselbe heraus.

2. Sb3–a5	b7–b6
3. Sa5–c6	Kf8–e8
4. Ke1–d2	Sc8–e7?

Das führt zum Tausch des schwarzen a-Bauern gegen den weißen d-Bauern, und dadurch bekommt Weiß die Mehrheit der Damenflügelbauern, die reelle Gewinnchancen bietet.
Besser war 4. ... Kd7 5. Kc3 Kc7 6. Kc4 a6 7. Sb4 Kb7. Es ist nicht deutlich zu sehen, wie Weiß dann hätte weiterkommen können.

5. Sc6×a7 Se7×d5
6. Sa7–b5

Nun steht Weiß klar besser. Es folgte noch: 6. ... Kd7 7. Sd4 g6 8. a4 Sc7 9. Kc3 g5 10. Kb4 d5 11. Sf3 f6 12. Sd4, und nun machte das Versehen 12. ... Kd6? dem Kampf sofort ein Ende (13. Sb5† Sb5: 14. Kb5: Ke5 15. b4 d4 16. Kc4:. Schwarz gab auf).

In Springerendspielen gilt vor allem die Regel vom entfernten Freibauern, die in vielen Partien aus der Turnierpraxis ihre Bestätigung gefunden hat, so zum Beispiel im historischen Endspiel Lasker–Nimzowitsch (Zürich 1934).

Nimzowitsch gelang das Kunststückchen, ein scheinbar gleichstehendes Endspiel (Weiß: Kb1 Sg1 Ba2 b2 e4; Schwarz: Kg8 Sd4 Ba7 b7 h7) fast zwangsläufig zu gewinnen. Es lief folgendermaßen:
1. ... Kf7 2. Kc1 Kf6 3. Kd2 Ke5 4. Ke3 h5 5. a3 a5 6. Sh3 Sc2† 7. Kd3 (besser 7. Kd2!) 7. ... Se1† 8. Ke2 Sg2 9. Kf3 Sh4† 10. Ke3 Sg6 11. Sg5 Kf6 12. Sh7† Ke7 13. Sg5 Se5 14. Kd4 Kd6 15. Sh3 a4 16. Sf4 h4 17. Sh3 b6 18. Sf4 b5 19. Sh3 Sc6† 20. Ke3 Kc5 21. Kd3 b4! 22. ab† Kb4: 23. Kc2 Sd4† 24. Kb1 Se6 25. Ka2 Kc4 26. Ka3 Kd4 27. Ka4: Ke4: 28. b4 Kf3 29. b5 Kg2. Weiß gab auf.

D. Zwei leichte Figuren auf beiden Seiten

Es ist bekannt, daß zwei Läufer stärker sind als Läufer und Springer oder zwei Springer. Dieses Übergewicht ist auch theoretisch zu erklären. Vergleichen wir Springer und Läufer, so finden wir als einziges Plus für den Springer, daß er auf Felder beider Farben zu gelangen vermag, während der Läufer auf eine einzige Farbe begrenzt ist. Hat man nun zwei Läufer, dann verliert das letztgenannte Argument seine Bedeutung.
Wir teilen wie folgt ein:
1. Zwei Läufer gegen Läufer und Springer
2. Zwei Läufer gegen zwei Springer
3. Andere Kombination zweier leichter Figuren

D 1. Zwei Läufer gegen Läufer und Springer

Zunächst einige allgemeine Winke.

1. Das Übergewicht des Läuferpaars ist um so größer, je offener der Charakter der Stellung ist. Insbesondere ist der Besitz eines Freibauern auf einem der Flügel durchweg von entscheidender Bedeutung.

2. Wichtig ist auch die Möglichkeit des Königs, in die feindliche Stellung einzudringen. Vor allem die Aktivität der Läufer kann dabei behilflich sein. Nicht selten wird in einem solchen Fall mit Zugzwang gearbeitet.

3. Die Läufer sind oft imstande, die Bewegungen der feindlichen Figuren merklich zu behindern.

4. Die Bauern des Angreifers, insbesondere die Randbauern, können die wichtige Aufgabe erfüllen, dem feindlichen Springer Felder wegzunehmen.

5. Beide Parteien müssen fortwährend mit dem Übergang in eins der Endspiele Läufer gegen Läufer oder Läufer gegen Springer rechnen. Dies legt dem Verteidiger die größeren Verpflichtungen auf; der Angreifer ergreift durchweg die Initiative zum Tausch, und der Verteidiger kann nichts anderes tun als abzuwarten.

Stellung 207

Berger – Tschigorin
(Karlsbad 1907)

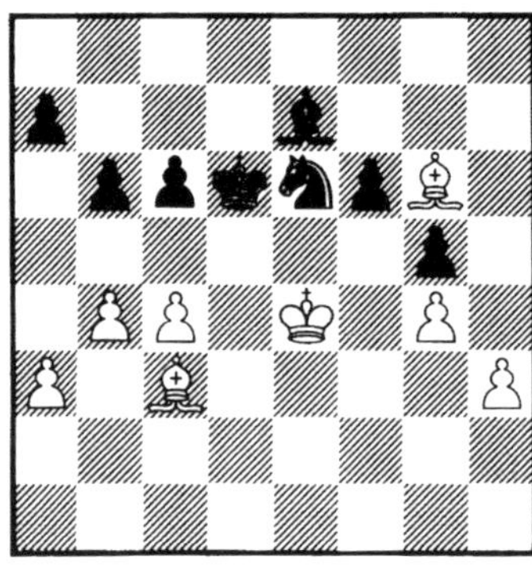

Weiß am Zuge

1. Lg6–f7

1. Kf5 bringt nichts ein wegen 1. ... Sg7†.

1. ... Se6–g7

Auf 1. ... Sf4 folgt 2. Kf5 Sh3: 3. Lf6: Lf6: 4. Kf6: und Weiß erobert bald den g-Bauern (beispielsweise durch Herumspielen des Läufers nach f1).

2. Lc3–e1 Kd6–d7
3. Le1–c3

Der Angreifer kann sich erlauben, seinen Plan zu ändern.

3. ... Le7–d8
4. b4–b5!

Um das Feld d5 für den weißen König frei zu machen, was eine ansehnliche Verstärkung des Drucks auf die schwarze Stellung zuwege bringt.

4. ... Kd7–e7
5. Lf7–g8 Ke7–f8
6. Lg8–h7 c6×b5
7. c4×b5 Kf8–e7
8. Lc3–b4† Ke7–e6
9. Lh7–g8† Ke6–d7
10. Ke4–d5!

Stellung 208

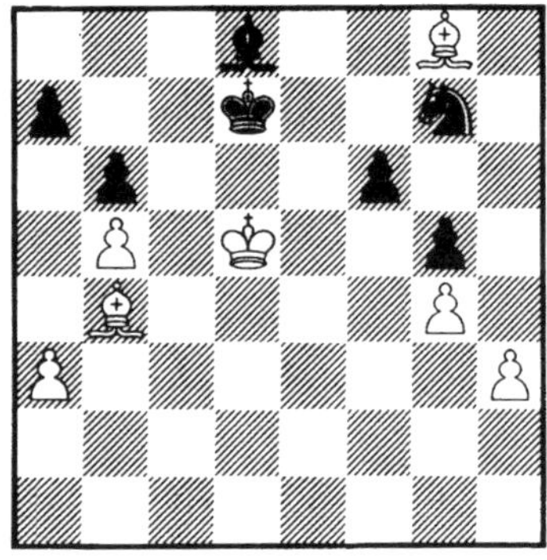

Schwarz am Zuge

Zugzwang. Schwarz muß den weißen König auf einem der Flügel hereinlassen. Hier zwei Varianten:

I. 10. ... Kc7 11. Lf8 Se8 12. Le6 Kb7 13. Ld7 Sc7† 14. Ke4 a6 15. a4 ab 16. ab Kb8 17. Ld6 Kb7 18. Lc6† Kc8 19. Kf5 usw.

II. 10. ... Le7 11. Le7: Ke7: 12. Kc6 Se8 13. Kb7 Sd6† 14. Ka6 Kd8 15. a4 Sc8 16. Kb7 usw.

D 2. Zwei Läufer gegen zwei Springer

Das Übergewicht der Läufer kommt in dieser Art von Endspielen noch besser zu seinem Recht, obgleich die Möglichkeiten zum Tausch hier weniger groß sind als in den Endspielen des vorigen Unterabschnitts. Die Springer sind auf offenem Feld fortwährend Angriffen ausgesetzt, und wenn auf beiden Flügeln Bauern vorhanden sind, müssen die Springer sich zum Schutz dieser Bauern in Stellungen begeben, wo sie sehr verwundbar sind.

Stellung 209

Euwe–Pedersen
(Radiopartie 1951)

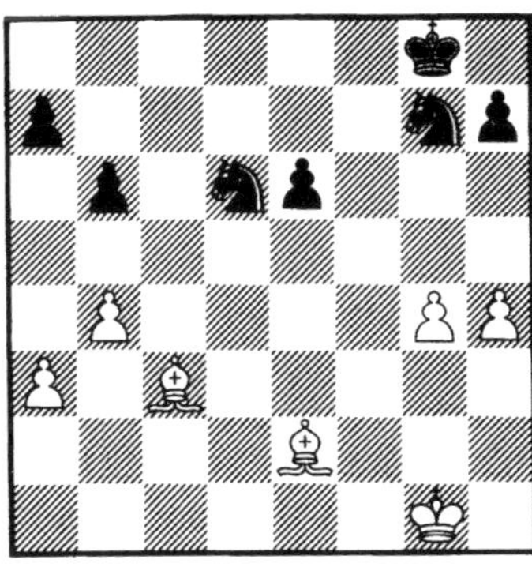

Weiß am Zuge

Die obengenannten Charakteristika kommen in diesem Beispiel vortrefflich zur Geltung. Die Jagd beginnt:

1. Lc3–e5

Man beachte, daß Weiß seine Bauern so aufgestellt hat, daß wichtige Felder (wie c5 und f5) für die Springer unzugänglich sind.

1. ... Sg7–e8

Auf 1. ... Se4 wäre 2. La6 gefolgt nebst 3. Lb8 mit Eroberung des a-Bauern. Ebenso nach 1. ... Sc8 2. La6 Se7 3. b5 (um Sc6 zu verhindern) und 4. Lb8.

2. Le2–d3

Nimmt dem Sd6 das Feld e4 und bindet den schwarzen König an die Dekkung von h7.

2. ... Sd6–f7

Führt über eine Anzahl von Zügen zum Verlust eines Bauern, was mit 2. ... Sc8 vorläufig zu vermeiden war. In diesem Falle hätte Weiß seinen König in Bewegung gesetzt, und das hätte nach dem Aufmarsch über f2–e3–f4 neue Möglichkeiten geschaffen. Schwarz ist machtlos.

3. Le5–b8 a7–a5
4. Ld3–c4

Weiß spielt nicht 4. b5, weil es wichtig sein kann, dieses Feld für den Läufer freizuhalten, zum Beispiel nach 4. ...

Sf6 5. g5 Sd7 und Schwarz kann vielleicht standhalten.

4. ...	a5×b4
5. a3×b4	Sf7–d8
6. Lb8–a7	Sd8–c6
7. La7×b6	Sc6×b4
8. Lc4×e6†	

Weiß hat einen Bauern gewonnen, dafür ist es Schwarz gelungen, den ganzen Damenflügel aufzulösen, so daß das Gefechtsfeld erheblich geschrumpft ist. Das Läuferpaar hat gleichwohl entscheidende Angriffskraft, um selbst in diesem beschränkten Raum den Sieg zu erringen.

8. ... Kg8–g7

Das einzige; 8. ... Kf8 scheitert an 9. Lc5†, und nach 8. ... Kh8 entscheidet 9. Ld4† Sg7 10. g5! und Schwarz hat keine Verteidigung gegen die tödliche Drohung h4–h5–h6.

9. Lb6–d4† Kg7–g6

Schwarz macht fortwährend erzwungene Züge: auf 9. ... Kh6 folgt 10. Lf7 und 11. g5 matt.

10. Le6–f5†	Kg6–h6
11. Ld4–c5	Sb4–d5
12. Lc5–f8†	Se8–g7
13. Kg1–f2	

Stärker als sofort 13. g5† Kh5 14. Lg7: Kh4: und Schwarz hätte noch einige Remisaussichten.

13. ...	Sd5–f4
14. g4–g5†	Kh6–h5
15. Lf8×g7	Kh5×h4
16. Lg7–f6. Schwarz gab auf.	

Stellung 210

Botwinnik–Bronstein
(23. Matchpartie Moskau 1951)

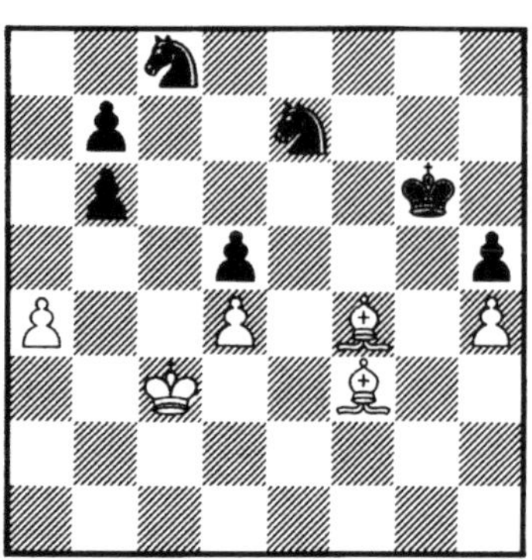

Weiß am Zuge

Eine wahre Tragödie. Bronstein, der im Begriff war, den Welttitel von Botwinnik zu erobern (Stand: 11½:10½ bei noch zwei zu spielenden Partien), mußte gegen Botwinniks virtuose Handhabung des Läuferpaars den kürzeren ziehen.
Schwarz hat einen Bauern mehr, aber das ist ein Doppelbauer, und der zählt praktisch nicht mit. Es folgte:

1. Lf4–g5!

Schwarz ist bereits im Zugzwang. Beachtenswert ist, daß zwei Springer, die sich gegenseitig decken, in ihrer Beweglichkeit äußerst schädlich beeinflußt werden. Weil Lg5 auf e7 gerichtet ist, kann Sc8 nicht ziehen. Stünde der andere Läufer auf h3 (auf Sc8 gerichtet), würde auch der andere Springer nicht ziehen können. Zwei Läufer können also ein Springerpaar vollkommen lahmlegen.
Der weißfeldrige Läufer steht auf f3 aber noch viel besser. Dort hält diese

Figur d5 und h5 unter Beschuß; Schwarz muß einen dieser Bauern preisgeben.
Es hätte noch folgen können:

1. ...	Se7–c6
2. Lf3×d5	Sc8–d6
3. Ld5–f3	

Mit dem Sühneopfer eines Bauern ist Schwarz der Schwierigkeiten überhaupt nicht Herr geworden. Er steht noch immer vollkommen hoffnungslos.

Wenn er probiert, seinen Doppelbauern mit 3. ... b5 aufzulösen, folgt die unmittelbare Entscheidung durch 4. Lc6: bc 5. a5! usw. Nach 3. ... Sf7 4. Lf4 geht der freie d-Bauer nach vorn. Bronstein hat die Folgen lange vorhergesehen und gab bereits in der Diagrammstellung auf.
Godfried Bomans hat einmal die folgende Bemerkung gemacht: „Man erkennt den starken Spieler nicht allein an seinen Zügen, sondern auch an dem Augenblick, in dem er aufgibt“.

D 3. Andere Kombination von zwei leichten Figuren

In Endspielen, in denen beide Parteien über Springer und Läufer verfügen, können ähnliche den Abtausch betreffende Überlegungen gemacht werden wie in den vorangegangen Endspielen. Auch andere dort behandelte Charakteristika, wie schwache Bauern und vor allem das Eindringen des Königs, spielen in den Endspielen dieses Unterabschnitts eine Rolle.

Stellung 211

Portisch–Smyslov
(Wijk aan Zee 1972)

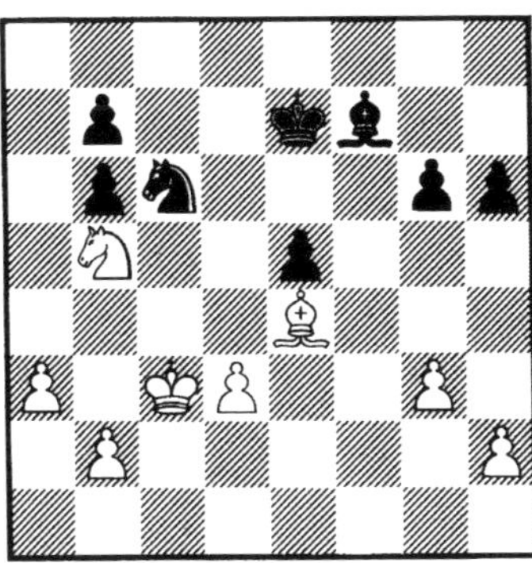

Weiß am Zuge

Es ist klar, daß Weiß die besseren Chancen hat. Die schwarze Bauernstellung ist geschwächt, und der weiße Läufer ist ausgezeichnet postiert. Es folgte:

1. a3–a4!

Um den Springer über a3 nach c4 zu bringen, wo er b6 und e5 bedroht.

1. ...	Ke7–d7

Obwohl Schwarz den bald auf c4 auftauchenden Springer in jedem Fall tauschen muß, um Bauernverlust zu entgehen, bringt er seinen König doch nach dem anderen Flügel, wo Bb6 eventuell vom weißen König angegriffen werden kann, während auch b7 Deckung nötig hat.

2. Sb5–a3	g6–g5

Bringt den Bg6 in Sicherheit. Nach 2. ... Kc7 3. Sc4 Lc4: 4. Kc4: droht der weiße König ins schwarze Lager einzubrechen, während die Abwehr 4. ... Se7 nach 5. d4 ed 6. Kd4: unzureichend ist. Der schwarze König, der an die Deckung von b7 gebunden ist, kann die Durchreise nicht verhindern.

3. Sa3–c4 Lf7×c4
4. Kc3×c4 Kd7–d6

Verhindert das Eindringen des Königs über das Zentrum, jedoch auf Kosten des Eindringens über ein anderes ebenso lebenswichtiges Feld.

5. Kc4–b5 Kd6–c7
6. Le4×c6

Alles ganz einfach. Weiß wickelt in ein gewonnenes Bauernendspiel ab.

6. ... b7×c6†
7. Kb5–a6 g5–g4
8. b2–b3

Auch 8. b4 h5 9. b5 führt zum Gewinn, aber der Textzug, der mit Zugzwang droht (8. ... h5 9. b4) ist viel einfacher.

8. ... c6–c5
9. Ka6–b5 Kc7–b7
10. a4–a5 b6×a5
11. Kb5×c5. Schwarz gab auf.

10. Die Qualität

Dies ist ein kurzes Kapitel. Man kann nur wenige allgemeine Regeln für die Behandlung eines Endspiels mit einer Qualität mehr geben.
In den Kapiteln 3 und 4 konnten wir bereits feststellen, wie schwierig es oft ist, bei sehr verringertem Material das Übergewicht der Qualität geltend zu machen. Sind auf beiden Seiten mehrere Bauern vorhanden, ist der Gewinn in den meisten Fällen wohl zu verwirklichen, wenigstens wenn nicht der Qualität eine Kompensation von einem oder zwei Bauern gegenübersteht. Einfach ist es aber nicht. Im allgemeinen muß die Turmpartei von der Möglichkeit Gebrauch machen, den Turm hinter die feindlichen Linien zu bringen, wo die Bauern leichter angegriffen werden können. Sehr oft ist dabei auch die Hilfe des eigenen Königs erforderlich, der dazu eine Reise über das ganze Brett antreten muß.

Stellung 212

Moisejev–Botwinnik
(Moskau 1950)

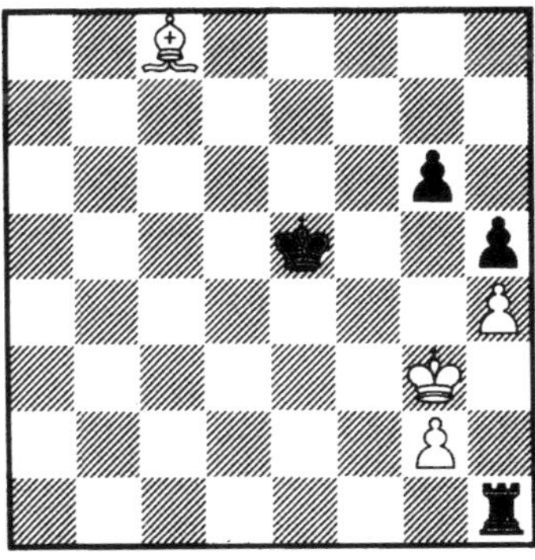

Schwarz am Zuge

Die weiße Stellung weist keine schwachen Punkte auf. Weder h4 noch g2 können in der gegebenen Lage doppelt bedroht werden. Schwarz muß deshalb zunächst derartige Veränderungen schaffen, daß es in der Stellung sehr wohl Anknüpfungspunkte für eine doppelte Bedrohung gibt.

1.	...	Ke5–f6
2.	Lc8–d7	g6–g5
3.	h4×g5†	Kf6×g5
4.	Ld7–c8	h5–h4†
5.	Kg3–f3	Th1–c1

Der schwarze Plan wird nun deutlich: er will seinen König über f4 nach g3 bringen. Glückt ihm das, ist die Partie gewonnen.
Wir wollen erst der Frage nachgehen, warum die Stellung des schwarzen Königs auf g3 den Gewinn verbürgt. Unterstellen wir, Schwarz sei hier am Zuge und verfolgen wir 6. ... Tc3† 7. Kf2 Kf4 8. Le6 Tc2† 9. Kf1 Kg3 10. Lh3 Tc1† 11. Ke2 Tg1 und Tg2:. Das alles sieht ganz einfach aus; es gibt aber ein kleines Hindernis. Nach einem Schach auf der dritten Reihe braucht der weiße König nicht nach unten aus-

zuweichen, er kann nach e4 gehen, von wo aus diese Figur dem schwarzen König das Feld f4 nimmt.
Setzen wir nun die Besprechung der Partie fort.

6. Lc8–d7

Weiß kann nichts anderes tun als abzuwarten.

6. ... Tc1–c2

Ein feiner Wartezug, wie aus der Folge ersichtlich.

7. Ld7–e6 Tc2–c7!!

Nun hat der weiße Läufer auf der Schrägen c8/h3 kein passendes Feld mehr, und das Verlassen dieser Diagonalen wird Schwarz instand setzen, sein Ziel zu erreichen; das heißt, zuerst Feld f4 für seinen König frei zu machen und danach den König nach g3 zu bringen.
Betrachten wir die verschiedenen Möglichkeiten im einzelnen:

I. 8. Lh3 Tc3† 9. Ke4 (Weiß muß das Feld f4 beobachten) 9. ... Tg3 (Weiß ist im Zugzwang) 10. Ke5 Te3† 11. Kd4 Kf4 usw.

II. 8. Lg8 (oder 8. La2) Tc3† 9. Ke4 Tg3 mit Eroberung des Bg2.

III. 8. Ld5 Tc3† 8. Ke4 Tg3 10. Ke5 Te3† 11. Le4 Te1 12. Kd4 Kf4 usw.

IV. 8. Ke4 Te7 9. Ke5 (9. Kd5 Kf4) 9. ... Te8 usw.

In allen diesen Fällen erreicht der schwarze König das Feld f4 und also auch Feld g3.

Weiß probiert noch etwas gänzlich anderes.

9. g2–g4

Auch dies hilft nicht.

9.	...	Tc7–c3†
10.	Kf3–g2	h4–h3†
11.	Kg2–h2	Kg5–h4
12.	g4–g5	Tc3–c2†

Weiß gab auf.

Stellung 213

Ljubojević–Keene
(Palma de Mallorca 1971)

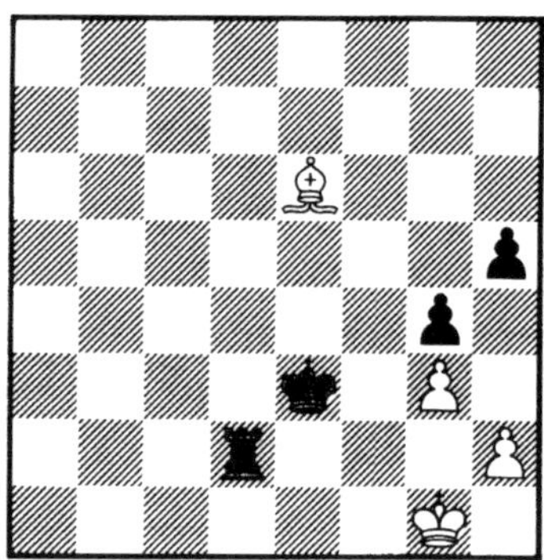

Weiß am Zuge

Ein hübsches Gegenstück zum vorigen Endspiel. Für Schwarz sieht es womöglich noch besser aus, und es ist daher ziemlich überraschend, daß Schwarz nicht gewinnen kann. Weiß braucht nicht einmal besonders sorgfältig zu spielen, sondern lediglich dafür zu sorgen, daß er auf ein eventuelles Ke3–f3 ein Schachgebot auf der Diagonalen zur Verfügung hat.

1. Le6–c8

Es drohte 1. … Kf3 mit unmittelbarer Entscheidung.

1. … Td2–b2

Im Gegensatz zum vorigen Beispiel kann Schwarz nicht derart manövrieren, daß dem Läufer die Möglichkeit eines Schachs auf der Diagonalen (hier a8/h1) genommen wird.
Nach 2. Le6 Ke4 3. Lc4 Tb4 4. Le6 Tb6 5. Lf7 Tb7 6. Le6 Tc7 7. Kg2 Tc2† 8. Kg1 Td2 9. Lc8 Td1† 10. Kg2 Td2† sah der Nachziehende das Nutzlose seiner Bemühungen ein und gab sich mit remis zufrieden.
Er hätte (nach sorgfältigen Vorbereitungen) noch versuchen können, mit h5–h4 den weißen g-Bauern zu beseitigen und später mit g4–g3 den letzten Bauern zu tauschen. Er wäre dann jedoch in einem Endspiel Turm gegen Läufer gelandet, das nach der in Kapitel 30 entwickelten Theorie bei korrektem Spiel remis geworden wäre.
Die Gewinnchancen von Turm gegen Springer sind viel größer. Sonderfälle vorbehalten, kann wohl festgestellt werden, daß das Übergewicht der Qualität im allgemeinen entscheidend ist. Weniger als der Läufer ist der Springer imstande, seine Bauern zu beschützen. Hier ein einfaches Beispiel.

Stellung 214

Euwe–Capablanca
(Matchpartie 1931)

Schwarz hat sogar zwei Bauern für die Qualität, seine Damenflügelbauern sind jedoch schwer zu halten. Es folgte:

1. … e5–e4†

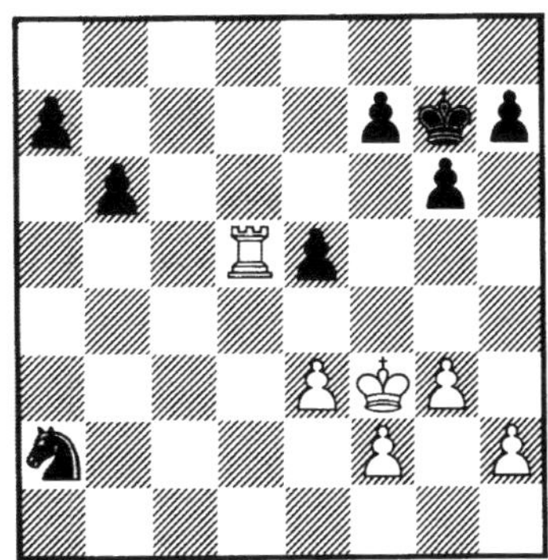

Schwarz am Zuge

Nach 1. … Kf6 2. Td7 büßt Schwarz bereits einen Bauern ein.

2. Kf3–f4

Natürlich nicht 2. Ke4: Sc3†.

2. … Sa2–b4

Oder 2. … Sc3 3. Td7 a5 4. Ke5 a4 5. Kd4 Sd1 6. Ke4: Sf2:† 7. Kf3 Sh3 8. Tb7 und Weiß erobert beide Bauern.

3. Td5–d4

In der Partie geschah weniger gradlinig 3. Tb5, und nach einem späteren Fehler wurde die Partie noch remis.
Weniger gut war 3. Td7 wegen 3. … Sd3†, und Weiß kann nicht auf e4 schlagen wegen 4. … Sc5†.

3. … Sb4–d3†

Nach 3. … a5 4. Ke4: geht mindestens noch ein Bauer auf dem Damenflügel verloren.

4. Kf4×e4 Sd3×f2†
5. Ke4–f3 Sf2–h3
6. Td6–d7

und Weiß erobert beide Bauern auf dem Damenflügel.

WEITERE BÜCHER VON MAX EUWE

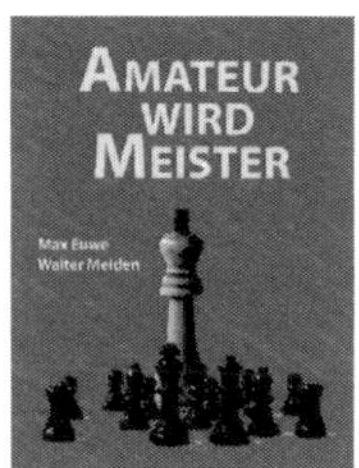

Max Euwe / Walter Meiden – Amateur wird Meister
260 Seiten, 176 Diagramme, kartoniert
Hier werden Partien von fortgeschrittenen Amateuren bis hin zu Meisterkandidaten vorgestellt. Die Thematik dreht sich vor allem um typische Aspekte des Positionsspiels wie offene Linien, bestimmte Bauernstrukturen oder den Umgang mit Eröffnungssystemen.
Besonderes Gewicht wird auf den heikelsten Partieteil unmittelbar nach der Eröffnung gelegt. Gegen Schluss des Buches ist zu verfolgen, wie und wodurch es dem Amateur immer mehr gelingt dem Meister offene Kämpfe zu liefern, bis er schließlich die ersten Partien gewinnt.

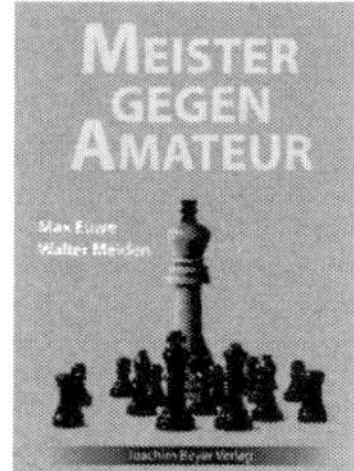

Max Euwe / Walter Meiden – Meister gegen Amateur
212 Seiten, 126 Diagramme, kartoniert
Spielt der Meister mit dem Amateur, so stößt er gewöhnlich auf eine andere Art und eine größere Zahl schwächerer Züge und Irrtümer als im Kampf mit Ebenbürtigen. Das sind eben die schwächeren Züge und die Art von Fehlern, die der Amateur beim Spiel mit anderen Amateuren antrifft.
Auf welch bessere Weise könnte der Amateur lernen, wie schwaches Spiel seiner Gegner auszunützen sei, als zu studieren, wie ein Meister solche Stellungen behandeln würde? Wenn die glänzenden Partien Paul Morphys gegen die Meister des 19. Jhdt. vielen Amateuren weit lehrreicher zu sein scheinen als die viel tiefgründigeren Siege der Großmeister des 20.Jhr. über ihre Kollegen, so gerade deswegen, weil Morphs Triumphe über seine schwächeren Gegner schlagend darlegen, wie die Irrtümer des unterlegenen Spielers am besten auszunützen sind.

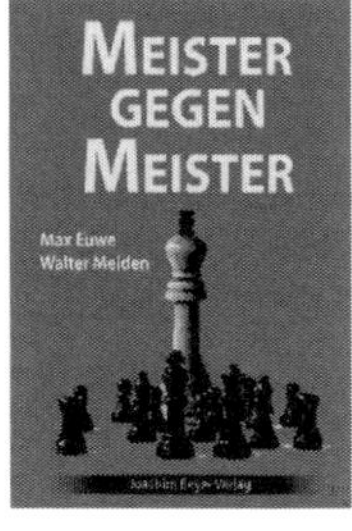

Max Euwe / Walter Meiden – Meister gegen Meister
260 Seiten, 165 Diagramme, gebunden
Dieser Band zeigt Partien von Amateuren in relativ frühem Stadium, mit mehr oder weniger großen Klassenunterschieden zum Meister. Das Schwergewicht liegt auf typischen Anfängerfehlern und ihrer Ausnützung. Vom Nachteil unsinniger Randbauernzüge über verfrühte Bauernvorstöße bis zum gierigen Bauernfraß ist eine breite Palette bekannter Schwächen vertreten. Es werden auch Modellpartien zur Verwertung bestimmter häufiger Vorteile geboten, wie das Spiel gegen Doppelbauern, Springer gegen schlechte Läufer oder die Durcharbeitung von Kombinationstypen wie dem Läuferopfer auf h7.

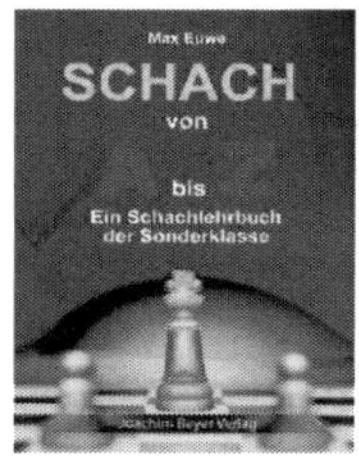

Max Euwe – Schach von A – Z
213 Seiten, 262 Diagramme, kartoniert
Im Gegensatz zu vielen Büchern für Anfänger, die sich an Jugendliche und Kinder wenden, ist dieses Buch für Erwachsene konzipiert, die die Grundlagen des Schachspiels erlernen wollen. Das Buch ist für Autodidakten und Schachkurse, auch in der Erwachsenenbildung geeignet.